LARGE COUNTRY ECONOMY RESEARCH

大国经济研究

2023 / 第14辑

欧阳峣 主编

中国财经出版传媒集团

经济科学出版社
Economic Science Press

图书在版编目（CIP）数据

大国经济研究．2023：第14辑/欧阳峣主编．--北京：经济科学出版社，2024.1

ISBN 978－7－5218－5598－2

Ⅰ．①大…　Ⅱ．①欧…　Ⅲ．①世界经济－经济发展－研究　Ⅳ．①F113.4

中国国家版本馆CIP数据核字（2024）第039092号

责任编辑：周国强
责任校对：隗立娜
责任印制：张佳裕

大国经济研究2023/第14辑

DAGUO JINGJI YANJIU 2023/DI 14 JI

欧阳峣　主编

经济科学出版社出版、发行　新华书店经销

社址：北京市海淀区阜成路甲28号　邮编：100142

总编部电话：010－88191217　发行部电话：010－88191522

网址：www.esp.com.cn

电子邮箱：esp@esp.com.cn

天猫网店：经济科学出版社旗舰店

网址：http：//jjkxcbs.tmall.com

固安华明印业有限公司印装

787×1092　16开　20.75印张　400000字

2024年1月第1版　2024年1月第1次印刷

ISBN 978－7－5218－5598－2　定价：116.00元

（图书出现印装问题，本社负责调换。电话：010－88191545）

学术指导委员会

前　言

经济学发展历史表明，经济理论的重要程度往往取决于被解释现象的重要程度。中国的崛起被称为“东亚奇迹”，“金砖国家”的崛起已成为“世界奇迹”，这说明大国经济现象的重要程度是毋庸置疑的。如果将典型大国经济发展现实和经验的研究提升为普遍性的理论体系和知识体系，那么，中国经济学就有可能掌握国际话语权。

一般地说，掌握国际话语权应该具备三个条件：一是研究的对象具有典型意义，被解释的现象不仅对某个国家的发展具有重要意义，而且对世界的发展具有重要意义；二是取得的成果具有创新价值，在学术上有重要发现，乃至创造出新的科学理论和知识体系；三是交流的手段具有国际性，研究方法符合国际规范，可以在世界范围交流和传播。

在大国经济研究领域，第一个条件是已经给定的，因为大国经济发展具有世界意义。关键是要在第二个条件和第三个条件上下功夫。要通过创造性的思维和研究，深刻把握大国经济的特征和发展规律，构建大国经济的理论体系和知识体系，追求深层次的学术创新和理论突破；要使用国际化的交流手段，运用规范的研究方法和逻辑思维开展研究，从中国与世界关系的角度来看待大国经济问题，并向世界传播大国经济理论和知识体系，从而使大国经济理论具有世界意义和国际影响力。我们将致力于探索超大规模国家经济发展的特征和规律，进而构建大国经济理论体系和知识体系。

我们拥有这样的梦想，并且在集聚追求梦想的力量。我们期望这个梦想成为现实，并用行动构建中国风格的经济学话语体系，为中国经济学走向世界作出积极的贡献。

欧阳峣

目　　录

大国经济理论

大国经济特征、优势识别与发展格局*

欧阳峣**

摘　要　古典经济学家提出"市场范围"假说，新古典经济学家提出"规模报酬"假说，发展经济学家探讨大国外贸依存度和发展格局；中国经济学家将国家规模因素纳入发展经济学理论框架。系统研究大国的概念界定、经济特征、经济优势、战略模式和发展格局，使发展经济学理论进入新境界和新形态。大国经济特征是由初始特征、基本特征和典型特征组成的多层次结构，其与大国经济优势、大国经济发展格局之间具有必然的逻辑联系。根据中国经济的特征、优势和规律，需要在新发展格局中实施扩大内需战略，加快建设现代化产业体系，建设全国统一的和有序的大市场，集聚全球优质要素培育国内大产业和大企业，选择高水平产业和产品进入全球价值链高端。

关键词　大国经济　基本特征　经济优势　发展格局

亚当·斯密在《国富论》中提出"市场范围"假说，可以看作经济学家探索大国经济的思想之源。1957年，国际经济协会海牙会议正式将国家规模的经济影响引入经济学研究领域。从20世纪90年代开始，中国学者对大国经济特征及影响效应进行了系统研究。本文试图结合经济思想史上的理论探讨和大国经济发展的典型化事实，解析大国经济的特征、优势和发展格局问题。

一、大国经济研究的理论源流

亚当·斯密的"市场范围"假说和阿尔弗雷德·马歇尔的"规模报酬"假说，是大国经济研究最早的思想渊源。斯密在《国富论》中提出，劳动生产力上最大的增进

---

*　本文原载于《人民论坛·学术前沿》2023年第7期。

**　作者简介：欧阳峣，湖南师范大学商学院教授、博士生导师，湖南师范大学大国经济研究中心主任，上海大学经济学院特聘教授。

似乎都是分工的结果，而分工的原因是一种人类倾向所缓慢而逐渐造成的结果，这种倾向就是互通有无、物物交换、互相交易，所以说分工起因于交换能力、分工的程度，因而总要受到交换能力大小的限制，换言之，要受到市场广狭的限制。[①] 这就是市场范围引起分工进而提高劳动生产力的假说，他还以中国古代为例进行分析："中国的幅员是那么广大，居民是那么多，气候是各种各样，因此各地方有各种各样的产物，各省间的水运交通，大部分又是极其便利，所以单单这个广大国内市场，就够支持很大的制造业，并且容许很可观的分工程度。"[②] 斯密主要分析了市场规模的经济效应，马歇尔则在《经济学原理》中分析了生产规模的经济效应："大规模生产的主要利益是技术的经济、机械的经济和原料的经济。"[③] 这就是企业生产规模扩大引起报酬递增的"规模利益"假说，即随着生产规模的扩大，将有利于专门机械的使用和改良，原料、运输和销售成本的节约。斯密的"市场范围"假说和马歇尔的"规模利益"假说，为进一步研究同市场规模和生产规模相联系的国家规模的经济影响提供了思想理论的源泉。

西蒙·库兹涅茨关于大国外贸依存度的探讨以及霍利斯·钱纳里关于规模效应和大国格局的探讨，成为大国经济研究的直接理论来源。在1957年召开的国际经济协会海牙会议上，经济学家们提出了一些关于"国家规模的经济影响"的假设，库兹涅茨做了后续研究，重点分析了国家规模对国际贸易依存度的影响，认为"如果小国家将会认识到专业化和规模经济的优越性，专业化和规模经济对实现经济的高增长是必不可少的两个先决条件，那么它们就必定比大国更严重地依赖于对外贸易，因为，对于这些大国来说，国内市场及资源条件允许其发展专业化和规模经济"。[④] 钱纳里和塞尔昆则从国家层面分析了规模效应和大国格局，认为大国不仅进出口贸易量明显低于小国，而且初级产品和制造业出口的专业化程度较低，"规模最明显的影响在于生产格局方面。一国的发展格局越封闭，它的贸易专业化比重越低，对外贸易中进、出口越平衡，则国内生产格局的变化越慢"。[⑤] 同时，大国普遍采取内向型发展政策，在国内资源积累和资源配置方面也有所反映：它对资源配置的影响主要表现为在经济发展早期就实现经济结构的转换；对资源积累的影响表现为投资和储蓄水平显著地高于小国。库兹涅茨和钱纳里的实证研究，为进一步研究同国家规模相联系的经济发展模式、政

① 亚当·斯密：《国民财富的性质和原因的研究》（上卷），郭大力等译，商务印书馆1972年版，第16页。

② 亚当·斯密：《国民财富的性质和原因的研究》（下卷），郭大力等译，商务印书馆1974年版，第247页。

③ 马歇尔：《经济学原理》（上卷），朱志泰译，商务印书馆1964年版，第291页。

④ 西蒙·库兹涅茨：《现代经济增长》，戴睿等译，北京经济学院出版社1989年版，第265页。

⑤ 霍利斯·钱纳里、莫尔塞斯·塞尔昆：《发展的格局（1950－1970）》，李小青等译，中国财政经济出版社1989年版，第81页、第109页。

策和格局提供了理论思路和知识积累。

中国是典型的发展中大国，自近代以来就期待赶超发达国家，这是中国学者研究大国经济发展问题的现实背景。20 世纪 90 年代初期，张培刚在《新发展经济学》中提出“发展中大国应该成为发展经济学的重要研究对象”的命题，为发展经济学理论的完善开辟了新的视野。张培刚认为，以往的发展经济学为若干中小国家和地区实现工业化和经济起飞作出了贡献，但“发展经济学唯有对问题特别复杂的大国进行重点研究，揭示出大国经济发展的规律，找出解决的途径，才能使其理论观点和政策主张更富有普遍性和实用性”。[①] 随后，陈文科探讨了大国发展的困惑，即人口困惑、结构困惑、生态困惑、灾害困惑、短缺困惑、债务困惑、市场困惑、农民问题困惑及传统文化困惑，但是这种仅仅寻求大国发展劣势的思路并不适合发展中大国实现经济赶超的理论需求。[②] 李由的《大国经济论》将大国经济研究引向规范化轨道，他试图考察和揭示国家规模约束下的经济发展和政府管理的特征方式，具体分析了国家规模、分工、规模经济、市场结构、积累、资源配置、区域经济、经济开放的联系。[③] 进入 20 世纪后，随着金砖国家的群体性崛起，特别是中国经济的持续高速增长，大国经济问题成为学术界研究的热点，以大国经济为主题的论文发表数量迅速增加。诚然，多数论文将大国或大国经济作为时髦的词语，并没有将国家规模因素纳入理论分析之中，然而还是出现了一批有深度的研究成果，如陆铭等从经济分权改革的角度分析了大国经济的治理结构[④]；蔡昉等从区域梯度推移的角度分析了大国产业形成的雁阵模型[⑤]；江小涓从需求动力结构的角度分析了大国经济的双牵引模式[⑥]；刘志彪从大国经济开放的角度分析了基于内需的经济全球化战略[⑦]。

大国经济研究团队从 2006 年开始研究“大国综合优势”问题[⑧]，然后提出中国大国经济学建设的构想[⑨]，之后逐渐拓展研究内容，为大国经济理论研究作出了系统性贡献：①研究思路从问题研究向科学研究转变。首先对大国和发展中大国的概念进行合

---

① 张培刚：《新发展经济学》，河南人民出版社 1992 年版，第 44 页、第 49 ~ 51 页。

② 陈文科等：《大国发展的十大困惑——大国发展经济学难点探讨》，湖北人民出版社 1994 年版，第 1 ~ 5 页。

③ 李由：《大国经济论》，北京师范大学出版社 2000 年版，第 16 ~ 18 页。

④ 陆铭等：《中国的大国经济发展道路》，中国大百科全书出版社 2000 年版，第 51 ~ 79 页。

⑤ 蔡昉、王德文、曲玥：《中国产业升级的大国雁阵模型分析》，载《经济研究》2009 年第 9 期。

⑥ 江小涓：《大国双牵引增长模式：中国经济增长中的内需和外需》，载《管理世界》2010 年第 6 期。

⑦ 刘志彪：《基于内需的经济全球化战略：中国分享第二波全球化红利的战略选择》，载《南京大学学报（哲学・人文科学・社会科学版）》2012 年第 2 期。

⑧ 欧阳峣：《基于“大国综合优势”的中国对外直接投资战略》，载《财贸经济》2006 年第 5 期。

⑨ 欧阳峣：《中国大国经济学建设的构想》，载《经济学动态》2011 年第 8 期。

理界定，并提出评价指标体系遴选具体对象[①]，然后刻画大国经济的典型化事实[②]，概括大国经济发展的基本特征[③]，以此作为开展科学研究的客观现实基础。②研究视角从经济劣势向经济优势转变。通过研究新兴大国崛起的经济效应和发达大国工业化道路的特征[④]，分析大国效应的积极经济影响[⑤]，揭示大国市场规模优势的形成机制[⑥]、内需驱动的出口模式[⑦]，以及大国人力资本和技术创新的综合优势[⑧]。③研究范式从专题探讨向构建理论体系转变。将规模范畴和结构范畴作为逻辑起点[⑨]，分别阐释大国供需均衡模型、大国内生能力理论和大国综合优势理论[⑩]，以及大国经济的发展动因和发展战略[⑪]，构建大国发展经济学的逻辑体系[⑫]。

回顾大国经济研究的历史过程，梳理大国经济理论的演进逻辑，我们可以清晰地看到各国经济学家的思想贡献。古典经济学家斯密试图从市场范围广阔的角度揭示国民财富增长的源泉；新古典经济学家马歇尔试图从规模报酬递增的角度分析生产规模的积极效应；发展经济学家库兹涅茨和钱纳里则提出了大国效应、经济结构和发展格局问题。中国经济学家的独特贡献在于：明确地提出了大国经济发展问题的主题，系统地研究大国经济发展特征、优势、模式和格局问题，在此基础上探索大国经济发展

---

① 欧阳峣、罗会华：《大国的概念、涵义、层次及类型》，载《经济学动态》2010 年第 8 期；欧阳峣、罗富政、罗会华：《发展中大国的界定、遴选及其影响力评价》，载《湖南师范大学社会科学学报》2016 年第 6 期。

② 欧阳峣、生延超、易先忠：《大国经济发展的典型化特征》，载《经济理论与经济管理》2012 年第 5 期。

③ 欧阳峣：《大国经济的特征及其层次性》，载《光明日报》2014 年 7 月 30 日，第 15 版。

④ 湖南省哲学社会科学规划办公室课题组：《“金砖国家”崛起的大国效应》，载《光明日报》2010 年 2 月 2 日，第 10 版；欧阳峣：《美国工业化道路及其经验借鉴——大国发展战略的视角》，载《湘潭大学学报（哲学社会科学版）》2017 年第 5 期。

⑤ 李君华、欧阳峣：《大国效应、交易成本和经济结构——国家贫富的一般均衡分析》，载《经济研究》2016 年第 10 期。

⑥ 欧阳峣、傅元海、王松：《居民消费的规模效应及其演变机制》，载《经济研究》2016 年第 2 期；欧阳峣：《促进形成强大国内市场》，载《光明日报》2019 年 5 月 14 日，第 11 版。

⑦ 易先忠、欧阳峣、傅晓岚：《国内市场规模与出口产品结构多元化：制度环境的门槛效应》，载《经济研究》2018 年第 6 期；易先忠、欧阳峣：《大国如何出口：国际经验与中国贸易模式回归》，载《财贸经济》2018 年第 3 期。

⑧ 欧阳峣、刘智勇：《发展中大国人力资本综合优势与经济增长——基于异质性与适应性视角的研究》，载《中国工业经济》2010 年第 11 期；欧阳峣、汤凌霄：《大国创新道路的经济学解析》，载《经济研究》2017 年第 9 期。

⑨ 欧阳峣：《新时代视域下大国经济的规模与结构》，载《光明日报》2018 年 1 月 10 日，第 11 版。

⑩ 欧阳峣、尹向飞、易先忠：《实现要素供需均衡的大国经济模型》，载《经济学动态》2014 年第 11 期；欧阳峣：《“大国内生能力”与经济发展》，载《光明日报》2013 年 3 月 27 日，第 11 版；欧阳峣：《“大国综合优势”的提出及研究思路》，载《经济学动态》2009 年第 6 期。

⑪ 欧阳峣：《发展中大国的经济发展型式》，载《光明日报》2015 年 10 月 2 日，第 5 版；欧阳峣：《中国的大国经济发展道路及其世界意义》，载《经济学动态》2018 年第 8 期。

⑫ 欧阳峣：《大国经济发展理论的研究范式》，载《经济学动态》2012 年第 12 期；欧阳峣：《大国发展经济学的逻辑体系》，载《湖南师范大学社会科学学报》2018 年第 6 期。

道路和核心原理，构建了大国经济发展理论的逻辑体系，从而使发展经济学进入新境界和新形态。

二、大国经济特征和发展优势

将国家规模因素纳入经济发展问题的研究，需要揭示不同规模国家经济发展的特殊性机理，以及超大规模国家经济发展的共同性机理，这就要求我们刻画大国经济发展的典型化事实，用理性思维进行归纳和概括，分析大国经济发展的基本特征，然后根据大国经济发展的特征，从积极的视角研究大国经济发展的优势，并且利用这种优势合理地选择经济发展战略。

大国经济特征及其多层次结构。认识论原理告诉我们，认识客观对象可以从不同的角度进行观察，也可以从不同的层次进行剖析，因为客观对象本身就是一个多维和多层次的系统。所以，对于大国经济这个复杂系统，应该从不同的角度进行观察，从不同的层次进行分析，进而揭示大国经济特征的多层次结构。经过深入研究和理论分析，我们将大国经济特征概括为由初始特征、基本特征和典型特征构成的完整结构。

初始特征就是最初的、本原性的特征，大国经济的初始特征就是大国发展的最初自然条件和社会条件。斯密在《国富论》中这样描述："中国幅员是那么广大，居民是那么多，气候是各种各样，因此各地方有各种各样的产物"。[①] 简言之，就是幅员辽阔、人口众多和物产丰富。库兹涅茨在《各国的经济增长》中以人口数量作为衡量国家大小的尺度："那些真正的大国，即人口在5000万左右的国家。"[②] 珀金斯和塞尔昆在《发展经济学手册》中将人口规模和地理规模作为大国之所以成为大国的首要原因，认为"人口规模是影响经济结构的主要因素，但地理规模也影响经济结构"。[③] 借鉴上述研究，我们将大国经济发展的初始特征认定为人口众多和幅员辽阔，即人口规模和国土规模。这样认定的理由一是人口规模和国土规模是形成大国的最初原因，不可能再往前追溯；二是人口规模和国土规模能够影响经济发展和经济结构，人口因素主要影响劳动力资源的供应和生产物品的需求市场，国土因素主要影响自然资源的供给和市场范围的形成。可以说，这两个特征属于大国的"纯自然特征"，而经济特征则是容易

① 亚当·斯密：《国民财富的性质和原因的研究》（下卷），郭大力等译，商务印书馆1974年版，第247页。

② 西蒙·库兹涅茨：《各国的经济增长》，常勋译，石景云校，商务印书馆1985年版，第145页。

③ 德怀特·珀金斯等：《国家规模、贸易和工业化》，欧阳峣等译，格致出版社2022年版，第53页。

发生变化的，可以称为“推定的特征”。

基本特征就是最一般性的特征，大国经济的基本特征就是从大国经济发展的事实和现象中抽象出来的最一般性的特征。经济学家很少研究大国经济的基本特征，通过初始特征的推导，并从大国经济发展的典型化事实及典型特征中进行抽象和概括，我们能够提出大国经济发展的三个基本特征。一是规模性特征。大国经济的初始特征即人口规模和国土规模，它们都是规模性特征的源泉。由这两个初始特征形成的资源规模庞大、市场规模庞大和经济规模庞大，都是规模特征的具体表现。研究大国经济问题，从经济学理论的角度就是分析国家规模的经济影响，从发展经济学的角度就是将规模因素纳入经济发展理论的分析框架。二是结构性特征。庞大规模的经济体自然形成复杂的结构，由于大国的技术发展、产业发展、区域发展和城乡发展具有差异性，不仅能够形成二元结构和三元结构，甚至可以形成多元结构。特别是发展中大国的结构性特征特别明显，在某种意义上可以说，研究国家经济发展主要就是研究经济结构的转型，所以，发展经济学是研究发展中国家怎样通过工业化和结构转换向发达国家演变的理论。三是内源性特征。大国不仅拥有庞大规模的自然资源、人力资源供给，可以形成经济发展的内部推动力量，而且拥有庞大的消费需求和投资需求，可以形成国内市场的拉动力量。国内资源供给和国内需求推动的结合，使得大国经济可以依靠国内资源实现内源性增长，依托国内市场实现内生性发展。

典型特征就是突出和鲜明的个性特征，大国经济发展的典型特征就是从大国经济发展的典型化事实中概括地、集中地反映大国经济发展的特殊性机制的特征。例如，库兹涅茨分析了大国经济内部区域差异较大、外贸在国家总产值的比重较高等特征；钱纳里分析了大国在出口构成中专业化水平低、在经济发展初期实现经济结构转换，以及大国的投资和储蓄水平高于小国等特征；张培刚总结了发展中大国经济发展的经验性特点，即大国人口众多以及国内需求和市场容量较大，因而在经济发展过程中外贸比重较低；大国需要建设规模宏大的基础设施和满足庞大的国内需求，因而对资金的需求量特别大；大国采取内向型发展政策，因而在工业化起步阶段就建立起门类齐全的工业体系；大国拥有丰富的劳动力和自然资源，因而在工业化初期具有发展优势。[①] 归纳和总结经济学家的论述，可以提炼出六个主要的典型特征：一是自然资源和劳动力资源规模庞大，而且这些要素禀赋具有异质性，所以能够满足国家和不同地区的劳动力需求、技术需求和产业发展需求；二是国内需求和市场规模庞大，而且消费需求和国内市场具有差异性，进而形成多元性和多层次结构；三是需要建立比较完整

---

① 张培刚：《新发展经济学》，河南人民出版社 1992 年版，第 44 页、第 49 ~ 51 页。

的产业体系，形成合理的产业布局和区域布局，因而在工业化初期就较快地实现经济结构的转变；四是需要建立大规模的基础设施体系，形成规模庞大的投资需求，因而形成较高的积累和储蓄水平；五是以国内需求和国内市场为主体，形成外贸依存度比较低的发展格局，因而承受外部经济冲击的能力较强；六是区域经济和城乡经济发展差异比较明显，容易出现经济发展不平衡的现象，因而特别需要重视经济协调发展。

大国经济发展特征与发展优势之间具有必然的逻辑联系。从大国经济的特征出发，“扬长避短”，利用大国效应的积极影响，可以发挥和培育大国经济发展优势。根据大国经济发展的典型特征，我们需要在以下方面发挥和培育大国经济的发展优势，并且致力于实现各种优势的耦合，进而形成大国经济发展的综合优势。

一是资源供给充裕的发展优势。大国人口众多可以提供相对充足的人力资源，大国幅员辽阔可以提供较为丰裕的自然资源，这些是进行生产活动的前提条件，也是经济发展的重要动因，从而构成经济发展的重要优势。然而，这仅仅是一般的理论逻辑，在具体的某个国家的经济发展过程中，自然资源和人力资源所发挥的作用并不相同：有的国家依靠自然资源获得短期的经济繁荣，但却因为路径依赖落入自然资源“诅咒”；有的国家依靠人力资源获得初期的经济增长，但却在进入更高阶段后陷入经济停滞。因此，大国不仅要重视发挥自然资源的作用，更要重视技术创新驱动；不仅要重视发挥人力资源的作用，更要重视提升人力资源的质量。从总体上说，初级自然资源和低素质人力资源主要在工业化初级阶段发挥重要作用，而到了经济发展的高级阶段，必须依靠技术进步促进自然资源的加工和增值，依靠教育立国促进人力资源的质量提升，从而培育和增强大国经济发展优势。

二是市场规模庞大的发展优势。大国消费需求和投资需求强劲，可以形成庞大的市场规模，特别是消费需求作为最终需求，对经济增长起着直接和最终的决定作用，它们是拉动经济增长的主要动因，进而成为经济发展的重要优势。马克思认为需求不足将导致生产的过剩和停滞，凯恩斯认为有效需求不足是阻碍经济发展的重要原因。从总体上说，大国经济应该充分发挥国内需求强劲和市场庞大的优势，增强经济增长和可持续发展的动能。同时，需求本身也有结构问题，包括消费、投资和出口三个部分。在大国工业化初期，人均收入水平及购买力较低导致国内居民消费市场规模有限，因而投资和出口对经济增长的拉动作用很大。而到了工业化和经济发展的更高阶段，随着国民收入的大幅度增加，消费需求的规模越来越大，逐渐形成超大规模的国内市场，有利于培育大企业和大产业，所以市场规模庞大的优势作用也将愈益显著。

三是产业体系完整的发展优势。大国的国内需求规模庞大，而且存在多样性和多层次结构，这种庞大规模和多元结构的国内需求，往往不可能通过进口来满足，而必须通过国内生产来解决。所以，大国需要在工业化初期就建立起门类齐全的产业结构和国民经济体系，这种产业结构及经济体系有利于经济自主发展和国家自立自强，因而成为大国经济发展的重要优势。由于工业部门的各个产业和各个行业之间有着内在的联系，通过贸易链和供应链构成一体化的生产网络，大国建立了门类齐全的产业部门，基本能够覆盖各个产业及各个行业，可以形成比较完备的制造业体系和生产网络，因而拥有整体规模优势以及网络化优势。特别是在超大规模国家里，依托庞大的国内市场规模不仅可以支撑众多产业和行业发展，而且可以构建系统的、高效运行的产业链，从而形成自立自强的产业体系和内循环体系。

四是经济稳定韧性强的发展优势。大国庞大的国内市场减少了对国际贸易的依赖程度，相对于外贸依存度较高、规模较小的国家来说，可以更好地避免国际经济波动的消极影响，特别是避免主要贸易国家经济波动带来的巨大冲击，因而具有稳定发展的优势；大国国土面积大，市场范围广阔，可以在不同的区域布局不同的产业，经济发展拥有纵深的空间，某个产业的衰落不至于对整个国民经济造成重大影响，经济生长点可以在不同的区域和空间移动。而且，数量众多的企业构成的产业链和供应链网络，具有适时地进行调节和转换的能力。这种有利于抵抗外部风险的特征，以及在国内不同的区域和企业之间实现产业链和供应链转换或者调适的能力，也成为大国经济发展的特定优势。

三、大国经济特征和发展格局

经济发展格局是根据经济发展特征和发展优势而选择的某种经济结构或者发展型式。汉语中的格局是指结构和格式，英文中的格局（pattern）是指模式和型式，所以可以把国家经济发展格局定义为国家配置资源和市场的基本结构和型式。具体地说，一个国家根据自身的经济特征和优势来选择或者确定将资源要素和市场要素合理配置的结构和型式，就形成这个国家的经济发展格局；一个大国根据经济发展的规模性和内源性特征而形成的经济结构或者发展型式，就是大国发展格局。可见，大国经济发展格局与大国经济特征及大国经济优势之间存在必然的逻辑联系。

经济学家对发展格局的分析可以追溯到斯密，他在《国富论》中以中国古代经济为例描述了大国经济格局："单单这个广大的国内市场，就够支持很大的制造业，并且容许很可观的分工程度。""假设能在国内市场之外，再加入世界其余各地的国外市场，那么更广大的国外贸易，必能大大增加中国制造品，大大改进其制造业的生产力。”[①] 这个发展格局的基本框架就是依靠广大国内市场发展制造业，深化分工和提升制造业生产力，同时以国外贸易为补充，进一步增强制造业的生产力。可见，斯密提出了一个大国经济内外循环格局的雏形。钱纳里和塞尔昆所著《发展的格局（1950—1970）》（*Patterns of Development*，1950—1970）根据二战后20年间100个经济增长不同国家的统计资料，分析这些国家在发展过程中经济结构上的一般变化趋势，他们认为："依据规模和贸易格局将各国划分为具有不同发展格局的类型组（在各组内，每个国家的发展进程具有高度的一致性），使我们有可能研究和揭示各国经济发展的一般规律。"[②] 同时，他们具体分析了大国格局和小国格局的特点，即从规模效应的视角分析大国格局、从资源效应的视角分析小国格局，主要研究了出口产品比重及专业化程度。中国在经济走向高质量发展和迈向高收入国家的转型时期，明确地提出了"加快构建以国内大循环为主体、国内国际双循环相互促进的新发展格局"的战略目标，这是中国经济学理论创新的重要内容，其理论贡献在于：①超越了以往仅以国内需求和国内市场为主来分析大国发展格局的观点，研究视角更加全面，拓展为国内经济循环系统，从而涵盖了更加丰富和深化的内容。②超越了以往将国内需求、国内市场与国外需求、国外市场分割开来的观点，更加重视国内循环系统与国际循环系统的联结，特别强调进入国际循环系统的产业选择和时机选择。③超越了以往主要停留在宏观思路上的观点，更加深入地分析形成强大国内市场的机制，提出了一整套相应的政策思路和措施。具体地说，根据大国经济的特征、优势和规律，新兴大国构建新发展格局需要深入研究和把握以下重点问题。

根据大国经济内源性特征，实施扩大内需战略，加快建设现代化产业体系。中国是典型的新兴大国，不仅拥有人口众多和幅员辽阔的初始特征，自然资源和人力资源供给也较为充裕。而且人均国民收入显著增加，市场需求规模愈益增大。这种强劲的市场需求与充裕的要素供给相结合，构成了经济自主发展的大国优势。在中国经济发展的新阶段，应该坚持走着力扩大国内需求的大国经济发展道路。一是实施扩大内需战略和培育完整的内需体系。在从中等收入国家迈向高收入国家行列的进程中，居民消费需求的总量和质量需要大幅度提升，基础设施建设和公共产品供给的总量和质量也需要大幅度提升，国内需求的扩张仍然拥有巨大的潜力，我们应该"把实施扩大内需战略同深化供给侧结构性改革有机结合起来，按照生产、分配、流通、消费和投资

① 亚当·斯密：《国民财富的性质和原因的研究》（下卷），郭大力等译，商务印书馆1974年版，第247页。

② 霍利斯·钱纳里、莫尔塞斯·塞尔昆：《发展的格局（1950－1970）》，李小青等译，中国财政经济出版社1989年版，第81页、第109页。

再生产的全链条拓展内需体系，培育由提高供给质量、优化分配格局、健全流通体系、全面促进消费、拓展投资空间等共同组成的完整内需体系”。[①] 二是加快发展现代化产业体系和优化国内产业链布局。发挥大国产业规模优势和配套优势，在已经形成的比较完备的产业体系的基础上，加快建设现代化产业体系，致力于推进制造大国走向制造强国，以数字技术赋能先进制造业，促进先进制造业和现代服务业深度融合，积极发展战略性新兴产业和谋划未来产业，“构建实体经济、科技创新、现代金融、人力资源协同发展的现代产业体系”。[②] 特别是要锚定自主自强和安全可控的目标，依托大国内需体系优化国内供应链和产业链，推动制造业补链强链，推动产业链多元化，努力打造战略性全局性产业链，切实防范“断链”的风险。

遵循大国经济循环规律，建设全国统一大市场，促进商品要素资源在更大范围畅通流动。大国拥有庞大的市场规模和广阔的市场范围，倘若国内存在基础设施和制度性障碍，就会导致区域和行业的分割，从而缩小市场范围和市场规模，减弱大国的市场规模优势。为此，需要“加快建立全国统一的市场制度规则，打破地方保护和市场分割，打通制约经济循环的关键堵点，促进商品要素资源在更大范围内畅通流动，加快建设高效规范、公平竞争、充分开放的全国统一大市场”。[③] 需要解决的关键问题包括：①建立和完善统一的市场基础制度规则。实行统一的市场准入制度，落实“全国一张清单”的管理模式，制定全国通用的资格清单，并且规范评估的程序和管理办法；健全公平竞争的制度框架及政策实施机制，完善公平竞争政策及产业政策协调保障机制，构建有效的反垄断法律规则体系，确保不同主体和不同所有制企业享有平等竞争的权利；编制出台全国公用信用信息基础目录，建立公共信用信息与金融信息共享整合的机制，加快社会信用立法，构建以信用为基础的新型监管机制。②规范政府行为和市场干预行为。采取措施撤除区域壁垒，规范妨碍统一市场建设的行为，以公平的制度供给和营商环境吸引企业投资；充分发挥法治的引领、规范和保障作用，通过健全保护公平竞争和促进统一市场建设的法律法规，将各级地方政府的行为纳入法治的轨道，依法开展招商引资活动，依法规范国有企业和民营企业、当地企业和外地企业的经营行为，提高政府部门执法的统一性、权威性和协调性。

依托超大规模市场优势，集聚全球优质要素培育国内产业，促进大国经济的创新

---

① 《中共中央国务院印发〈扩大内需战略规划纲要（2022—2035 年）〉》，载《人民日报》2022 年 12 月 15 日，第 5 版。

② 《中华人民共和国国民经济和社会发展第十四个五年规划和 2035 年远景目标纲要》，载《人民日报》2021 年 3 月 13 日，第 6、5 版。

③ 《中共中央国务院关于加快建设全国统一大市场的意见》，载《人民日报》2022 年 4 月 11 日，第 1 版。

发展和高质量发展。在现代经济发展中，市场资源是特别重要的资源，随着中国经济发展进入新阶段，经济发展的综合优势逐渐发生变化：劳动力和自然资源要素的低成本优势在逐步丧失，技术模仿的后发优势在逐步缩小，唯有市场规模优势在逐步扩大。为了发挥超大规模的市场优势，“必须坚定不移扩大开放，持续深化要素流动型开放，稳步拓展制度型开放，依托国内经济循环体系形成对全球要素资源的强大引力场”。① 具体地说，一是集聚全球生产要素培育国内大产业和大企业，利用国内大市场的“虹吸效应”，在全球范围内吸引更多和更高级的生产要素，依托本土市场形成要素集聚，以要素集聚促进产业集聚，并且发挥市场范围促进分工深化的作用，增强产业发展的专业化优势，形成国内产业规模和产业链条；通过要素集聚促进生产规模的扩大，发挥企业生产规模的报酬递增效应，培育一批现代化和国际化的巨型企业；通过要素集聚引导企业集群和产业集聚的发展，在要素集聚、企业集聚和产业集聚中形成经济增长极，并通过辐射作用带动周边地区发展。二是集聚全球创新要素推动科技创新和技术进步，开放创新是技术进步的必然规律，特别是后发大国更加需要开放创新，利用超大规模市场形成的规模经济效应吸引全球的创新资源，利用大国技术创新可以摊薄研发成本、节约研发资源和增加研发收益的优势，开展有利于国家自主自强的技术创新，通过先进技术集成创新和原始技术突破创新的路径，实现重要产业关键核心技术的追赶和超越，从而推动创新驱动以及走向经济高质量发展。

构建大国产业联动机制，选择高水平产业进入国际产业链，推动重点支柱产业占据全球价值链高端。大国在封闭的国际环境中拥有经济发展的优势，而小国则会在开放的世界经济中获得更大的市场规模，倘若大国实行封闭的经济政策，就有可能丧失市场规模优势和全球化红利。然而，一些后发大国往往在融入世界经济的过程中出现“低端锁定”的现象，长期处在全球价值链的低端，难以大幅度增加国民收入从而跨越“中等收入陷阱”。为了突破全球价值链的“低端锁定”问题，一是要发展国内大产业增强自主创新能力，围绕产业链培育创新链，选择国家重点产业、战略性新兴产业和未来产业，以新型举国体制优势提升关键核心技术自主创新能力，通过集成创新、原始创新和颠覆性创新，真正占据国际技术前沿，以先进技术引领企业和产业发展，增强国际竞争力；二是发展国内大产业，增强整体设计能力，在技术研发的基础上进行产品的整体设计，控制产品的研发、制造和营销各个环节，形成总部经济模式，并且通过形象塑造形成品牌优势，获取品牌价值增值。在国内产业和企业增强技术自主创

① 《中华人民共和国国民经济和社会发展第十四个五年规划和 2035 年远景目标纲要》，载《人民日报》2021 年 3 月 13 日，第 6、5 版。

新能力以及整体设计能力、品牌塑造能力的基础上，选择一些产业、企业和产品进入国际经济大循环，以现代化和高水平的国内产业链嵌入全球产业链，依托强大的技术创新能力和整体设计能力，对各国企业进行价值链的深度分解，并对全球资源进行战略组合，从而实现从以我为主导的国内价值链向以我为主导的全球价值链的转换，使中国的先进产业和先进企业占据全球价值链的高端，进而实现跨越“中等收入陷阱”，全面建成社会主义现代化强国。

大国发展格局论：形成、框架与现代价值*

欧阳峣　汤凌霄**

摘　要　《新帕尔格雷夫经济学大辞典》里没有“发展格局”词条，但有“循环流动”的概念。弗朗索瓦·魁奈曾用“血液循环”来描述生产循环过程；里昂惕夫主张以循环流动原理作为经济学理论的奠基石。现有文献中，霍利斯·钱纳里最早提出“发展的格局”的概念，他从国家规模的角度阐述了“大国格局”和“小国格局”，并且以偏重内向政策还是外向政策为标准区分两种类型。中国经济学家创建的大国发展格局论是大国经济发展理论的重要内容，既是新中国探索经济发展模式及其演变的经验总结，也是中国经济学家对大国经济发展规律的理论概括，对于发展中大国经济发展战略的选择和转型具有普遍意义。

关键词　大国发展格局论　形成框架　现代价值

《新帕尔格雷夫经济学大辞典》里没有“发展格局”词条，但有“循环流动”(circular flow) 的概念。弗朗索瓦·魁奈（Francois Quesnay，1758）曾用“血液循环”来描述生产循环过程；里昂惕夫（Leontief，1928）主张以循环流动原理作为经济学理论的奠基石。① 现有文献中，霍利斯·钱纳里（Hollis Chenery，1975）最早提出“发展的格局”的概念（patterns of development，另译为“发展的型式”），他从国家规模的角度阐述了“大国格局”和“小国格局”，并且以偏重内向政策还是外向政策为标准区分两种类型。② 中国经济学家创建的大国发展格局论是大国经济发展理论的重要内容，既是新中国探索经济发展模式及其演变的经验总结，也是中国经济学家对大国经济发展规律的理论概括，对于发展中大国经济发展战略的选择和转型具有普遍意义。

---

* 本文原载于《经济研究》2022 年第 4 期。

** 作者简介：欧阳峣，湖南师范大学商学院教授、博士生导师，湖南师范大学大国经济研究中心主任，上海大学经济学院特聘教授。汤凌霄，湖南师范大学潇湘学者特聘教授、博士生导师。

① 乔治·吉利贝儿：《循环流动》，载《新帕尔格雷夫经济学大辞典》（第 1 卷），经济科学出版社 2016 年版，第 702 页。

② 霍利斯·钱纳里、莫尔塞斯·塞尔昆：《发展的格局（1950—1970）》，中国财政经济出版社 1989 年版，第 67 ~ 69 页。

一、发展格局的理论渊源

亚当·斯密在其代表性著作《国民财富的性质和原因的研究》中论及了经济学家至今研究的大量问题。在这部著作里，斯密通过描述中国古代经济繁荣的景象，展示了大国发展格局的框架："中国幅员是那么广大，居民是那么多，气候是各种各样，因此各地方有各种各样的产物，各省间的水运交通，大部分又是极其便利，所以单单这个广大的国内市场，就够支持很大的制造业。"同时，"假设能在国内市场之外，再加上世界其余各地的国外市场，那么更广大的国外贸易，必能大大增加中国制造品，大大改进其制造业的生产力"。[①] 这两段话中包含着三个假设：第一，人口众多和幅员辽阔的国家可以拥有规模庞大的国内市场，支撑制造业的发展；第二，在国内各区域间改善交通条件，有利于形成广大的国内市场；第三，通过发展对外贸易利用世界各地市场，可以增加市场规模和制造业发展空间。第一段话是描述"国内大循环"为主体的局面，第二段话是描述"国内国际双循环"的局面，这两段话极为精辟地描述了大国经济发展格局，并且表明了形成这种格局的两个重要现实基础：一是形成大国经济的初始条件，即国家幅员辽阔和人口众多；二是形成市场规模的重要条件，即各地区之间交通便利。

遵循斯密提出的命题，后来的经济学家沿着两条路径进行探索：一是重点研究内需为主的型式；二是重点研究经济开放的道路。这些研究使斯密提出的思想观点得到深化、细化和检验，从而成为大国经济发展格局理论的思想渊源。

（一）研究国民经济循环的过程，探索国内市场为主体的大国经济发展型式

魁奈认为经济科学的基本任务就是研究允许生产循环过程反复出现的技术和社会条件，他在《经济表》（1758）中刻画了社会总产品的再生产与流通过程，并将整个流通过程分解为商品和货币流通的五次交换行为。[②] 魁奈的发现在经济思想史上产生了深远的影响，它经过马克思的深化研究变成了科学的"再生产图示"，经过瓦尔拉斯的深化研究变成了"一般均衡体系"，经过里昂惕夫的深化研究变成了完美的"投入－产出

① 亚当·斯密：《国民财富的性质和原因的研究》（下卷），商务印书馆 2003 年版，第 247 页。

② 魁奈：《魁奈经济著作选集》，商务印书馆 1979 年版，第 309 页。

表”，而且被誉为凯恩斯“乘数理论”的粗略表述。

马克思在《资本论》中分析了再生产过程，它包含生产、分配、流通、消费四个环节，国民经济循环就是由这些活动相互作用构成的整体系统。马克思分别从微观经济和宏观经济的角度分析了经济循环。首先，马克思对物质生产部分中的单个产业资本循环做了经典的分析，他将单个企业的资本分为货币资本、生产资本和商品资本三种形式，分析了单个资本循环的三个阶段，即购买阶段、生产阶段和售卖阶段，认为“产业资本的连续进行的现实循环，不仅是流通过程和生产过程的统一，而且是它的所有三个循环的统一”。[①] 其次，分析了国民经济整体的循环，他认为经济循环就是社会再生产中社会总产品的实现，社会再生产是连续不断的运动，“这个运动不仅是价值补偿，而且是物质补偿，因而既要受社会产品的价值组成部分相互之间的比例的制约，又要受它们的使用价值，它们的物质形态的制约”，[②] 在生产和分配之后，社会总产品各个组成部分经过流通进入消费，获得价值上的补偿和使用价值的替换，从而达到社会总产品的实现。瓦尔拉斯在《纯粹经济学要义》（1874）中提出了一般均衡理论，他认为在整个经济体系处于均衡状态的时候，所有消费品和生产要素的价格以及它们的产出和供给，将有一个确定的均衡值；在“完全竞争”的均衡条件下，出售一切生产要素的总收入和出售一切消费品的总收入必将相等。[③] 里昂惕夫在《投入产出经济学》（1966）中提出的投入产出分析方法，为研究社会生产各部门之间的相互依赖关系，特别是系统地分析经济内部各产业之间错综复杂的交易提供了一种实用方法。在开放式的投入产出体系里，表示经济的各生产部门每单位产出的价格将等于它在生产过程中的支出总额。[④] 魁奈、马克思、瓦尔拉斯和里昂惕夫的研究，揭示了国民经济的生产过程和流通过程的系统性规律，分析了再生产过程的结构、产出和供给的均衡以及开放式投入产出体系，从而成为研究国内经济循环的理论基础。

李斯特、库兹涅茨和钱纳里，则是从以国内市场为主体的角度研究了大国经济发展型式和格局。李斯特在《政治经济学的国民体系》（1841）中提出了他的国家生产力理论，认为国家生产力应该是“生产力的平衡或协调”，即各地区、各部门和各类工作之间相互协作的有机整体，它不仅关注各种工作之间的协作，而且更加重视各种生产力的性质及其主次关系，在一个发展完善的国家经济体系内部，工业的发展将带来其他各类工作的普遍繁荣。他特别强调国内市场的作用，认为“国内市场……的重要性

① 《资本论》（第2卷），人民出版社2004年版，第119页。

② 《资本论》（第2卷），人民出版社2004年版，第438页。

③ 莱昂·瓦尔拉斯：《纯粹经济学讲义》，商务印书馆1989年版，第167~168页。

④ 沃西里·里昂惕夫：《投入产出经济学》，商务印书馆1980年版，第12~13页。

十倍于国外市场”。[①] 而且主张在工业发展的初级阶段采取政府保护政策，扶持本国工业生产力发展，特别是通过交通条件的改善，降低国内市场的交易成本，建立统一的国内市场，依靠国内市场促进民族工业发展。库兹涅茨在《各国的经济增长》（1971）中通过实证分析不同类型国家的经济结构，发现了国家规模与外贸依存度的反比例关系。“对外贸易业务和对比优势改变的贡献，对国家的经济规模来说是反函数，国家较小，贡献就更大。”[②] 在较小的发达国家，对外贸易可能成为使它达到发达国家这一组类的人均生产率水平的关键因素；而在对外贸易占比较小的大国，对外贸易扩大对国内生产结构改变的贡献是较为有限的。可见，大国经济增长的动力主要来自国内需求，大国更应该依靠国内需求推动经济发展，促进生产结构的改变。钱纳里在《发展的格局》（1975）中更加明确地阐述了大国发展动力和发展格局问题，他根据 110 个国家的经济数据，分析它们在发展过程中的经济结构的变化趋势，并对大国发展格局和小国发展格局进行比较研究，主要是依各国外贸格局的相似度来划分的。他指出，大国普遍采取内向型发展政策，这种内向型政策在国内资源积累和资源配置方面都有反映。[③]

（二）研究国际贸易形成的过程，探索进入国际经济大循环的大国开放道路

斯密是自由贸易的倡导者，他在《国富论》（1776）中运用分工理论分析自由贸易的合理性，认为在国际贸易中获得利益的原因是生产商品的劳动生产率高于贸易伙伴国，这种理论被称为绝对优势理论或者绝对成本理论。[④] 真正成熟的国际贸易理论是从大卫·李嘉图开始的，他在《政治经济学和赋税原理》（1817）中提出了比较优势理论，认为各个国家生产和交换本国具有比较优势的产品，可以获得比较利益和增加人民的福利。他从技术差异入手分析比较优势形成的原因，从而解释贸易利益的普遍存在性，揭示了国际贸易产生的一般性基础。[⑤] 然而，李嘉图的理论也存在局限性：一是从生产力的视角解释国际贸易形成的原因，而忽略需求因素的研究；二是以技术的差异性为基础，却不能解释技术水平相同的两个国家进行贸易的基础。以后的经济学家在克服这两个局限方面作出了贡献，赫克歇尔（1919）和俄林（1939）通过技术、要

---

① 弗里德里希·李斯特：《政治经济学的国民体系》，商务印书馆 1961 年版，第 122 页。

② 西蒙·库兹涅茨：《各国的经济增长》，商务印书馆 1999 年版，第 144 页。

③ 霍利斯·钱纳里、莫尔塞斯·塞尔昆：《发展的格局（1950—1970）》，中国财政经济出版社 1989 年版，第 81 ~93 页。

④ 亚当·斯密：《国民财富的性质和原因的研究》（上卷），商务印书馆 2003 年版，第 11 页。

⑤ 大卫·李嘉图：《政治经济学及赋税原理》，商务印书馆 1997 年版，第 108 页。

素禀赋和偏好的一般均衡分析，构建国际贸易理论的标准模型，认为各国的要素禀赋以及生产不同产品所要求的要素比例不同，所以每个国家将集中生产和出口那些密集地使用该国最丰富生产要素的商品。[①] 一些当代经济学家则提出“新贸易理论”，克鲁格曼在《国际经济学》（1988）中试图超越“局部均衡分析方法来探讨规模经济与比较优势是如何相互作用并决定国际贸易模式的”[②]，他认为比较优势模型是以规模报酬不变的假设为基础的，事实上许多行业具有生产规模越大，生产效率越高的规模经济，各国将选择有利于自己的规模经济并与他国进行国际贸易，规模经济贸易利益的存在可以使各国生产者在生产规模化和产品多样化中获得更多的利益。

伴随着经济全球化的进程，马克思等经济学家从开拓国际市场的角度研究经济开放的必然性，揭示加入国际经济大循环的路径。马克思主要从资本输出的角度分析了资产阶级开拓世界市场的原因，他认为资本输出的目的就是追求利润最大化，“资本按其本性来说，力求超越一切空间界限。”[③] 而且，资本输出导致“剥削”和“共赢”并存，虽然处于不利条件下的国家在国际交换中所付出的实物形式的物化劳动多于他所得到的，但是它由此得到的商品将比他自己所能生产的更便宜。随着生产的国际化，资金、技术和劳动力等生产要素开始在世界范围内自由流动，从而在更大程度上实现优化配置。20 世纪 90 年代的现代国际投资理论，深化了要素流动领域的研究。进入 21 世纪后，从全球要素流动的研究进入全球生产体系和全球要素分工的研究，使全球价值链视角下的国际生产体系成为经济学界最活跃的主题。有的学者分析了产品价值链、产业内分工和国际生产网络，并提出“全球产业价值链”的概念，较好地解释了整个生产过程各个环节的价值和利润的分配。

综上所述，在经济思想发展史上，经济学家主要围绕大国发展型式和经济开放道路两大问题开展深入研究：一是探讨国民经济循环的系统机制和影响因素，大国经济发展型式及其特殊性规律，国内市场的重要性及形成统一国内市场的路径，实际上就是国内大循环问题；二是探讨开拓国际市场的必然性和重要性，国际贸易形成的原因和影响因素，经济全球化趋势和特征，全球要素流动和世界生产体系，实际上就是国际大循环问题。显然，这两个领域的研究取得的理论成果，提出的各种假设、观点和学说，成为中国经济学家系统地研究大国发展格局理论的思想渊源。

① 熊性美、戴金平等：《当代国际经济与国际经济学主流》，东北财经大学出版社 2004 年版，第 31 ~ 32 页。

② 保罗·克鲁格曼、茅瑞斯·奥伯斯法尔德：《国际经济学》，中国人民大学出版社 2002 年版，第 129 页。

③ 《马克思恩格斯全集》（第 30 卷），人民出版社 1995 年版，第 521 页。

二、当代中国经济学家的理论贡献

新中国成立以后，经济学家对中国经济发展模式和发展战略进行了长期的探索，从总体上可以分为三个阶段：第一阶段（1949～1978 年）主要研究了中国的工业化战略，基本观点是坚持“独立自主，自力更生”的方针，加速实现社会主义工业化，建立独立完整的国民经济体系，在科学技术领域推行自主创新战略；第二阶段（1979～2005 年）主要研究了中国的经济开放战略，基本观点是开放乃中国经济发展的必由之路，要善于利用国际国内两种资源和两个市场，积极融入世界经济和经济全球化，并采取从沿海向内地推进、从浅层向深层推进的渐进式开放战略；第三阶段（2006～2020 年）主要研究了中国经济发展战略转型，基本观点是中国经济发展应该实现内外均衡，走以内需为主的大国经济发展道路，建设强大的国内市场，实施基于内需的全球化战略，构建以国内大循环为主体的国内国际双循环发展格局。在探索大国经济发展格局的过程中，一些经济学家进行了踏实的理论研究，为大国发展格局理论的形成作出了独特贡献。

（1）针对西方发展经济学理论的局限，提出发展中大国应该成为发展经济学的重要研究对象的命题，借鉴库兹涅茨和钱纳里的理论，最早提出大国内源发展和适度对外开放的观点，形成双循环经济发展格局的雏形；同时，根据发展中大国的发展经验，分析增长条件、起飞轨迹、发展规律的特殊性，为研究大国经济发展问题作出先驱性探索。[①] 主要的理论贡献如下：

第一，提出发展中大国应该成为发展经济学的重要研究对象。发展中大国是指人口众多、幅员广阔、资源丰富、历史悠久、人均收入水平低下的发展中国家，以往的发展经济学忽视发展中大国的研究，仅为若干中小国家和地区实现工业化和经济起飞作出了贡献，而不能从总体上揭示大国经济发展的复杂过程和特殊规律；发展中大国占世界人口的比重大，倘若不能使发展中大国改变贫穷落后的面貌，发展经济学就永远谈不上成功。“发展经济学唯有对问题特别复杂的大国进行重点研究，揭示出大国经济发展的规律，找出解决的途径，才能使其理论观点和政策主张更富有普遍

① 参见张培刚的代表性著作：《新发展经济学》，河南人民出版社 1992 年版；《新发展经济学的思路》，载《江海学刊》1994 年第 3 期；《发展经济学往何处去——建立新型发展经济学刍议》，载《经济研究》1989 年第 6 期。

性和实用性。”①

第二，揭示发展中大国经济发展的经验性特点。发展中大国的社会经济发展有其特殊性，在“增长条件、起飞轨迹和发展规律等方面，也就既与工业化发达国家有所不同，又和发展中的中小国家和地区有很大的差别”。② 大国人口众多，国内消费需求和市场容量相对较大，因而在经济发展过程中外贸比重比较低；大国需要建设规模宏大的基础设施和满足数量庞大的国内需求，对资金的需求量特别大，因而国内总需求中国内总投资比重高；大国需要在工业化的起步阶段就建立起门类齐全的工业体系，它不得不采取内向发展政策，从而在收入水平较低时就进入经济结构变动时期；大国拥有比较丰富的劳动力和自然资源，而且存在足够规模的国内市场，从而在工业化初期占有一定的发展优势。

第三，探索发展中大国经济的“内源发展”战略。发展中大国的生产量和资金需求量相当庞大，不可能完全依赖对外贸易和引进外资解决问题，它“不能像小国那样可以通过外向型经济的发展来实现经济起飞，而主要通过内向型的发展战略来实现经济起飞”。③ 发展中大国在应对外部经济冲击方面具有特点和优势：一是发展中大国的自我循环能力较强，在国际经济中具有更大的回旋余地；二是大国在国际关系中的地位较重要，发达大国往往不会忽视欠发达大国在国际关系和地区关系中的作用；三是大国竞争力的预期较高，从而抑制欠发达大国竞争力的增长成为发达国家政治经济战略的重要目标；四是发展中大国的国内市场规模大，从而对发达国家具有吸引力。为此，应该正确处理内源发展与对外开放的关系，制定切实可行的发展战略。

（2）沿着前者的研究思路，将斯密市场范围假说、马歇尔规模报酬假说和熊彼特创新发展假说三种范式有机结合，提出大国发展经济学的理论框架；同时，以大国供需均衡模型、大国内生能力原理和大国综合优势原理，以及建设强大国内市场、内需驱动出口模式和大国经济发展战略导向的研究，为构建以内需为主的大国经济发展道路提供系统的理论支持。④ 主要的理论贡献是：

第一，构建“大国发展经济学”的逻辑体系。以人口众多和幅员辽阔为初始特征，

---

① 张培刚：《新发展经济学》，河南人民出版社 1992 年版，第 44 页。

② 张培刚：《新发展经济学》，河南人民出版社 1992 年版，第 49 页。

③ 张培刚：《新发展经济学》，河南人民出版社 1992 年版，第 48 页。

④ 参见欧阳峣的代表性著作：《大国发展道路：经验和理论》，北京大学出版社 2018 年版；《大国经济发展理论》，中国人民大学出版社 2014 年版；《大国发展经济学》，中国人民大学出版社 2019 年版；《大国综合优势》，格致出版社、上海三联书店、上海人民出版社 2011 年版；《基于“大国综合优势”的中国对外直接投资战略》，载《财贸经济》2006 年第 5 期；《大国创新道路的经济学解析》，载《经济研究》2017 年第 9 期。

“从‘规模’范畴出发形成的大国经济学的逻辑链条，从‘结构’范畴出发形成的发展经济学的逻辑链条，两者有机地结合起来，就可以构建大国发展经济学的逻辑体系”。[①] 大国经济的核心问题是规模问题，发展中国家经济的核心问题是结构问题，发展中大国经济的基本问题是规模和结构问题；从要素规模到供需均衡机制形成大国内生能力原理，从多元结构到要素耦合机制形成大国综合优势原理；基于发展中大国的基本特征和重要原理，在经济发展实践中应该选择内生发展、稳定发展、协调发展和创新发展战略。

第二，概括大国经济发展的基本规律和原理。从经济增长需求动力和要素供给的视角分析，大国应该走以内需为主和内生发展的道路，建立完备的国民经济体系和产业体系，以自主创新推进技术进步和产业升级。由于拥有总体规模庞大的资本和资源，在封闭条件下生产要素可以实现供需均衡；拥有资源丰富和市场范围广阔的优势，依靠国内资源和市场可以推动经济自主协调发展；拥有经济规模巨大和多元结构特征，从而使整体经济产生强大的韧性。

第三，揭示发展中大国内需驱动出口型式的机理。要素禀赋和国内需求是大国外贸发展的两大优势，但是要素驱动出口型式将使出口产品结构集中在少数具有要素禀赋比较优势的产品，出口产品以国外需求为导向，与国内需求的关联性不强；内需驱动出口型式虽然受到国外需求影响，但却根植于国内需求，与国内市场的联动性较强。大国偏向内需驱动出口型式，而且这种出口型式“遵循‘国内需求—本土企业竞争优势内生演进—贸易结构升级—出口增长绩效改善’的良性内生机制”。[②] 庞大的国内需求为本土企业培育高层次外贸竞争优势提供了压力和可能，一是大国国内市场可以摆脱规模效益与竞争机制的两难冲突，激励本土企业寻求高层次竞争优势；二是巨大的国内需求降低创新成本，有利于本土企业培育以技术和品牌为核心的高层次竞争优势；三是巨大的国内市场产生虹吸效应，为本土企业培育高层次竞争优势集聚优质要素。

（3）借鉴李斯特国家生产力理论和美国学派国民经济学说，总结大国崛起经验和保护主义政策体系；同时，针对中国出口导向模式的缺陷，提出逐步实现从国际大循环向国内大循环的战略大转型，保护民族产业和国内市场，促进国民经济各部门之间相互提供需求和市场，构建以公共采购为支撑的网络型举国体制，为形成国内大循环

① 欧阳峣：《大国发展经济学》，中国人民大学出版社 2019 年版，第 61 页。

② 欧阳峣：《大国发展道路：经验和理论》，北京大学出版社 2018 年版，第 154 页。

提供理论支持。[①] 主要的理论贡献是：

第一，揭示国际大循环经济发展战略的弊端。“由于跨国公司模块化生产、发达国家对国际贸易的垄断结构和美元霸权的支配性影响，国际大循环经济发展战略不但使我国在国际分工中被锁定于产业低端的依附地位，而且也使我国遭受到美元霸权的掠夺，这是我国经济虽然高速增长，但已经无法再像战后日本和韩国那样使全体国民福利得到普遍改善的基本原因。”[②] 而且，“大进大出”导致资金、资源和劳动力被虹吸到沿海的出口导向型部门，造成畸形的外向与内需相分割的“二元经济”，形成内需长期无法启动以及民族企业的投资机会被外资挤占并引发经济泡沫的重要原因。

第二，探讨从“国际大循环”向“国内大循环”的战略转型。借鉴李斯特的国家生产力理论和美国学派的国民经济学说，大国经济崛起需要保护主义战略，中国经济发展需要“逐步实现从国际大循环经济发展战略向国内大循环经济发展战略的大转型：通过把注意力转向‘内部改善’，在国内大循环经济的内部环境上下功夫”。[③]

第三，构建以公共采购为支撑的“网络型举国体制”。国内经济大循环需要构建集中力量办大事的举国体制，但是建设市场经济条件下的“新型举国体制”应该不同于计划经济条件下的“两弹一星”的高度集中举国体制，可以借鉴西方发达国家二战后形成的“网络型举国体制”，它的主要特点：一是针对性资源，即政府研发资金集中帮助技术专家克服技术创新的关键性障碍；二是市场化运作，即通过经纪活动在生产者、工程师、科学家以及其他相关人员之间牵线搭桥，最终将新技术商业化；三是公共采购，即由政府为新生的核心技术在试错、提高质量并打入商用市场之前提供有保障的市场需求。[④]

（4）探索基于内需的经济全球化战略，提出构建以本土市场为基础的国家价值链，从依赖国外市场转化为国内外市场并重的协调发展道路，从利用别国市场用足本国低端生产要素的第一波全球化，转向利用本国市场用足国外高级生产要素的第二波全球化；同时，梳理新发展格局的内在逻辑，提出市场利用重心、要素利用重心和经济循

① 参见贾根良的代表性著作：《新李斯特经济学在中国》，中国人民大学出版社 2015 年版；《国内大循环：经济发展新战略与政策选择》，中国人民大学出版社 2020 年版；《美国学派：推进美国经济崛起的国民经济学说》，载《中国社会科学》2011 年第 4 期；《政治经济学的美国学派与大国崛起的经济学逻辑》，载《政治经济学评论》2010 年第 3 期；《构建以公共采购为支撑的“网络型举国体制”——保障以市场需求为主的核心技术创新》，载《国家治理》2020 年第 42 期。

② 贾根良：《国内大循环：经济发展新战略与政策选择》，中国人民大学出版社 2020 年版，第 9 页。

③ 贾根良：《国内大循环：经济发展新战略与政策选择》，中国人民大学出版社 2020 年版，第 26 页。

④ 贾根良：《构建以公共采购为支撑的“网络型举国体制”——保障以市场需求为主的核心技术创新》，载《国家治理》2020 年第 42 期。

环方式转换的战略思路。① 主要的理论贡献是：

第一，提出构建以本土市场需求为基础的国家价值链。那些融入全球价值链底部的后进经济体，很难在发达国家主导的价值链下实现攀升和产业升级；中国在发展外向型经济的过程中，融入的是被“俘获”的全球价值链治理结构，在很大程度上弱化了经济独立自主发展的主动性。为此，应该“在融入 GVC（全球价值链）的基础上重新构建 NVC（国家价值链）战略，不是要放弃已有的国际市场需求和份额，而是要由依赖国外市场转化为以国内外市场并重的协调发展道路”。②

第二，探讨基于内需的经济全球化战略思路。中国以出口导向为特征的第一波经济全球化，可以概括为“利用别国的市场用足本国的低端生产要素”；中国参与第二波经济全球化的发展战略，可以概括为“利用本国的市场用足国外的高级生产要素，尤其是利用其创新要素发展本国的创新经济”。第二波全球化战略是要在扩大内需条件下实施深度全球化战略，支撑第二波全球化的关键要素：“基础是全球性城市，主体为全球化企业，分工是全球化产业，中心是全球化人才。”③

第三，构建中国经济内外循环的内在逻辑。以国内大循环为主体构建双循环发展格局，就是要实施基于内需的经济全球化战略，以内需为竞争优势激励企业参与国际经济循环。这个战略的内在逻辑是：“扩大内需—虹吸全球资源—形成以新兴产业为主导的现代产业链—以基础产业高级化、产业链现代化为目标，构建国内经济为主体的大循环格局——促进形成国内国际双循环相互促进的新发展格局。”④

（5）深入分析中国经济发展道路的经验，从总需求的角度提出大国双引擎增长模式，研究中国的大国优势、开放优势、发展阶段优势和体制优势；同时，通过实证分析揭示中国经济内循环和外循环关系演变过程，阐述内循环为主和外循环赋能的双循环实践，探讨全球价值链分工特征的经济影响，提出内向集成和外向集成全球资源的政策导向。⑤ 主要的理论贡献是：

第一，提出中国的大国内需外需双引擎增长模式。“从总需求的角度，提出大国双

---

① 参见刘志彪的代表性著作：《扩大内需条件下的经济全球化战略》，经济科学出版社 2013 年版；《经济全球化与中国产业发展》，译林出版社 2016 年版；《从融入全球价值链到构建国家价值链：中国产业升级的战略思考》，载《学术月刊》2009 年第 9 期；《基于内需的经济全球化：中国分享第二波全球化红利的战略选择》，载《南京大学学报》2012 年第 2 期；《重塑中国经济内外循环的新逻辑》，载《探索与争鸣》2020 年第 7 期。

② 刘志彪：《经济全球化与中国产业发展》，译林出版社 2016 年版，第 112 页。

③ 刘志彪等：《扩大内需条件下的经济全球化战略》，经济科学出版社 2013 年版，第 23 页。

④ 刘志彪：《重塑中国经济内外循环的新逻辑》，载《探索与争鸣》2020 年第 7 期。

⑤ 参见江小涓的代表性著作：《中国的外资经济——对增长、结构升级和竞争力的贡献》，中国人民大学出版社 2002 年版；《大国双引擎模式增长——中国经济增长中的内需和外需》，载《管理世界》2010 年第 6 期；《内循环为主、外循环赋能与更高水平双循环——国际经验与中国实践》，载《管理世界》2021 年第 1 期。

引擎增长模式，并从大国优势、开放优势、发展阶段优势和体制优势四个方面，分析这种模式的特点和可持续性。”① 一是从大国优势的角度看，内需是总需求主体。二是从开放优势的角度看，外需调整失衡和推动经济增长。三是从发展阶段优势看，应该继续扩大内需，优化内需结构，继续利用外需和提高开放水平。四是从体制优势看，要通过改革创新促进两种需求协调发展，努力完善要素市场，加快服务业改革开放，改善国有企业治理结构，合理地发挥政府和市场机制的作用。

第二，揭示中国经济内循环和外循环关系的演变过程。“一个国家内循环与外循环的关系，不仅受本国发展阶段和发展水平的影响，同时在很大程度上受国家经济规模的影响，大国国内有较为完整的经济体系，内部循环余地大。”② 中国经济发展转向更多地依靠内循环，符合中国经济发展的现实变化和内在规律，中国经济增长将呈现出大国在这个阶段的共同特点，更多依靠国内市场，更具有内循环为主体的突出特点。同时，需要完善体制和政策促进高质量的国内大循环，以更高水平外循环促进双循环畅通高效。

第三，探讨全球产业链分工特征对中国经济的影响。工业革命以来，全球产业分工大体经历三个阶段，即产业间贸易、产业内贸易、全球价值链。中国应该在更深层次和更高水平上参与全球产业链分工，一是内向集成全球资源，吸收外资、引进先进技术和进口自然资源；二是外向集成全球资源，贴近用户和市场，提高资金收益率，缓解国内产能过剩，关键是增强我国数字产业竞争力，并加快制度性开放的步伐。

（6）系统研究中国从工业大国向工业强国的转变过程，概括高质量工业化战略的核心内涵，揭示构建新发展格局就是新型工业化、信息化、城镇化和农业现代化的协同推进过程的规律；同时，基于经济现代化理论，提出新发展格局的“阶段、模式、动力”三维理论逻辑，以及以高水平自强自立和科技自主创新实现经济循环畅通的双协同政策体系。③ 主要的理论贡献是：

第一，提出双循环格局的三维理论逻辑。构建新发展格局是经济现代化的战略任务，应该从现代化理论中去挖掘理论逻辑。“在经典的现代化理论看来，经济现代化

① 江小涓：《大国双引擎增长模式——中国经济增长中的内需和外需》，载《管理世界》2010 年第 6 期。

② 江小涓等：《内循环为主、外循环赋能与更高水平双循环国际经验与中国实践》，载《管理世界》2021 年第 1 期。

③ 参见黄群慧的代表性著作：《工业化后期的中国工业经济》，经济管理出版社 2018 年版；《中国的工业大国国情与工业强国战略》，载《中国工业经济》2012 年第 3 期；《改革开放 40 年中国的产业发展与工业化进程》，载《中国工业经济》2018 年第 9 期；《新发展格局的理论逻辑、战略内涵与政策体系——基于经济现代化的视角》，载《经济研究》2021 年第 4 期。

的核心过程就是工业化，甚至可以把经济现代化就等同于工业化，这意味着现代化的实质就是由工业化驱动的现代社会变迁的过程。”① 所谓的经济现代化或工业化理论，更多的是对经济现代化阶段、动力、模式的理性认识。基于此，可以提出新发展格局的“阶段—模式—动力”三维理论逻辑认识：一是基于现代化阶段论，构建新发展格局是中国社会主义现代化进程进入新发展阶段的必然要求，是与现代化新阶段相适应的经济现代化路径；二是基于现代化模式论，构建新发展格局是中国基于自身资源禀赋和发展路径而探索的、以自立自强为本质特征的、突破关键核心技术“依附性”、具有“替代性”的一种经济现代化模式；三是基于现代化动力论，构建新发展格局是充分利用大国经济优势、围绕着自主创新驱动经济循环畅通无阻的经济现代化战略。

第二，揭示高质量经济现代化战略的核心内涵。经济现代化过程是工业化与城镇化互动的经济发展过程，构建新发展格局的经济现代化战略对工业化和城镇化提出新要求。中国“实施工业强国战略应该包括三个方面的重点任务，一是建立先进的技术体系，二是建立现代的产业体系，三是建立高效的管理体系”。② 构建新发展格局的高质量工业化战略核心，主要是从基于低成本劳动力的比较优势转向基于高科技创新能力的竞争优势，从出口导向转向内需主导，从追求高速度转向追求高质量发展。同时，构建新发展格局的战略过程要求畅通国内经济大循环，从内容上表现为信息化和工业化深度融合、工业化和城镇化良性互动、城镇化和农业现代化协调发展，这是当今的现代化进程的基本规律。

第三，构建双循环发展格局的“双协同”政策体系。“以高水平的自立自强和科技自主创新来实现经济循环的畅通无阻……相应的政策体系也需要不断创新完善”③：一是围绕畅通经济循环的中国经济治理，沿着需求侧管理政策与深化供给侧结构性改革政策有效协同的方向，使需求侧管理紧扣经济结构性问题做到更加精准有效，围绕培育完整内需体系做到更加积极有为，扭住扩大内需战略做到保持中性适度；供给侧结构性改革围绕畅通国内大循环实现供给和需求的高水平动态平衡，围绕国内国际双循环相互促进实现内需与外需的高水平协调发展。二是围绕提高自主创新科技能力需要，建立以竞争政策为基础的产业政策与竞争政策协同有效的技术创新政策体系，推进产业政策从选择性向功能性转型，真正确立竞争政策的基础地位；积极探索和健全完善社会主义市场经济条件下的新型举国体制，发挥集中力量办大事的优势；以国有企业

①③ 黄群慧：《新发展格局的理论逻辑、战略内涵与政策体系——基于经济现代化的视角》，载《经济研究》2021 年第 4 期。

② 黄群慧：《中国的工业大国国情与工业强国战略》，载《中国工业经济》2012 年第 3 期。

分类改革为前提将国有资本更加聚焦到高水平科技自主自强，促进实体经济创新发展和产业链供应链治理能力提升。

三、基本思想、中国经验及其意义

中国经济学家借鉴现代经济理论，从全球视角研究中国经济发展战略转型的经验，创造性地构建大国经济发展格局理论，形成了比较系统的思想体系。这套理论的基本思想观点，不仅可以在发达大国经济发展的历史事实中得到部分印证，而且已经在中国经济发展和改革开放实践中得到检验，它对于发展经济学理论的完善和发展有着重要的创新价值，对于发展中大国合理地选择经济发展型式以及实现阶段性战略转型有着重要的实践价值。

（一）大国发展格局理论的基本思想

主要内容有：其一，发展中大国应该合理选择内源发展和经济开放度，推动内需和外需双引擎增长，在经济现代化新阶段构建以国内大循环为主体、国内国际双循环相互促进的新发展格局。其二，发展中大国应该走以国内需求为主的经济发展道路，建设强大国内市场，破除区域分割和行业垄断，主要依靠国内的资源和市场推动经济稳定协调可持续发展。其三，发展中大国应该利用国外需求改善国内要素结构失衡问题，实施基于内需的全球化战略，采取内需驱动的出口模式，逐渐将产业链和价值链嵌入国际高端的位置。其四，发展中大国应该在新发展阶段构建国家产业链，利用国内产业配套完备的优势，确保国家产业链安全，合理地调节国内和国际产业链的转换。

（二）中国经济发展实践及经验总结

1. 新中国经济发展战略演进的三个阶段

新中国成立以来，经济发展型式的选择经历了三个阶段，从而形成三种不同的发展格局。第一阶段是从新中国成立到改革开放前。1949 年中华人民共和国成立后，我们在指导思想上坚持“独立自主、自力更生”的基本方针，并发展对外经济贸易，调动国内外一切积极因素为建设社会主义服务。中国为了建设工业化国家，建成独立完备的国民经济体系，只能依靠国内的资源和市场，同时实施“进口替代”战略，寻求机会引进国外的设备和技术。这就是“自力更生为主，争取外援为辅”的道路，相应地形成以国内大循环为主的经济发展格局。第二个阶段是从改革开放到党的十八大前。1978 年党的十一届三中全会以后，中国经济发展进入新时期，并开始经济发展战略的转型。大力发展劳动密集型产品出口、走“两头在外、大进大出”国际大循环战略的思路，从而形成了出口导向战略。从制造业开放扩大到服务业开放，从对外贸易到对外投资，进而推动对外开放体制机制的完善。这就是出口导向、发展外向型经济的道路，相应地形成加入国际大循环的经济发展格局。第三阶段是从党的十八大开始的，当前仍然处在转型时期。2020 年 4 月初，习近平首次提出“新发展格局”的概念，认为“国内循环越顺畅，越能形成对全球资源要素的引力场，越有利于构建以国内大循环为主体、国内国际双循环相互促进的新发展格局，越有利于形成参与国际竞争和合作新优势”。① 后来党的十九届五中全会明确了“加快构建以国内大循环为主体，国内国际双循环相互促进的新发展格局”的战略目标，并写入《国民经济和社会发展第十四个五年规划和 2035 年远景目标纲要》，开启了中国经济发展战略转型的新阶段。

2. 改革开放以后出口导向战略选择分析

遵循经济学理论的逻辑，大国实施内向发展战略需要具备三个条件：一是有庞大的国内需求，从而使各种生产要素结合而形成规模经济；二是有比较完善的市场机制，从而使各种生产要素流动而形成统一市场；三是有潜在的比较优势，从而发挥优势形成产业竞争力。但从改革开放初期的情况看，中国仅具备第三个条件。虽然人口众多，但是人均收入较低，长期的计划经济体制导致市场较不健全。显然，当时中国的国内需求总量和市场有效程度都制约着国内经济发展，因而不适合选择内向型经济发展战略。面对经济全球化的浪潮，我们审时度势，扬长避短，明智地选择了出口导向发展模式，积极发展外向型经济，利用国外的资金和市场拉动制造业发展，从而使劳动力比较优势由潜在优势转变为现实优势，迅速地成为世界制造业大国。可见，中国在经济起飞时期选择发展外向型经济，这是根据世界经济形势和中国国情作出的合理选择。

3. 中国经济发展新阶段的重大战略转型

立足新发展阶段，贯彻新发展理念，构建新发展格局，这是由我国经济社会发展的理论逻辑、历史逻辑、现实逻辑决定的。一是从理论逻辑看，构建大国发展格局是

① 习近平：《国家中长期经济社会发展战略若干重大问题》，载《求是》2020 年第 21 期。

大国发展模式的回归。二是从历史逻辑看，构建大国新发展格局是实现中华民族伟大复兴的必然选择。从经济大国走向经济强国，应该依托国内市场规模和产业规模，通过自主创新掌握关键核心技术，以创新引领中国经济高质量发展，全面建成社会主义现代化强国。三是从现实逻辑看，构建大国发展格局是中国经济发展新阶段社会主要矛盾变化的客观要求。原有的出口导向发展模式，导致国内经济发展不平衡，特别是在逆全球化浪潮出现的新形势下，更是难以依靠国外需求拉动中国经济增长，因而从客观上要求转变经济发展模式，构建以国内大循环为主体的国内国际双循环发展格局。

（三）理论性价值和世界性意义

1. 从发达大国到发展中大国的普遍规律

以内需为主的大国经济发展模式，从经济循环系统角度看就是构建以国内大循环为主体、国内国际相互促进的大国发展格局。这是对大国经济发展内在必然性的揭示，是对以中国为代表的发展中大国经济发展经验的观察和总结，将这种认识上升到经济学理论的高度，必将丰富和完善发展经济学理论。

2. 从线性选择到非线性选择的特殊规律

在世界历史发展过程中，必然存在着统一性和多样性的关系，各个国家由于处于不同的发展阶段而形成的发展模式，是基于它的经济发展程度以及同现代文明的关系而获得实际内容和具体规定的。中国改革开放以来，经济发展模式从选择外向型发展到选择内向型发展的演进，不仅受到中国经济发展的影响，而且受到中国经济与世界经济关系的制约，它体现了中国经济发展的特殊规律。正如习近平所说：“世界上没有放之四海而皆准的具体发展模式，也没有一成不变的发展道路。历史条件的多样性，决定了各国选择发展道路的多样性。”① 辩证地理解经济发展战略选择的普遍规律和特殊规律，需要将线性思维和非线性思维结合起来。中国经历了选择外向型发展模式的“跳跃”，最后回归到典型的大国经济发展格局。我们对中国经济发展的特殊规律进行理论概括，也将为发展经济学理论增添鲜活的内容。

3. 发展中大国经济发展战略选择和转型

中国是世界上最大的发展中国家，中国的发展道路为发展中国家提供了一种可供选择的型式。中国经济的高速持续增长展现了一条大国发展的成功之路，基本的经验

---

① 《习近平谈治国理政》，外文出版社 2014 年版，第 29 页。

是初步建立比较完整的工业体系和国民经济体系，但是国内需求和资金不足的情况下，选择“出口导向”模式，通过发展外向型经济实现起飞；在国民收入增加和市场规模扩大以后，选择走以内需为主的大国经济发展道路，构建以国内大循环为主体、国内国际双循环相互促进的大国发展格局，促进经济高质量发展。中国经验的世界意义在于，它为发展中大国提供了有益的借鉴。

美联储能够有效履行国际最后贷款人功能吗？
——基于货币互换对象选择标准及因素的分析*

汤凌霄　李柯楠　欧阳曜亚**

摘　要　在2008年国际金融危机、新冠疫情肆虐下美联储多次重启货币互换，成为事实上的国际最后贷款人。作者运用国际最后贷款人分析框架，主张以是否秉承基本面策略作为衡量货币互换有效性的标准。通过构建霸权国国际最后贷款人模型，可发现若霸权国与一国之间金融和政治紧密度越高，则向其提供货币互换的概率越大。基于2007～2020年91个经济体样本数据所构建的Logit模型的回归结果显示，金融和政治紧密度是影响美联储货币互换的重要因素，而经济基本面因素影响较弱。异质性分析显示相较于2008年国际金融危机和欧债危机，此次疫情时期的金融和政治紧密度的影响最大；若对象国均为北约成员国，则金融紧密度成为重要影响因素。以上实证结果论证了理论模型的推导结论，意味着美联储对货币互换对象的选择并非采取维护全球公共利益的基本面策略，而是采取了维护美国霸权国私利、基于金融和政治紧密度的非常规策略，因此美联储不能有效履行国际最后贷款人功能。在日益开放的条件下，中国应深度融入国际市场、动态调整外汇储备规模、推进人民币国际化进程以实现中美两国平等货币互换的政策建议。

关键词　国际最后贷款人　货币互换　金融紧密度　政治紧密度

一、引言

美国联邦储备系统（美联储）在2007～2010年累计向国际市场注入超过2万亿美元，其中超过5000万美元是通过货币互换流向外国央行。2020年春暴发的新冠疫情引起了“美元荒”，美国、加拿大、巴西、韩国、印度、泰国和科威特等国股市多次熔

* 本文原载于《世界经济与政治》2022年第8期。

** 作者简介：汤凌霄，湖南师范大学潇湘学者特聘教授、博士生导师。李柯楠，湖南师范大学商学院世界经济博士研究生。欧阳曜亚，湖南师范大学商学院世界经济博士研究生。本文是国家社会科学基金重大专项课题“建设开放型世界经济与大国经济开放的中国方案研究”（项目批准号：18VSJ047）的阶段性成果。

断，市场恐慌不仅使股票等风险资产价格暴跌，黄金等传统避险资产亦遭到抛售，各国货币纷纷贬值而美元指数大涨。2020 年 3 月 9～20 日短短数天该指数便从 94.6 骤升至 103，涨幅高达 8.9%。为防止全球经济崩溃，美联储重启货币互换而再次成为事实上的国际最后贷款人（ILOLR）。在此背景下，美联储货币互换这一不同于国际货币基金组织（IMF）的新型国际最后贷款人的有效性问题引起广泛关注。该问题不仅关乎当今国际金融体系脆弱性增大情势下国际金融安全网建设的成败，也会对全球金融结构演变、IMF 作用和货币政策国际协调等产生重要影响，从而影响世界经济稳定增长和全球民众的福利水平。同时，美国将中国视为战略竞争对手①，美联储货币互换的有效性无疑也将对中国人民币国际化、金融安全和外汇储备等政策产生不容忽视的影响。因此，研究美联储通过货币互换能否有效履行国际最后贷款人功能具有重要意义。

二、文献综述

美联储以货币互换形式履行国际最后贷款人功能的实践起源于 20 世纪 60 年代，但直到 2008 年国际金融危机爆发才开始引起学术界关注。既有文献主要是对其有效性进行实证检验，部分文献从货币互换对外汇市场影响的角度予以检验，如威廉·艾伦（William Allen）和里奇尔德·穆斯纳（Richhild Moessner）研究显示，美联储货币互换已通过市场检验②，在缓解美元流动性和外汇市场压力方面非常有效③，已超越外汇管理传统角色而成为新型危机管理工具；④ 琳达·戈德伯格（Linda S. Goldberg）等指出，2008 年国际金融危机中欧元区的美元储备极低，而货币互换迅速扭转该状况进而稳定

① The White House，“National Security Strategy of the United States of America”，https//www.whitehouse.gov/wp－content/uploads/2017/12/NSS－Final－12－18－2017－0905－2.pdf，访问时间：2021 年 12 月 5 日。

② William Allen and Richhild Moessner，“Central Bank Co-operation and International Liquidity in the Financial Crisis of 2008－09”，*Bank for International Settlements*，No.310，2010，pp.1－18.

③ Joshua Aizenman，Yothin Jinjarak and Donghyun Park，“International Reserves and Swap Lines：Substitutes or Complements?” pp.5－18；Maurice Obstfeld，“Lenders of Last Resort in a Globalized World，Social Science Electronic Publishing”，No.1，2009，pp.35－52；Michael J. Fleming and Nicholas Klagge，“The Federal Reserve's Foreign Exchange Swap Lines”，*Current Issues in Economics and Finance*，Vol.16，No.4，2010.

④ Miroslav Titze，“Federal Reserve Swap Lines－International Lender of the Last Resort”，*Acta Oeconomica Pragensia*，No.4，2016，pp.3－24.

了欧元区金融市场；[①] 约书亚·艾森曼（Joshua Aizenman）研究表明美韩签署的货币互换协议起到重要信号作用，成功地阻止了对韩元的挤兑；[②] 安德鲁·罗丝（Andrew K. Rose）和马克·施皮格尔（Mark M. Spiegel）的实证研究表明，货币互换使得那些与美国经贸联系紧密或持有巨额美元资产的国家获益匪浅。另一部分文献则主要从货币互换对银行利率与违约概率影响的角度予以检验，[③] 如艾森曼和古尔纳因·考尔·帕里查（Gurnain Kaur Pasricha）发现美联储与四个新兴市场国家进行货币互换后，这四个国家本身与其他新兴市场国家的信用违约互换（CDS）息差也随之下降；[④] 马场直彦（Naohiko Baba）和弗兰克·帕克（Frank Packer）研究表明，美元货币互换机制既降低了伦敦同业拆借利率和隔夜指数掉期息差水平与波动性，也因避免金融机构对美元资产的恐慌性抛售而降低了银行间利率的波动性；[⑤] 皮耶鲁吉·莫雷利（Pierluigi Morelli）等采用（广义自回归异方差）GARCH 模型估算欧元区 42 家银行 CDS 价格以及采用 CDS 与主权债 CDS 之间的差异，发现美联储货币互换有助于降低受益银行系统的信用风险；[⑥] 萨利姆·巴哈伊（Saleem Bahaj）和里卡多·赖斯（Ricardo Reis）发现，货币互换有效降低抛补利率平价偏差，降低受援国银行融资成本、增加其利润并防止银行倒闭。[⑦]

上述文献主要从货币互换对危机国外汇市场以及银行利润或倒闭等实际效果角度考察，得出美联储能够成功履行国际最后贷款人功能的结论。其中主要存在三点缺陷：一是缺乏一个逻辑自洽的理论分析框架；二是仅看到浅层次的效果，未对货币互换有效性的衡量标准或影响因素进行深层次探讨并进行实证检验；三是得出美联储能够成

---

① Linda S. Goldberg, Craig Kennedy and Jason Miu, "Central Bank Dollar Swap Lines and Overseas Dollar Funding Costs", *Ssrn Electronic Journal*, Vol. 17, No. w15763, 2011, pp. 3 – 20; Richhild Moessner and William A. Alien, "Central Bank Swap Line Effectiveness During the Euro Area Sovereign Debt Crisis", *Journal of International Money and Finance*, Vol. 35, 2013, pp. 167 – 178.

② Joshua Aizenman, "International Reserves and Swap Lines in Times of Financial Distress: Overview and Interpretations", *ADBI Working Paper*, 2010, pp. 3 – 7.

③ Andrew K. Rose and Mark M. Spiegel, "Dollar Illiquidity and Central Bank Swap Arrangements During the Global Financial Crisis", *Journal of International Economics*, Vol. 88, No. 2, 2012, pp. 326 – 340.

④ Joshua Aizenman and Gurnain Kaur Pasricha, "Selective Swap Arrangements and the Global Financial Crisis: Analysis and Interpretation", *International Review of Economics & Finance*, Vol. 19, No. 3, 2010, pp. 353 – 365.

⑤ Naohiko Baba and Frank Packe, "From Turmoil to Crisis: Dislocations in the FX Swap Market Before and After the Failure of Lehman Brothers", *Journal of International Money and Finance*, Vol. 28, No. 8, 2009, pp. 1350 – 1374.

⑥ Pierluigi Morelli, Giovanni B. Pittaluga and Elena Seghezza, "The Role of the Federal Reserve as an International Lender of Last Resort during the 2007 – 2008 Financial Crisis", *International Economics and Economic Policy*, Vol. 12, No. 1, 2015, pp. 1 – 14.

⑦ Saleem Bahaj and Ricardo Reis, "Central Bank Swap Lines: Evidence on the Effects of the Lender of Last Resort", pp. 16 – 41.

功履行国际最后贷款人功能的结论与危机中发展中国家通常得不到美联储货币互换的经验事实不符。

三、国际最后贷款人理论分析框架与模型构建

研究美联储货币互换有效性问题，首先应该研究其有效性的衡量标准。既有文献仅从货币互换对外汇市场以及银行运营的影响等实际效果角度考察显然是不充分的。本文根据国际最后贷款人理论，从美联储对货币互换对象选择策略角度进行考察，构建霸权国国际最后贷款人模型并予以说明。

（一）国际最后贷款人理论分析框架

1. 采用基本面[①]策略判断美联储货币互换的有效性

国际最后贷款人本质上是一种提供国际危机处置机制的国际公共产品，是最后贷款人在国际上的拓展或延伸。托马斯·汉弗莱（Thomas M. Humphrey）指出，最后贷款人是危急时刻中央银行应尽的融通责任，即满足对高能货币的需求以防止由恐慌引起货币存量收缩。[②] 相应地，国际最后贷款人是对危机国或银行的国际流动性的紧急注入。该思想可追溯至 1867 年米歇尔舍瓦利耶（Michel Chevalier）提出的受危机打击的国家因不同国家的大银行之间良好的关系和相互援助而产生“更满意的结果”这一观点。尽管存在不同的认识如自由竞争银行学派认为只有非集中的多货币自由竞争的系统方能稳定币值，反对世界储备或货币创造的垄断和国际最后贷款人的创设，认为只要国际最后贷款人为系统性风险提供集体保险，道德风险便如影随形；[③] 公共选择学派认为履行国际最后贷款人功能的超国家机构在创设国际储备时将滥用权力而导致世界通货膨胀和货币不稳定；货币主义学派则因相信既有的非集中的国内最后贷款人已足够防范世界货币或储备总量的紧缩而认为不必创设国际最后贷款人。[④] 但是，随着经济全球化趋

---

① 指宏观经济基本面，包括政府收支、经常账户、GDP、通货膨胀率、失业率以及制度性的投资者保护状况。

② Thomas M. Humphrey，“Monetary Policy Frameworks and Indicators for the Federal Reserve in the 1920s”，*FRB Richmond Economic Quarterly*，Vol. 87，No. 1，2001，pp. 65 – 92.

③ Jörg Guido Hülsmann，“Economic Principles and Monetary Institutions. Review Essay on The Theory of Monetary Institutions”，*Journal des économistes et des études humaines*，Vol. 10，No. 2，2000，pp. 421 – 442.

④ Thomas M. Humphrey and Robert Keleher，“The Lender of Last Resort：A Historical Perspective”，*Cato J*，No. 4，1984，P. 275.

势日益增强，学术界逐步认识到国际最后贷款人具有不可替代的危机处置功能。

国际最后贷款人理论基于成本－收益分析框架，主要研究国际最后贷款人存在价值以及如何履行其功能两大问题，认为国际最后贷款人的最大收益是金融稳定收益，成本则包括道德风险、通货膨胀、央行资产受损和声誉受损等。对于国际最后贷款人存在价值问题，该理论通常从收益大于成本角度予以论证。肇端于一国的金融危机往往通过资本流动、产业联通和贸易溢出等渠道导致跨国传染和全球性经济衰退，国际最后贷款人避免这一负面影响而产生的金融稳定收益可能远远高于它所引发的道德风险和通货膨胀等成本，因而国际最后贷款人具有不可替代的危机处置功能。在实践中，不仅发展中国家由于债务危机和货币危机发生概率增大而需要国际最后贷款人，发达国家也会因为大量国际性银行的资产负债货币错配而产生对国际最后贷款人的需求。对于如何履行国际最后贷款人功能问题，该理论又可分为两个方面进行阐述。一方面是必须选择性提供货币互换。这是因为不加选择地滥用货币互换将导致严重的经济后果，主要表现在三点：一是增加国际最后贷款人资产受损和声誉受损风险。以美联储货币互换为例，它本质上是美联储提供的、以对方本币为抵押的美元贷款。对于一些深陷债务泥沼的非洲贫穷国家经常性出现本币大幅贬值现象，这使它们难以按时偿还美元本息。若这些国家一有货币互换需求美联储便提供，可能导致美联储资产受损并累及声誉。二是加剧通货膨胀风险。2008 年美联储提供货币互换金额高达 5537.28 亿美元，约占美联储总资产的 24.5%①，因而不可避免地产生通货膨胀压力。三是可能引发严重的道德风险。如果货币互换轻松易得，其他国家则更可能执行不负责任的宏观经济政策，其监管者更可能采取包庇、掩盖和纵容辖下银行的“监管宽容”行为，被救助的金融机构可能疏于风险防范与管理，存款人也将怠于“用脚投票”式监督银行，这一切最终将破坏优胜劣汰原则、阻碍市场经济的顺利运行。因此，除了与其他国际货币发行国分摊国际最后贷款人职能外，选择性提供货币互换成为必然之举。另一方面是选择性提供货币互换即选择策略问题。国际最后贷款人理论认为，为提高国际最后贷款人这一公共产品的有效性，基于全球公益、公正的国际最后贷款人应遵循基本面常规策略，即选择仅陷入流动性危机而非清偿力危机的基本面良好国家。尽管有学者质疑该策略的可操作性，因为短期内很难判断一国危机性质或状态，但这并不能掩盖其思想内核的合理性。基本面策略有两层含义：第一，若一国基本面良好，则美联储应该提供货币互换，因为如果让仅处于流动性危机的国家

① The Federal Reserve, “Factors Affecting Reserve Balances”, https://www.federalreserve.gov/releases/h41/20071227/，访问时间：2022 年 2 月 12 日。

因得不到救助而演变为清偿力危机或全面经济危机，一定不是一个好的制度安排。凯恩斯在布雷顿森林会议上呈交的方案某种程度上就是为了避免英国陷入该类困境。第二，若一国基本面恶化，如存在严重的结构性或制度性问题，则不应提供货币互换。这是因为该种情形下短期资金注入不仅不能缓解危机，反而可能徒增道德风险、通货膨胀等成本。相反，偏离甚至背离基本面策略，救了不该救的而未救该救的，导致资源以货币互换方式错配，则将不可避免地降低国际最后贷款人的有效性。据此，我们认为应以是否秉承基本面策略作为衡量货币互换有效性的标准或试金石。

2. 美联储采取金融、政治紧密度而非基本面的非常规策略选择货币互换对象

与国内最后贷款人往往由央行承担不同，国际最后贷款人由谁承担是个有争议的问题。根据主体的不同，可将国际最后贷款人分为三种类型：一是全球型，如斯坦利·费舍尔（Stanley Fischer）、莫里斯·奥斯特菲尔德（Maurice Obstfeld）主张由 IMF 充当国际最后贷款人。① 豪森·苏珊（Howson Susan）和查尔斯·金德尔伯格（Charles P. Kindleberger）建议由国际清算银行 BIS 履行国际最后贷款人功能。② 二是区域型，如迈克尔·杜利（Michael Dooley）等认为区域应急储备安排也应成为国际最后贷款人的主体之一，具体包括欧洲稳定机制（ESM）、拉美储备基金（FLAR）、清迈协议多边化（CMIM）等。③ 三是国家型，即美联储通过货币互换充当国际最后贷款人功能的情形。尽管从实际效果初步判断，由于资源充分和行动迅速是影响有效性的关键因素，而国家型国际最后贷款人则由于拥有货币无限发行权以及无须与其他国家协调而可能行动迅速，因而其有效性似乎更高，但需要从选择策略角度进一步分析其有效性。

霸权稳定论认为，霸权国的霸权对稳定国际货币金融体系尤为重要。霸权国之所以愿意建立和维持国际体系，是出于霸权国国家目标和利益；而其他国家之所以愿意服从霸权统治，是因为霸权国能够提供公共产品。④ 在此过程中，霸权国需要面对国际体系失衡、霸权国自身地位下降以及新兴国家崛起的挑战。随着维护国际体系成本上升，为维护霸权国利益，霸权国一方面需要削弱或摧毁可能的挑战者以消除增加统治

① Stanley Fischer, "On the Need for an International Lender of Last Resort", *Journal of Economic Perspectives* Vol. 13, No. 4, 1999, pp. 85 – 104; Maurice Obstfeld, *Lenders of Last Resort in a Globalized World*, Social Science Electronic Publishing, No. 1, 2009, pp. 35 – 52.

② Howson Susan and Winch Donald, "The Economic Advisory Council, 1930 – 1939", *Economic History Review*, Vol. 31, No. 1, 1978, p. 155；查尔斯·金德尔伯格：《西欧金融史》，徐子健等译，中国金融出版社 2007 年版，第 57 页。

③ Michael P. Dooley, David Folkerts Landau and Peter M. Garber, "The Revived Bretton Woods System", *International Journal of Finance & Economics*, Vol. 9, No. 4, 2004, pp. 307 – 313.

④ Charles P. Kindleberger, *The World in Depression*, 1929—1939, University of California Press, 1973, P. 13.

成本之因；另一方面，需要收缩国际义务。① 具体到美联储货币互换，美联储为避免金融危机传染，将选择与美国金融联系密切的国家或地区进行货币互换；同时，美联储将支持盟友并歧视战略竞争对手，即美联储基于金融紧密度和政治紧密度来选择货币互换对象。金融紧密度（或金融联系）主要源于莫雷利等的思想，他们提出为了平衡自身私利与国际最后贷款人公益性，霸权国往往救助那些金融联系密切而影响自身金融稳定的国家；② 罗伯特·阿特（Robert J. Art）、刘玮和邱晨曦也认为当国际最后贷款人的供给条件恶化时，霸权国将从授权国际组织的委托代理形式向货币互换形式转换，以便将有限资源集中到美国金融利益和战略价值所覆盖的国家。③ 政治紧密度（或政治联系）则是受到阿迪蒂·萨哈斯拉布（Aditi Sahasrabuddhe）、文正仁（Chung - In Moon）等的启发。政治因素可能是影响货币互换的主要因素④。我们认为，美联储是基于金融紧密度和政治紧密度的综合作用来选择货币互换对象，凭借单一维度无法完整地解释美联储的货币互换行为。

综上所述，本文主要思路和贡献在于提出以是否秉承基本面策略作为衡量美联储货币互换有效性的标准，指出美联储采取的是基于金融紧密度和政治紧密度而非基本面的非常规策略来选择货币互换对象，并从理论和实证两方面予以充分论证，最后据此判断美联储履行国际最后贷款人功能的有效性并引申出对中国的政策启示。

（二）霸权国国际最后贷款人模型构建

为了阐明美联储出于私利，根据金融紧密度和政治紧密度来选择货币互换对象的行为，我们借鉴莫雷利等的开放经济体三期模型（以下简称 MPS 模型）构建了霸权国国际最后贷款人目标损失函数模型（以下简称国际最后贷款人模型）。⑤ 不同于 MPS 模型基于危机国外汇储备与债务的函数关系、侧重金融联系对危机国外汇储备规模的影响，国际最后贷款人模型基于霸权国的预估目标损失函数在金融紧密度的基础上创新

---

① Robert Gilpin, *War and Change in World Politics*, Cambridge: Cambridge University Press, 1981, pp. 211 - 231.

② Pierluigi Morelli, Giovanni B. Pittaluga and Elena Seghezza, "The Role of the Federal Reserve As an International Lender of Last Resort During the 2007 - 2008 Financial Crisis", pp. 1 - 14.

③ Robert J. Art, "Selective Engagement After Bush", in M. A. Flournoy and S. Brimley (eds), *Finding Our Way: Debating American Security*, 2008; 刘玮、邱晨曦:《霸权利益与国际公共产品供给形式的转换——美联储货币互换协定兴起的政治逻辑》, 载《国际政治研究》2015 年第 3 期, 第 78 页。

④ Aditi Sahasrabuddhe, "Drawing the Line: The Politics of Federal Currency Swaps in the Global Financial Crisis", *Review of International Political Economy*, Vol. 26, No. 3, 2019, pp. 461 - 489.

⑤ Pierluigi Morelli, Giovanni B. Pittaluga and Elena Seghezza, "The Role of the Federal Reserve as an International Lender of Last Resort During the 2007 - 2008 Financial Crisis", pp. 1 - 14.

性引入政治紧密度因素，主要研究两者对霸权国提供货币互换的影响。为便于分析，我们假设只存在两个国家，一个是可充当国际最后贷款人的国际货币发行国或霸权国 F 国；另一个是持有一定规模外汇储备、危机时需要 F 国货币互换的危机国 H 国，两国均为包括央行和银行体系的开放经济体。

1. 考虑金融紧密度的霸权国国际最后贷款人预估目标损失函数

假定 H 国银行遭遇流动性危机，它需要偿还的债务为 D，其偿债资金来源于 H 国初始外汇储备规模 R_0、银行体系的现金流 u^H 以及从 F 国中获得的货币互换 l^H 三部分，如下：

$$R_0 + u^H + l^H > D \tag{1}$$

则 H 国能避免债务危机，即若要避免债务危机，至少需要从 F 国获得 $D - u^H - R_0$ 的资源。

设两国之间的金融紧密度为 ξ，F 国受 H 国流动性危机传染的概率与 ξ 相关，我们将其设定为连续函数 $g(\xi)\,[0 < g(\xi) < 1]$，在只存在两个开放经济体的假设下，可以得到 $\frac{\mathrm{d}g(\xi)}{\mathrm{d}\xi} > 0$。若 F 国向 H 国提供货币互换以使其避免发生危机，则 F 国是否发生流动性危机与 ξ 无关，将该情况下 F 国发生流动性危机的概率设为 $P(0 < P < 1)$。显然，F 国被 H 国传染而导致 F 国发生危机的概率 $g(\xi)$ 大于它未受传染时的概率 P，即 $g(\xi) > P$。

若 F 国为 H 国提供货币互换而使得 H 国避免流动性危机，则资源量为 $D - u^H - R_0$，设 F 国预估充当国内最后贷款人的资源量为 d，则其充当国内最后贷款人预估资源量为 $P \cdot d$，其中 P 仅与 F 国国内银行体系的现金流有关。若 F 国未向 H 国提供货币互换但受到 H 国的传染，则 F 国只需充当国内最后贷款人，充当国内最后贷款人所需资源量为 $d \cdot g(\xi)$，将 F 国提供货币互换概率设为连续函数 $f(\xi)$，则 F 国的预估目标损失函数可表示为：

$$L(\xi) = f(\xi) \cdot (\underbrace{P \cdot d}_{LOLR} + \underbrace{D - R_0 - u^H}_{ILOLR}) + [1 - f(\xi)] \cdot \underbrace{[g(\xi) \cdot d]}_{LOLR} \tag{2}$$

为了进一步推导 F 国提供货币互换的概率与金融紧密度 ξ 的关系，对式（2）求导可得：

$$\frac{\mathrm{d}L(\xi)}{\mathrm{d}\xi} = \frac{\mathrm{d}f(\xi)}{\mathrm{d}\xi}[D - R - u^H + P \cdot d - g(\xi)d] + [1 - f(\xi)] \cdot \frac{\mathrm{d}g(\xi)}{\mathrm{d}\xi} \cdot d \tag{3}$$

由于两国存在金融紧密度 ξ，F 国提供货币互换能避免受到 H 国传染，则 F 国充当国际最后贷款人的损失将小于不向 H 国提供货币互换而仅充当国内最后贷款人的损失，可以得到：

$$D - R - u^H + P \cdot d - g(\xi) \cdot d < 0 \tag{4}$$

根据最优化问题求解，令$\frac{dL(\xi)}{d\xi}=0$，F国预估目标损失函数式（2）存在最小值，进一步得到：

$$\frac{df(\xi)}{d\xi}=\frac{[1-f(\xi)]\cdot\frac{dg(\xi)}{d\xi}\cdot d}{g(\xi)\cdot d-(D-R-u^{H}+P\cdot d)}>0 \tag{5}$$

在仅存在两个开放经济体的假设下，传染概率$g(\xi)$随金融紧密度ξ的增大而增大，即$\frac{dg(\xi)}{d\xi}>0$；且在式（4）成立的条件下，推出$\frac{df(\xi)}{d\xi}>0$，表明F国提供货币互换概率和金融紧密度之间存在正相关关系。

进一步，对式（5）进行等式转换：$(D-R-u^{H}+P\cdot d)/d$令为C1，且由式（4）可知$g(\xi)>C_1$。等式两边同时积分则为：

$$-\int\frac{d[1-f(\xi)]}{1-f(\xi)}=\int\frac{d[g(\xi)-c_1]}{g(\xi)-c_1} \tag{6}$$

得到F国提供货币互换的概率$f(\xi)$和F国发生流动性危机概率$g(\xi)$之间的具体函数关系为：

$$f(\xi)=1-\frac{1}{k[g(\xi)-c_1]}(k\text{为常数且大于}0) \tag{7}$$

式（7）进一步证明了货币互换概率$f(\xi)$和传染概率$g(\xi)$正相关。由此得到结论一：霸权国与危机国金融紧密度越高，则金融危机传染概率越大，因而提供货币互换的概率也越大。

2. 考虑政治紧密度的霸权国国际最后贷款人预估目标损失函数

该部分在金融紧密度基础上创新性引入政治紧密度因素。将两国政治紧密度设为$\omega(\omega\in(0,1])$，其中ω越接近于1，则政治紧密度越高；而越接近于0，则政治紧密度越低。由于同时考虑金融和政治两种联系，国际最后贷款人模型发生两个变化：一是需要将一元函数$f(\xi)$设为二元函数$f(\xi,\omega)$，且设金融紧密度ξ与政治紧密度ω相互独立；二是将F国对H国提供的货币互换重新设为$\omega\cdot l$，l为常数，表示$\omega=1$时F国充当国际最后贷款人的资源量。除了以上函数形式和资源量两个变化，其他变量、符号和假设不变。对应于式（1），资源量重新设定为：

$$\omega\cdot l\geqslant D-R_0-u^{H} \tag{8}$$

式（8）表明为了避免受到传染，F国需要向H国提供货币互换资源量为$\omega\cdot l$。对应于式（4）的设定，两国存在的金融紧密度ξ会使F国不提供货币互换时它将遭受金融危机传染引致的损失更大，可记为：

$$\omega\cdot l+P\cdot d\leqslant g(\xi)\cdot d \tag{9}$$

如此，式（2）改写为式（10）：

$$L(\xi)=f(\xi,\ \omega)\cdot(\underbrace{P\cdot d}_{LOLR}+\underbrace{\omega\cdot l}_{ILOLR})+[1-f(\xi,\ \omega)]\cdot\underbrace{[g(\xi)\cdot d]}_{LOLR} \tag{10}$$

对式（10）的 ω 求偏导，并令 $\frac{\partial L(\xi,\ \omega)}{\partial\omega}=0$ 可得：

$$\frac{\partial f(\xi,\ \omega)}{\partial\omega}=\frac{f(\xi,\ \omega)\cdot l_F}{g(\xi)\cdot d-[\omega\cdot l_F+P\cdot d]}>0 \tag{11}$$

在式（9）的设定下，由式（11）可以得到 $\frac{\partial f(\xi,\ \omega)}{\partial\omega}>0$，说明政治紧密度与霸权国提供货币互换概率成正比。因此，在两国金融紧密度为 ξ 的设定条件下，可以得到结论二：霸权国与危机国政治紧密度越高，则提供货币互换的概率越大。

3. 模型的拓展：霸权国国际最后贷款人行为对危机国的后续影响

在分析了金融紧密度和政治紧密度对霸权国提供货币互换行为的影响之后，我们进一步分析霸权国货币互换行为对危机国的后续影响，发现危机国会根据霸权国的货币互换行为而选择性调整它所持有的外汇储备规模。若霸权国提供货币互换，则需要付出的资源为 $D-R_0-u^H+d\cdot P$（仅考虑金融紧密度）或是 $\omega\cdot l+d\cdot P$（同时考虑金融紧密度和政治紧密度）；而若不提供货币互换，则需要付出 $d\cdot g(\xi)$ 资源。

若危机前霸权国充当国际最后贷款人，则危机国权衡机会成本与危机概率后只需保持的外汇储备量为：

$$R_1^Y=D-u^H-d\cdot[g(\xi)-P]\text{或}R_2^Y=D-u^H-\omega\cdot l \tag{12}$$

由式（12）可知，得到霸权国货币互换资源的危机国可以减持初始外汇储备规模。

若危机时霸权国未提供货币互换，则事后危机国至少需要保持的外汇储备量为：

$$R^N=D-u^H \tag{13}$$

由式（13）可知，由于 $l^H=0$，故面临债务冲击时，危机国仅能依靠外汇储备和银行体系的现金流。综上所述，危机国外汇储备规模调整行为可以表示为：

$$R_1^Y\leqslant R_2^Y<R_0<R^N \tag{14}$$

由此得出结论三：若危机前霸权国向危机国提供货币互换，则危机后危机国减持外汇储备，反之则反。

四、研究样本及变量定义

本部分主要对样本、样本期选择、变量测量及数据来源进行说明。2008 年国际金融危机、欧债危机和新冠疫情冲击下美联储频繁提供货币互换，因此，我们将跨国统计检验的样本期限定在2007～2020年。考虑到数据的可得性，我们筛选出91个样本经济体，其经济总量占全球国内生产总值（GDP）的67%，因而该样本具有一定的代表性。

（一）被解释变量、核心解释变量测量及数据来源说明

1. 被解释变量swap

被解释变量swap是外国央行是否与美联储签订货币互换协议。若签约，则该指标取值为1，反之则取0，这些数据来自美联储公开的文件记录和既有文献①。

2. 核心解释变量是政治紧密度（*pc*）和金融紧密度（*fc*）

以理想点（idea point）作为政治紧密度的衡量指标。在双边关系、国际冲突以及其他政治关系模型中，基于联合国投票数据构建的指标已成为衡量政治紧密度的重要变量。② 前人文献该指标主要采用S分数③等二元制指标，其缺陷在于仅反映人权、经济发展等单一维度信息和静态特征。最新指标是迈克尔·贝利（Michael Bailey）所使用空间动态模型所测算出的理想点④，既体现联合国投票关于核武器、军控与裁军、人权、殖民主义和经济发展等多个维度的综合信息，又动态反映国家外交政策偏好的变化，有效克服二元制指标的缺陷。因此，本文采用理想点指标，并以银行债权作为金融紧密度的衡量指标。金融紧密度主要是指与银行风险传染的关联程度，参照布罗兹等研究的做法⑤，金融紧密度的具体测算为个别国家与美国的债权除以美国对所有国家的债权。

（二）控制变量测量及数据来源说明

根据《多德－弗兰克法案》（Dodd-Frank Act），美国政府审计署有权审查美联储货

① Joshua Aizenman and Gurnain Kaur Pasricha, "Selective Swap Arrangements and the Global Financial Crisis: Analysis and Interpretation", pp. 353－365; William A. Allen and Richhild Moessner, "Central Bank Co-operation and International Liquidity in the Financial Crisis of 2008－2009", pp. 1－18; J. Lawrence Broz, "The Politics of Rescuing the World's Financial System: The Federal Reserve as a Global Lender of Last Resort", *Korean Journal of International Studies*, Vol. 13, No. 2, 2015, pp. 323－351.

② Voeten Erik, "Data and Analyses of Voting in the United Nations General Assembly", in *Routledge Handbook of International Organization*, Routledge, 2013, pp. 80－92.

③ Curtis S. Signorino and Jeffrey M. Ritter, "Tau-b or Not Tau-b: Measuring the Similarity of Foreign Policy Positions", *International Studies Quarterly*, Vol. 43, No. 1, 1999, pp. 115－144.

④ Michael Bailey, Anton Strezhnev and Erik Voeten, "Estimating Dynamic State Preferences From United Nations Voting Data", *Journal of Conflict Resolution*, Vol. 61, No. 2, 2017, pp. 430－456.

⑤ J. Lawrence Broz, "The Politics of Rescuing the World's Financial System: the Federal Reserve as a Global Lender of Last Resort", pp. 323－351.

币互换项目。在审查 2007～2010 年货币互换项目期间，美国联邦公开市场委员会（Federal Open Markets Committee）和美联储公布选择货币互换国家的四个影响因素或标准：央行经济管理水平；该国的经济和金融规模；该国是否包含一个全球金融中心；该国对美国作为贸易伙伴的重要性。通常采用以下指标反映以上因素或标准：第一，央行经济管理水平（*inflation*）由以该国平均通货膨胀率来衡量；第二，经济和金融规模（*gdpshare*）以该国 GDP 占全球 GDP 比重来表示；第三，全球金融中心指标[①]（*center*）由该国是否为一个全球金融中心所在地来表示；第四，与美国的双边贸易关系（*bltrade*）由该国与美国进出口之和占美国进出口总额的比值进行衡量。前三个指标主要反映经济规模、经济管理水平和金融影响力等经济基本面信息，第四个则主要体现与美国的贸易关系。本文将这四个指标作为模型的控制变量。

既有研究证实，资本账户开放是影响美联储是否提供货币互换的重要因素。[②] 因此，本文也将其作为影响因素之一，通过钦和伊藤指数（Chinn-Ito index）衡量。为研究军事竞争力是否对货币互换产生影响，本文也将该国/地区的军费开支（*military*）与美国军费开支的比值作为控制变量。此外，本文还将美国国际储备 res（取对数）纳入模型。

（三）描述性统计

主要变量的描述性统计结果显示（见表 1）：2007～2020 年，与美国签订货币互换协议的所有观测值占全部样本的 25.6%，标准差为 0.437，样本观测值为 1274；与美国政治紧密度高于平均值的观测值为全部样本的 43.49%，最大值为 -0.123，最小值为 -4.422，且标准差为 0.858，说明各经济体与美国政治紧密度差别较大；与美国金融紧密度高于平均值的样本仅为 19.5%，且标准差仅为 0.011，说明与美国金融紧密度较强的经济体群体较为集中，其他大部分经济体与美国金融紧密度差异较小且稳定。

① 全球金融中心指数将多伦多、法兰克福、中国香港、东京、新加坡、苏黎世和伦敦定义为全球金融中心，参见“The Global Financial Centres Index”，http://www.zyen.com，访问时间：2022 年 2 月 12 日。从近几年的全球金融中心指数可以发现，中国的北京和上海也上升至前列，因此，本文在设置全球金融中心虚拟变量时，将中国大陆也设定为 1。

② Aditi Sahasrabuddhe，“Drawing the Line：The Politics of Federal Currency Swaps in the Global Financial Crisis”，pp. 461－489.

表1 描述性统计

变量	Obs	Mean	Std. Dev.	Min	Max
swap	1274	0.256	0.437	0	1
pc	1274	-2.512	0.858	-4.422	-0.123
fc	1274	0.005	0.011	0	0.103
kaopen	1274	0.611	0.488	0	1
inflation	1274	-0.184	0.287	-1.721	0.818
gdpshare	1274	0.008	0.017	0	0.174
bltrade	1274	0.020	0.053	0	0.371
center	1274	0.077	0.267	0	1
military	1246	0.014	0.033	0	0.341
res	1274	25.428	0.245	24.810	25.659

资料来源：笔者自制。

五、美联储货币互换对象选择影响因素的实证检验及分析

在本部分实证检验中，我们首先分别使用混合效应 Logit 和随机效应模型对美联储选择货币互换对象的影响因素进行基准回归分析，以此判断美联储是否依据金融和政治紧密度而非经济基本面因素选择货币互换对象，然后分析金融和政治紧密度对美联储选择货币互换对象的影响是否具有异质性，再通过在模型中引入交互项以考察金融紧密度和政治紧密度的关系，最后分析金融和政治紧密度对外汇储备的影响。

（一）美联储货币互换对象选择的影响因素：全样本数据的逐步回归

本文以2007～2020年91个经济体是否与美联储签订货币互换协议为研究对象，探讨金融紧密度和政治紧密度以及其他变量是否对签约产生影响，为此，本文构造如下面板 Logit 模型：

$$Pr(swap = 1/X_{it},\ \beta,\ \mu_i) = \Lambda(\mu_i + X'_{i,t}\beta) = \frac{e^{\mu_i + X'_{i,t}\beta}}{1 + e^{\mu_i + X'_{i,t}\beta}} \tag{15}$$

其中，$\Lambda(\cdot)$ 为逻辑分布的累积分布函数，被解释变量为是否与美联储签订货币互换协议；X_{it}为解释变量向量，包括核心解释变量（金融紧密度 *fc*、政治紧密度 *pc*），FOMC 标准的控制变量（通货膨胀管理水平 *inflation*、经济规模 *gdpshare*、双边贸易 *bltrade*、全球金融中心 *center*）以及其他控制变量（资本账户开放 *kaopen*、军事竞争力 *military* 和美国国际储备 *res*）；β 为系数向量。回归结果如表2所示。

表 2 美联储货币互换对象选择的影响因素——面板 Logit 回归

变量	(1)	(2)	(3)	(4)	(5)	(6)	(7)	(8)	(9)	(10)	(11)	(12)	(13)	(14)	(15)
	Panel A：混合 Logit							Panel B：随机效应 Logit							边际效应
pc	1.794*** (13.580)	1.290*** (9.530)	1.285*** (9.460)	1.282*** (9.420)	1.253*** (9.290)	1.293*** (9.370)	1.424*** (9.880)	2.486*** (3.830)	2.071*** (3.820)	2.034*** (3.720)	2.034*** (3.730)	2.051*** (3.740)	2.049*** (3.640)	2.047*** (3.170)	0.093*** (3.490)
fc	111.500*** (7.710)	108.000*** (6.940)	106.100*** (6.720)	102.900*** (5.220)	130.400*** (5.350)	117.400*** (4.900)	188.600*** (6.230)	158.1*** (3.020)	161.600*** (3.390)	158.100*** (3.330)	162.100*** (3.140)	164.800*** (3.160)	145.100*** (2.680)	156.210** (2.130)	6.579*** (2.760)
kaopen		3.613*** (6.100)	3.642*** (6.550)	3.683*** (5.940)	3.687*** (6.020)	3.656*** (5.890)	3.274*** (5.500)		3.577*** (3.260)	3.686*** (3.340)	3.674*** (3.340)	3.712*** (3.380)	3.507*** (3.280)	3.449*** (3.070)	0.159*** (3.440)
inflation			0.279 (0.640)	0.277 (0.640)	0.337 (0.780)	0.311 (0.710)	0.258 (0.580)			2.043 (0.950)	2.154 (0.990)	2.208 (0.980)	2.213 (0.330)	2.599 (1.020)	0.100 (0.330)
gdpshare				2.607 (0.270)	6.451 (0.610)	4.896 (−0.640)					−6.770 (−0.250)	3.674 (0.110)	−15.400 (−0.410)		−0.700 (−0.685)
bltrade					−4.902** (−2.690)	−5.610** (−2.490)	−6.871*** (−2.980)					−6.700 (−0.5300)	−12.310 (−1.040)	−9.326 (−0.720)	−0.558 (−1.040)
center						0.944** (2.320)	0.892** (2.140)						4.183 (1.440)	7.638* (1.890)	0.189 (1.450)
military							−32.890*** (−3.800)							−74.740 (−1.600)	
res							−0.215 (−0.600)							0.715 (0.930)	
cons	2.424*** (8.530)	−1.79*** (−1.490)	−1.772*** (−2.610)	−1.823** (−2.560)	−1.899*** (−2.690)	−1.786** (−2.490)	4.435 (0.480)	0.142 (0.070)	−2.548 (−1.420)	−2.357 (−1.320)	−2.290 (−1.270)	−2.228 (−1.230)	−2.223 (−1.210)	−20.32 (−1.010)	
N	1274	1274	1274	1274	1274	1274	1246	1274	1274	1274	1274	1274	1274	1246	1274
Pseud R^2	0.368	0.443	0.443	0.443	0.447	0.451	0.458	—	—	—	—	—	—	—	—

注：所有估计均使用 Stata 软件计算得出，*、**、*** 分别表示在 10%、5% 和 1% 水平上的统计显著性，系数估计值下方的括号中数据为标准误。
资料来源：笔者自制。

表4同时列出混合 Logit 和随机效应 Logit 回归结果①。表4实证结果显示，通过采用逐步引入其他变量的方式，以上两种估计方法均发现金融紧密度和政治紧密度的系数值都在1%的水平上显著为正。这表明，金融紧密度和政治紧密度显著提高了货币互换概率。从表4列（15）报告的边际效应结果可知，金融紧密度和政治紧密度的系数值也均通过了1%显著性检验，且均为正值。为避免多重共线性问题，列（7）和列（14）没有引入经济规模变量，但这对本文主要的实证结论不会产生实质性影响。

类似地，表4还列出其他解释变量的显著性结果，混合 Logit 和随机效应 Logit 结果显示：首先，资本账户开放水平的影响系数均在1%的显著性水平上为正，说明资本账户开放水平对美联储货币互换具有重要影响，这与萨哈斯拉布的实证结果相一致。② 其次，实证结果显示通货膨胀管理水平、经济规模的系数均不显著，说明它们未对被解释变量均产生影响。两种估计方法中个别控制变量如双边贸易变量的显著性有所差异，随机效应 Logit 结果显示不显著，而混合 Logit 结果则表明其回归系数值显著为负。实际上，美联储提出该标准的初衷是双边贸易对货币互换的影响为正。出现这种背离的原因可能在于，美联储越重要的贸易对手方越可能处于贸易顺差状态，而这会抑制货币互换需求。为此，本文将 i 国对美国的出口减去 i 国对美国的进口，发现系数显著为负（使用混合 Logit 回归，该指标系数为 -11.31，显著性水平为10%），表明对美国贸易顺差越高，货币互换概率反而越低。

综上所述，两种估计方法结果均表明金融紧密度、政治紧密度是影响美联储是否签约的重要因素，随机效应 Logit 还表明除资本账户开放指标外，其他经济基本面指标均不显著。混合 Logit 主要结果相似。实际上，资本账户开放是金融紧密度发挥作用的前提。实证检验结果意味着美联储在选择货币互换对象时并未遵循其宣称的基本面标准，而是着眼于美国国家利益，基于金融紧密度和政治紧密度来考量。

（二）金融紧密度、政治紧密度对货币互换对象选择影响的异质性：基于不同样本期区间

本部分根据实际货币互换规模的变化划分样本区间，进一步研究不同区间内金融紧密度、政治紧密度对货币互换影响的异质性。基于美联储理事会公布的货币互换数据

---

① 本文所使用的模型通过豪斯曼检验后发现均支持随机效应，且若使用固定效应 Logit 模型估计，则会损失较多样本量，因而本文主要以随机效应 Logit 和混合 Logit 估计为主。

② Aditi Sahasrabuddhe，“Drawing the Line：The Politics of Federal Currency Swaps in the Global Financial Crisis”，pp. 461 -489.

(见图 1)，可以将 2007～2020 年划分为三个区间段：分别是 2007～2010 年、2011～2014 年、2015～2020 年，以各时期对应发生的主要事件命名，即 2008 年国际金融危机、欧债危机以及新冠疫情冲击时期。

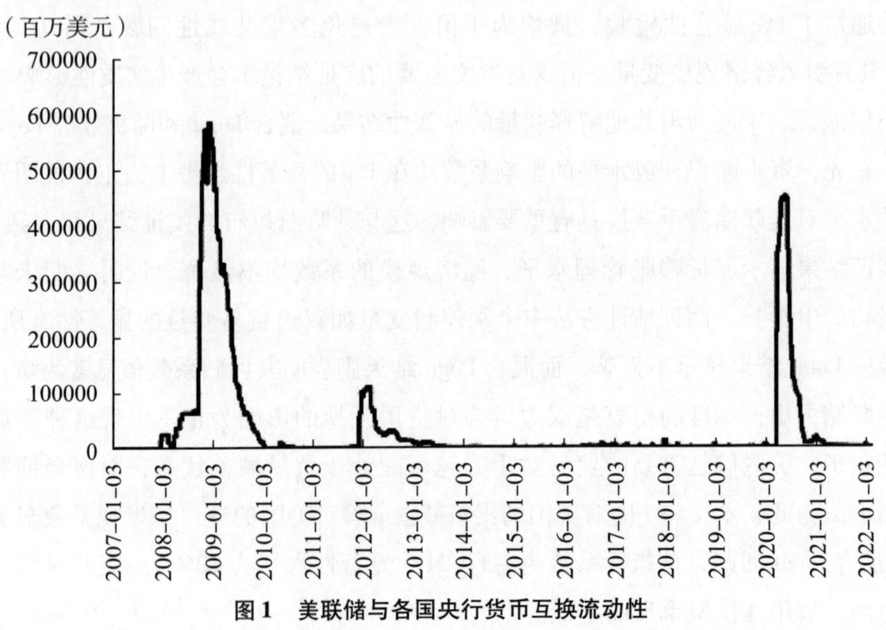

图 1　美联储与各国央行货币互换流动性

资料来源："Central Bank Liquidity Swaps," https：//fred. stlouisfed. org/series/SWPT#0，访问时间：2022 年 2 月 12 日。

尽管系数值的大小无法代表各因素对签订货币互换协议的影响程度高低，但通过比较单一变量在某个时间区内的回归系数值变化，可以揭示该变量对美联储选择货币互换对象影响程度的变化。具体而言，表 3 的回归结果表明，首先，无论是 Panel A 还是 Panel B，金融紧密度和政治紧密度始终显著为正（显著性水平基本为 1%），仍支持表 4 得到的实证结果。其次，以随机效应 Logit 回归结果的 Panel B 为例，2007～2010 年、2011～2014 年、2015～2020 年三个时期政治紧密度的影响系数分别为 4. 297、7. 99 和 9. 818，呈现逐步上升趋势，欧债危机时期比 2008 年国际金融危机时期的影响系数提升显著，且疫情冲击时期比 2008 年国际金融危机时期该系数提高 2. 3 倍；三个时期金融紧密度的影响系数分别为 242. 7、876. 3 和 991. 9，也呈现出逐步上升趋势，也是欧债危机时期影响系数提升最为显著，且疫情冲击时期比 2008 年国际金融危机时期的系数提高 4. 09 倍。此外，其他控制变量也有相似变化趋势。

表 3　　分时间段面板 Logit 回归

变量	(1) 2007～2010 年	(2) 2011～2014 年	(3) 2015～2020 年	(1) 2007～2010 年	(2) 2011～2014 年	(3) 2015～2020 年
	Panel A：混合 Logit			Panel B：随机效应 Logit		
pc	1.459*** (5.250)	1.975*** (6.120)	1.902*** (7.030)	4.297*** (2.510)	7.990*** (3.170)	9.818*** (3.830)
fc	229.500*** (3.270)	151.000*** (3.010)	190.240*** (3.540)	242.700* (1.700)	876.300*** (2.600)	991.900** (2.540)
kaopen	3.094*** (3.770)	3.699*** (3.290)	3.827*** (3.580)	5.295** (2.360)	15.820** (2.190)	19.760*** (4.580)
inflation	1.683** (2.140)	-0.202 (0.220)	-1.578 (-2.060)	4.376 (1.160)	4.768 (0.901)	-1.567 (-0.310)
gdpshare	191.600*** (2.640)	417.800*** (5.020)	448.880*** (5.210)	281.950** (2.080)	1897.200*** (2.880)	896.560 (1.470)
bltrade	-14.950*** (-2.710)	-25.070*** (-4.320)	-20.280*** (-4.630)	-12.980 (-0.830)	-122.090*** (-2.610)	-3.829 (-0.110)
center	1.068 (0.250)	2.697*** (2.610)	2.075** (2.270)	-0.534 (-0.150)	11.779 (1.570)	7.881 (0.940)
military	-112.670*** (-2.700)	-238.500*** (-5.170)	-241.100*** (-6.010)	-166.700* (-1.850)	-1106.800*** (-2.960)	-591.700** (-2.160)
res	0.722 (1.320)	-5.566** (-1.040)	6.970*** (3.480)	3.287* (1.870)	-26.920** (-2.340)	58.030*** (5.070)
cons	-18.830 (-1.350)	141.730 (2.050)	-178.710*** (-3.510)	-80.970* (-1.830)	685.500** (2.340)	-1485.600*** (-5.110)
N	356	445	623	356	445	623
Pseud R^2	0.505	0.574	0.557	—	—	—

注：所有估计均使用 Stata 软件计算得出，*、**、*** 分别表示在 10%、5% 和 1% 水平上的统计显著性，系数估计值下方的括号中数据为标准误。

资料来源：笔者自制。

表 3 分阶段的实证结果表明，金融紧密度、政治紧密度是影响货币互换签约的重要变量，且随着时间推移，两者对货币互换签约的影响程度均逐步上升，尤其是欧债危机期间上升趋势明显。

（三）金融紧密度、政治紧密度对货币互换对象选择影响的异质性：联盟视角的现实考察

本部分进一步从现实层面、以联盟视角考察金融紧密度和政治紧密度对货币互换

影响的异质性。由于全球范围内金融业资金具有高度流动性特点以及全球性金融服务系统存在错综复杂的监管和法律障碍等问题，具有典型金融联盟性质的组织很少。而政治军事联盟组织程度高，且美国往往借助它所主导的政治军事联盟来获取成员国对其霸权地位利益的持续支持。目前，北约是由美国主导的，世界上最大、区域最广泛和合作最密切的政治军事联盟。因此，本文以北约成员国、北约合作国为划分依据①，进一步考察金融紧密度、政治紧密度对美联储货币互换对象选择的影响是否呈现出新特点。

本文根据政治紧密度依次递减顺序，将样本国划分为北约成员国、北约成员国与北约合作国、非北约成员国、非北约成员国与非北约合作国四组。实证检验结果如表 4 所示。

表 4　金融紧密度、政治紧密度对货币互换的影响

变量	北约成员国		北约成员国 + 北约合作国		非北约成员国		非北约成员国 + 非北约合作国	
	随机效应 Logit							
	(1)	(2)	(3)	(4)	(5)	(6)	(7)	(8)
pc	-0.186 (-0.160)	-1.225 (-0.800)	0.914 (1.240)	0.775 (1.120)	2.747*** (3.470)	2.770*** (3.590)	2.626* (1.810)	3.184** (2.000)
fc	416.700*** (2.670)	806.400*** (3.350)	262.800*** (3.100)	235.800** (2.560)	102.300* (1.880)	157.500** (2.300)	23.940 (0.230)	119.100 (1.000)
cons	-1.691 (-0.600)	-86.600*** (-2.810)	-2.027 (-0.800)	-26.990 (-1.190)	0.166 (0.070)	10.160 (0.400)	-0.629 (-0.140)	-0.0438 (-0.010)
N	350	350	686	686	924	896	588	588
Controls	NO	YES	NO	YES	NO	YES	NO	YES

注：所有估计均使用 Stata 软件计算得出，*、**、*** 分别表示在 10%、5% 和 1% 水平上的统计显著性，系数估计值下方的括号中数据为标准误。

资料来源：笔者自制。

---

① 北约包括美国、德国、法国、加拿大、丹麦、意大利、比利时、保加利亚、荷兰、波兰、葡萄牙等 30 个成员国。北约与一些其他国家在全球安全、军事等领域开展合作或签订战略协议，包括“欧洲 - 大西洋伙伴关系委员会（EAPC）”“北约地中海对话”“伊斯坦布尔合作倡议（ICI）”和“全球合作伙伴”，本文从中剔除北约成员国和非样本国，构成北约合作国，其中，EAPC 包括亚美尼亚、奥地利、阿塞拜疆、格鲁吉亚、波斯尼亚与黑塞哥维那、芬兰、爱尔兰、马耳他、俄罗斯、瑞士和瑞典；地中海对话包括阿尔及利亚、埃及、以色列、约旦和摩洛哥；ICI 包括巴林、科威特；全球合作伙伴：澳大利亚、克伦比亚、日本、韩国和新西兰。具体情况参见“Partners”，https：//www. nato. int/cps/en/natohq/51288. htm，访问时间：2022 年 2 月 12 日。

表4第（1）、第（2）列基于北约成员国样本数据的回归结果表明，金融紧密度的系数为正，且通过了1%显著性水平的检验，但政治紧密度的系数不显著。这并非意味着美联储在选择货币互换对象时政治紧密度因素不重要，而是因为同处北约这个政治军事联盟中，成员国相互之间政治联系已然密切，因此，在北约成员国样本组中该因素反而不显著；相反，金融紧密度在货币互换对象选择中起着决定性作用。

第（3）、第（4）列基于北约成员国和北约合作国样本数据的回归结果表明，金融紧密度的系数为正，且通过了5%显著性水平的检验，但政治紧密度的系数仍不显著。这与第（1）、第（2）列实证结果类似，意味着同处北约或与北约存在伙伴关系时，金融紧密度仍是影响美联储选择货币互换对象的重要因素。在一个更宽泛的政治军事联盟中仍然得出一致性结论，进一步提升了结论的可信度。

第（5）、第（6）列基于非北约成员国样本数据的回归结果表明，金融紧密度和政治紧密度的系数均表现为正。这意味着当某一经济体为非北约成员国时，因与美国政治联系较弱，此时若要提高与美联储签订货币互换协议的概率，则应同时增强与美国的金融紧密度和政治紧密度。

第（7）、第（8）列基于非北约成员国和非北约合作国样本数据的回归结果表明，政治紧密度的系数显著为正，但金融紧密度的系数却没有通过显著性检验。这表明，当某一经济体与美国的政治联系很弱时，政治紧密度成为影响美联储是否签订货币互换协议的主要因素。

综上所述，当某一经济体与美国处于同一政治军事联盟中，则意味着它与美国政治联系紧密，此时金融紧密度成为影响美联储货币互换的重要因素；而当某一经济体与美国不处于同一政治军事联盟或扩展的联盟关系中，则意味着它与美国政治联系弱，此时政治紧密度超越了金融紧密度的影响而成为最显著的影响因素；当介于以上两者之间时，金融紧密度和政治紧密度共同影响货币互换决策。因此，基于联盟视角的现实考察，进一步验证了金融紧密度和政治紧密度是决定美联储选择货币互换对象的重要因素。

（四）金融紧密度、政治紧密度对货币互换对象选择影响的比较

本部分进一步讨论同为货币互换影响因素的金融紧密度和政治紧密度之间的关系。为此，本文采用构建政治紧密度和金融紧密度的交互项方法。具体做法是分别将金融紧密度和政治紧密度作为主效应进行回归，通过判别主效应和交互项系数符号是否相

同来考察两者之间的关系。实证结果见表5。

表5 Panel A 中的列（1）~列（4）的实证结果显示，无论是混合 Logit 还是随机效应 Logit 模型，金融紧密度和交互项的回归系数值均为正，且均通过显著性水平的检验，表明随着政治紧密度的增强，金融紧密度对美联储签订货币互换协议的正向影响会增大，这意味着金融紧密度和政治紧密度构成"互补"关系，政治紧密度有利于增强金融紧密度对货币互换的积极效果。

表5　金融紧密度、政治紧密度对货币互换影响的比较：构建交互项方式

变量		混合 Logit		随机效应 Logit	
		（1）	（2）	（3）	（4）
Panel A：以金融紧密度为主	*fc*	493.800*** （8.950）	354.200*** （6.310）	441.600*** （3.010）	411.800** （2.590）
	pcfc	164.300*** （6.900）	103.600*** （4.360）	152.600** （2.400）	130.200* （1.870）
	cons	−1.683*** （−19.080）	−19.270** （−2.120）	−8.5270*** （−12.600）	−43.160** （−2.210）
	N	1274	1246	1274	1246
	Pseud R^2	0.2242	0.4314		
	Controls	NO	YES	NO	YES
变量		（5）	（6）	（7）	（8）
Panel B：以政治紧密度为主	*pc*	2.012*** （14.630）	1.834*** （10.600）	2.917*** （4.460）	2.479*** （4.180）
	pcfc	−51.480*** （−8.310）	−64.410*** （−5.900）	−63.340*** （−2.630）	−64.410** （−2.450）
	cons	2.894*** （10.340）	−9.158 （−0.930）	1.524 （0.770）	−28.780 （−1.490）
	N	1274	1246	1274	1246
	Pseud R^2	0.364	0.506	—	—
	Controls	NO	YES	NO	YES

注：所有估计均使用 Stata 软件计算得出，*、**、*** 分别表示在10%、5%和1%水平上的统计显著性，系数估计值下方的括号中数据为标准误。

资料来源：笔者自制。

政治紧密度的增强有助于促进金融紧密度对美联储选择货币互换对象的正向影响，那么随着金融紧密度的增强，政治紧密度对货币互换对象选择的正向影响有什么变化呢？表7 Panel B 中的列（5）~列（8）的结果显示，无论是混合 Logit 还是随机效应 Logit 模型，政治紧密度的回归系数值均为正且通过 1% 的显著性水平检验，而交互项回归系数值均为负且通过 1% 的显著性水平检验。这表明，随着金融紧密度的增强，政治紧密度对美联储货币互换对象选择的正向影响减弱。即尽管政治紧密度对被解释变量仍为正向影响，但是随着金融紧密度的增强，金融紧密度可能会削弱政治紧密度的作用而成为影响美联储货币互换对象选择的主要因素，此时金融紧密度和政治紧密度构成替代关系。

综上所述，表5 的实证结果表明：当政治紧密度增强时，其可以起到“锦上添花”的互补作用，即促进金融紧密度的正向影响。相反，当金融紧密度增强时，它会削弱政治紧密度的正向影响，此时两者存在替代关系。

（五）稳健性检验

本部分分别通过合并欧元区样本、对核心解释变量进行滞后以及使用系统 GMM 的方式进行稳健性检验，检验结果表明，金融及政治紧密度对美联储选择货币互换对象的正向影响是稳健的。

1. 合并欧元区样本的稳健性检验

美联储一个主要的货币互换签约对象是欧洲央行而非欧元区各成员国，为使得实证结果更为稳健①，此处将欧元区视为一个整体并将相关变量重新引入模型进行回归（见表6）。稳健性检验结果表明：无论是混合 Logit 还是随机效应 Logit 模型，金融紧密度、政治紧密度的回归系数仍显著为正，其他控制变量的显著性情况及系数符号与前文的实证结果基本相同，说明欧元区样本无论是取单一国家还是整体合并都对前文的实证结果几乎没有影响。

① 前文样本数据中包括欧元区 19 个经济体，这里将欧元区视为一个整体进行处理，重新进行 Logit 回归，实证结果相似，避免了样本量变动对实证结果可能产生的影响，因而增加了实证结果的稳健性。

表 6　合并欧元区样本：美联储选择货币互换对象的影响因素

变量	(1)	(2)	(3)	(4)	(5)	(6)	(7)	(8)	(9)	(10)	(11)	(12)
	Panel A：混合 Logit						Panel B：随机效应 Logit					
pc	1.038 *** (5.810)	0.529 ** (2.730)	0.538 *** (2.720)	0.550 *** (2.760)	0.548 *** (2.750)	0.954 *** (3.560)	1.749 *** (2.880)	1.259 ** (2.150)	1.235 ** (2.080)	1.231 ** (2.080)	1.150 ** (2.020)	1.786 *** (2.610)
fc	174.800 *** (8.620)	185.300 *** (8.360)	181.900 *** (8.190)	188.300 *** (7.090)	173.800 *** (5.580)	241.700 *** (4.430)	169.900 *** (4.390)	162.100 *** (4.430)	154.900 *** (4.150)	161.300 *** (3.630)	152.500 *** (3.530)	305.500 *** (3.930)
kaopen		3.851 *** (4.610)	3.876 *** (4.700)	3.742 *** (4.320)	3.763 *** (4.300)	3.340 *** (3.360)		2.561 * (1.900)	2.669 ** (1.980)	2.647 ** (1.970)	2.632 ** (1.990)	3.193 * (1.950)
inflation			1.078 (1.550)	1.099 (1.580)	1.044 (1.490)	0.887 (1.150)			2.346 (1.100)	2.421 (1.140)	2.162 (1.030)	2.222 (0.940)
gdpshare				−6.126 (−0.440)	−7.774 (−0.570)	150.6 ** (2.450)				−6.980 (−0.270)	−19.120 (−0.710)	148.400 ** (2.370)
bltrade					1.996 (0.870)	−5.590 * (−1.930)					7.525 (1.220)	0.160 (0.020)
military						−113.300 *** (−4.030)						−177.900 *** (−3.570)
res						−0.829 (−1.190)						−1.791 ** (−2.100)
cons	−1.141 *** (−2.670)	−5.358 *** (−5.370)	−5.209 *** (−5.230)	−5.048 *** (−4.840)	−5.060 *** (−4.830)	17.330 (0.970)	−1.870 (−1.320)	−4.420 * (−2.310)	−4.218 ** (−2.190)	−4.165 ** (−2.160)	−4.352 ** (−2.290)	42.26 * (1.930)
N	1022	1022	1022	1022	1008	980	1022	1022	1022	1022	1008	980
Pseud R^2	0.517	0.566	0.569	0.569	0.523	0.562	—	—	—	—	—	—

注：所有估计均使用 Stata 软件计算得出，*、**、*** 分别表示在 10%、5% 和 1% 水平上的统计显著性，系数估计值下方的括号中数据为标准误。
资料来源：笔者自制。

2. 核心解释变量滞后一期的稳健性检验

考虑到一国若与美联储签订货币互换协议，则反过来也可能增强该国与美国的金融及政治紧密度，这种联立因果关系可能导致内生性问题。根据处理内生性的常规做法，本文将核心解释变量进行滞后一期重新引入模型进行回归（见表7）。稳健性检验结果表明：无论是混合 Logit 还是随机效应 Logit 模型，金融紧密度及政治紧密度的回归系数仍显著为正，其他控制变量的显著性情况和系数符号也基本相同，因而可认为实证结果是稳健的。

表7　核心解释变量滞后一期：美联储选择货币互换对象的影响因素

变量	(1)	(2)	(3)	(4)	(5)	(6)
	Panel A：混合 Logit			Panel B：随机效应 Logit		
L. pc	2. 056 *** (13. 440)	1. 504 *** (9. 730)	1. 713 *** (10. 090)	12. 630 *** (9. 840)	9. 570 *** (6. 760)	12. 290 *** (7. 750)
L. fc	125. 100 *** (7. 660)	146. 200 *** (5. 850)	193. 400 *** (5. 620)	164. 600 * (1. 820)	158. 500 ** (2. 060)	178. 700 * (1. 680)
kaopen		3. 543 *** (5. 910)	3. 202 *** (5. 320)		2. 194 (1. 200)	1. 472 (0. 900)
inflation		0. 315 (0. 660)	0. 227 (0. 460)		1. 740 (0. 540)	1. 448 (0. 460)
bltrade		-4. 326 * (-1. 810)	-6. 229 ** (-2. 260)		3. 196 (0. 250)	2. 758 (0. 160)
center			1. 347 *** (2. 800)			17. 530 ** (2. 270)
military			-34. 850 *** (-3. 630)			-150. 600 *** (-2. 640)
res			7. 580 * (1. 920)			35. 010 *** (3. 350)
cons	3. 595 *** (8. 170)	-0. 487 * (-0. 640)	-193. 800 * (-1. 920)	25. 070 *** (8. 760)	17. 510 *** (4. 400)	-872. 600 *** (-3. 270)
N	1183	1183	1157	1183	1183	1157
Pseud R^2	0. 413	0. 485	0. 499	—	—	—

注：所有估计均使用 Stata 软件计算得出，*、**、*** 分别表示在 10%、5% 和 1% 水平上的统计显著性，系数估计值下方的括号中数据为标准误。

资料来源：笔者自制。

3. 更换模型并使用系统 GMM 方法的稳健性检验

考虑到货币互换协议具有存续期，即美联储与其他经济体央行某年（不）签订货币互换协议，则其下一年也有可能（不）签订货币互换协议。因此，本文在原有模型基础上加入被解释变量的三阶滞后项以控制此惯性作用，使用系统 GMM 方法对回归方程进行估计，实证结果如表 8 列（7）所示，改变回归方法后，金融紧密度及政治紧密度依然对被解释变量的影响显著为正。表 8 还分别列出随机效应 Probit 和随机效应 Tobit 的回归结果表明，结果依然是稳健的。

表 8　　更换模型：美联储选择货币互换对象的影响因素

变量	(1)	(2)	(3)	(4)	(5)	(6)	(7)
	随机效应 Probit		边际效应	随机效应 Tobit		边际效应	系统 GMM
pc	1.179 *** (3.510)	3.149 *** (4.510)	3.149 *** (4.510)	0.211 *** (2.580)	0.445 *** (5.120)	0.445 *** (5.120)	0.146 ** (2.160)
fc	91.87 *** (2.770)	140.30 *** (2.800)	140.300 *** (2.800)	8.197 ** (2.160)	7.141 * (1.940)	7.141 * (1.940)	8.453 ** (2.260)
L. 1							0.590 *** (4.770)
L. 2							−0.005 (−0.040)
L. 3							−0.212 *** (−5.150)
cons	−13.080 *** (−1.310)	−191.400 *** (−4.680)		−0.837 *** (−3.010)	−22.980 *** (−7.670)		0.548 *** (3.010)
N	1246	1246		1246	1246		979
Controls	YES	YES	YES	YES	YES	YES	YES
i. year	NO	YES	YES	NO	YES	YES	YES
AR（1）	—	—	—	—	—	—	0.021
AR（2）	—	—	—	—	—	—	0.344

注：所有估计均使用 Stata 软件计算得出，*、**、*** 分别表示在 10%、5% 和 1% 水平上的统计显著性，系数估计值下方的括号中数据为标准误。“*L.* 1、*L.* 2 和 *L.* 3”标识分别意味着时滞一期、时滞二期和时滞三期。

资料来源：笔者自制。

（六）进一步讨论：一国与美联储签约对其外汇储备规模的影响

上述实证检验结果表明金融紧密度及政治紧密度对美联储货币互换对象选择产生重要影响。本文进一步探讨货币互换协议签订对外汇储备规模的影响，以验证前文理论模型结论三。为此，本文重新构建总体平均回归（PA）模型：

$$fx_{i,t} = k_0 + k_1 pc_{i,t} + k_2 fc_{i,t} + k_3 swap_{i,t} + \lambda' X_{i,t} + \varepsilon_{i,t} \tag{16}$$

其中，$fx_{i,t}$是被解释变量外汇储备规模，基于数据的可得性，用各经济体的总储备减去黄金来衡量，数据来源于世界银行官网；$X_{i,t}$为金融紧密度（*fc*）、政治紧密度（*pc*）和货币互换（*swap*）以外的控制变量，与前文控制变量相同。使用国家聚类稳健标准误，得到回归结果如表 9 所示。

表 9　　货币互换协议、金融及政治紧密度与外汇储备规模

变量	（1）基准回归	（2）基准回归	（3）交互项回归	（4）交互项回归
swap	-0.138*** (-2.810)	-0.066** (-2.290)	-0.458*** (-3.130)	-0.056* (-1.870)
pc		-0.022** (-2.050)		
fc		-10.530*** (-3.550)	-9.025*** (-3.000)	
Swap × *pc*			-0.213*** (-2.830)	
Swap × *fc*				-9.948*** (-3.190)
kaopen	-0.029 (-1.640)	-0.0016 (-0.120)	-0.015 (-1.220)	-0.024 (-1.610)
inflation	-0.009 (-0.520)	0.008 (0.600)	-0.003 (-0.200)	-0.007 (-0.480)
gdpshare	13.520*** (2.730)	14.970*** (3.290)	13.620*** (3.180)	15.200*** (3.460)
bltrade	0.189 (0.270)	0.100 (0.140)	0.251 (0.430)	-0.134 (-0.210)

续表

变量	（1）基准回归	（2）基准回归	（3）交互项回归	（4）交互项回归
center	0.0844 （0.450）	0.275 * （1.920）	0.269 ** （2.060）	0.282 ** （2.040）
military	1.758 （0.850）	2.159 （1.280）	2.614 （1.620）	1.478 （0.930）
res	0.056 *** （3.530）	0.091 *** （3.870）	0.092 *** （3.900）	0.084 *** （3.430）
cons	−1.415 *** （−3.540）	−2.377 *** （−3.920）	−2.325 *** （−3.900）	−2.129 *** （−3.440）
N	1232	1232	1232	1232
R^2	0.757	0.816	0.829	0.809

注：所有估计均使用 Stata 软件计算得出，*、**、*** 分别表示在 10%、5% 和 1% 水平上的统计显著性，系数估计值下方的括号中数据为标准误。

资料来源：笔者自制。

表 9 同时列出基准回归以及交互项的回归结果。列（1）、列（2）检验结果表明，一国与美联储是否签订货币互换协议与其外汇储备规模呈负相关关系。列（3）检验结果表明，政治紧密度和货币互换协议的交互项系数显著为负，且与主效应符号相同，意味着若某一经济体与美国政治联系越密切，则签约会显著降低其外汇储备规模。类似地，列（4）检验结果表明，金融紧密度和货币互换协议的交互项系数显著为负，且与主效应符号相同，表明若某一经济体与美国金融联系越密切，则签约也会降低其外汇储备规模。总之，某一经济体与美国金融紧密度或政治紧密度越高，则它与美国签订货币互换协议将显著降低其外汇储备规模，实证检验支持前文理论模型的结论三。

六、结论与建议

美联储提供货币互换本质上是霸权国担任国际最后贷款人，它所具有的无限资源和行动迅速特征使其能够对缓解危机国外汇市场压力、提高银行利润、防止银行倒闭和促进 GDP 复苏起到一定作用。但全面评估美联储的国际最后贷款人功能有效性，还需进一步从对签约对象的选择标准角度予以分析。根据前文分析，我们得出以下结论。

第一，美联储对货币互换对象的选择并非基于维护全球公共利益的经济基本面常规策略，而是采取维护美国霸权国私利、基于金融紧密度和政治紧密度的非常规策略。

我们构建的国际最后贷款人模型表明，国际最后贷款人基于霸权国利益最大化的成本收益权衡以决定是否提供货币互换，而金融紧密度和政治紧密度是影响决策的关键因素。若一国与美国金融紧密度越强，则美联储提供货币互换越能降低传染概率和损失，因而与美联储签约的可能性越大；在此基础上引入政治紧密度表明，若霸权国与危机国政治联系越强，则提供货币互换的概率越高。基于2007~2020年91个经济体的全样本数据，无论是采用混合Logit还是随机效应Logit模型，回归结果均表明金融紧密度和政治紧密度是影响美联储是否签约的重要因素，而经济规模和通货膨胀管理水平等经济基本面控制变量则不显著；随后，不同时间段、不同区域的异质性检验进一步支持该结论；合并欧元区样本、滞后核心解释变量、更换模型及采用系统GMM方法的稳健性检验均表明以上结果具有稳健性。因此，理论模型和实证检验均充分证明了美联储对货币互换对象的选择是基于与美国的政治紧密度和金融紧密度、而非经济基本面因素来考量，维护的是霸权国私利而非全球公共利益。

第二，美联储采取基于金融紧密度和政治紧密度的非常规策略，意味着它并不能成为广大发展中国家和新兴市场经济体的有效国际最后贷款人。

尽管美联储货币互换具有缓解危机国外汇市场压力、提高银行利润并防止银行倒闭、促进GDP复苏等实际效果，但我们构建的国际最后贷款人模型和实证检验均表明美联储采取维护美国霸权国私利、基于金融紧密度和政治紧密度的非常规策略来选择货币互换对象，这一点与国际最后贷款人作为公共产品而须坚持的基本面常规策略或原则相背离。这一背离将导致救助资源错配，无疑将增加道德风险或资产受损等成本，同时也不可避免地产生救助的非公平性。从这个角度看，美联储并不能有效履行国际最后贷款人功能，尤其对于广大与美国金融及政治联系弱的新兴市场经济体和发展中国家而言。前文基于不同区域样本数据的异质性检验表明，当样本划分至非北约的成员国和合作国时，政治紧密度对美联储货币互换对象选择起决定性影响，而这些国家与美国政治联系弱的事实意味着它们很难获得美联储的货币互换，无论它们基本面如何以及对货币互换的需求有多么强烈和紧迫。

第三，美联储对货币互换对象的选择将对受援国产生后续经济影响。某一经济体与美国金融紧密度或政治紧密度越高，则它与美国签订货币互换协议将显著降低其外汇储备规模。这为许多发展中国家大量囤积外汇储备的行为提供了合理解释。

根据以上的结论，本文从推进中国金融国际化战略方面提出三点政策建议：

首先，深度融入国际金融市场，增强金融紧密度以提高签约概率。中国外汇储备连续16年稳居全球第一，似乎并不需要美联储的货币互换。但在当前美元本位制下，中国若与美联储签署货币互换协议特别是类似于永久性货币互换机制（C6），无疑具有巨大经济价值，因为这不仅意味着中国将覆盖于全球金融安全网内，而且能够显著降低中国因累积巨额外汇储备而付出高昂的机会成本。运用二元 Logit 模型、基于金融紧密度和政治紧密度对中美签订货币互换协议概率预测显示①，2007 年中美签约概率为 11.6%、2020 年为 37.1%，2007～2020 年平均签约概率为 29.2%。由此可见，自 2007 年以来，由于金融紧密度的逐步增强，中国签约概率在不断提升，但目前仍然较低。那么，如何进一步提高签约概率？我们认为应主要着眼于金融紧密度的提高。提高政治紧密度固然也能提升签约概率，而且基于联盟视角的异质性分析结果表明，对于非北约成员国和非北约合作国而言，政治紧密度是影响美联储选择货币互换对象的重要因素，因此，既非北约成员国也非北约合作国的中国若要提升签约概率，显然应当增强与美国的政治联系。但在现实中，中美政治关系的改善需要双方共同努力，甚至更取决于美国的包容和诚意。在当前复杂的国际政治关系背景下，中国短期内很难摆脱被美国贴上"战略竞争对手"标签的困境，改善中美政治关系绝非易事。在此背景下，可利用通过构建交互项所验证的金融紧密度和政治紧密度之间的替代关系，着重提高金融紧密度，因为随着金融紧密度的不断增大，政治紧密度对签约行为的影响会被削弱。当金融紧密度变得足够高时，政治紧密度的影响会大大减弱，从而大幅增加签约概率。鉴于此，中国需要进一步开放国内金融市场并深度融入国际市场。一方面，培育一批大券商、大银行、大资产管理公司等享誉全球的金融机构，增强它们全球配置本外币金融资产的能力；另一方面，加速金融业双向开放，取消人民币合格境外投资者（RQFII）额度限制，优化准入条件，重视吸引国际银行及包括理财公司、养老基金、期货公司在内的非银行外资金融机构来华经营业务。通过加强与欧美国家的金融联系，既能享受全球配置资金产生的效率提升，又能增加美联储不救助的成本，从而提高中国与美联储的签约概率。

其次，依据金融紧密度和政治紧密度的变化来动态调整外汇储备规模。霸权国选择是否提供货币互换和危机国调整外汇储备的行为始终是一个博弈过程。金融紧密度和政治紧密度不仅会影响霸权国的救助概率，也将影响危机国调整外汇储备规模的行为。2020 年，中国金融紧密度为 0.018，尽管该指标在样本期处于上升趋势，均值排名第 10 位，但仍与英国、日本等国存在相当大的距离；2020 年政治紧密度更低，仅为

---

① 根据前文测度公式可知，中美金融紧密度从 2007 年的 0.004 上升至 2020 年的 0.018，均值为 0.013，在 91 个经济体中排名第 10 位，但与排名前三的英国（0.078）、日本（0.052）、德国（0.032）仍有较大差距；中美政治紧密度总体呈现波动下降趋势，从 2007 年的 -2.756 下降至 2020 年的 -2.833，均值为 -2.65，在 91 个经济体中排名第 43 位，与排名靠前的英国（-0.996）、加拿大（-0.996）、法国（-1.292）存在较大差距。

-2.65，且样本期呈现下降趋势，均值排名第43位，故样本期平均签约概率仅为29.2%。正如马丁·费尔德斯坦（Martin Feldstein）在亚洲金融危机后告诫发展中国家不能依靠IMF或国际金融体系改革来使自己免受危机伤害，而应通过增加央行外汇储备等方式来实现自我保护。① 鉴于此，中国仍然需要忍受持有高额外汇储备带来的机会成本，维持现有外汇储备规模以维护自身加速开放条件下的金融稳定。而随着中美政治紧密度和金融紧密度的上升，可以适当降低外汇储备规模。此外，还可与C6中美联储之外的其他央行建立货币互换从而间接与美联储签约；密切关注美联储货币互换网络的扩展以及制度化、政治化趋势，动态把握签约机会；维护与IMF的良好关系并致力于区域性的清迈协议、金砖国家应急储备安排建设。

最后，面对激烈的货币竞争，稳步推进人民币国际化以最终实现中美平等货币互换。在经济全球化背景下，国家之间日益激烈的竞争很大程度体现在货币竞争加剧上。本杰明·科恩（Benjamin J. Cohen）认为，“谁控制了货币，谁就可以获得各种实际资源、商品和服务，而这些又是获得经济和政治优势的关键……货币的未来影响着我们所有人，货币的未来就是我们的未来”。② 通过货币国际化，一国不仅可以获得国际铸币税，还能提高宏观经济政策的灵活性和国际声誉，同时获得降低货币危机、债务危机发生概率等隐性收益。由于贸易结算推动力量减弱，中国2009年正式开启的人民币国际化进程仍处于初级阶段。因此，一方面可通过对健全宏观经济管理的公开承诺来维护人民币币值稳定以增加对人民币的需求；另一方面应运用规模经济优势增强人民币的经济交易尤其是金融交易功能，实现贸易与金融双轮联合驱动战略，进一步提高人民币跨境支付系统（CIPS）的安全性和有效性，使人民币成为国际货币中的重要一员，最终实现中美两国平等的货币互换。

---

① Martin Feldstein, “A Self-Help Guide for Emerging Markets”, *Foreign Affairs*, Vol. 78, No. 2, 1999, pp. 93-109.

② Benjamin J. Cohen, *The Future of Money*, Princeton: Princeton University Press, 2006, P. 1.

国别经济研究

创新政策与“专精特新”中小企业创新质量[*]

曹虹剑　张　帅　欧阳峣　李　科[**]

摘　要　“专精特新”中小企业高质量发展有助于强化中国产业链和供应链韧性，加快解决“卡脖子”难题。创新政策是引导“专精特新”中小企业高质量发展的重要手段。本文基于国务院批准设立的科技型中小企业技术创新基金，研究中国创新政策对“专精特新”中小企业创新质量产生的激励效应及其理论机制。研究发现：创新基金存在显著的创新质量激励效应；创新基金通过缓解融资约束、补偿创新外部性以及矫正低质量创新等方式提升企业创新质量；无偿资助、贷款贴息对创新质量的激励效应均显著，但无偿资助的效果更好；创新基金对企业创新质量存在显著的持续性影响，但多次资助企业的持续性影响更强，且其创新质量激励效应呈持续上升之势。本文丰富了“专精特新”中小企业扶持政策的理论和实证研究，为中国开展补链强链专项行动，提升“专精特新”中小企业创新质量提供了政策启示。

关键词　创新政策　专精特新中小企业　创新质量　高质量发展　专利

一、引言

在高质量发展背景下，提升“专精特新”中小企业的创新质量具有重要的意义。

---

[*] 本文原载于《中国工业经济》2022 年第 11 期。

[**] 作者简介：曹虹剑，湖南师范大学商学院教授、博士生导师、经济学博士。张帅，山东大学经济学院博士研究生，湖南师范大学大国经济研究中心兼职研究员。欧阳峣，湖南师范大学商学院教授、博士生导师，湖南师范大学大国经济研究中心主任，上海大学经济学院特聘教授。李科，湖南师范大学湖南省“双碳”研究院教授、博士生导师，经济学博士。通讯作者：张帅，电子邮箱：1097818494@ qq. com。感谢匿名评审专家的宝贵意见，感谢袁礼、姜建刚、熊瑞祥、戴家武、李虹辰、赵雨、张建英、王必哲、孙佳俊、周正、李姿等的建议，文责自负。基金项目：国家社会科学基金一般项目“‘双碳’目标下产业政策引导新能源产业高质量创新研究”（批准号 22BJY059）；湖南省自然科学基金面上项目“财税政策对战略性新兴产业专利质量影响的机理与实证研究”（批准号 2021JJ3045）；湖南省社会科学基金项目“发展中大国的比较优势研究”（批准号 17JD59）。

“专精特新”中小企业是指工业部门中具有“专业化、精细化、特色化、新颖化”特征，创新能力强、竞争优势突出的中小企业。2011 年 9 月，工业和信息化部发布的《“十二五”中小企业成长规划》首次把“专精特新”作为促进中小企业成长和培育的重要方向。2018 年 12 月开始，工业和信息化部对“专精特新”中小企业和“专精特新”小巨人企业的扶持政策逐渐增多。2021 年 7 月 30 日召开的中共中央政治局会议指出，“加快解决‘卡脖子’难题，发展专精特新中小企业”。2022 年 10 月，党的二十大报告指出：“实施产业基础再造工程和重大技术装备攻关工程，支持专精特新企业发展，推动制造业高端化、智能化、绿色化发展”。这标志着发展“专精特新”中小企业已经成为党中央重点关注的议题。加快发展“专精特新”中小企业可以增强产业链与供应链的韧性，保障产业链与供应链安全，有效解决“卡脖子”难题（刘志彪和徐天舒，2022），进而有助于“双循环”发展战略与高质量发展目标的实现。

在新一轮技术革命与产业变革背景下，创新拔尖的“专精特新”中小企业成长为了全球产业链与供应链上的小巨人、单项冠军和隐形冠军。中小企业的创新活动是未来技术变革和增长的重要源泉（Czarnitzki and Delanote，2013），政府的创新政策要重视对中小企业创新能力的提升作用。研究表明，政府创新补贴对活跃在高度创新环境中的中小企业的研发的诱发作用更加明显（Czarnitzki and Delanote，2015）。对新兴产业而言，中国和发达国家同样面临未来技术发展的不确定性，因此，中国的产业政策和创新政策对这类新兴产业的效果更明显（Mao et al.，2021），创新政策应该重点关注新兴产业的中小企业。中国急需推动产业政策的转型升级，并确立竞争政策的基础性地位，而支持中小企业发展是竞争政策发挥作用的重要途径（江飞涛和李晓萍，2018；江飞涛等，2021）。

截至 2021 年底，各级政府已经认证公布了 4762 家“专精特新”小巨人企业和 4 万多家省级“专精特新”中小企业名单，这些企业已成为高质量发展的重要驱动力，但仍然面临着融资约束和创新外部性等问题。中小企业成立历史相对较短，信息不对称问题较为严重，代理成本较高，因此需要承担更高的融资成本（Hyytinen and Pajarinen，2007）。创新具有周期长、不确定性大、风险高的特点（郭玥，2018），中小企业较难获得银行贷款，这会严重抑制中小企业创新投入（蔡竞和董艳，2016）。与此同时，创新收益难以被创新企业完全占有，表现出强烈的正外部性，从而抑制企业的创新动力，因此需要政府政策来使创新企业收益等于社会收益。然而，政府的创新政策也可能会导致资源配置和激励的扭曲（Acemoglu et al.，2018）。由此，如何制定高质量的创新政策以提高“专精特新”中小企业的创新能力是当前亟须解决的重要问题。

本文把 1999 年设立的科技型中小企业技术创新基金（简称创新基金）作为研究对象，研究其对科技型中小企业创新质量的影响。国务院批准设立的创新基金资助对象的选择标准与后来所定义的“专精特新”中小企业一样注重中小企业的创新能力、专业化市场竞争力与发展潜力，因此本研究对中国创新政策和“专精特新”中小企业扶持政策的完善具有重要启示。已有文献探讨了创新政策对科技型中小企业的专利数量（Guo et al.，2016；Wang et al.，2017）、研发投入（张杰等，2015）、全要素生产率（TFP）（郭研等，2016；Guo et al.，2017；Guo et al.，2018）等的影响，但是尚未有文献专门考察创新政策对科技型中小企业创新质量的影响。专利是衡量企业创新能力的常用指标之一（寇宗来和刘学悦，2020）。然而，专利申请可能是企业的某种“策略性”选择，为了迎合补贴和优惠政策的要求，企业可能盲目追求创新数量，导致专利“泡沫”（黎文靖和郑曼妮，2016；张杰和郑文平，2018）。因此，本文将专利质量作为企业创新质量的测度指标。

本文的边际贡献如下：首先，为中国创新政策体系优化提供了新启示。从政策工具选择的视角看，本文发现无偿资助对“专精特新”中小企业创新质量的激励效应比贷款贴息更大。从创新政策实施力度视角看，本文发现创新基金对“专精特新”中小企业创新质量存在显著的持续性影响，多次资助企业的持续性影响更强，且其创新质量激励效应呈持续上升之势。其次，丰富了创新政策及其创新效应的机制研究。本文研究表明，创新政策不仅可以通过补偿创新正外部性来提升企业创新质量，而且还可以通过创新政策监管及实施机制优化来矫正低质量创新，这丰富了创新政策及其创新效应的机制研究。最后，丰富了“专精特新”中小企业及其创新质量衡量视角的相关文献。与以往创新政策文献关注重点不同，本文以“专精特新”中小企业为切入点，研究讨论中国创新政策和“专精特新”中小企业创新质量的关系，丰富了相关文献。除了使用专利被引次数作为创新质量的代理指标外，本文还从行业“相对位置”的角度改进已有的知识宽度法。考虑到不同行业在技术上存在的差异以及可能存在的内生性问题，本文利用企业知识宽度均值和所属行业知识宽度均值的比例来表示企业的创新质量，为创新质量的测算提供新的视角。

二、政策背景与理论分析

（一）政策背景[①]

20 世纪末，在信息技术和经济全球化共同推动下，一批科技型中小企业快速成长

① 资料主要来源于科技型中小企业技术创新基金网站（http：//innofund. chinatorch. gov. cn/）与《科技型中小企业技术创新基金年度报告》。

为全球产业链领头企业。为加快提升中国中小企业创新能力，国务院于 1999 年 5 月批准设立了创新基金。该基金由科技部主管、财政部监管，利用中央财政拨款对符合申请条件的企业进行资助，旨在缓解科技型中小企业创新的资金压力，发挥政府财政资金对企业创新的引导作用。创新基金的资助方式分为无偿资助、贷款贴息和资本金投入，每次资助金额为 50 万 ~200 万元，这无疑对处于初创期和成长期的科技型中小企业具有重要的价值。

申请创新基金企业的条件与后来提出的“专精特新”企业基本条件接近。申请创新基金的企业应该满足以下条件：①满足国家产业技术政策的要求。②依法注册登记，具备法人资格；企业人数不能大于 500，科技人员比例不得小于 30%。③企业产品应主要面向高新技术产品市场；高科技研发费用占比达到销售额的 3%（及以上），直接进行研发工作的员工比例应超过 10%。

创新基金对资助企业的筛选、后期监管和验收环节都进行了严格的规定：①由技术、经济、管理等相关领域的专家组成创新基金专家咨询委员会，为创新基金年度工作指南、重点支持领域、立项项目评估和事后监理验收等提供技术支持。对政府来说，项目价值和潜力的判断是公共研发政策的重大挑战，专家咨询委员会专业人员的技术支持提高了项目运行的合理性。②企业可在每年的 3 ~ 12 月通过邮寄的方式进行项目申请，不需要层层审批，降低了企业的申请成本。③申请项目的评估由专门的评估机构或专家负责，并以竞争的方式确定资助对象，只要是符合条件的企业都可以通过招标的方式公开竞争。④在确定立项项目和资助企业后，创新基金网站会公布立项项目名单，接受社会监督，保障创新基金资助的公开和透明。⑤企业申请成功后，应签订相应的项目合同，并每年向管理中心汇报项目进度。主管部门在合同到期后一年内进行项目的验收，资助资金分别在项目立项时和验收合格后分两批拨付，且第一批经费也要根据项目监理情况分批支付。企业只有合格完成项目才能拿到全部资金，若存在违规行为则严肃处理，有效约束了企业的行为。⑥从创新基金管理中心，到省级、地方，各级主管部门都会对企业项目的资金利用状况、项目执行进度和质量等问题进行监督和调查。此外，省级科技主管部门负责当地的项目验收工作，重点关注项目的资金、技术成果、项目完成质量和后期销售、盈利等方面，并将验收结果向社会公布，改变传统的“重立项、轻管理”的模式。

（二）文献回顾

近年来，大量文献研究了创新政策对企业创新的影响。寇宗来和刘学悦（2020）

的研究表明，创新政策对企业创新存在显著的正向激励效应，但没有表现出规模、地区和出口上的异质性效果。张杰（2020）的研究发现，政府创新补贴规模需要超过一定阈值之后才会对民营企业的创新投入起到显著的激励效应。与之不同的是，吴伟伟和张天一（2021）的研究表明，研发补贴会同时向外部释放“认可标签”的积极信号和研发风险的消极信号，随着研发补贴规模的逐渐扩大，消极信号会逐渐由弱变强，进而阻碍企业获取外部融资，所以研发补贴和企业创新产出之间呈现倒“U”型关系。安同良和千慧雄（2021）的研究则发现，补贴规模存在最优的区间，“普惠式”和“竞争式”补贴的最优区间并不一致，且“普惠式”补贴比“竞争式”补贴的创新激励效果更好。张杰（2021）的研究发现，政府的创新补贴显著挤出了企业自己的研发投入，高新技术企业减税和研发加计扣除则表现为显著的挤入效应。总之，创新政策效果的评估是一个复杂且充满争议的话题。

创新基金是中国最大的支持科技型中小企业创新的公共研发项目（Guo et al.，2018)，带有显著的政策性、引导性的特征，学者们评估和讨论了这一创新政策的影响效果。如张杰（2015）的研究发现，创新基金并未显著促进企业的私人研发投入，而在知识产权制度越不完善的地区，创新基金对私人研发投入的激励就越强。郭研（2016）的研究表明，创新基金资助对企业 TFP 存在促进效应，地区经济越不发达，创新基金的促进效应越明显。在创新基金立项筛选权力分散到地方政府后，被资助企业的新产品产值和专利数量等创新能力指标显著提升（Guo et al.，2016）。王等（Wang et al.，2017）的研究则没有发现可以证明创新基金显著提升了企业存活率、专利和风险投资的证据。

在高质量发展背景下，创新政策对创新质量的影响是值得深入探讨的话题。现有研究大多讨论创新基金和研发投入或专利数量的关系，然而研发投入只能代表一种创新投入过程，专利数量又须面对“创新泡沫”问题的质疑（陈强远等，2020）。黎文靖和郑曼妮（2016）的研究发现，企业存在“策略性”创新行为，企业为“寻补贴”，以低质量专利迎合政府筛选和监管。张杰和郑文平（2018）的研究进一步证明了中国确实存在“专利泡沫”，创新资助政策不但未显著提升企业的专利质量，反而表现出显著的抑制效应，这种扭曲与政府政策的初衷相悖。杨国超和芮萌（2020）的研究发现，高新技术企业税收减免政策虽然对创新有一定的激励效果，但信息不对称、违法违规成本过低等问题促使“伪高新技术企业”表现出强烈的机会主义行为，从而扭曲政府创新资助的激励效应。

以上文献对本文研究创新政策与“专精特新”中小企业创新质量的关系有如下两点启示：①创新政策效果的评估很难发现普适性的规律，有效发挥创新激励效应有一定的约束条件。作为支持中小企业创新的创新基金也是如此，在评估创新基金政策效果时需要深度结合政策及其支持对象的特性，为“专精特新”中小企业创新质量的提升提供有益的政策启示，这是本文的出发点。②创新政策对企业创新行为的扭曲是一个比较普遍的现象，这得到了相关文献的大量研究和讨论，如王等（Wang et al.，2017）的研究表明，创新基金的项目筛选存在官员干预的痕迹，部分不符合标准的企业仍旧获得了资助。因此，本文从创新质量的角度分析创新基金对企业技术创新产生的影响。

（三）理论分析

创新基金主要会通过以下三种方式影响企业的创新质量。

1. 融资约束缓解效应

创新所需的研发时间长、资金投入大、风险高，中小企业自身资金积累速度较慢，风险承受能力差（毛其淋和许家云，2015），而中国尚未形成完善的资本市场，中小企业很难跨越较高的上市门槛，无法通过股权融资的方式解决研发资金短缺的问题（蔡竞和董艳，2016），大部分银行只有在企业发展的后期才会对企业进行融资，大多数中国风险投资公司也更偏好于后期成熟的投资项目（Wang et al.，2017），中小企业需要承担更高的融资成本。与此同时，高质量创新却需要面对更高的资金投入和更大的创新风险压力，这严重抑制了科技型中小企业创新质量的提升。创新基金有效缓解了以上问题。一方面，创新基金对符合条件的申请项目给予资金支持，这种政府专项创新基金可以直接降低企业的研发成本和风险（毛其淋和许家云，2015）。另一方面，创新基金作为一项引导性基金，目的并不只是通过自身有限的资金去补贴企业的研发活动，更是希望通过政府补贴的认证带动其他社会资金的注入。由于信息不对称问题，企业外部投资者需要承担目标筛选、识别以及事后监督成本，而政府对企业进行资助之前会进行比较科学系统的审查，政府对企业的资助行为会向外界释放企业具有成长和创新优势的信号，吸引投资机构和其他社会资金的投入（Lerner，2000；郭玥，2018）。创新基金报告显示，创新基金补贴带动了地方政府以及金融机构等方面的投资，资金放大比例达到了 1∶10，极大地缓解了企业创新所面临的融资约束。由此，本文提出：

假说 1：缓解企业融资约束是创新基金影响企业创新质量的作用渠道，创新基金通过降低企业融资约束程度来提升企业创新质量。

2. 创新外部性补偿效应

技术创新具有公共产品的性质，创新带来的新产品利润会吸引互补品开发商乃至竞争对手迅速跟进模仿，企业很难完整捕获所有的创新盈余，这会使得企业的研发投入低于社会所需要的最佳水平。在小型公司中，创新溢出问题尤其严重，这些企业通常无法有效地捍卫其知识产权或提取产品市场中的大部分租金（Lerner，2000）。政府的创新补贴可以作为对创新外部性问题的适当回应，通过资金补贴提高企业的创新收益或降低其创新成本，补偿企业创新的溢出效应，弥补企业创新的正外部性损失（杨国超和芮萌，2020），实现创新收益的内部化，进而激励企业的研发投入。这也就意味着，创新的正外部性越强，企业越难以实现创新收益的内部化，对创新投入和创新产出的抑制作用也就越大，此时政府通过创新补贴的方式对企业的创新外溢进行补偿，对创新质量的激励效果也就会越明显。反之，创新的正外部性越小，则表明企业实现创新收益内部化越容易，此时创新补贴对创新外部性的补偿效应也就会越弱，对创新质量的激励效果也就会越小。由此，本文提出：

假说 2：补偿创新外部性是创新基金影响企业创新质量的作用机制，创新外部性越强，创新基金的创新质量激励效应越明显。

3. 低质量创新矫正效应

与创新数量不同，政府对企业创新质量的评估和监管存在成本与技术上的门槛，创新补贴容易诱使企业产生寻租（杨国超和芮萌，2020）和“策略性创新”行为（黎文靖和郑曼妮，2016）。高效地实施和监管机制是创新政策对创新质量激励效应有效发挥的重要保证。诺斯（2014）认为，实施机制对交易费用和契约效率有重要影响。在双方拥有共同信息，且能无限重复博弈的条件下，遵守契约是更有利的选择。但若上述条件无法满足，另一方就可能选择违反契约的欺诈行为。对于创新政策来说，若缺乏完善的实施和监管机制，在企业连续多次获得创新补贴的概率很小，博弈次数有限，甚至是一次性博弈的情况下，创新补贴会诱导部分企业选择进行骗补和低质量的“策略性创新”。创新基金一改传统创新政策“重立项，轻管理”的模式，通过专家评选、公开竞争、立项名单公开、资金分批拨付、事后监管和验收等手段缓解创新补贴各个环节可能存在的逆向选择和道德风险问题。此时，创新基金的实施和监管机制越完善，也就越能保障项目前期筛选和后期监管验收等环节的高效合理，约束企业的低质量创新行为，保证企业遵守契约，进而实现对企业创新质量的正向激励。由此，本文提出：

假说 3：矫正低质量创新是创新基金影响企业创新质量的作用机制，实施和监管机制越完善，创新基金的创新质量激励效应越明显。

三、研究设计

（一）样本筛选和数据来源

本文利用了以下数据库：①科技型中小企业技术创新基金数据[①]，其中包括 1999 ~ 2013 年资助项目的详细信息，如企业名称、资助方式、资助金额、所属地区等。②中国工业企业数据库的制造业数据，包含企业名称、行业、销售收入、职工人数等信息。③国家知识产权局的专利数据，包含申请人、申请日、IPC 分类号等。④incoPat 专利数据库，包含申请人、专利被引次数、权利要求数量等信息。

本文通过以下三个步骤进行数据匹配：①利用企业名称、法人代码、法人姓名、地区码、电话、行业代码等信息逐步将 1998 ~ 2013 年的中国工业企业数据库构造为面板数据。②利用企业名称将创新基金资助企业名单与中国工业企业数据库的制造业企业匹配，获得企业的财务数据。③将以上匹配结果按企业名称与国家知识产权局和 incoPat 的专利数据匹配，从而得到对应企业的专利数据。与资助企业同行业、员工人数小于 500 人、杠杆率小于 0.7 的企业同样具有申请基金的条件（Guo et al.，2016），因此，本文将满足以上条件且未被资助的中国工业企业数据库的制造业样本作为非资助企业，并控制了行业和地区。其中有 6674 家企业得到过 7089 次创新基金的资助，另外样本还包括 308731 家非资助企业。

（二）模型设定

本文利用如下模型检验创新基金对企业创新质量的影响：

$$y_{it} = \beta_0 + \beta_1 InnoFund_{it} + \delta X_{it} + \mu_i + \mu_{t,j} + \varepsilon_{it} \tag{1}$$

其中，被解释变量 y_{it} 表示企业 i 在第 t 年的创新质量。$InnoFund$ 是与创新基金相关的变量，β_1 是本文所关心的系数，表示创新基金对企业创新质量的影响系数；X 是控制变量集合；μ_i 表示企业固定效应，$\mu_{t,j}$ 表示时间 × 地区固定效应，以控制地区层面随时间变化的不可观测因素，其中 t 和 j 分别代表时间和地区；ε_{it} 是干扰项。

① 数据库详见科技型中小企业技术创新基金网站：http：//innofund. chinatorch. gov. cn/。

（三）变量设定

1. 创新质量

TFP、研发支出和专利是已有研究测度技术创新最常用的三种指标。但是在不完全竞争市场，TFP 很难精确地衡量企业的创新水平。而在做微观企业的研究时，又很难获取样本的研发支出数据。相对于 TFP 和研发支出，专利的及时性更强，更容易获得，并可利用丰富的专利申请人、技术类别以及权利要求等数据进行深度和详细的企业创新行为研究，而且专利反映了创新产出的结果（寇宗来和刘学悦，2020）。因此，专利数量普遍作为企业创新水平的代理指标。然而，仅依靠简单的专利计数并不能很好地捕捉创新在技术重要性和创新重要性之间的差异（Hall et al.，2001），由于“策略性创新”和“创新泡沫”的存在，专利数量并不能代表企业真实的创新水平。因此，本文使用如下两种专利质量测度指标来衡量企业的创新质量：

（1）专利知识宽度。张杰和郑文平（2018）认为，专利知识宽度越大，也就表示专利所包含的知识越复杂，经济价值越高，被模仿和改进的可能性也就越小，专利质量越高。本文利用知识宽度法，对企业的创新质量进行测算，并对之进行了改进。国家知识产权局的专利数据包含了专利的 IPC 分类号，不同的 IPC 分类号表示不同的技术领域，这种技术领域的分布差异在大组及以上层面更加明显。张杰和郑文平（2018）利用 IPC 分类号在大组层面的信息计算知识宽度，具体公式为：$patent\_knowledge = 1 - \sum \alpha^2$，其中 α 表示 IPC 分类号中大组分类所占的比重。然而，不同行业之间存在着较大的技术特征和产品市场的差异，在计算知识宽度时考虑这种行业差异，将其作为创新质量的测度指标更具合理性。因此，本文以企业知识宽度均值和所在行业知识宽度均值的比例来衡量企业的创新质量，以相对指标缓解可能存在的内生性问题。改进后的专利知识宽度（*Width*）计算公式为：

$$Width = \frac{1 - \sum \alpha^2}{x_i} \tag{2}$$

其中，x_i 为企业 i 所属行业的年度知识宽度平均值。本文利用全部的中国工业企业数据，在二位码行业层面计算年度知识宽度平均值，用以反映一个行业专利质量的水平。由于行业的知识宽度中位数存在大量的零值，因此本文使用行业的知识宽度均值作为行业创新质量水平的代理指标。此外，外观专利的 IPC 分类号在形式上与发明专利、实用新型专利存在较大的差异，通过知识宽度法难以测算出外观专利的质量（张杰和郑文平，2018），因此本文对知识宽度的测算只包含了发明专利和实用新型专利。

（2）专利被引次数，即本专利被其他专利引用的次数。专利被引次数是专利影响力和经济价值的体现，是衡量专利质量最常见的指标（Mann，2018）。寇宗来和刘学悦（2020）、杨国超和芮萌（2020）便是用专利被引次数来表示专利质量。本文把专利被引次数取均值后作为创新质量的第二种代理指标①。

2. 自变量

本文利用以下指标衡量创新基金政策：当年是否获得创新基金资助（*InnoFund*）。若当年获得资助，则变量 *InnoFund* 取值为 1，否则为 0 。

3. 控制变量

借鉴郭研等（Guo et al.，2016）、张杰和郑文平（2018）、余明桂等（2019）的研究，本文在检验创新基金对企业创新质量的影响时，控制了资产负债率、产权性质、企业年龄、企业规模、企业绩效、固定资产比率以及行业竞争度。具体变量含义参见表 1。本文对所有连续性变量进行了 1% 和 99% 的缩尾处理。

表 1　　主要变量定义

变量名称	变量符号	定义
专利知识宽度	*Width*	见式（2）
专利被引次数	*Citation*	专利被引次数均值
政策虚拟变量	*InnoFund*	若当年获得资助则取值为 1，否则为 0
资产负债率	*Lev*	负债/资产
产权性质	*State*	若注册类型为“国有、国有联营、国有与集体联营、国有独资公司”则取 1，否则为 0
企业年龄	*Age*	当年年份减去企业开业年份后加 1 取自然对数
企业规模	*Size*	员工人数取自然对数
企业绩效	*Roa*	利润总额/总资产
固定资产比率	*PPE*	固定资产/总资产
行业竞争度	*HHI*	按照企业收入计算的二位码行业的赫芬达尔－赫希曼指数

① 本文所使用的专利被引数据均检索自 2019 年后，与本样本期存在 6 年以上的有效时间，排除了专利有效时间不同所带来的数据截断误差。

(四) 描述性统计

从表 2 中 Panel A 全样本的结果看，专利知识宽度的均值为 0. 0593，专利被引次数的均值为 0. 1309。为了比较知识宽度不同算法的结果，Panel A 中同时汇报了按企业年度专利知识宽度中位数（*Width_med*）和平均数（*Width_ave*）计算的描述性统计结果。通过不同知识宽度指标的对比可以发现，计算方法的变化会导致结果有较大差异。这从侧面说明不同行业之间的专利技术特征确实存在一定的差异，本文分行业测算专利知识宽度的方法具有合理性。

从表 2 中 Panel B 的组间均值比较的结果看，不管是使用专利知识宽度还是专利被引次数，受资助企业创新质量都更高，且这种差异具有统计上的显著性，这初步支持了本文提出的假说。此外，受资助企业在其他变量上也与非资助企业存在显著的差异，受资助企业的杠杆率、企业年龄、国有企业占比、规模均显著高于非资助企业，而企业绩效、固定资产比例和行业竞争程度则显著低于非资助企业，因此下文将在控制这些变量的基础上对创新基金和企业创新质量的关系进行讨论。

表 2　　描述性统计

Panel A：全样本

变量	观测值数量	平均值	标准差	最小值	最大值
Width	1093981	0. 0593	0. 2721	0. 0000	1. 7659
Width_ave	1093981	0. 0251	0. 1189	0. 0000	0. 7374
Width_med	1093981	0. 0249	0. 1254	0. 0000	0. 7778
Citation	1093981	0. 1309	0. 6584	0. 0000	4. 9091
Lev	1093981	0. 4014	0. 1958	0. 0066	0. 7119
Age	1093981	1. 9766	0. 7290	0. 0000	3. 7377
State	1093981	0. 0157	0. 1241	0. 0000	1. 0000
Size	1093981	4. 7773	0. 8689	2. 4849	6. 1841
Roa	1093981	0. 1672	0. 2354	-0. 0980	1. 1429
PPE	1093981	0. 3859	0. 2319	0. 0173	0. 9602
HHI	1093981	0. 0020	0. 0057	0. 0002	1. 0000

续表

Panel B：组间均值比较			
变量	非资助企业	资助企业	组间差异
Width	0.0500	0.2937	−0.2438***
Citation	0.1070	0.7320	−0.6250***
Lev	0.3970	0.5142	−0.1172***
Age	1.9693	2.1586	−0.1892***
State	0.0153	0.0247	−0.0094***
Size	4.7650	5.0890	−0.3241***
Roa	0.1695	0.1088	0.0607***
PPE	0.3889	0.3101	0.0788***
HHI	0.0020	0.0023	−0.0003***

注：*** 表示在 1% 的水平上显著。

四、实证结果与分析

（一）基准回归结果

本文利用式（1）检验了创新基金对企业创新质量的影响，结果见表 3。表 3 的前三列汇报了被解释变量为专利知识宽度的回归结果，后三列汇报了被解释变量为专利被引次数的回归结果。在上述回归中，本文对控制变量和固定效应进行了逐步控制。表 3 第（1）列为将专利知识宽度作为被解释变量，不加入控制变量和时间、地区的联合固定效应的回归结果，可以发现，*InnoFund* 的估计系数正向显著，这说明创新基金对企业创新质量存在显著的激励效应。本文在第（2）、第（3）列中进一步逐步引入控制变量以及时间、地区的联合固定效应，*InnoFund* 的估计系数仍然在 1% 的水平上正向显著。第（4）~第（6）列将专利被引次数作为被解释变量的回归结果与使用知识宽度的结果是一致的。这表明，无论是从专利知识宽度还是专利被引次数的角度看，创新基金均显著提高了受资助企业的创新质量。如前文所述，创新基金不仅缓解了企业的融资约束，为创新正外部性提供了补偿，还引入了政府监管来约束和矫正企业的低质量创新行为，从而促进企业创新质量的提升。

表 3 基准回归结果

变量	(1) *Width*	(2) *Width*	(3) *Width*	(4) *Citation*	(5) *Citation*	(6) *Citation*
InnoFund	0.0752*** (9.9144)	0.0700*** (9.2760)	0.0634*** (8.4563)	0.1390*** (7.4363)	0.1309*** (7.0127)	0.1192*** (6.4034)
控制变量	否	是	是	否	是	是
企业固定效应	是	是	是	是	是	是
时间 × 地区固定效应	否	否	是	否	否	是
样本量	1093981	1093981	1093981	1093981	1093981	1093981
R^2	0.0007	0.0098	0.0252	0.0004	0.0042	0.0115

注：括号内为 t 值，***、**、* 分别代表 0.01、0.05 和 0.1 的显著性水平。以下各表相同。

（二）稳健性检验①

1. 倾向得分匹配法（PSM）

需要注意的是，创新能力高的企业倾向于申请政府资助，企业创新水平越高，则越有可能被资助（张杰等，2015），而被创新基金资助又会促进企业创新能力的提升，这种双向因果会导致创新基金的政策效果难以得到准确的识别。因为即使没有创新基金的资助，那些被选中的企业也可能具有更高的创新质量，很难确定创新质量的提升是来自选择效应还是治疗效应。若是创新基金的政策效果是由选择效应导致的，那就意味着创新基金挤占了私人研发，并不会导致研发投入的增加（Wang et al.，2017），造成公共资源的浪费。为了缓解内生性，本文利用 PSM 的方法从非资助企业中筛选出符合要求的对照组，以创新基金资助前一年企业的资产负债率、企业年龄、产权性质、规模、企业绩效、固定资产比例、行业竞争程度为匹配变量，通过核匹配的方法对样本进行匹配，并用筛选后的样本再次进行回归，结论保持稳健。

2. 工具变量法检验

PSM 的缺陷在于只能解决可观测变量带来的误差，而无法解决不可观测变量的干扰。为了进一步处理创新基金补贴和企业创新质量之间的内生性问题，本文利用工具变量法进行检验。本文采用了两个工具变量来检验创新基金对企业创新质量的影响。①借鉴张杰（2020）的做法，本文以省份、二位码行业和年份三个维度计算得出的创

① 稳健性检验结果详见《中国工业经济》网站（http：//ciejournal. ajcass. org）附件。

新基金资助企业数量的行业占比 *Subsidy_share* 作为创新基金补贴的第一个工具变量。本文从创新基金网站导出全部立项项目名单，并利用天眼查检索出所有资助企业的二位码行业，进而计算各省份每年的创新基金资助企业的行业比例。一方面，资助企业的行业占比越高，则说明创新基金对该行业的偏向越明显，企业获得创新基金资助的可能性就越大；另一方面，地区和行业层面的信息难以直接影响企业个体的创新质量。②参考张杰等（2015）的方法，以创新基金补贴额的行业增长率 *Subsidy_growth* 作为第二个工具变量。创新基金对特定行业补贴额的增长情况是政策扶持力度的直接体现，而行业层面的补贴增长率与企业个体创新质量的相关性较弱。工具变量检验的第一阶段回归结果表明，工具变量 *Subsidy_share* 和 *Subsidy_growth* 的估计系数均显著为正，这与上文对工具变量的设定是一致的，即行业中受资助企业的数量占比越高，行业补贴额的增长越快，企业越容易获得创新基金资助；第二阶段的回归结果显示，*InnoFund* 的估计系数均显著为正，即创新基金显著提高了企业的创新质量，进一步验证了本文结论的稳健性。

3. 更改估计模型

按照本文专利知识宽度指标的算法，若企业申请的专利仅仅分布在一个 IPC 分类内，则其知识宽度取值为 0，就混淆了有专利申请但知识宽度为 0 和没有专利申请的企业在创新水平上的差距，导致结果的偏差。与非发明专利不同，发明专利需要面对更严格的审查且需承担相应的审查费用。如果该专利的质量不高，则企业支付对应的审查费用去申请发明专利的动力就较小，因此，发明专利是三种专利中质量最高的（龙小宁和王俊，2015）。本文将被解释变量替换为发明专利数量。同时，考虑到专利数量计数变量的特点，本文利用泊松模型和负二项回归模型再次回归，估计结果依然保持稳健。

4. 替换被解释变量

非国有企业市场竞争激烈，若企业规模较小，则难以获得规模经济的优势。小规模的非国有企业若想在市场站稳脚跟，获得竞争力，也需要进行技术创新。然而，中国工业企业数据库并不包含规模以下的非国有企业。那么，上文计算得出的行业知识宽度平均值可能并不能完全代表整个行业真实的创新水平，导致本文结果的偏差。因此，本文将以上所使用的创新质量（*Width*）替换为企业知识宽度平均值（*Width_ave*）和中位数（*Width_med*），以提高基准估计结果的稳健性。平均数容易受到极端值的影响（张杰和郑文平，2018），而企业申请的专利知识宽度值存在较多的零值，中位数又可能会低估企业的创新水平，因此，本文同时汇报了知识宽度平均数和中位数的回归结果。此外，发明专利数量占比（龙小宁和王俊，2015）和权利要求数量（郝项超等，

2018）也是衡量创新质量的常用指标。替换被解释变量后，结果依然稳健。

5. 其他稳健性检验

本文从以下几个方面再次对结论的稳健性进行检验：①考虑出口与加入世界贸易组织的影响。中国加入世界贸易组织后，出口企业面临更大规模的市场和更低的关税，因此从中获得了更多好处。由于“出口学习”效应的存在，加入世界贸易组织会刺激出口密集型企业创新质量的提升。为了排除这种可能，本文借鉴相关文献（Che and Zhang，2018）的做法，删除鞋类和计算机行业。②考虑国有企业改革的影响。在样本期间国有企业进行了重大的改革，如国资委成立、完善国有企业法人治理结构等一系列措施。国有企业改革能够强化激励、降低代理成本，改革后存活下来的国有企业 TFP 有明显的增长（Hsieh and Song，2015）。为了排除国有企业改革导致的生产效率提升的干扰，本文将国有企业以及发生产权变更的样本删除。③考虑技术创新存在的滞后性，本文将被解释变量滞后一期。④考虑政策效果的累积性。若企业得到了创新基金的多次资助，则很难区别创新基金的效果是否受到了之前基金资助的影响，从而高估创新基金的影响，因此本文将被创新基金多次资助的样本删除。以上稳健性检验的结果均与基准回归结果保持一致。

（三）影响机制

如前文所述，创新基金会通过融资约束缓解效应、创新外部性补偿效应和低质量创新矫正效应等方式提高企业创新质量，接下来对此进行验证。

1. 缓解融资约束

如前文所述，融资约束是影响中小企业创新的重大难题。而创新基金作为一项引导性基金，除了对受资助企业进行直接的资金资助外，还吸引了数倍的地方政府配套资金、金融机构贷款等外部资源，这会在一定程度上缓解科技型中小企业面临的研发资金短缺问题，降低企业的融资成本。本文采用中介效应模型验证创新基金是否通过缓解企业融资约束来提升企业的创新质量。中介效应模型的第一步已经在基准回归中完成，所以现在只需展示第二、第三步的结果。本文用 *SA* 指数来表示中介变量，即企业融资约束指数。借鉴余明桂等（2019）的做法，本文利用如下公式计算 *SA* 指数：$SA = -0.737 \times Size + 0.043 \times Size2 - 0.04 \times Age$。中介效应模型第二步的回归结果见表 4 第（1）列，*InnoFund* 的估计系数显著为负，表明创新基金显著降低了企业的融资约束。中介效应模型第三步针对专利知识宽度和专利被引次数的回归结果分别列示于第（2）、第（3）列，结果表明，*InnoFund* 的系数均正向显著，*SA* 的系数均负向显著，这表明融资约束是创新基金促进企业创新质量的机制，支持了假说 1。

表 4　　融资约束缓解效应

变量	(1) *SA*	(2) *Width*	(3) *Citation*
InnoFund	-0.0181 *** (-6.8432)	0.0615 *** (8.1800)	0.1131 *** (6.0604)
SA		-0.0263 *** (-21.0707)	-0.0616 *** (-20.1762)
控制变量	是	是	是
企业固定效应	是	是	是
时间 × 地区固定效应	是	是	是
样本量	1073638	1073638	1073638
R^2	0.6512	0.0253	0.0115

2. 补偿创新外部性

如理论分析部分所述，创新基金补偿了创新的正外部性，创新的正外部性越强，创新基金对创新质量的激励效应越明显。专利存量是衡量创新溢出的常用指标（Sanyal and Ghosh，2013；Matray，2021）。使用专利存量而不是专利流量的原因在于，知识是非竞争性的，即使是过去的知识也会影响现在的创新能力（Matray，2021）。然而，企业层面的专利存量指标与本文的被解释变量存在较大的相似性，存在自我解释的嫌疑。因此，本文从行业创新收益的可获得性角度对创新正外部性补偿效应进行验证①。某一行业的创新收益可获得性越高，说明该行业越能实现创新收益的内部化，没有得到补偿的创新正外部性就越小，从而创新基金对企业创新质量的激励效果也就越小。基于此，本文构造指标测度行业创新收益的可获得性，并引入交乘项对创新正外部性补偿效应进行验证。魏尚进等（Wei et al.，2017）利用专利产出和研发投入的比率表示企业将研发支出转化为创新产出的能力，本文借鉴这一思路，利用产出和知识投入之比，也即行业收入与行业知识存量之比的对数值来刻画行业层面创新收益的可获得性特征，该值越大，则表明该行业将知识转化为创新收益的能力就越强。考虑到专利所包含的知识价值会随着时间的推移逐渐衰减，本文参考霍尔等（Hall et al.，2005）的做法，

① 感谢匿名评审专家的建议。

对企业专利存量按照每年 15% 的比率进行折旧。检验结果如表 5 所示，创新基金对专利知识宽度和专利被次数的交互项估计系数均显著为负，即行业创新收益的可获得性越强，创新基金对创新质量的激励效应就越弱，这支持了假说 2。

表 5　　创新外部性补偿效应

变量	(1) *Width*	(2) *Citation*
InnoFund	0. 1440 *** (3. 4287)	0. 3594 *** (3. 2183)
Innovation_Benefits	0. 0049 *** (7. 3814)	0. 0071 *** (4. 2374)
InnoFund × *Innovation_Benefits*	−0. 0072 ** (−1. 9797)	−0. 0215 ** (−2. 2044)
控制变量	是	是
企业固定效应	是	是
时间 × 地区固定效应	是	是
样本量	1090381	1090381
R^2	0. 0254	0. 0117

3. 矫正企业低质量创新

2005 年之前，创新项目的筛选权力集中在中央创新基金管理中心，对项目申请的事前筛选和事后执行情况的监督都存在巨大的成本，创新基金管理中心难以做到有效的监管，只能以“一刀切”的办法来监督企业的创新行为，更关注容易观测的企业专利数量，这会诱使企业倾向于选择小投入的低质量专利作为应对政府监管、释放优势信号的工具。而且，部分企业通过操纵公司财务数据等方式获得创新基金资助，甚至出现套取创新补助的“僵尸项目”（Wang et al. , 2017），这严重拉低了创新基金的实施效果。

2005 年之后创新基金优化了实施和监管机制：①创新基金提高了筛选的标准，将每年高科技研究投入的比率由 3% 上调为 5%[①]。高技术产品研发费用占比要求的提高意味着申请创新基金资助需要面临更高的成本和门槛，这会阻挡部分骗补项目或低创

① 详见 2005 年 3 月科技部与财政部印发的《科技型中小企业技术创新基金项目管理暂行办法》。

新能力项目的申请，从而筛选出更合适的资助目标。②提升了省级创新基金部门的决策权。2005 年以前，省级创新基金部门只是在中央和企业之间发挥信息传达的作用，对于项目的申请和筛选并不具备实质上的决策权。2005 年之后，省级创新基金办公室负责项目的初步筛选，并对最终结果享有 30% 的决策权（Guo et al.，2016）。地方政府相对于中央政府具有更大的信息优势，筛选机制变化后地方政府享有了部分决策权，有效缓解了中央创新基金管理中心和企业之间存在的信息不对称问题。③在项目决定前，所在省份至少要先配套资助项目金额的 50%（西部地区可 25%）。这将地方政府相关管理部门和中央创新基金管理中心的利益绑定到了一起，能有效约束地方政府管理部门的机会主义行为。④在向创新基金管理中心推荐之前，省级管理部门需要将推荐的企业名单公示两周，且必须对社会的意见进行回复（Guo et al.，2016）。这在一定程度上避免了寻租问题，提高了决策效率。⑤强化省级科技部门和财政部门对项目执行情况的监督和汇报[①]。这进一步明确了地方相关管理部门职责，完善了事后监管体制，有效地促进了创新基金资金的高效利用，从而提升了创新质量。

从以上分析可见，创新基金通过优化实施和监管机制，发挥了创新基金对企业低质量创新的矫正效应。下文将通过 2005 年创新基金监管和实施机制的优化来验证矫正低质量创新是创新基金影响企业创新质量的作用机制（假说 3）。为了对假说 3 进行验证，本文设定了模型（3）。在模型（3）中，*InnoFund_Bfr* 和 *InnoFund_Aft* 为虚拟变量；若企业当年被资助且首次被资助的时间在 2005 年之前，*InnoFund_Bfr* 取 1，反之取 0；若企业在当年被资助且首次被资助的时间在 2005 年之后，则 *InnoFund_Aft* 取 1，反之取 0。

$$y_{it} = \beta_0 + \beta_1 InnoFund\_Bfr_{it} + \beta_2 InnoFund\_Aft_{it} + \delta X_{it} + \mu_i + \mu_t + \varepsilon_{it} \tag{3}$$

其中，表 6 第（1）、第（2）列分别汇报了专利知识宽度和被引次数的回归结果。可以发现，*InnoFund_Aft* 的系数均显著为正，而 *InnoFund_Bfr* 的系数却均不显著，说明 2005 年之后创新基金的资助显著地提高了企业的创新质量，但是在 2005 年之前却不存在显著的影响。随后，本文将被解释变量替换为专利数量，分别再次利用泊松和负二项回归模型进行回归，结果如表 6 第（3）、第（4）列所示。回归结果显示，*InnoFund_Bfr* 和 *InnoFund_Aft* 的估计系数均显著为正，但前者要远远小于后者，*test* 检验的结果表明两者的差异显著。这说明不管是 2005 年之前还是 2005 年之后，创新基金对企业专利数量均存在正向的激励作用，但这种影响在 2005 年后得到了进一步强化，支持了假说 3。2005 年之前，由于实施和监管机制缺位，政府对低质量创新的矫正效应难以有

---

① 详见 2005 年 2 月财政部与科技部印发的《科技型中小企业技术创新基金财务管理暂行办法》。

效发挥，受资助企业多选择违反契约，进行低质且低效的创新。而在创新基金实施和监管机制强化后，政府形成对企业低质量创新的有力监管，企业的创新数量和创新质量都得到了显著提升①。

表 6 低质量创新矫正效应

变量	(1) *Width*	(2) *Citation*	(3) *Patent*	(4) *Patent*
Inno_Bfr	-0.0074 (-0.4545)	-0.0143 (-0.3094)	0.2591*** (3.3296)	0.4800*** (5.5064)
Inno_Aft	0.0777*** (9.2849)	0.1463*** (7.2064)	1.6375*** (34.0540)	2.0350*** (36.2064)
控制变量	是	是	是	是
企业固定效应	是	是	否	否
时间×地区固定效应	是	是	否	否
样本量	1093981	1093981	1093981	1093981
R^2/Pseudo R^2	0.0254	0.0116	0.1040	0.0217

五、创新质量激励效应的进一步分析

（一）创新政策工具和企业创新质量

研发补贴面临严重的信息不对称和高度的不确定性，不同的补贴形式可能会产生不同的政策效果（Guo et al.，2017）。表 7 报告了创新基金三种政策工具的含义和比例，可以发现，无偿资助的比例最高，达到了 78.29%，其次是贷款贴息，占比为 21.67%，资本金投入的方式最少，仅为 0.04%。根据创新基金的规定，企业申请贷款贴息需要提供银行的承贷意愿证明，然而银行一般不愿意向中小企业提供贷款，只有少部分企业满足申请贴息的条件。此外，无偿资助更加倾向于对企业研发前中期的支持，以解决研发面临的高投入、高风险的激励问题；而贷款贴息侧重于创新后对前期

① 需要注意的是，上文的分析并不能确定创新基金效果的改善确实是来自 2005 年创新基金实施和监管机制的调整，这一结论会受到其他因素的干扰。因此，本文采用移动时间窗口的办法进行反事实检验，结论保持稳健。具体回归结果详见《中国工业经济》网站（http：//ciejournal. ajcass. org）附件。

研发和贷款成本的补偿，刺激企业将技术创新转化为经济价值。

表 7　创新基金的三种政策工具

资助方式	含义	次数（次）	比例（%）
无偿资助	针对研究开发、中试阶段或者技术人员以自办企业的方式转化研究成果。并要求企业配备相同金额的资金	5550	78.29
贷款贴息	面向具有一定水平、规模和效益的项目。贴息额为贷款年利息的 50% ~100%	1536	21.67
资本金投入	以吸引社会资金为主要目的，一般占比不高于企业注册资本的 20%	3	0.04
合计		7089	100

为了检验创新基金不同资助方式对科技型中小企业创新质量影响的差异，本文构建了以下模型：

$$y_{it} = \beta_0 + \beta_1 Free\_subsidy_{it} + \beta_2 Loan\_discount_{it} + \beta_3 Capital\_investment_{it} + \delta X_{it} + \mu_i + \mu_t + \varepsilon_{it} \tag{4}$$

其中，*Free_subsidy*、*Loan_discount* 和 *Capital_investment* 均为虚拟变量。其中，若企业 i 在时间 t 获得了创新基金的无偿资助，则 *Free_subsidy* 取 1，否则取 0；若企业 i 在时间 t 获得了创新基金的贷款贴息，则 *Loan_discount* 取 1，否则为 0；若企业 i 在时间 t 获得了创新基金的资本金投入，*Capital_investment* 取 1，否则为 0。其他变量的含义跟上文保持一致。β_1、β_2、β_3 为本文所感兴趣的系数，但由于样本内资本金投入仅占比 0.04%，样本太少，容易受到极端值的干扰，因此本文主要关注 β_1、β_2 的估计结果。

回归结果见表 8。其中，第（1）列为专利知识宽度的估计结果，*Free_subsidy* 的估计系数为 0.0732，*Loan_discount* 的系数为 0.0320，两者均正向显著，*test* 检验的结果表明二者的差异显著。第（2）列专利被引次数的估计结果也表明 *Free_subsidy* 和 *Loan_discount* 的系数均正向显著，且 *Free_subsidy* 的估计系数要更大。这意味着无偿资助和贷款贴息均显著提高了受资助企业的创新质量，但无偿资助的创新质量激励效应更加明显。这是因为，与无偿资助相比，贷款贴息的融资约束缓解效应较弱。贷款贴息主要是对企业研发贷款利息的补贴，减轻企业的利息成本压力（张杰等，2015），但其面向的是具有一定水平、规模和效益的项目，并不能解决企业创新初期面临的资金约束问题，企业仍需要自己承担创新前期的投入和风险。高质量创新需要大量的科技人员和研发设备投入，对资金要求较高。而在当下中国大银行体系为主的金融格局下，中小企业获得银行贷款的难度很大（张杰等，2015），即使能从银行获得贷款，贷款额度也会相对较小，且需要付出更大的代价，例如更高的贷款利率。企业获得贷款之后，需要承受更高的杠杆率和违约压力，若无法按时归还欠款，问题严重时还面临被接管甚至破产的命运（Guo et al.，2017）。高质量的创新行为意味着更大的不确定性，而中小企业受限于规模和盈利能力，资金链条相对较为薄弱，在面对较高的贷款成本和被接管甚至破产的压力下，更需要缩短从产品技术研发到市场投放的周期，快速实现资金回流，降低创新风险，确保企业的正常运营。此时，创新基金的融资约束缓解效应难以得到有效发挥。不同的是，无偿资助针对研发前期，这对分散创新风险，缓解创新所面临的融资约束，保障高质量创新具有重要意义。在这种情况下，得到贷款贴息资助的中小企业更倾向于进行风险较低的低质量创新以提高研发的成功率，因此对创新质量的激励效应就较弱。

表 8　　　　创新政策工具和企业创新质量

变量	(1) *Width*	(2) *Citation*
Free_subsidy	0.0732*** (8.4141)	0.1345*** (6.2843)
Loan_discount	0.0320** (2.1571)	0.0702* (1.8480)
Capital_investment	0.0541 (1.5338)	0.0897* (1.7815)
控制变量	是	是
企业固定效应	是	是
时间×地区固定效应	是	是
样本量	1093981	1093981
R^2	0.0253	0.0116

（二）创新质量激励效应的持续性分析

需要注意的是，超过94%的受资助企业仅得到过一次创新基金的支持，受2次资助的企业仅占5.72%，3次及以上的仅占0.23%，这也就意味着创新基金给予科技型中小企业的创新补贴并不持续。本文的研究发现，创新基金对企业创新质量存在显著的激励效应。那么随之而来的问题是，这种激励效应可持续吗？从理论上说，创新基金存在长期的持续性影响的原因在于：首先，从融资约束缓解效应看，创新补贴资金是采用分期的方式拨付，企业不会在受到资助的当年就得到全部资助资金，只有在项目验收合格后才能拿到所有的补贴；作为引导性基金，创新基金补贴所吸引的地方政府资助和金融机构贷款等也不会限于当年。其次，从创新外部性补偿效应看，创新基金的资金补贴是对企业知识溢出的一种弥补，保障企业实现创新收益的内部化，这会增强企业在未来的创新投入意愿。如果补贴的研发涉及建立或升级研究设施，那么未来其他研发项目的成本将降低，增加了其进行的可能性。在补贴项目中获得的知识也可能会溢出到当前和未来的其他项目，从而增强它们的成功前景（Lach，2002）。最后，从低质量创新矫正效应看，创新基金对资助企业存在筛选、立项、日常监管和最终验收等多个环节，在验收合格之前，创新基金管理中心和地方相关部门都会对企业创新进行严格的约束和监管，因此低质量创新矫正效应也会有长期的影响。以上这些因素都会导致创新基金会对企业的创新质量产生持续性的影响。

基于此，本文利用模型（5）对创新基金的创新质量激励效应的可持续性进行分析。其中，*Duration* 表示企业获得第一次创新基金补贴的累积年限。表 9 第（1）列的结果显示，*Duration* 的估计系数显著为正，表明创新基金对创新质量确实存在持续性的影响。需要注意的是，创新基金对企业的资助次数是不同的。为了检验不同资助次数的创新基金激励效应持续性影响的差异，本文在式（5）的基础上将变量 *Duration* 分为一次和多次两种类型，并将回归结果见第（2）列，其中，*Duration_once* 代表单次资助企业的累积年限；*Duration_rep* 为多次资助企业的累积年限。可以发现，不管被解释变量为 *Width* 还是 *Citation*，*Duration_rep* 的估计系数均大于 *Duration_once*，且检验的结果表明二者的差异显著，这说明多次资助对企业创新质量激励效应的持续性影响更大。

$$y_{it} = \beta_0 + \beta_1 Duration_{it} + \delta X_{it} + \mu_i + \mu_t + \varepsilon_{it} \tag{5}$$

然而，大多数企业仅得到了一次资助，而技术创新所面临的融资约束、正外部性和低质量创新等问题并不会由于创新基金的一次资助就产生根本性的变化，创新基金的效果必然存在时间上的限制。因此，本文在式（5）的基础上引入 *Duration* 的平方项（*Duration_sq*），验证创新基金对企业创新质量的非线性影响，回归结果如表 9 第（3）列所示。可以发现，*Duration* 的估计系数为正，*Duration_sq* 的估计系数为负，且均显著，说明创新基金对企业创新质量的激励效应和累积年限之间呈现倒“U”型的关系。同理，考虑到资助次数的不同可能会导致创新基金对企业创新质量的非线性影响也会不同，本文将受资助企业划分为一次和多次资助两组。第（4）列的回归结果显示，*Duration_once_sq* 的估计系数仍显著为负，但 *Duration_rep_sq* 的估计系数则不显著，即创新基金激励效果的倒“U”型特征并不会在获得多次资助的企业出现，这说明了持续性资助对企业高质量创新的重要意义。

表 9　　创新质量激励效应的持续性分析

变量		(1)	(2)	(3)	(4)
Panel A：被解释变量为 *Width*	*Duration*	0.0309*** (19.7508)		0.0455*** (14.5086)	
	Duration_once		0.0269*** (15.7541)		0.0440*** (13.1177)
	Duration_rep		0.0485*** (13.8694)		0.0563*** (6.9897)
	Duration_sq			-0.0016*** (-4.9931)	
	Duration_once_sq				-0.0019*** (-5.5186)
	Duration_rep_sq				-0.0008 (-1.0493)
	R^2	0.0279	0.0282	0.0281	0.0284
Panel B：被解释变量为 *Citation*	*Duration*	0.0451*** (10.4898)		0.0625*** (7.1730)	
	Duration_once		0.0388*** (8.3539)		0.0576*** (6.2485)
	Duration_rep		0.0728*** (6.8187)		0.0935*** (3.8849)
	Duration_sq			-0.0019** (-2.1466)	
	Duration_once_sq				-0.0021** (-2.2669)
	Duration_rep_sq				-0.0021 (-0.8403)
	R^2	0.0124	0.0125	0.0125	0.0126
控制变量		是	是	是	是
企业固定效应		是	是	是	是
时间×地区固定效应		是	是	是	是
样本量		1093981	1093981	1093981	1093981

六、结论与政策启示

“专精特新”中小企业对提高中国产业链和供应链的韧性和竞争力、解决“卡脖子”难题具有重要作用。本文基于国务院批准设立的科技型中小企业创新基金，利用企业知识宽度均值与行业知识宽度均值之比、专利被引次数等代理指标来测度企业的创新质量，实证分析了中国创新政策对“专精特新”中小企业创新质量的激励效应。主要结论如下：①创新基金对企业创新质量具有显著的激励效应。一系列稳健性检验的结果表明创新基金的创新质量激励效应存在。②从影响机制看，创新基金通过缓解融资约束、补偿创新外部性以及矫正低质量创新等提升企业创新质量。③进一步分析发现，无偿资助和贷款贴息对企业创新质量均存在显著的激励效应，但无偿资助的效果更好；创新基金的创新质量激励效应存在显著的可持续性影响，相比于多次资助企业，创新基金对单次资助企业创新质量的可持续性影响较小，且持续性影响呈倒“U”型特征。根据以上结论，本文得到如下政策启示。

（1）充分发挥创新政策对“专精特新”中小企业高质量创新的长效激励效应。本文的研究表明，创新政策对“专精特新”中小企业创新质量有正向的激励效应和持续性影响。以往追赶型战略下创新政策倾向于重点扶持大企业和数量型增长，在高质量发展背景下应该充分发挥创新政策对“专精特新”中小企业高质量创新的引领作用，使创新拔尖的“专精特新”中小企业成长为产业链与供应链上的小巨人、单项冠军和隐形冠军。高质量创新具有高外部性、高风险、高投入的特点，很难通过一次资助就达到长久的效果，对“专精特新”中小企业来说尤其如此。除了创新政策资助之外，还需要辅以相关的配套政策和保障措施，以持续、可预期的创新政策及其相关政策措施帮助“专精特新”中小企业形成稳定的创新收益预期，以此提高“专精特新”中小企业创新质量，这样才能更好地实现“补链强链”行动的目标。

（2）优化政策实施机制以提升针对“专精特新”中小企业创新政策的实施效率。本文的研究表明，创新政策实施机制的优化充分发挥了创新基金对企业低质量创新的矫正效应，显著提升了“专精特新”中小企业的创新质量。高效的创新政策制度需要与高效的实施机制有机结合才能发挥对创新质量的激励作用。相关部门在制定创新政策时，要认识到创新政策的目标应该是引导高质量创新，抑制低质量创新泡沫，要重视对创新政策实施对象的筛选、资助方式、后期监管和评价体系的科学设计。一方面，需要建立科学、公开、透明的筛选和评价制度，减少逆向选择问题和寻租空间；另一方面，还要完善创新政策的立项后监管、奖惩和退出机制，解决道德风险问题。只有改变创新政策“重立项、轻管理”的模式，才能真正提升“专精特新”中小企业的创新质量。

（3）提高创新政策实施的精准度和针对性，增强创新政策目标、政策工具和实施对象之间的适配程度。对创新质量激励效应的进一步分析结果一方面支持了本文的影响机制假说，另一方面也表明创新政策的影响并不会整齐划一，创新政策对高质量创新的激励效应有严格的约束条件。为提高“专精特新”中小企业的创新质量，政府要针对中小企业融资能力差、风险承受能力弱的特点，选择更符合“专精特新”中小企业自身条件的资助方式和资助力度，实现“专精特新”中小企业创新质量的协同提升。

（4）优化创新政策效果的评估体系，引导“专精特新”中小企业创新由“量”到“质”转变。政府要逐步摒弃以往以专利数量为评估标准的操作模式，通过政府、企业、行业组织和学术界等多方共同治理方式，构建一个兼顾操作性和科学性的创新质量评价体系，避免仅以数量为衡量标准。关注不同行业在技术和产品特征上的差异，提高创新质量指标测算和评估的针对性和精准性，同时利用专利被引次数、权利要求数量等多种指标对创新政策的影响效果进行综合评判。与此同时，要充分考虑专利被引次数等指标所具有的延时性特征，做到对创新政策效果的长期评估。在国家号召大力发展“专精特新”中小企业的背景下，更要做到对创新政策影响效果的科学评判，真正实现以发展“专精特新”中小企业来补位卡位、补链强链的目标。

虽然本文较为深入地研究了创新政策对“专精特新”中小企业的影响，但仍存在一些局限：第一，单一指标难以全面地衡量企业的创新质量。尽管本文所使用的专利知识宽度和专利被引次数是测度创新质量的常用指标，但其也只能反映企业创新质量的部分信息。未来需要在获得更全面的数据基础上，从专利的经济价值、突破性创新与渐进性创新衡量等视角更全面地对企业创新质量进行评估。第二，囿于微观新数据的可获得性，本文在把科技型中小企业技术创新基金数据库、中国工业企业数据库、国家知识产权局的专利数据库与 incoPat 专利数据库的数据匹配的基础上进行实证研究，得到了一些新发现。未来随着新微观数据的公开，可以进一步探讨加快构建新发展格局背景下创新政策对“专精特新”中小企业创新质量的影响。

参考文献

［1］安同良，千慧雄．中国企业 R&D 补贴策略：补贴阈限、最优规模与模式选择［J］．经济研

究，2021（1）：122 – 137.

［2］蔡竞，董艳．银行业竞争与企业创新：来自中国工业企业的经验证据［J］．金融研究，2016（11）：96 – 111.

［3］陈强远，林思彤，张醒．中国技术创新激励政策：激励了数量还是质量［J］．中国工业经济，2020（4）：79 – 96.

［4］道格拉斯·C. 诺斯．制度、制度变迁与经济绩效［M］．杭行，译．上海：格致出版社，2014.

［5］郭研，郭迪，姜坤．市场失灵、政府干预与创新激励：对科技型中小企业创新基金的实证检验［J］．经济科学，2016（3）：114 – 128.

［6］郭玥．政府创新补助的信号传递机制与企业创新［J］．中国工业经济，2018（9）：98 – 116.

［7］郝项超，梁琪，李政．融资融券与企业创新：基于数量与质量视角的分析［J］．经济研究，2018（6）：127 – 141.

［8］江飞涛，李晓萍．改革开放四十年中国产业政策演进与发展——兼论中国产业政策体系的转型［J］．管理世界，2018（10）：73 – 85.

［9］江飞涛．理解中国产业政策［M］．北京：中信出版社，2021.

［10］寇宗来，刘学悦．中国企业的专利行为：特征事实以及来自创新政策的影响［J］．经济研究，2020（3）：83 – 99.

［11］黎文靖，郑曼妮．实质性创新还是策略性创新?：宏观产业政策对微观企业创新的影响［J］．经济研究，2016（4）：60 – 73.

［12］刘志彪，徐天舒．培育“专精特新”中小企业：补链强链的专项行动［J］．福建论坛（人文社会科学版），2022（1）：23 – 32.

［13］龙小宁，王俊．中国专利激增的动因及其质量效应［J］．世界经济，2015（6）：115 – 142.

［14］毛其淋，许家云．政府补贴对企业新产品创新的影响：基于补贴强度“适度区间”的视角［J］．中国工业经济，2015（6）：94 – 107.

［15］吴伟伟，张天一．非研发补贴与研发补贴对新创企业创新产出的非对称影响研究［J］．管理世界，2021（3）：10，137 – 160.

［16］杨国超，芮萌．高新技术企业税收减免政策的激励效应与迎合效应［J］．经济研究，2020（9）：174 – 191.

［17］余明桂，钟慧洁，范蕊．民营化、融资约束与企业创新：来自中国工业企业的证据［J］．金融研究，2019（4）：75 – 91.

［18］张杰，等．中国创新补贴政策的绩效评估：理论与证据［J］．经济研究，2015（10）：4 – 17，33.

［19］张杰，郑文平．创新追赶战略抑制了中国专利质量么?［J］．经济研究，2018（5）：28 – 41.

［20］张杰．政府创新补贴对中国企业创新的激励效应：基于 U 型关系的一个解释［J］．经济学动态，2020（6）：91－108.

［21］张杰．中国政府创新政策的混合激励效应研究［J］．经济研究，2021（8）：160－173.

［22］Acemoglu D，et al. Innovation，Reallocation，and Growth［J］. American Economic Review，2018，108（11）：3450－3491.

［23］Che Y，Zhang L. Human Capital，Technology Adoption and Firm Performance：Impacts of China's Higher Education Expansion in the Late 1990s［J］. The Economic Journal，2018，128（614）：2282－2320.

［24］Czarnitzki D，Delanote J. R&D Policies for Young SMEs：Input and Output Effects［J］. Small Business Economics，2015，45（3）：465－485.

［25］Czarnitzki D，Delanote J. Young Innovative Companies：The New High-growth Firms?［J］. Industrial and Corporate Change，2013，22（5）：1315－1340.

［26］Guo D，Guo Y，Jiang K. Funding Forms，Market Conditions，and Dynamic Effects of Government R&D Subsidies：Evidence from China［J］. Economic Inquiry，2017，55（2）：825－842.

［27］Guo D，Guo Y，Jiang K. Governance and Effects of Public R&D Subsidies：Evidence from China［J］. Technovation，2018，74－75（6－7）：18－31.

［28］Guo D，Guo Y，Jiang K. Government－subsidized R&D and Firm Innovation：Evidence from China［J］. Research Policy，2016，45（6）：1129－1144.

［29］Hall B H，Jaffe A B，Trajtenberg M. The NBER Patent Citation Data File：Lessons，Insights and Methodological Tools［R］. NBER Working Paper，2001.

［30］Hall B H，Jaffe A，Trajtenberg M. Market Value and Patent Citations［J］. Rand Journal of Economics，2005，36（1）：16－38.

［31］Hsieh C T，Song Z. Grasp the Large，Let Go of the Small：The Transformation of the State Sector in China［R］. NBER Working Paper，2015.

［32］Hyytinen A，Pajarinen M. Is the Cost of Debt Capital Higher for Younger Firms?［J］. Scottish Journal of Political Economy，2007，54（1）：55－71.

［33］Lach S. Do R&D Subsidies Stimulate or Displace Private R&D? Evidence from Israel［J］. The Journal of Industrial Economics，2002，50（4）：369－390.

［34］Lerner J. The Government as Venture Capitalist：The Long－Run Impact of the SBIR Program［J］. The Journal of Private Equity，2000，3（2）：55－78.

［35］Mann W. Creditor Rights and Innovation：Evidence from Patent Collateral［J］. Journal of Financial Economics，2018，130（1）：25－47.

［36］Mao J，et al. Industrial Policy Intensity，Technological Change，and Productivity Growth：Evidence from China［J］. Research Policy，2021，50（7）：104287.

[37] Matray A. The Local Innovation Spillovers of Listed Firms [J]. Journal of Financial Economics, 2021, 141 (2): 395 - 412.

[38] Sanyal P, Ghosh S. Product Market Competition and Upstream Innovation: Evidence from the U. S. Electricity Market Deregulation [J]. Review of Economics and Statistics, 2013, 95 (1): 237 - 254.

[39] Wang Y, Li J, Furman J L. Firm Performance and State Innovation Funding: Evidence from China's Innofund Program [J]. Research Policy, 2017, 46 (6): 1142 - 1161.

[40] Wei S J, Xie Z, Zhang X. From "Made in China" to "Innovated in China": Necessity, Prospect, and Challenges [J]. Journal of Economic Perspectives, 2017, 31 (1): 49 - 70.

环境权益交易市场与企业绿色专利再配置*

袁　礼　周　正**

摘　要　通过技术交易实现绿色专利在企业间的合理配置，有利于推进碳达峰、碳中和目标的实现。环境权益交易市场能够利用市场机制释放能源要素价格信号，但其在引导绿色专利再配置时发挥的根本性作用尚未得到重视。本文以排污权交易政策试点作为环境权益交易市场的自然实验，结合1998～2013年中国工业企业数据库与专利数据库，采用多期双重差分法，考察环境权益交易市场能否激励异质性企业的绿色专利再配置。研究发现：排污权交易政策能够增加绿色创新企业转让、许可的绿色专利数量，强化其作为绿色专利“生产者”的地位，增加混合创新企业受让和被许可的绿色专利数量，以及非绿色创新企业被许可的绿色专利数量，使两类企业成为绿色专利的“消费者”，从而激励异质性企业的绿色专利再配置。在进行异质性效应处理等稳健性检验、结合两阶段最小二乘法和工具变量外生性检验、缓解试点选择的内生性问题后，结论仍然成立。本文还发现，排污权交易政策诱致的绿色专利再配置效应能最终实现污染减排，且这类再配置效应在技术交易市场发展更完善和知识产权保护强度更高的地区更易于释放。本文为完善以碳市场为主的环境权益交易市场和构建市场导向的绿色技术创新体系提供了政策启示。

关键词　排污权交易政策　绿色技术创新　专利交易　再配置

一、引言

党的二十大报告明确提出“健全资源环境要素市场化配置体系，加快节能降碳先进技术研发和推广应用”，从根本上阐明了“加快发展方式绿色转型”的核心内容与实

---

*　本文原载于《中国工业经济》2022年第12期。

**　作者简介：袁礼，湖南师范大学商学院副教授、经济学博士。周正，湖南大学经济与贸易学院博士研究生。通讯作者：周正，电子邮箱：dblackzhou@163.com。感谢匿名评审专家和编辑部的宝贵意见，文责自负。基金项目：国家自然科学基金青年项目“全产业链绿色技术扩散的理论机制、效应识别与政策优化研究”（批准号72204080）；湖南省社会科学基金基地项目“发展中大国的比较优势研究”（批准号17JD59）；湖南省2022年度“芙蓉计划”——湖湘青年英才项目。

现路径。一方面，应通过节能降碳、绿色技术创新，为绿色低碳转型发展提供新动能。[①] 然而，当前中国绿色技术创新水平仍然不高，2018 年绿色专利申请量约占专利申请总量的 6.36%。[②] 与此同时，中国技术交易市场上存在大量的专利交易行为，根据国家统计局数据，2018 年全国技术合同成交额高达 17697 亿元，[③] 隐含着中国技术要素市场存在明显的专利错配现象，更凸显以技术交易实现专利在不同企业之间重新流动和再配置的重要意义（Serrano，2010；Akcigit et al.，2016；Han et al.，2021）。深入理解上述中国绿色技术创新和专利交易的事实，能够为推进碳达峰、碳中和（简称“双碳”）目标的实现，加快发展方式绿色转型提供新的思路。不同类型的企业可根据其从事绿色技术创新的历史轨迹和比较优势，形成绿色专利研发的专业化分工，并通过技术交易实现企业间的绿色专利再配置，以有效发挥绿色技术在驱动低碳发展时的关键价值和作用，最终实现污染减排。

另一方面，环境权益交易市场是健全资源环境要素市场化配置体系的重要内容之一。作为市场型环境规制政策，环境权益交易市场能够利用市场机制，释放能源要素的价格信号。考虑到能源要素价格是诱致技术创新的关键因素之一（Hicks，1932；Acemoglu，2002；Acemoglu et al.，2012），环境权益交易市场可能通过影响能源要素价格，改变企业技术创新决策。然而，环境权益交易市场在诱致异质性企业绿色技术研发和交易决策变化，继而引导企业间绿色专利再配置时发挥的根本性作用却并未得到重视。自“十三五”规划提出建立健全用能权、用水权、排污权、碳排放权等环境权益交易市场以来，中国环境权益交易市场的交易量快速上升。2007～2013 年中国排污权交易金额累计达 40 多亿元（任胜钢等，2019），2020 年中国碳排放配额成交量约为 4340 万吨，较 2015 年增长近 40%。交易量的扩大有利于环境权益交易市场充分发挥市场机制作用，有效释放能源要素的价格信号，引导微观企业绿色技术研发和交易决策转变。那么，环境权益交易市场究竟能否强化异质性企业之间的绿色专利再配置？本文尝试回答这一问题。

上述问题与两类文献高度相关：一类是企业之间专利再配置的经验事实及影响因素（Arora et al.，2004；Gans and Stern，2003），塞拉诺（Serrano，2010）通过挖掘美国技术市场专利交易与转让的典型化事实发现，专利错配程度和专利交易强度在不同类型的专利权人和技术领域中存在明显差别，特别是小型创新企业和私人发

① 节能技术、低碳技术与绿色技术的概念较为接近，常因研究主题改变而进行具体调整。

② 根据国家知识产权局公布的发明申请专利和实用新型专利核算，绿色专利按 WIPO《绿色专利清单》识别。

③ 数据来源于国家统计局 2018 年统计公报。

明家是最活跃的专利出售者，而政府机构和大型创新企业出售的专利数量最少。更重要的是，专利再配置的动机源于专利与初始专利权人的非匹配性，通过转让交易能使专利创造出更高的价值，使交易双方从技术交易中获益，当技术转让成本降低50%时，专利交易概率将提升6%，并使专利交易的收益提升10%（Serrano，2018）。在此基础上，阿克西吉特等（Akcigit et al.，2016）通过建立新的指标测算专利与企业经营范围之间的距离发现，当一项专利与出售方经营范围的距离超过购买方时，专利交易更容易达成，并进一步构建基于搜索理论的增长模型，模拟专利交易市场效率如何影响经济增长和社会福利。韩鹏飞等（Han et al.，2021）结合比较优势理论，从企业R&D效率视角阐释技术交易市场对异质性企业专利分工的影响，并以中国不同地区专利技术展示交易中心的陆续成立为自然实验，采用双重差分法验证其对企业内部创新和企业间专利交易的影响。可见，既有文献强调技术交易市场对专利交易和再配置的引导作用，并从经济增长和福利效用视角深入探讨专利再配置的有效性。但在中国积极应对全球气候变化、加快实现“双碳”目标的背景下，鲜有文献聚焦绿色专利交易和再配置，较少从污染减排视角诠释绿色专利再配置的有效性。

另一类是环境权益交易市场对绿色技术创新的影响，如刘忠璐和孙海波（Liu and Sun，2021）采用中国省级面板数据，发现碳排放交易试点政策能有效提升试点地区的低碳技术水平，与姚等（Yao et al.，2021）的经验研究结论相一致，支持了“波特假说”。然而，环境权益交易市场所实现的“波特效应”是以高效运转的市场机制为条件的，正是受限于低效运转的市场，有研究发现中国2002年实施的排污权交易政策难以实现“波特效应”（涂正革、谌仁俊，2015）。卡莱尔和德谢兹莱普雷特（Calel and Dechezleprêtre，2016）、齐绍洲等（2018）研究了排污权交易政策对企业绿色技术创新的激励作用。囿于数据的可得性，相关研究大多基于地区数据或上市公司数据考察环境权益交易市场对绿色技术创新的影响，并未进一步探究其对各类企业绿色技术交易决策的异质性影响，特别是对于环境权益交易市场如何引导企业间绿色专利再配置更是缺乏深入剖析。当环境权益交易市场通过排放权对能源价格形成外生加价时，因从事绿色技术创新的历史轨迹和比较优势不同，各类企业将选择差异化的绿色技术研发和交易决策。因此，排放权成本约束将强化各类企业通过转让和授权以实现绿色专利再配置的动机。

针对已有研究的不足，本文系统考察环境权益交易市场对异质性企业绿色专利再配置的影响。二氧化硫（SO_2）排污权交易试点政策已在中国实施近二十年，恰好为探究环境权益交易市场能否促进异质性企业之间的绿色专利再配置提供自然实验环境。

为此，本文采用 1998 ~2013 年中国工业企业数据，构建多期双重差分模型，根据绿色技术创新的历史路径识别绿色创新企业、混合创新企业和非绿色创新企业（Noailly and Smeets，2015），[①] 分析排污权交易政策如何通过市场机制释放价格信号，影响异质性企业之间的绿色专利再配置。研究发现：排污权交易政策能够强化绿色创新企业作为绿色专利“生产者”的地位，提高其转让和许可的绿色专利数量，增加混合创新企业受让和被许可的绿色专利数量，提高非绿色创新企业被许可的绿色专利数量，使两类企业成为绿色专利的“消费者”，继而实现异质性企业之间的绿色专利再配置。考虑到排污权交易政策主要针对 SO_2 排放企业，本文进一步识别 SO_2 排放企业和非 SO_2 排放企业，并进行分组回归，重点关注该政策如何影响 SO_2 排放企业之间的绿色专利交易，以排除其他因素和政策干扰，进一步验证排污权交易政策对异质性企业绿色专利再配置的影响。在考虑稳健性检验、结合两阶段最小二乘法和工具变量外生性检验以及缓解试点地区选择带来的内生性问题后，结论仍然成立。进一步分析发现，排污权交易政策所引致的企业绿色专利再配置，能够最终实现污染减排效应；同时，在技术交易市场发展更完善和知识产权保护程度更高的地区，排污权交易政策更能有效激励企业之间的绿色专利再配置。

与既有研究相比，本文的边际贡献在于：第一，拓宽环境权益交易市场影响效应的研究边界，有别于已有研究集中关注环境权益交易市场对污染减排、能源结构和效率、绿色技术创新的影响，本文深入分析排污权交易政策对异质性企业绿色专利再配置的影响，将环境权益交易市场的研究边界向企业绿色技术交易决策延伸。第二，在加快推动“双碳”目标的背景下，本文根据绿色技术研发的历史轨迹和比较优势识别异质性企业，聚焦于企业之间的绿色专利再配置，并将技术要素市场对其发挥的引导作用前推至环境要素市场，能为释放环境权益交易市场的绿色创新资源再配置效应提供理论依据。第三，从污染减排视角诠释绿色专利再配置的有效性，并探讨技术要素市场对于激励环境要素市场发挥绿色专利再配置效应的协同作用，为完善以碳交易市场为主的环境权益交易市场和构建市场导向的绿色技术创新体系提供实践证据。

① 考虑到本文的研究主题是绿色专利再配置，本文参考诺阿伊和斯梅茨（Noailly and Smeets，2015），以企业所掌握的专利组合构成，表征其绿色技术创新的历史路径和比较优势，据此将企业划分为三类：绿色创新企业是指只掌握绿色专利的企业，混合创新企业是指同时掌握绿色专利和非绿色专利的企业，非绿色创新企业是指只掌握非绿色专利的企业。在此基础上，考虑到 SO_2 排污权交易政策主要针对的是 SO_2 排放企业，本文借鉴任胜钢等（2019）的做法，进一步将企业划分为 SO_2 排放企业和非 SO_2 排放企业。

二、理论分析

作为市场型环境规制政策的重要内容，环境权益交易市场将通过价格机制提高规制企业生产成本，并对企业技术创新活动形成外在压力。但环境权益交易市场对企业技术创新的激励作用并非中性而是呈有偏特征，更有利于促进企业从事绿色技术创新。究其原因，环境权益交易市场能对环境污染的外部性定价，继而实现外部性的内在化（王班班、齐绍洲，2016），即排放权对能源价格形成一个外生加价，并通过市场交易确定合理的加价程度（任胜钢等，2019）。根据诱致性技术创新和技术进步偏向性理论可知，要素相对价格的变化将引致技术创新倾向于节约稀缺昂贵的生产要素（Hicks，1932；Acemoglu，2002）。因此，环境权益交易市场对能源价格形成的外生加价，会使能源价格上涨，诱致企业从事绿色技术创新（Popp，2002；Acemoglu et al.，2012；Aghion et al.，2016）。而企业从事绿色技术创新前期虽然需要投入大量的研发资源，但绿色技术创新也能形成可观的利润收入。然而，绿色技术创新是一项高风险活动，其收益能够弥补研发成本的前提条件是创新获得成功。不仅如此，绿色技术创新相较于传统技术创新需要更丰富的绿色知识存量和更强的研发能力（Martínez - Ros and Kunapatarawong，2019），拥有不同绿色知识存量的企业从事绿色技术创新的成功率和创新利润悬殊。以长期从事绿色专利研发的企业为例，其绿色技术水平较高，意味着该企业市场份额较大，继续从事绿色技术研发能够获得高利润，但也代表其继续从事绿色技术创新的边际收益较低，在替代弹性足够大的条件下，二者的净效应使该类企业研发绿色技术的动机更强，即企业绿色技术创新决策存在路径依赖特征（Aghion et al.，2016）。

因此，当排污权交易政策对能源价格形成外生加价时，不同类型企业将重新权衡绿色专利研发、交易以及购买、出售排污权的成本收益，选择最优的绿色专利创新与交易决策：若企业选择从事绿色专利研发，则需要承担研发成本，但在创新成功的条件下，也能形成可观的利润收入。一方面，可通过转让、授权和应用绿色专利，在垄断竞争的技术市场中获得创新利润（Grossman and Helpman，1991）；另一方面，企业可减少排污权购买，并将多余配额出售，通过排污权交易提高经营利润（Antoci et al.，2020）。若企业不进行绿色专利研发，则承担购买排污权的成本，或支付一定的费用获得绿色专利，以实现污染减排目的，避免承担排污成本。不同类型企业绿色创新足迹和绿色知识存量不同，会导致企业绿色专利研发的成功率和创新利润不同，继而带来差异化的绿色专利研发和交易决策，从而促进异质性企业间的绿色专利再配置。

具体而言，以企业所掌握的专利组合构成，表征其绿色技术创新的历史轨迹和比较优势，将企业划分为绿色创新企业、混合创新企业和非绿色创新企业三类，绿色创新企业是指仅掌握绿色专利的企业，非绿色创新企业是指仅掌握非绿色专利的企业，混合创新企业是指同时掌握两类专利的企业（Noailly and Smeets，2015）。对于绿色创新企业而言，当实施排污权交易政策时，技术创新的路径依赖特征使该类企业从事绿色技术创新的动机进一步强化。绿色创新企业在绿色专利研发上更具比较优势，能够提高研发成功率，该类企业通过研发成功的绿色专利实现污染减排的同时，还可以通过技术市场转让或许可绿色专利，获取创新利润以抵补创新成本，强化绿色创新企业作为绿色专利“生产者”的地位。同时，受限于企业自身的知识存量，排污权交易政策对非绿色创新企业和混合创新企业研发绿色专利的激励作用有限，两类企业可以通过“购买”绿色专利或排污权达到环境政策要求。在排污权的成本约束下，考虑“购买”绿色专利的成本及其长期收益，两类企业更倾向于在技术交易市场通过转让和许可等方式获取绿色专利的使用权，成为绿色专利的“消费者”（Han et al.，2021）。进一步分析可知，若企业在一项绿色专利的应用和商业化过程中具有比较优势，则可能通过转让或许可方式“购买”该项专利（Serrano，2010）。因此，非绿色创新企业和混合创新企业可通过应用所“购买”的绿色专利，实现污染减排目的。

综上所述，环境权益交易市场可通过市场机制释放排污配额的价格信号，对能源价格形成外生加价，但由于各类企业从事绿色技术创新的历史轨迹和比较优势存在较大差异，其对绿色创新企业、混合创新企业和非绿色创新企业的绿色专利研发和交易决策会产生不同影响，继而能够激励异质性企业之间的绿色专利再配置。

三、研究设计

（一）数据来源

本文采用 1998 ~2013 年的中国工业企业数据，涉及工业企业的法人代码、企业名称及反映企业特征的相关指标。专利数据来自中国国家知识产权局与 incoPat 全球专利数据库，包含所有在中国境内申请与授权的专利数据信息。内生性处理中使用的地区降水量数据来源于国家气象科学数据共享服务平台的中国地面气候资料日值数据集，并以经纬度信息匹配到地级市层面。进一步讨论中使用的知识产权保护强度数据来源于历年《中国统计年鉴》和《中国法律年鉴》。

本文将工业企业数据库与专利数据库进行匹配：参考寇宗来和刘学悦（2020）对中国工业企业数据和专利数据的匹配方法，根据“企业名称”和专利数据的“申请人”进行两次精确匹配、一次模糊匹配。依据阿吉翁等（Aghion et al.，2016）、莫西仁等（Moshirian et al.，2021），删除样本期内从未申请过专利的企业，剔除资产负债率不在0~1范围内的异常样本，剔除在政策实施期间缺失数据的样本，并对所有连续型关键变量进行1%的缩尾处理，最终得到66445家企业样本共计456247条观测值。结合理论分析，绿色创新企业为只掌握绿色专利的企业，非绿色创新企业为只掌握非绿色专利的企业，混合创新企业为同时掌握两类专利的企业。本文参考诺阿伊和斯梅茨（Noailly and Smeets，2015），根据企业绿色技术创新的历史路径对其进行筛选归类，共计得到4493家绿色创新企业、25032家混合创新企业和36920家非绿色创新企业。

同时，考虑到排污权交易政策主要针对的是 SO_2 排放企业，本文进一步识别 SO_2 排放企业和非 SO_2 排放企业，对比该政策对两类企业样本中异质性企业间绿色专利再配置的影响，并集中关注其对具有不同绿色创新历史的 SO_2 排放企业之间的绿色专利再配置的作用，以排除其他因素的干扰，缓解估计中的内生性问题。具体的识别方法如下：①将污染数据库并入上述工业企业－专利数据集中，构造工业企业－专利－污染排放数据集。②参考任胜钢等（2019）的筛选方法，本文以企业使用煤炭或燃油为原料、装配脱硫设备、排放 SO_2 废气为标准，若企业满足其中任意一条，则认定为 SO_2 排放企业，否则为非 SO_2 排放企业。③结合企业绿色技术创新的历史轨迹，进一步将 SO_2 排放企业划分为绿色创新 SO_2 排放企业、混合创新 SO_2 排放企业、非绿色创新 SO_2 排放企业；同理，将非 SO_2 排放企业划分为绿色创新非 SO_2 排放企业、混合创新非 SO_2 排放企业和非绿色创新非 SO_2 排放企业。

（二）变量选取

1. 被解释变量

本文的被解释变量是绿色专利交易，按照世界知识产权局（WIPO）提供的《绿色专利清单》筛选绿色专利，该清单包含交通运输、废弃物管理、能源节约、替代能源生产、行政监管与设计、农林以及核电七类绿色技术，涵盖范围广泛。为清晰表征异质性企业之间的绿色专利交易与再配置，本文统计了每家企业绿色专利的转让数、受让数、许可数以及被许可数，以绿色专利转让与许可数之和表示绿色技术出售（*OutGreen*），以绿色专利受让数与被许可数之和表示绿色技术消费（*InGreen*）。此外，由于非绿色创新企业始终未拥有绿色专利，该类企业绿色专利的消费和购买仅考虑绿色专利被许可数（*License*），而不涉及绿色专利的受让。参考相关研究的通用处理方式，所有绿色专利的被解释变量均加 1 取对数（李青原、肖泽华，2020）。

2. 解释变量

核心解释变量是 2007 年开始逐步实施的 SO_2 排污权交易试点政策，以政策试点虚拟变量（*Policy*）表示。该项政策试点始于 2002 年 7 月，以全国 4 个省份、3 个城市以及 1 家企业为试点，但交易并不活跃，政策效应微弱。为深入推行排污权交易，中国政府进一步扩大试点范围，于 2007 年先后批复了江苏、天津、浙江、湖北、重庆、湖南、内蒙古、河北、陕西、河南、山西 11 个省份为试点。由于各试点地区制定交易规则、筹备交易活动的进度存在一定差异，加之企业响应程度不同，各试点地区实施排污权交易政策的实际时点并不一致。天津于 2008 年底进行了首笔交易，是最早开始进行交易的地区；次年，江苏、湖北和浙江开始交易；河南、内蒙古、重庆、陕西于第三年才开始交易；而湖南和河北则于 2011 年开始进行交易；山西则是 2012 年才开始交易。① *Policy* 变量按照各试点省份首次进行排污权交易的年份开始设置为 1，排污权交易之前以及非试点省份皆设置为 0。

3. 控制变量

控制变量的选择如下：企业所有权（*Ownership*），根据登记注册类型区分国有企业与非国有企业；对数形式的企业年龄（ln*Age*）；企业内源融资（*Lrl*），采用企业净利润与固定资产的比值衡量内源融资；企业的流动性（*Liquidity*），以企业流动资产与总资产的比值衡量流动性；企业规模（ln*Tassets*），采用对数形式的企业总资产测度企业规模；行业竞争程度（*HHI*），按照二分位行业的企业工业销售产值测算赫芬达尔指数，以 1 减去该指标衡量竞争程度；全要素生产率（*TFP*），以莱文索恩和彼得林（Levinsohn and Petrin，2003）的方法核算企业全要素生产率。

4. 其他重要变量

首先，参考董直庆和王辉（2019）的做法，内生性处理的工具变量选择对数形式的城市降水量（*Rain*）。其次，为检验排污权交易政策带来的绿色专利再配置是否有效，进一步讨论中的污染减排变量选取 SO_2 排放量、SO_2 去除量和 SO_2 产生量。其中，SO_2 排放量表示最终排放至大气中的污染量，代表企业最终排放水平；SO_2 去除量表示企业使用脱硫设备等净化的污染量，代表企业“末端控制”水平；SO_2 产生量表示企业生产中实际产生的污染量，代表企业当前技术水平下的污染控制能力。最后，为检验技术市场的约束作用，进一步讨论中的调节变量为技术交易市场发展程度和知识产权保护强度。一方

① 资料来源于各试点地区环保局、排污权交易中心。

面，技术交易市场发展程度的测度，参考韩鹏飞等（Han et al.，2021）的做法，根据各地级市专利技术展示交易中心的建立设置虚拟变量（*Exchange*），地级市设立专利技术展示交易中心当年及后续年份取值为1，设立之前年份以及始终未设立的地级市皆取值为0。[①] 地区设立专利技术展示交易中心标志着技术交易市场的正式建立，因此设立专利技术展示交易中心的地区技术交易市场发展程度也更高。另一方面，本文采用吉纳特和帕克（Ginarte and Park，1997）提出的Ginarte－Park法构建知识产权保护强度指标，该方法的核心思想在于根据地区知识产权立法情况，构建知识产权保护强度评分。考虑到知识产权保护程度不仅涉及立法层面，而且包含该地区的执法情况。因此，参考许春明和单晓光（2008）的设定，以知识产权立法强度与知识产权执法强度的乘积表征知识产权保护强度（*IPP*）[②]，*IPP*数值越大，地区知识产权保护程度越高。

（三）模型设定

为检验环境权益交易市场能否诱发工业企业绿色专利再配置，本文构建多期双重差分模型：

$$Y_{ipt} = \beta_0 + \beta_1 Policy_{pt} + \rho X_{ipt} + \gamma_i + \delta_t + \varepsilon_{ipt} \tag{1}$$

其中，i、p、t分别代表企业、省份和年份。被解释变量Y_{ipt}分别代表绿色专利出售（$OutGreen_{ipt}$）、绿色专利消费（$InGreen_{ipt}$、$License_{ipt}$）。$Policy_{pt}$表示政策试点虚拟变量，该变量从各试点地区首次进行排污权交易的年份开始设置为1，排污权交易之前以及非试点省份皆设置为0。γ_i表示企业个体固定效应；δ_t表示年度固定效应；ε_{ipt}表示随机扰动项。由于排污权交易政策以省份为单位开展试点，因此各试点地区企业排污配额交易活动可能会在省份－年度层面有所变化，且这一变化在不同行业内部也存在差异，造成扰动项在年度－省份－行业层面的相关性。为缓解这一问题，本文参考莫西仁等（Moshirian et al.，2021）的做法，采用年度－省份－行业聚类稳健标准误。

核心解释变量$Policy_{pt}$对绿色创新企业、混合创新企业和非绿色创新企业的绿色专利出售和消费影响系数的差异，可检验排污权交易政策对异质性企业绿色专利再配置的影响。同时，考虑到排污权交易政策的对象主要是SO_2排放企业，为排除其他政策和因素的干扰，本文在基准回归中也采用上述模型，针对SO_2排放企业与非SO_2排放企业样本，分别检验和对比该政策对异质性企业之间绿色专利再配置的作用。

---

① 专利技术展示交易中心的城市清单参见《中国工业经济》网站（http：//www. ciejournal. org）附件。

② 知识产权立法强度与知识产权执法强度的核算均参考许春明和单晓光（2008）。

（四）描述性统计

表 1 汇报了主要变量的描述性统计结果：本文关注的被解释变量企业绿色专利出售数量（$OutGreen_{ipt}$）、绿色专利消费数量（$InGreen_{ipt}$、$License_{ipt}$）的样本均值分别为 0.1175、0.0048 和 0.0005，标准差分别为 0.2671、0.0779 和 0.0206，这表明整个样本期内，工业企业绿色专利出售和消费整体水平虽然不高，但企业间差异较大，间接验证了本文以企业所掌握的专利组合构成划分企业类型的合理性。其余控制变量的均值都处于合理区间内。

表 1　　描述性统计

变量	样本量	均值	标准差	最小值	最大值
OutGreen	456247	0.1175	0.2671	0.0000	5.0876
InGreen	456247	0.0048	0.0779	0.0000	5.8493
License	456247	0.0005	0.0206	0.0000	1.6094
ln*Age*	456247	2.3172	0.7315	0.0000	7.6069
ln*Tassets*	456247	11.2827	1.6064	0.0000	20.6717
Liquidity	456247	0.6036	0.2108	0.0587	0.9802
Ownership	456247	0.0626	0.2422	0.0000	1.0000
Lrl	456247	0.6420	1.2749	0.0000	10.1870
HHI	456247	0.0123	0.0432	0.0000	0.5728
TFP	456247	6.6215	0.9824	4.0300	9.6445

四、实证结果与检验

（一）基准回归

在基准回归中，针对全样本企业、SO_2 排放企业样本与非 SO_2 排放企业样本，本文分别探究排污权交易政策对绿色创新企业、混合创新企业和非绿色创新企业之间绿色专利交易的影响，以考察环境权益交易市场能否实现绿色专利在异质性企业之间的再配置。本文分别采用绿色专利出售（$OutGreen_{ipt}$）和绿色专利消费（$InGreen_{ipt}$、$License_{ipt}$）对 SO_2 排污权交易试点政策进行回归，回归结果如表 2 所示。

表 2　　基准回归结果

变量	(1) 绿色创新企业	(2) 绿色创新企业	(3) 混合创新企业	(4) 混合创新企业	(5) 非绿色创新企业
	OutGreen	*InGreen*	*OutGreen*	*InGreen*	*License*
Panel A：全样本					
Policy	0.0156*** (5.7167)	-0.0008 (-0.6309)	-0.0011 (-0.8337)	0.0057*** (4.5199)	0.0011*** (3.7118)
样本量	28596	28596	181872	181872	245779
R^2	0.4691	0.2235	0.9257	0.3906	0.3549
Panel B：SO_2 排放企业					
Policy	0.0379*** (4.9291)	-0.0005 (-0.2996)	0.0006 (0.1921)	0.0063*** (3.2103)	0.0026** (2.5184)
样本量	6288	6288	42004	42004	36324
R^2	0.4754	0.2773	0.9183	0.3799	0.4070
Panel C：非 SO_2 排放企业					
Policy	-0.0002 (-0.1025)	0.0022 (0.5933)	-0.0030 (-0.3148)	-0.0056 (-0.7008)	0.0008 (0.6802)
样本量	956	956	10565	10565	15203
R^2	0.4596	0.3578	0.9070	0.4607	0.2835
控制变量	是	是	是	是	是
企业固定效应	是	是	是	是	是
年度固定效应	是	是	是	是	是

注：***、**、*分别表示1%、5%、10%的显著性水平。以下各表同。

Panel A ~ Panel C 依次报告全样本、SO_2 排放企业和非 SO_2 排放企业的回归结果。在 Panel A 全样本中，第（1）、第（2）列为 SO_2 排污权交易政策对绿色创新企业参与绿色专利再配置的影响，结果显示：SO_2 排污权交易政策实施后，绿色创新企业的绿色专利出售数量显著提高，但该政策对其绿色专利消费数量的影响并不显著。这表明排污权交易政策实施后，排污权配额形成的外生加价，将强化绿色创新企业转让和许可绿色技术的动机，增加该类企业绿色专利的出售数量以获取更高的创新利润。可见，环境权益交易市场的设立将强化绿色创新企业在异质性企业间绿色专利交易和再配置环节中作为“生产者”的地位，能够使该类企业通过绿色专利的转让和许可抵补研发成本，也为其他类型企业提供绿色技术支持。

第（3）、第（4）列报告了排污权交易政策对混合创新企业参与绿色专利再配置的影响，结果显示：SO_2 排污权交易政策实施后，混合创新企业的绿色专利消费数量出现显著增加，但该类政策对混合创新企业的绿色专利出售数量的影响并不显著。这说明，混合创新企业同时从事绿色专利和非绿色专利研发，虽然排污权交易政策能够提高其绿色创新动机，但其有限的绿色知识存量将弱化这一正向影响，甚至难以满足自身污染减排的需求，更无力为其他企业提供绿色技术支持。而在排污权交易政策约束下，混合创新企业为避免购买排污权带来的成本，会通过绿色专利的受让和被许可等方式，获取绿色技术的使用权，以弥补其自身绿色专利的需求缺口。环境权益交易市场的设立将诱发混合创新企业提高绿色专利的消费数量以满足其生产和减排需求，使其成为异质性企业绿色专利交易和再配置中的“消费者”。

第（5）列报告了 SO_2 排污权交易政策对非绿色创新企业的绿色专利被许可数量的影响，结果显示：排污权交易政策能够显著提升非绿色创新企业的绿色专利被许可数量，引致该类企业通过引入绿色专利满足其污染减排要求，成为异质性企业之间绿色专利再配置过程中的“消费者”。同时，排污权交易政策对非绿色创新企业的绿色专利被许可数量的提升作用相对较弱，原因在于，非绿色创新企业数量庞大，多达 36920 家，而绿色专利被许可数量的样本均值仅为 0.0005，意味着现阶段的绿色专利许可数量难以弥补如此庞大规模的非绿色创新企业对绿色技术的需求缺口。

Panel B 的回归结果显示：针对 SO_2 排放企业，排污权交易政策能够有效促进绿色创新 SO_2 排放企业出售绿色专利，激励混合创新 SO_2 排放企业和非绿色创新 SO_2 排放企业购买绿色专利，与全样本企业的回归结果一致。Panel C 报告了排污权交易政策对非 SO_2 排放企业样本中绿色专利再配置的影响，结果显示：该政策无法促进非 SO_2 排放企业之间的绿色专利交易。由此，排污权交易政策主要针对的是 SO_2 排放企业，能够激励该类企业样本中的绿色专利再配置，侧面印证 Panel A 中全样本企业的估计结果并未受到其他非 SO_2 排放企业样本的干扰，估计结果具有一定的稳健性。综上所述，以排污权交易政策为代表的环境权益交易市场对不同类型企业绿色专利交易决策存在异质性影响。该类政策能够强化绿色创新企业作为绿色专利“生产者”的地位，促进其转让和许可绿色专利，增加混合创新企业受让和被许可的绿色专利数量，提高非绿色创新企业被许可的绿色专利数量，使两类企业成为绿色专利的“消费者”，推动异质性企业之间的绿色专利再配置。

双重差分估计结果一致性的前提是处理组和控制组满足平行趋势假设，即在没有政策干预的情况下，处理组和控制组的变化趋势是一致的。多期双重差分模型下，以常规动态效应检验平行趋势的方式失效，本文采用事件研究法检验该项政策前后企业绿色专利交易的变化趋势，具体设定如下：

$$Y_{ipt} = \beta_0 + \sum_{t=-5}^{5} \beta_t Shock_{pt} + \rho X_{ipt} + \gamma_i + \delta_t + \varepsilon_{ipt} \tag{2}$$

其中，$Shock_{pt}$ 为相对排污权交易实施时间的政策冲击虚拟变量，$t=1$ 表示交易实施的第一年，将所有试点地区企业交易第一年的 $Shock_{pt}$ 变量赋值为 1，其余样本赋值为 0，以此类推设置其他政策时点的 $Shock_{pt}$ 变量。而虚拟变量的系数 β_t 能够刻画该项政策对企业绿色专利交易的动态效应；其他变量的设定与基准回归模型相同。平行趋势检验结果见图 1。

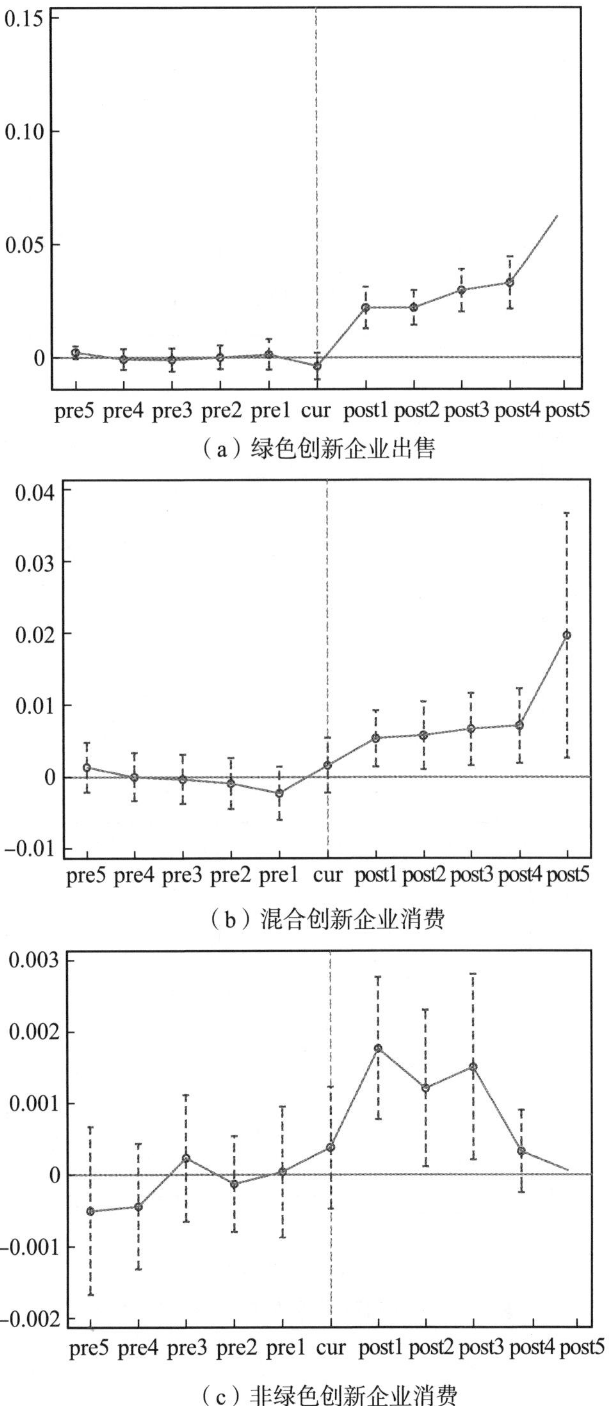

（a）绿色创新企业出售

（b）混合创新企业消费

（c）非绿色创新企业消费

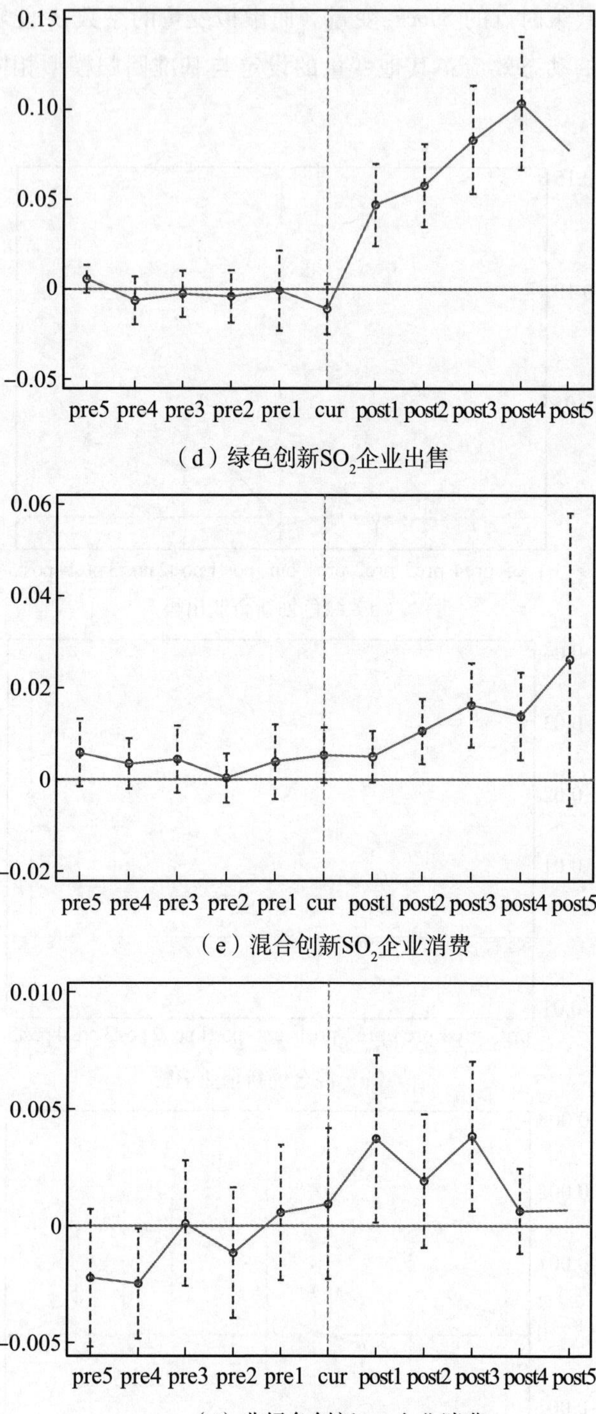

（d）绿色创新SO_2企业出售

（e）混合创新SO_2企业消费

（f）非绿色创新SO_2企业消费

图 1　绿色专利再配置效应的平行趋势检验

图1为排污权交易政策影响异质性企业绿色专利再配置的平行趋势检验结果，图1（a）～（c）对应的企业类型和被解释变量分别为全样本中绿色创新企业的绿色专利出售、混合创新企业的绿色专利消费和非绿色创新企业的绿色专利消费；图1（d）～（f）对应的企业类型和被解释变量分别为绿色创新 SO_2 排放企业的绿色专利出售、混合创新 SO_2 排放企业的绿色专利消费和非绿色创新 SO_2 排放企业的绿色专利消费。结果显示，排污权交易政策实施前，$Shock_{pt}$的系数均不显著，验证处理组与控制组的绿色技术交易趋势没有显著差异；而在实施排污权交易政策后，$Shock_{pt}$的估计系数显著为正。值得注意的是，排污权交易政策对绿色专利交易的影响效应不断放大，表明该政策对绿色专利交易的激励效应逐步释放需要一定的时间。综上所述，排污权交易政策影响企业间绿色专利再配置的估计结果通过了平行趋势检验。

（二）稳健性检验[①]

1. 异质性效应处理

多期双重差分法存在多个冲击时点，而先受到冲击的处理组在后续冲击中将成为控制组，违反了双重差分模型平行趋势的假定，导致平均处理效应估计偏误。本文参考卡拉韦和圣安娜（Callaway and Sant' Anna，2021）的处理方式（简称“C－S双重差分法”），将始终未受到政策冲击和后受到政策冲击的企业设置为控制组，因此不存在先受到政策影响的处理组在后续政策冲击中成为控制组的问题。本文采用该方法对全样本中企业绿色专利交易行为和 SO_2 排放企业样本中绿色专利交易行为重新进行检验，发现处理后的结果与基准回归基本保持一致，表明本文基准估计产生偏误的可能性较小。C－S双重差分法在处理非平衡面板时的优势并不突出，因此，本文参考孙和亚伯拉罕（Sun and Abraham，2021）的交互加权估计法处理方式，重新进行动态效应检验，发现交互加权估计法拟合的动态效应与图1汇报的平行趋势检验结果大体一致，进一步验证基准回归的稳健性。

2. 安慰剂检验

为进一步排除其他未知因素对试点地区选择的影响，本文采用随机抽样方法进行安慰剂检验。参考史丹和李少林（2020）的做法，本文针对绿色创新、混合创新和非绿色创新三类企业，于各自样本中随机抽取与真实试点地区企业数量一致的样本作为虚拟处理组，剩余样本作为虚拟控制组，对式（1）进行重新估计，重复上述过程500

① 所有稳健性检验的具体结果参见《中国工业经济》网站（http：//www.ciejournal.org）附件。

次。将 500 次估计所得的系数和 P 值绘制成核密度分布图。检验发现真实估计系数明显偏离安慰剂检验的分布区域，基本可排除未知因素对本文回归结果的影响。

3. 控制其他政策

在样本期内，中国还实施了其他环境政策，如碳排放权交易试点政策、节能减排财政政策综合示范城市、环境信息披露制度以及“两控区”政策等。2011 年 10 月国家发展和改革委员会办公厅发布《关于开展碳排放权交易试点工作的通知》，正式批准北京、上海、天津、重庆、湖北、广东和深圳等七省市开展碳交易试点工作；同年，财政部、国家发展和改革委员会确定北京市、深圳市、重庆市、杭州市、长沙市、贵阳市、吉林市和新余市共 8 个城市为第一批节能减排财政政策综合示范城市；2007 年国家环境保护总局下发《环境信息公开办法（试行）》，对企业环境信息披露部署具体要求；最后，1998 年中国划定了酸雨控制区和 SO_2 污染控制区（简称“两控区”），旨在降低目标区域的酸雨和 SO_2 危害。为排除这些并行环境政策可能对回归结果造成的干扰，本文在基准回归模型基础上采用添加虚拟变量的方式进一步控制上述四项政策。研究发现，在控制同期并行的其他环境政策后，回归结果与基准回归保持一致，排污权交易政策依然能够激励三类企业之间的绿色技术交易。因此，本文认为同期并行的其他环境政策不会对环境权益交易市场促进异质性企业绿色专利再配置的基本结论造成影响。

（三）内生性检验

排污权交易政策试点的选择可能受到无法观测的潜在因素的干扰，即试点选择可能存在内生性。为解决政策可能存在的内生性问题，本文使用两阶段最小二乘法（2SLS）重新检验排污权交易政策对绿色专利交易与再配置的影响。现有关于 SO_2 排污权交易政策的研究多采用通风系数作为工具变量，然而该变量可能通过影响其他环境政策，如碳排放权交易政策继而对绿色专利再配置产生影响，导致外生性假定难以满足。基于以上考虑，本文选取对数形式的地级市层面降水量（*Rain*）作为 SO_2 排污权交易政策试点的工具变量。本文认为，各地区企业 SO_2 排放量固然是排污权交易试点选取的重要标准，但由此产生的环境危害如酸雨更是政策制定者重点考虑的因素，而 SO_2 是工业生产中最常见的废气之一，几乎无时无刻不在向大气中排放。因此，降雨越频繁，形成的酸雨危害越严重，即降水量与试点地区的选择正相关。另外，考虑到降水量可能通过影响其他环境权益交易试点的选择如碳排放交易、其他 SO_2 减排政策如“两控区”继而作用于绿色专利交易，为排除这一可能，本文在此也进行了详细讨论。两阶段回归结果如表 3 所示。

表 3 内生性处理结果

变量	全样本企业			SO_2 排放企业		
	(1) 一阶段	(2) 二阶段	(3) 二阶段	(4) 一阶段	(5) 二阶段	(6) 二阶段
	Policy	*OutGreen*	*InGreen*	*Policy*	*OutGreen*	*InGreen*
	Panel A：绿色创新企业			Panel D：绿色创新 SO_2 排放企业		
Rain	0.5292*** (31.6994)			0.5500*** (21.6065)		
Policy		0.0144*** (5.1783)	0.0002 (0.1103)		0.0382*** (4.4684)	-0.0007 (-0.2918)
样本量	28596	28596	28596	6288	6288	6288
LM 值	685.87***			385.40***		
F 值	1004.85			466.84		
	Panel B：混合创新企业			Panel E：混合创新 SO_2 排放企业		
Rain	0.5380*** (50.3725)			0.6173*** (55.5956)		
Policy		-0.0025 (-1.4730)	0.0046*** (3.0825)		-0.0015 (-0.4373)	0.0065*** (2.7993)
样本量	181872	181872	181872	42004	42004	42004
LM 值	1655.50***			1597.01***		
F 值	2537.39			3090.87		
控制变量	是	是	是	是	是	是
企业固定效应	是	是	是	是	是	是
年度固定效应	是	是	是	是	是	是

	Panel C：非绿色创新企业		Panel F：非绿色创新 SO_2 排放企业	
	(7) 一阶段	(8) 二阶段	(9) 一阶段	(10) 二阶段
	Policy	*License*	*Policy*	*License*
Rain	0.4814*** (32.2071)		0.5902*** (52.2611)	
Policy		0.0008*** (2.9067)		0.0022* (1.8991)
样本量	245779	245779	36324	36324
LM 值	683.82***		835.90***	
F 值	1037.29		2731.23	
控制变量	是	是	是	是
企业固定效应	是	是	是	是
年度固定效应	是	是	是	是

表3 结果显示，无论是对于全样本中的绿色创新企业（Panel A）、混合创新企业（Panel B）、非绿色创新企业（Panel C），还是 SO_2 排放企业样本中的绿色创新 SO_2 排放企业（Panel D）、混合创新 SO_2 排放企业（Panel E）、非绿色创新 SO_2 排放企业（Panel F），一阶段回归结果均显示，降水量能够显著影响排污权交易试点的选择，证实降水量这一工具变量满足相关性假定。二阶段回归结果显示，所有结果均与基准回归保持一致，表明在考虑内生性问题后，排污权交易政策依然能够引起异质性企业之间的绿色专利再配置，强化绿色创新企业作为绿色专利“生产者”的地位，促进混合创新企业和非绿色创新企业成为绿色专利的“消费者”。同时，本文也检验了降水量这一工具变量是否存在不可识别、弱工具变量与过度识别的问题，KP - LM 统计量与 Cragg - Donald Wald F 统计量显示降水量在三类企业的估计中均不存在不可识别和弱工具变量问题，且在内生变量与工具变量相等的情况下不存在过度识别问题。在此基础上，本文进一步检验降水量这一工具变量是否满足外生性假定，具体检验方式如下。①

（1）为验证降水量不会通过影响其他环境政策试点的选择，继而作用于绿色专利交易，本文参考方颖和赵扬（2011），采用各环境政策试点对降水量回归，若发现降水量无法影响其他环境政策试点的选取，则间接证明了外生性。考虑到样本期内出台过碳排放权交易试点、节能减排财政政策综合示范城市以及“两控区”三项试点政策，本文截取各试点政策实施前的样本，采用各项政策试点虚拟变量对降水量回归，以判断降水量对上述政策试点的选择是否存在影响。由于“两控区”政策在 1998 年就已确立，因此“两控区”的选择并不受样本期内降水量差异的影响，故未采用上述方式进行验证。实证研究发现降水量不会影响碳排放权交易政策试点的选择及节能减排财政政策综合示范城市的选取，基本不存在降水量通过影响其他环境政策试点的选择进而作用于企业绿色专利交易的可能性。

（2）为证明降水量仅在排污权交易政策出台后才影响企业绿色专利交易，本文剔除 2007 年及后续年份的样本数据（2007 年为排污权交易政策正式出台年份），采用绿色专利交易对降水量回归，发现政策出台前降水量对绿色创新企业、混合创新企业和非绿色创新企业之间的绿色技术交易不存在显著影响效应。研究结果证明在排污权交易政策实施之前，降水量无法直接影响企业绿色专利再配置。

（3）为验证工具变量仅通过排污权交易政策作用于绿色专利再配置，本文参考董直庆和王辉（2021）的处理方式：第一步检验排污权交易政策与企业绿色专利交易的关系，第二步检验工具变量与企业绿色专利交易的关系，第三步利用绿色专利交易对

① 工具变量外生性检验的具体结果参见《中国工业经济》网站（http://www.ciejournal.org）附件。

工具变量和排污权交易政策同时回归。前两步已在基准回归和两阶段回归中完成，且均存在显著影响，若第三步中工具变量的回归系数不显著而核心解释变量排污权交易政策的系数显著，则证明降水量仅通过排污权交易政策间接影响企业绿色专利交易。采用上述方法检验后，发现工具变量降水量的回归系数不显著，而核心解释变量排污权交易政策系数的方向和显著性与基准回归均保持一致，由此本文认为降水量这一工具变量不会直接影响异质性企业之间的绿色专利再配置。

此外，本文还针对 SO_2 排放企业进行了工具变量的外生性检验，发现同时引入排污权交易政策和工具变量后，绿色创新 SO_2 排放企业专利出售、混合创新 SO_2 排放企业和非绿色创新 SO_2 排放企业专利消费对核心解释变量的估计结果仍然与基准回归保持一致。综上所述，引入工具变量进行两阶段估计后，环境权益交易市场对异质性企业间的绿色专利再配置的影响依然存在。

五、进一步讨论

（一）绿色专利再配置的有效性检验

在已验证排污权交易政策对异质性企业绿色专利再配置的促进作用的基础上，本文进一步考察这种政策引致绿色创新资源再配置是否有效，即能否服务于企业生产过程中的污染减排。本文结合工业企业 - 专利 - 污染排放数据集，检验排污权交易政策对 SO_2 排放企业污染减排的影响，并对比该项政策对绿色创新 SO_2 排放企业、混合创新 SO_2 排放企业和非绿色创新 SO_2 排放企业污染减排的异质性作用。同时，区分该项政策对每类企业 SO_2 产生量、去除量和排放量的影响，以考察污染减排效应的实现是得益于绿色技术升级还是“末端控制”。回归结果如表 4 所示。

表 4　　污染减排效应检验

变量	(1) SO_2 排放量	(2) SO_2 去除量	(3) SO_2 产生量	(4) SO_2 排放量	(5) SO_2 去除量	(6) SO_2 产生量
	Panel A：绿色创新 SO_2 排放企业			Panel B：混合创新 SO_2 排放企业		
Policy	-0.1506 (-0.9554)	-0.3450 (-1.4830)	-0.4956* (-1.7062)	-0.1750*** (-2.6710)	-0.0659 (-0.6594)	-0.2408* (-1.9054)

续表

变量	(1) SO_2 排放量	(2) SO_2 去除量	(3) SO_2 产生量	(4) SO_2 排放量	(5) SO_2 去除量	(6) SO_2 产生量
	Panel A：绿色创新 SO_2 排放企业			Panel B：混合创新 SO_2 排放企业		
样本量	6283	6283	6283	42004	42004	42004
R^2	0.6896	0.5790	0.6760	0.7328	0.5955	0.7199
	Panel C：非绿色创新 SO_2 排放企业			Panel D：SO_2 排放企业		
Policy	-0.1403* (-1.8327)	-0.0889 (-0.9096)	-0.2291* (-1.7800)	-0.1498*** (-3.1596)	-0.1477** (-2.1324)	-0.2976*** (-3.3789)
样本量	36324	36324	36324	84611	84611	84611
R^2	0.6988	0.5761	0.6934	0.7194	0.5886	0.7102
控制变量	是	是	是	是	是	是
企业固定效应	是	是	是	是	是	是
年度固定效应	是	是	是	是	是	是

绿色创新 SO_2 排放企业回归结果显示（Panel A），排污权交易政策能够显著抑制该类企业的 SO_2 产生，表明作为绿色专利生产者的绿色创新企业能够利用自身的绿色专利实现清洁技术转型升级，在生产端控制 SO_2 污染物的产生。混合创新 SO_2 排放企业和非绿色创新 SO_2 排放企业回归结果显示（Panel B 和 Panel C），排污权交易政策对两类企业 SO_2 排放量和产生量的影响系数显著为负，但对 SO_2 去除量的影响并不显著。这表明排污权交易政策引致的两类企业 SO_2 排放量下降，主要源于产生量的降低而非去除量的减少，暗示两类企业并非通过“末端控制”实现污染减排效应，而是通过受让和被许可形式引入绿色专利后，在生产过程中应用引入的绿色专利，最终减少污染排放。所有 SO_2 排放企业的回归结果显示（Panel D），排污权交易政策对 SO_2 排放量的影响系数显著为负，表明该政策引致的绿色创新资源再配置能带来整体的污染减排效应，验证绿色专利再配置的有效性。同时，实施排污权交易政策后，SO_2 的产生量和去除量均显著降低，但产生量的系数及显著性水平明显高于去除量，表明企业污染减排效应的实现主要源于生产过程中的绿色技术升级。

综上所述，以 SO_2 排污权交易为代表的环境权益交易市场能够通过价格机制促进异质性企业的绿色专利交易，推动绿色创新资源的有效配置，最终实现污染减排效应。

（二）技术交易市场发展程度和知识产权保护强度的调节效应

上文已经验证环境权益交易市场对异质性企业绿色专利再配置的激励效应，但这一激励效应的实现仍受技术交易市场发展程度和知识产权保护强度的约束，前者能够为企业绿色专利交易提供途径和市场基础，后者能够进一步强化企业通过绿色专利的转让和许可，而非模仿创新满足污染减排需求。为此，本文认为在技术交易市场发展更完善和知识产权保护更强的地区，环境权益交易市场对绿色专利再配置的诱导作用应当表现更为明显。

1. 技术交易市场发展程度

市场能够在科技资源的配置中发挥决定性作用（叶祥松、刘敬，2020），已有研究发现以专利技术展示交易中心开通为标志的技术交易市场发展，能够显著促进企业间的专利交易（Han et al.，2021），实现创新资源的优化配置。因此，技术交易市场的发展对企业之间的绿色专利再配置至关重要。环境权益交易市场能够激发异质性企业进行绿色专利交易的动机，而技术交易市场则为绿色专利交易的实现提供了坚实的市场基础。技术交易市场的发展越完善，企业技术交易过程中产生的搜寻成本等交易费用和因信息不对称而造成的交易风险越小，在技术交易市场发展程度越高的地区，环境权益交易市场对企业绿色专利再配置的激励作用更易释放。为检验技术交易市场发展程度的调节作用，本文引入技术交易市场发展程度指标（*Exchange*）及其与核心解释变量（*Policy*）的交乘项，重新对式（1）进行回归，回归结果见表5。

表5 技术交易市场发展程度调节效应

变量	全样本企业			SO_2 排放企业		
	(1) 绿色创新企业	(2) 混合创新企业	(3) 非绿色创新企业	(4) 绿色创新 SO_2 排放企业	(5) 混合创新 SO_2 排放企业	(6) 非绿色创新 SO_2 排放企业
	OutGreen	*InGreen*	*License*	*OutGreen*	*InGreen*	*License*
Policy × Exchange	0.0481*** (7.3371)	0.0170*** (7.3220)	0.0027*** (4.6600)	0.1317*** (6.3424)	0.0095** (1.9928)	0.0061** (2.3034)
Policy	−0.0028*** (−2.7346)	−0.0024** (−2.1299)	−0.0001 (−0.6766)	−0.0110*** (−3.6975)	0.0026 (1.3109)	0.0003 (1.0060)

续表

变量	全样本企业			SO_2 排放企业		
	(1) 绿色创新企业	(2) 混合创新企业	(3) 非绿色创新企业	(4) 绿色创新 SO_2 排放企业	(5) 混合创新 SO_2 排放企业	(6) 非绿色创新 SO_2 排放企业
	OutGreen	*InGreen*	*License*	*OutGreen*	*InGreen*	*License*
Exchange	0. 0089 *** (3. 5892)	0. 0008 (0. 6199)	0. 0001 (0. 2286)	0. 0322 *** (2. 9482)	-0. 0022 (-0. 9805)	0. 0013 (1. 1780)
控制变量	是	是	是	是	是	是
企业固定效应	是	是	是	是	是	是
年度固定效应	是	是	是	是	是	是
样本量	28596	181872	245779	6288	42004	36324
R^2	0. 4803	0. 3911	0. 3351	0. 5322	0. 3800	0. 4078

表 5 第（1）~（3）列汇报全样本企业的调节效应，结果显示受到排污交易政策规制后，技术交易市场发展越完善的地区，绿色专利再配置的效应越明显。第（4）~（6）列汇报 SO_2 排放企业的调节效应，结论与全样本基本保持一致。对于全样本企业和 SO_2 排放企业，技术交易市场的发展和完善能够强化环境权益交易市场对企业绿色专利再配置的影响效应。

2. 知识产权保护强度

一方面，研究发现当知识产权未得到有效保护时，受自主研发创新成本的约束，企业模仿创新现象将异常活跃（Ang et al.，2014；Sampat and Williams，2019）。而高涨的模仿创新行为将导致企业对外部技术需求下降，进而减少技术引进，最终抑制专利的受让和被许可等技术交易活动。因此，知识产权保护程度的提升将促使创新能力薄弱的企业通过向其他企业支付专利授权费（专利受让或被许可），合法使用这些技术（吴超鹏、唐莳，2016）。为此，当知识产权未得到有效保护时，环境权益交易市场对“消费者”即混合创新企业和非绿色创新企业购买绿色专利的激励效应将受到抑制。而知识产权保护程度的提升将促使混合创新企业和非绿色创新企业通过专利受让或被许可等方式合法使用绿色技术。另一方面，当知识产权保护程度越高时，拥有先发优势的企业更敢于向技术后发企业转让先进技术（寇宗来等，2021）。因此，当知识产权保护程度提升时，环境权益交易市场对绿色专利交易的“生产者”即绿色创新企业转让和许可绿色专利的激励效应增强。本文认为知识产权保护程度越高，环境权益交易市场越能够促进企业间的绿色专利再配置。为此，本文引入知识产权保护强度指标

（*IPP*）及其与核心解释变量（*Policy*）的交乘项，结合式（1）重新进行回归，结果见表6。

表6　　知识产权保护强度调节效应

变量	全样本企业			SO_2 排放企业		
	(1) 绿色创新企业	(2) 混合创新企业	(3) 非绿色创新企业	(4) 绿色创新 SO_2 排放企业	(5) 混合创新 SO_2 排放企业	(6) 非绿色创新 SO_2 排放企业
	OutGreen	*InGreen*	*License*	*OutGreen*	*InGreen*	*License*
Policy × *IPP*	0.0279*** (2.6881)	0.0143*** (3.3969)	0.0024** (2.2268)	0.0882*** (3.2462)	0.0184** (2.4887)	0.0073* (1.9063)
Policy	-0.0875** (-2.2482)	-0.0472*** (-3.0609)	-0.0084** (-2.0632)	-0.2870*** (-2.8529)	-0.0618** (-2.2798)	-0.0245* (-1.7322)
IPP	-0.0095* (-1.8660)	-0.0083** (-2.4214)	0.0088*** (4.9145)	-0.0270* (-1.9424)	0.0016 (0.2928)	0.0110*** (2.9818)
控制变量	是	是	是	是	是	是
企业固定效应	是	是	是	是	是	是
年度固定效应	是	是	是	是	是	是
样本量	28596	181872	245779	6288	42004	36324
R^2	0.4699	0.3907	0.3555	0.4803	0.3801	0.4081

针对全样本企业，表6第（1）~（3）列汇报知识产权保护强度在 SO_2 排污权交易政策影响异质性企业间绿色专利再配置时形成的调节效应，发现交乘项系数正向且显著，表明在知识产权保护程度越高的地区，环境权益交易市场对不同类型企业进行绿色专利再配置形成的激励效应更加明显。针对 SO_2 排放企业，第（4）~（6）列汇报了知识产权保护强度的调节作用，结论与全样本企业保持一致。综上所述，对于全样本企业和 SO_2 排放企业，知识产权保护程度的提升均强化了环境权益交易市场对不同企业之间绿色专利再配置的激励效应。

六、结论和政策启示

本文以 SO_2 排污权交易政策试点作为环境权益交易市场的自然实验，结合1998~

2013 年中国工业企业数据库与专利数据库，构建多期双重差分模型，考察环境权益交易市场能否强化异质性企业的绿色专利再配置。研究发现：排污权交易政策能够增加绿色创新企业转让和许可的绿色专利数量，促进混合创新企业与非绿色创新企业购买绿色专利数量，强化绿色创新企业作为绿色专利“生产者”的地位，推动混合创新企业和非绿色创新企业成为绿色专利的“消费者”，激励三类企业之间的绿色专利再配置。考虑到排污权交易政策主要针对的是 SO_2 排放企业，本文进一步识别 SO_2 排放企业和非 SO_2 排放企业，并进行分组回归，以排除其他因素和政策干扰，进一步验证排污权交易政策对绿色专利再配置的影响。在运用 C－S 双重差分法检验、交互加权估计检验、安慰剂检验和控制其他环境政策等一系列稳健性检验和内生性处理后该结论仍然成立。进一步地，排污权交易政策所引致的异质性企业绿色专利再配置，能够最终实现污染减排效应；在技术交易市场发展更为完善和知识产权保护强度更高的地区，排污权交易政策对异质性企业绿色专利再配置的激励作用更为明显。根据上述研究结论，本文提出如下政策启示。

（1）完善环境权益交易市场的定价机制，破解经济增长与污染减排之间的两难困境。本文的研究结论显示排污权交易政策能诱发企业之间的绿色专利再配置，且发挥这一诱导效应的关键在于强化市场机制的价格信号功能。为此，在“十四五”时期全面推进用水权、用能权、排污权以及碳排放权等市场交易的进程中，应充分重视环境权益交易市场的定价功能。特别是完善市场化的碳排放交易定价机制，通过扩大各类市场主体对碳交易的参与度，释放有效的碳定价信号，推动资源跨企业、跨产业的高效配置，实现经济增长与污染减排之间的动态平衡。在完善碳价格形成机制的进程中，应促进“有效市场”与“有为政府”发挥协同作用，优化市场机制设计，激发市场活力。一方面，以金融支持建立和完善全国统一的碳排放权交易市场，促进投资者结构优化，以足够的市场深度和广度缓冲价格的过度波动，实现碳排放权交易市场的高效运行和定价信号的有效传递；另一方面，应核准和分配碳排放交易总额，避免排放额过度分配带来的碳定价过低问题，以政府“有形的手”保障市场机制的高效运行。

（2）优化环境权益交易市场的实施细则，推动异质性企业之间绿色专利的有效配置和重新流动。由于在排污权交易政策规制下，具有不同绿色技术创新历史轨迹的企业能形成绿色专利交易和再配置，绿色创新企业能够增加绿色技术的出售数量，而混合创新企业和非绿色创新企业则增加绿色专利的消费数量。为此，应进一步优化环境权益交易市场的机制设计与实施细则，尤其是在分配环境权益初始配额时，考虑企业过往的绿色专利储备与绿色技术创新比较优势，推动异质性企业间进行绿色技术交易。不仅如此，非绿色创新企业数量众多，而排污权交易政策对该类企业绿色专利消费的激励效应相对微弱。考虑到绿色技术创新的“双重”外部性特征，完全依靠市场机制的作用难以有效引导非绿色创新企业引进、消化和吸收绿色技术创新，应发挥政府干预作用特别是环境政策的有效引导，提高非绿色创新企业对绿色专利交易的参与度，推动该类企业实现绿色技术升级转型。

（3）健全绿色技术创新交易市场体系，实现创新资源优势互补。研究结果显示，环境权益交易市场能够有效激励绿色专利再配置，且知识产权保护强度和技术交易市场发展程度的提升能够进一步释放这一激励效应。为此，通过绿色专利交易实现异质性企业之间的创新优势互补，构建绿色技术创新体系是关键一环，应当加快建立健全绿色技术转移转化的市场交易体系，推动节能降碳技术的交易、推广和应用；同时，依托立法完备、司法严谨、执法高效的知识产权保护制度，针对不同形式的专利出售、转让，设计和完善交易实施方案，维护专利转移双方的合法权益。在设立国家级绿色技术创新交易市场的基础上，各地区可依托其资源环境要素禀赋，因地制宜建立极具地方特色的绿色技术创新交易中心；各级经济开发区和工业园区可根据其绿色创新集聚的技术特征，建立精细化的绿色技术创新转移平台。加快培育绿色技术交易的评估、检测、担保等第三方中介服务机构，为绿色专利的转让与许可提供基础设施保障，以便促进各类企业创新优势互补，推动绿色创新资源有效配置，实现经济绩效、环境绩效和社会绩效的有机统一。

参 考 文 献

［1］董直庆，王辉．城市财富与绿色技术选择［J］．经济研究，2021（4）：143－159.

［2］董直庆，王辉．环境规制的“本地—邻地”绿色技术进步效应［J］．中国工业经济，2019（1）：100－118.

［3］方颖，赵扬．寻找制度的工具变量：估计产权保护对中国经济增长的贡献［J］．经济研究，2011（5）：138－148.

［4］寇宗来，李三希，邵昱琛．强化知识产权保护与南北双赢［J］．经济研究，2021（9）：56－72.

［5］寇宗来，刘学悦．中国企业的专利行为：特征事实以及来自创新政策的影响［J］．经济研究，2020（3）：83－99.

［6］李青原，肖泽华．异质性环境规制工具与企业绿色创新激励：来自上市企业绿色专利的证据［J］．经济研究，2020（9）：192－208.

［7］齐绍洲，林屾，崔静波．环境权益交易市场能否诱发绿色创新?：基于我国上市公司绿色专利数据的证据［J］．经济研究，2018（12）：129－143.

[8] 任胜钢，等. 排污权交易机制是否提高了企业全要素生产率：来自中国上市公司的证据 [J]. 中国工业经济，2019 (5)：5 - 23.

[9] 史丹，李少林. 排污权交易制度与能源利用效率：对地级及以上城市的测度与实证 [J]. 中国工业经济，2020 (9)：5 - 23.

[10] 涂正革，谌仁俊. 排污权交易机制在中国能否实现波特效应 [J]. 经济研究，2015 (7)：160 - 173.

[11] 王班班，齐绍洲. 市场型和命令型政策工具的节能减排技术创新效应：基于中国工业行业专利数据的实证 [J]. 中国工业经济，2016 (6)：91 - 108.

[12] 吴超鹏，唐菂. 知识产权保护执法力度、技术创新与企业绩效：来自中国上市公司的证据 [J]. 经济研究，2016 (11)：125 - 139.

[13] 许春明，单晓光. 中国知识产权保护强度指标体系的构建及验证 [J]. 科学学研究，2008 (4)：715 - 723.

[14] 叶祥松，刘敬. 政府支持与市场化程度对制造业科技进步的影响 [J]. 经济研究，2020 (5)：83 - 98.

[15] Acemoglu D. Directed Technical Change [J]. Review of Economic Studies，2002，69 (4)：781 - 809.

[16] Acemoglu D，et al. The Environment and Directed Technical Change [J]. American Economic Review，2012，102 (1)：131 - 166.

[17] Aghion P，et al. Carbon Taxes，Path Dependency，and Directed Technical Change：Evidence from the Auto Industry [J]. Journal of Political Economy，2016，124 (1)：1 - 51.

[18] Akcigit U，Celik M A，Greenwood J. Buy，Keep，or Sell：Economic Growth and the Market for Ideas [J]. Econometrica，2016，84 (3)：943 - 984.

[19] Ang J S，Cheng Y，Wu C. Does Enforcement of Intellectual Property Rights Matter in China? Evidence from Financing and Investment Choices in the High - Tech Industry [J]. Review of Economics and Statistics，2014，96 (2)：332 - 348.

[20] Antoci A，et al. Emission Permits，Innovation and Sanction in An Evolutionary Game [J]. Economia Politica，2020，37 (2)：525 - 546.

[21] Arora A，Fosfuri A，Gambardella A. Markets for Technology：The Economics of Innovation and Corporate Strategy [M]. Cambridge：MIT Press，2004.

[22] Calel R，Dechezleprêtre A. Environmental Policy and Directed Technological Change：Evidence from the European Carbon Market [J]. Review of Economics and Statistics，2016，98 (1)：173 - 191.

[23] Callaway B，Sant'Anna P H C. Difference - in - Differences with Multiple Time Periods [J]. Journal of Econometrics，2021，225 (2)：200 - 230.

[24] Gans J S，Stern S. The Product Market and the Market for "Ideas"：Commercialization Strategies

for Technology Entrepreneurs [J]. Research Policy, 2003, 32 (2): 333 – 350.

[25] Ginarte J C, Park W G. Determinants of Patent Rights: A Cross – National Study [J]. Research Policy, 1997, 26 (3): 283 – 301.

[26] Goodman – Bacon A. Difference – in – Differences with Variation in Treatment Timing [J]. Journal of Econometrics, 2021, 225 (2): 254 – 277.

[27] Grossman G M, Elhanan H. Quality Ladders in the Theory of Growth [J]. Review of Economic Studies, 1991, 58 (1): 43 – 61.

[28] Han P, Liu C, Tian X. Does Trading Spur Specialization? Evidence from Patenting [R]. China Financial Research Conference, 2021.

[29] Hicks J. The Theory of Wages [M]. London: Macmillan Press, 1932.

[30] Levinsohn J A, Petrin A. Estimating Production Functions Using Inputs to Control for Unobservables [J]. Review of Economic Studies, 2003, 70 (2): 317 – 341.

[31] Liu Z, Sun H. Assessing the Impact of Emissions Trading Scheme on Low – Carbon Technological Innovation [J/OL]. Environmental Impact Assessment Review, 2021, 89: 106589.

[32] Martínez – Ros E, Kunapatarawong R. Green Innovation and Knowledge: The Role of Size [J]. Business Strategy and Environment, 2019, 28 (6): 1045 – 1059.

[33] Moshirian F, et al. Stock Market Liberalization and Innovation [J]. Journal of Financial Economics, 2021, 139 (3): 985 – 1014.

[34] Noailly J, Smeets R. Directing Technical Change from Fossil – Fuel to Renewable Energy Innovation: An Application Using Firm – Level Patent Data [J]. Journal of Environmental Economics and Management, 2015, 72: 15 – 37.

[35] Popp D. Induced Innovation and Energy Prices [J]. American Economic Review, 2002, 92 (1): 160 – 180.

[36] Sampat B, Williams H L. How Do Patents Affect Follow – On Innovation? Evidence from the Human Genome [J]. American Economic Review, 2019, 109 (1): 203 – 236.

[37] Serrano C J. Estimating the Gains from Trade in the Market for Patent Rights [J]. International Economic Review, 2018, 59 (4): 1877 – 1904.

[38] Serrano C J. The Dynamics of the Transfer and Renewal of Patents [J]. RAND Journal of Economics, 2010, 41 (4): 686 – 708.

[39] Sun L, Abraham S. Estimating Dynamic Treatment Effects in Event Studies with Heterogeneous Treatment Effects [J]. Journal of Econometrics, 2021, 225 (2): 175 – 199.

[40] Yao S, et al. Heterogeneous Emission Trading Schemes and Green Innovation [J/OL]. Energy Policy, 2021, 155: 112367.

大国比较优势演变中的结构效应与技术效应：基于要素禀赋结构的分析*

袁 礼 欧阳峣**

摘 要 为考察基于要素禀赋结构的比较优势变化对产业结构和技术结构的影响及贡献率，本文构建统一的数理框架，结合 WIOD - SEA 的中国产业数据，将中国要素禀赋结构的动态变化分解为产业间结构效应和产业内技术效应，结果发现：中国资本存量积累和技能劳动供给增速较快，而非技能劳动供给相对稳定，这种要素禀赋结构升级形成的动态比较优势，同时被产业间结构效应和产业内技术效应所形成的要素需求所吸收。但不同类型要素禀赋结构变化的分解效应呈异质性特征，资本、技能劳动相对于非技能劳动要素密集度的上升主要被产业间结构效应吸收，产业结构变迁向资本、技能劳动相对密集型产业倾斜；而资本相对于技能劳动要素密集度的上升则被产业内技术效应主导，被资本偏向型技术进步吸收。

关键词 比较优势 要素禀赋结构 技术进步方向 产业结构

一、引言

伴随着新一轮科技革命和产业革命的加速推进和扩张，过去利用劳动要素低成本比较优势所形成的产业基础已难以适应我国高质量发展的需求，更无法突破“卡脖子”关键技术难题，并推动我国在全球价值链的地位攀升，迫切需要发挥和强化生产过程中技能劳动等高级要素的比较优势。①② 而这种比较优势，比较的正是两种不同类型生

---

* 本文原载于《求是学刊》2023 年第 1 期。

** 作者简介：袁礼，湖南师范大学商学院副教授、硕士生导师。欧阳峣，湖南师范大学商学院教授、博士生导师，湖南师范大学大国经济研究中心主任，上海大学经济学院特聘教授。基金项目：湖南省社会科学基金项目“发展中大国的比较优势研究”（17JD59）。

① 苏杭、郑磊、牟逸飞：《要素禀赋与中国制造业产业升级——基于 WIOD 和中国工业企业数据库的分析》，载《管理世界》2017 年第 4 期。

② 黄群慧：《全面把握形成新发展格局的目标要求》，载《经济研究》2020 年第 12 期。

产要素的相对配比即要素禀赋结构，能体现为给定预算约束下不同生产要素的相对价格差异。①②③ 在任一时点，时变的要素禀赋结构决定最优生产结构，对产业结构和技术进步产生重要影响。④ 为此，本文将聚焦于基于要素禀赋结构的比较优势，探讨其对我国产业结构和技术进步的影响及贡献率。

二、文献综述

一方面，要素禀赋结构将影响产业结构，研究最早可追溯到传统的HO生产要素禀赋理论，认为经济体的产品结构内生于要素禀赋结构，要素禀赋结构的变化影响产品结构升级。⑤⑥ 不仅如此，经济体某一时点的产业结构由该时点给定的要素禀赋结构内生决定，而要素禀赋结构的升级亦将影响产业结构的变迁，⑦⑧ 并表现为产业的演化、新产业的萌芽和推动新产业的发展。⑨ 不仅如此，生产要素禀赋的变化可通过相对数量、使用效率和配置效率三重机制影响产业结构变迁。⑩ 可见，经济体的产业结构同时受静态比较优势和动态比较优势的共同影响，伴随着要素禀赋结构的升级，产业结构由劳动密集型产业向资本和技术密集型产业演进。而在全球价值链分工背景下，要素禀赋结构也是影响经济体专业分工地位的决定因素。⑪ 而人力资本积累是培育内生比较

---

① Lin J. Y., Wang X., "The Facilitating State and Economic Development: The Role of the State in New Structural Economics", *Man and the Economy*, 2017, Vol. 4, No. 2, pp. 1 – 19.

② 刘培林、刘孟德：《发展的机制：以比较优势战略释放后发优势——与樊纲教授商榷》，载《管理世界》2020年第5期。

③ 林毅夫、付才辉：《比较优势与竞争优势：新结构经济学的视角》，载《经济研究》2022年第5期。本文指出比较优势包括技术差异、禀赋差异、规模经济、分工、制度差异和要素禀赋结构所形成的比较优势等内容，而本文聚焦于要素禀赋结构形成的比较优势。

④ 林毅夫、付才辉：《新结构经济学导论（试行本）》，高等教育出版社2019年版。

⑤ Leamer E. E., Levinsohn J., "International Trade Theory: The Evidence", *Handbook of International Economics*, 1995, Vol. 3, pp. 1339 – 1394.

⑥ Blum B. S., "Endowments, Output, and the Bias of Directed Innovation", *Review of Economic Studies*, 2010, Vol. 2, pp. 534 – 559.

⑦ 徐朝阳、林毅夫：《发展战略与经济增长》，载《中国社会科学》2010年第3期。

⑧ Lin J. Y., "New Structural Economics: A Framework for Rethinking Development", *The World Bank Research Observer*, 2011, Vol. 2, pp. 193 – 221.

⑨ 毛琦梁、王菲：《地区比较优势演化的空间关联：知识扩散的作用与证据》，载《中国工业经济》2018年第11期。

⑩ 郭凯明、颜色、杭静：《生产要素禀赋变化对产业结构转型的影响》，载《经济学（季刊）》2020年第4期。

⑪ 鞠建东、林毅夫、王勇：《要素禀赋、专业化分工、贸易的理论与实证——与杨小凯、张永生商榷》，载《经济学（季刊）》2004年第1期。

优势，推进比较优势动态演化，实现中国制造业产业结构升级和企业参与全球价值链分工向中高端攀爬的关键因素。①②

另一方面，以诱致性创新、技术进步方向与适宜性技术理论为代表的一支文献则指出经济体应当根据要素禀赋结构形成的比较优势，选择技术创新模式和技术进步路径。希克斯（Hicks）最早指出生产要素相对价格的变化，将诱致创新倾向于节约更为稀缺昂贵的要素，但问题在于生产要素根据边际产出定价，难以确定究竟哪类生产要素是更加昂贵的要素。③ 其后，诱致性创新理论通过引入创新可能性边界的概念，诠释了经济体如何根据不同的要素价格和要素收入分配，权衡选择不同类型的技术创新。④⑤同时，阿特金森（Atkinson）和斯蒂格里茨（Stiglitz）提出本地化技术进步的概念，指出技术进步表现为在当前或邻近资本劳动配比下的生产率提升，而非在所有劳动配比下的生产率改善，因而技术发挥效率的关键在于资本劳动比。⑥⑦

但上述理论都缺乏微观基础，阿西莫格鲁（Acemoglu）提出技术进步方向理论，在内生技术进步框架下重新诠释要素市场规模和要素相对价格对如何影响技术进步方向，并指出在均衡条件下技术进步将偏向于多使用丰裕要素。⑧⑨ 因此，诱致性技术创新理论和本地化技术进步理论均与技术进步方向理论有紧密联系。⑩ 正是基于技术进步与不同类型生产要素相耦合，相关研究试图从适宜性技术选择即技术进步方向与要素禀赋结构适配性这一视角，解释跨国全要素生产率差距形成的原因，阿西莫格鲁（Acemoglu）和齐利博蒂（Zilibotti）在南北国家技术转移框架下，阐释技术进步与要素

① 代谦、别朝霞：《人力资本、动态比较优势与发展中国家产业结构升级》，载《世界经济》2006 年第 11 期。

② 苏杭、郑磊、牟逸飞：《要素禀赋与中国制造业产业升级——基于 WIOD 和中国工业企业数据库的分析》，载《管理世界》2017 年第 4 期。

③ Hicks J. R. S.，"The Theory of Wages"，Macmillan，1932.

④ Drandakis E. M.，Phelps E. S.，"A Model of Induced Invention，Growth and Distribution"，*The Economic Journal*，1966，Vol. 76，No. 304，pp. 823 – 840.

⑤ Samuelson P. A.，"A Theory of Induced Innovation along Kennedy – Weisäcker Lines"，*The Review of Economics and Statistics*，1965，Vol. 47，No. 4，pp. 343 – 356.

⑥ Atkinson A. B.，Stiglitz J. E.，"A New View of Technological Change"，*The Economic Journal*，1969，No. 315，pp. 573 – 578.

⑦ Weil D. N.，Basu S.，"Appropriate Technology and Growth"，*Quarterly Journal of Economics*，2000，Vol. 113，No. 4，pp. 1025 – 1054.

⑧ Acemoglu D.，"Why Do New Technologies Complement Skills? Directed Technical Change and Wage Inequality"，*Quarterly Journal of Economics*，1998，Vol. 113，No. 4，pp. 1055 – 1089.

⑨ Acemoglu D.，"Directed technical change"，*The Review of Economic Studies*，2002，Vol. 69，No. 4，pp. 781 – 809.

⑩ Acemoglu D.，"Localised and Biased Technologies：Atkinson and Stiglitz's New View，Induced Innovations，and Directed Technological Change"，*The Economic Journal*，2015，Vol. 125，No. 583，pp. 443 – 463.

禀赋及质量适配性的内生机理，指出即使在无技术转移障碍的条件下，发展中国家引进的发达国家前沿技术，与本地丰裕的非技能劳动要素禀赋可能并不匹配，技术进步选择与要素禀赋结构的非适配性是跨国全要素生产率差距形成的重要原因。[①] 卡塞利（Caselli）和科尔曼（Coleman）认为经济体倾向于选择那些密集使用本国丰裕要素的技术，但技术差距的存在容易形成技术吸收障碍，并导致效率损失，因而经济体的技术进步方向最终将取决于技术差距与技术和要素禀赋适宜性。[②] 对于发展中国家而言，若选择与要素禀赋结构相适宜的技术，则有望实现经济赶超；[③] 若选择有悖于要素禀赋结构的技术，其与发达国家的技术差距则将进一步扩大。[④] 若技术差距持续存在，技术选择与要素禀赋结构的适宜性对跨国全要素生产率差距的影响愈加重要。[⑤] 针对中国的经验研究则多采用三方程标准化供给面系统[⑥]，考察技术进步偏性与要素禀赋结构即比较优势的匹配性，及其对全要素生产率的影响。[⑦⑧]

而新结构经济学则指出一个经济体的最优产业结构和技术结构内生于其要素禀赋结构，随着经济发展水平的变化，要素结构也处于动态演变和升级的过程中，并推动产业结构和技术结构的升级。[⑨⑩⑪] 为此，发展中国家应当遵循比较优势选择发展战略，而政府在产业结构调整过程中应发挥因势利导的作用，所选择的产业与技术类型也应当与经济体要素禀赋结构形成的比较优势相匹配。为此，本文从如下三个方面理解比较优势的内涵，并据此测度比较优势对产业结构和技术进步的贡献度：第一，比较优势从来就是一个动态而非静态的概念，需要一个统一的框架同时考察比较优势变化对产业结构和技术进步偏向的影响和贡献；第二，应当重点关注基于人力资本和技能劳

---

① Acemoglu D. , Zilibotti F. , "Productivity Differences", *Quarterly Journal of Economics*, 2001, Vol. 116, No. 2, pp. 563 – 606.

② Caselli F. , Coleman Ⅱ W. J. , " The World Technology Frontier", in *American Economic Review*, 2006, Vol. 96, No. 3, pp. 499 – 522.

③ 林毅夫、张鹏飞：《后发优势、技术引进和落后国家的经济增长》，载《经济学（季刊）》2005 年第 4 期。

④ 徐朝阳、林毅夫：《发展战略与经济增长》，载《中国社会科学》2010 年第 3 期。

⑤ Jerzmanowski M. , " Total Factor Productivity Differences: Appropriate Technology vs. Efficiency", *European Economic Review*, 2007, Vol. 51, No. 8, pp. 2080 – 2110.

⑥ Klump R. , McAdam P. , Willman A. , "Factor Substitution and Factor – Augmenting Technical Progress in the United States: A Normalized Supply – Side System Approach", *The Review of Economics and Statistics*, 2007, Vol. 89, No. 1, pp. 183 – 192.

⑦ 张月玲、叶阿忠、陈泓：《人力资本结构、适宜技术选择与全要素生产率变动分解——基于区域异质性随机前沿生产函数的经验分析》，载《财经研究》2015 年第 6 期。

⑧ 袁礼、欧阳峣：《发展中大国提升全要素生产率的关键》，载《中国工业经济》2018 年第 6 期。

⑨ Lin J. Y. , "New Structural Economics: A Framework for Rethinking Development", *The World Bank Research Observer*, 2011, Vol. 2, pp. 193 – 221.

⑩ 林毅夫：《新结构经济学——重构发展经济学的框架》，载《经济学（季刊）》2011 年第 1 期。

⑪ 林毅夫：《新结构经济学的理论基础和发展方向》，载《经济评论》2017 年第 3 期。

动要素禀赋变化的动态比较优势作用；第三，考虑到产业技术进步方向转变也将引导要素跨产业流动，需要从产业视角识别要素结构和技术进步偏向的相互作用机制。

三、比较优势的测度与分解框架

本文考虑基于要素禀赋结构的比较优势，而经济体的生产要素包括物质资本、人力资本、土地、劳动力、自然资源、企业家精神和数据要素等，而代表比较优势的要素禀赋结构则一般指资本与劳动力之比，以及技能劳动与非技能劳动之比，以测度要素的相对丰裕和稀缺程度。①②③ 本文结合布鲁姆（Blum）及王林辉和袁礼的研究思路，可将一个经济体的要素产出比表示为：④⑤

$$z_{jt} = \sum_{i=1}^{n} z_{jit} \cdot w_{it} \tag{1}$$

其中，$z_{jt} = J_t / Y_t$ 代表 t 时刻生产要素 J_t 与产出 Y_t 之比，而 z_{jit} 则为 t 时刻 i 产业的 J_t 要素产出比，而 $w_{it} = Y_{it} / Y_t$ 则代表 t 时刻 i 产业增加值占比。式（1）表明，经济体的生产要素产出比等于各产业以产值占比为权重的生产要素产出比的加权和。

对式（1）进行全微分处理，可将要素产出比的变化分解为产业内效应和产业间效应：

$$\dot{z}_{jt} = \sum_{i=1}^{n} \dot{z}_{jit} \cdot w_{it} + \sum_{i=1}^{n} z_{jit} \cdot \dot{w}_{it} \tag{2}$$

其中，$\dot{x}$ 代表 x 的变化量，式（2）左边代表 t 时刻经济体的要素产出比的变化量，而等式右边第一项表示产业内效应即产业技术进步方向变化对整体要素产出比的影响，表示在产业结构 w_{it} 不变的条件下，由产业 i 内部技术进步方向和技术结构变化引起的这一产业要素产出比调整对整个经济体要素产出比的影响；而第二项表示产业间效应，是产业结构变化对整体要素产出比的影响，即在产业 i 内部技术结构保持不变的条件下，该产业要素产出比 z_{jit} 不变，由产业结构变迁导致的经济体要素产出比变化。

---

① Feenstra R. C., *Advanced International Trade: Theory and Evidence*, Princeton University Press, 2015.

② Lin J. Y., *Economic Development and Transition: Thought, Strategy, and Viability*, Cambridge University Press, 2009.

③ Brandt L., Morrow P. M., "Tariffs and the Organization of Trade in China", *Journal of International Economics*, 2017, Vol. 104, pp. 85 – 103.

④ Blum B. S., "Endowments, Output, and the Bias of Directed Innovation", *Review of Economic Studies*, 2010, Vol. 2, pp. 534 – 559.

⑤ 王林辉、袁礼：《有偏型技术进步、产业结构变迁和中国要素收入分配格局》，载《经济研究》2018 年第 11 期。

在式（2）左右两边同时除以经济体要素产出比 z_{jt}，可得 z_{jt} 的变化率：

$$\frac{\dot{z}_{jt}}{z_{jt}} = \sum_{i=1}^{n} \frac{\dot{z}_{jit}}{z_{jit}} \cdot \psi_{jit} + \sum_{i=1}^{n} \psi_{jit} \cdot \frac{\dot{w}_{it}}{w_{it}} \tag{3}$$

其中，$\psi_{jit} = J_{it}/J_t$ 代表在 t 时刻 i 产业的生产要素 J 占比。对式（3）进行适当变形可得生产要素 J_t 供给的增长率：

$$\frac{\dot{J}_t}{J_t} = \sum_{i=1}^{n} \frac{z_{jit}}{\dot{z}_{jit}} \cdot \psi_{jit} + \sum_{i=1}^{n} \psi_{jit} \cdot \frac{\dot{w}_{it}}{w_{it}} \tag{4}$$

由式（4）可知，当生产要素供给发生变化时，需求端存在两类效应可吸收要素禀赋的变化率：上式右边第一项表示在各产业要素占比 ψ_{jit} 保持不变的条件下，仅由产业内部技术进步方向转变引起该产业要素产出比 z_{jit} 变化，这一过程所吸收的要素供给变化即产业内技术效应 WE_t，第二项表示在各产业要素占比 ψ_{jit} 保持不变的条件下，产业结构变化 w_{it} 对该类要素禀赋形成的相对需求即产业间结构效应 BE_t。

将式（3）分别应用资本要素 K_t、非技能劳动 L_t 和技能劳动要素 H_t，可得要素密集度的变化率：

$$CLK_t = \frac{(\dot{L_t/K_t})}{L_t/K_t} = \frac{\dot{z}_{lt}}{z_{lt}} - \frac{\dot{z}_{kt}}{z_{kt}} = \left(\sum_{i=1}^{n} \frac{\dot{z}_{lit}}{z_{lit}} \cdot \psi_{lit} - \sum_{i=1}^{n} \frac{\dot{z}_{kit}}{z_{kit}} \cdot \psi_{kit} \right) + \sum_{i=1}^{n} (\psi_{lit} - \psi_{kit}) \cdot \frac{\dot{w}_{it}}{w_{it}} \tag{5}$$

$$CHK_t = \frac{(\dot{H_t/K_t})}{H_t/K_t} = \frac{\dot{z}_{ht}}{z_{ht}} - \frac{\dot{z}_{kt}}{z_{kt}} = \left(\sum_{i=1}^{n} \frac{\dot{z}_{hit}}{z_{hit}} \cdot \psi_{hit} - \sum_{i=1}^{n} \frac{\dot{z}_{kit}}{z_{kit}} \cdot \psi_{kit} \right) + \sum_{i=1}^{n} (\psi_{hit} - \psi_{kit}) \cdot \frac{\dot{w}_{it}}{w_{it}} \tag{6}$$

$$CHL_t = \frac{(\dot{H_t/L_t})}{H_t/L_t} = \frac{\dot{z}_{ht}}{z_{ht}} - \frac{\dot{z}_{lt}}{z_{lt}} = \underbrace{\left(\sum_{i=1}^{n} \frac{\dot{z}_{hit}}{z_{hit}} \cdot \psi_{hit} - \sum_{i=1}^{n} \frac{\dot{z}_{lit}}{z_{lit}} \cdot \psi_{lit} \right)}_{\text{产业内技术效应}WE_t} + \underbrace{\sum_{i=1}^{n} (\psi_{hit} - \psi_{lit}) \cdot \frac{\dot{w}_{it}}{w_{it}}}_{\text{产业间结构效应}BE_t} \tag{7}$$

式（5）~式（7）等式左边分别表示非技能劳动相对于资本 L_t/K_t 的变化率 CLK_t，技能劳动相对于资本 H_t/K_t 的变化率 CHK_t，以及技能劳动相对于非技能劳动 H_t/L_t 的变化率 CHL_t，衡量比较优势的变化率。据此，可将两类生产要素相对配比的变化率分解为产业内技术效应 WE_t（右边第一项）和产业间结构效应 BE_t（右边第二项），前者指产业内部技术进步方向转变所吸收的比较优势变化，即技术结构变化对要素禀赋形成的相对需求；后者指产业结构变迁吸收的比较优势变化，即产业结构变化对生产要素禀赋产生的相对需求。

根据上式能够测算和观察供给端生产要素禀赋结构的动态演变趋势，进一步识别比较优势变化是被产业结构还是技术进步方向变化所产生的要素需求所吸收，比较优势变化对产业结构和技术进步方向的影响和贡献究竟有多大。以技能劳动相对于非技能劳动的要素相对配比的变化率 CHL_t 为例，分析比较优势的变化及其分解效应的内涵：若变化率为正值，则表明相对于非技能劳动，技能劳动要素的富裕程度上升更具有比较优势，反之则反是。

在此基础上，产业内技术效应 WE_t 是以产业要素占比为权重对各产业的技能劳动要素产出比和非技能劳动要素产出比分别进行加和，再对二者做差，当 WE_t 为正值时，表明整体而言，产业内部进步方向使得技能劳动要素产出比上升超过非技能劳动要素产出比，各产业内部技能劳动相对于非技能劳动丰裕度随着各产业技能劳动密集程度的增加而增加；而产业间结构效应 BE_t 则是各产业技能劳动占比与非技能劳动占比之差与产业结构变化的乘积，再按照产业加和，当 BE_t 为正值时，说明整体产业结构变迁向技能劳动相对密集型产业倾斜。

四、比较优势的测算与分解结果

本节将采用 WIOD - SEA 数据库，结合基于要素禀赋结构的比较优势测度及分解框架，甄别中国动态化的比较优势对技术进步方向和产业结构变迁的影响及贡献率。该数据库提供了中国 1995 ~ 2009 年 33 个产业的数据，涉及的主要指标包括各产业的产业增加值、资本存量、技能劳动和非技能劳动等。其一，关于产业增加值 Y_{it} 的测算，是以名义增加值除以 1995 年为基期的价格指数获取实际增加值；其二，物质资本存量 K_{it} 直接选择以 1995 年计价的实际资本存量；其三，至于技能劳动 H_{it} 和非技能劳动 L_{it} 的数据核算，采用总工作小时数乘以技能（非技能）劳动工作小时数占比获取，关于两类劳动的分类标准则参考郭凯明等和董直庆等的做法，将数据库中的高技能劳动和中技能劳动加和作为技能劳动，以低技能劳动作为非技能劳动。①② 本节采用上述数据，结合式（5）~ 式（7）可从供给端测算中国 1995 ~ 2009 年历年非技能劳动相对于资本 CLK_t、技能劳动相对于资本 CHK_t、技能劳动相对于非技能劳动 CHL_t 三类要素禀赋结构的变化率，并将其分解为产业内技术效应 WE_t 和产业间结构效应 BE_t，分别从需求端表征由技术进步方向转变和产业结构变迁所消化和吸收的比较优势变化率。

图 1 和图 2 分别表示基于要素禀赋结构的比较优势变化对产业内技术效应和产业

① 郭凯明、颜色、杭静：《生产要素禀赋变化对产业结构转型的影响》，载《经济学（季刊）》2020 年第 4 期。

② 董直庆、蔡啸、王林辉：《技能溢价：基于技术进步方向的解释》，载《中国社会科学》2014 年第 10 期。

间结构效应的散点图；同时，两图中还绘制了45度线，若产业内技术效应与比较优势的相关性越高，则表明该效应所吸收的基于要素禀赋结构的动态比较优势越多，则散点图越接近该45度线。图形显示，无论是比较优势对产业内技术效应的散点，还是比较优势对产业间结构效应的散点，都几乎均匀分布在45度线的两侧，当然个别年份也出现了异常值。产业内技术效应 WE_t 和产业间结构效应 BE_t 与比较优势的变化均存在较强的相关性，这表明中国要素禀赋结构升级形成的动态比较优势，同时被产业结构变迁和技术进步方向调整产生的要素需求所吸收。为了进行对比，本节也测算了同期美国比较优势的变化，并将其分解为产业内技术效应和产业间结构效应，散点图分别如图3和图4所示。美国比较优势对产业内技术效应的散点，几乎均匀分布在45度线的左右两侧，而比较优势对产业间结构效应的散点则围绕在x轴上下。这说明美国由于产业结构较为稳定，产业间结构效应产生的要素需求较小，并不能吸收基于要素禀赋结构的比较优势动态变化，而美国要素禀赋结构的变化几乎被产业内技术创新方向的调整所消化，二者的相关度更高。中美比较优势变化率分解的差异主要是因为中国1995~2009年基于要素禀赋结构的比较优势变化被工业化进程所吸收，而同期美国作为发达国家，其产业结构趋于稳定。①

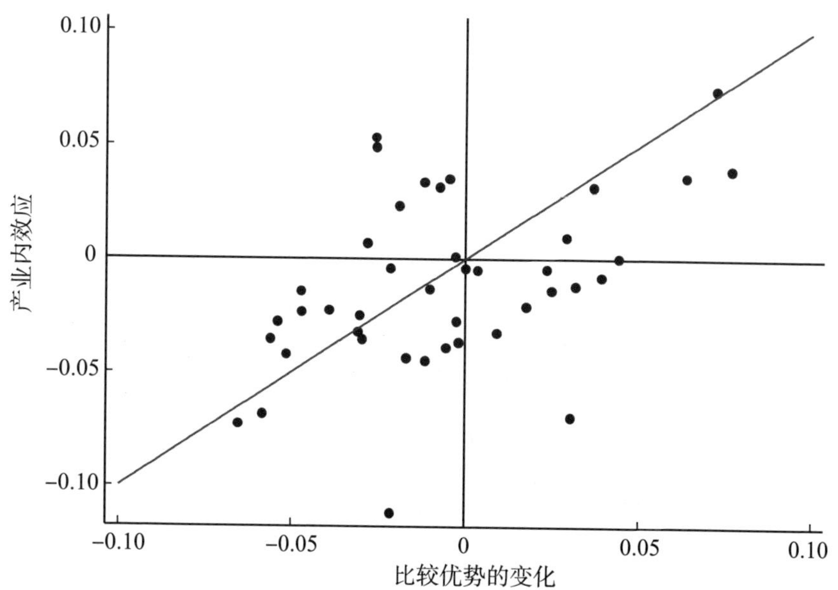

图1 中国比较优势变化与产业内技术效应的散点图

资料来源：WIOD-SEA数据库。

---

① Chen P., Karabarbounis L., Neiman B., "The Global Rise of Corporate Saving", *Journal of Monetary Economics*, 2017, Vol. 89, pp. 1-19.

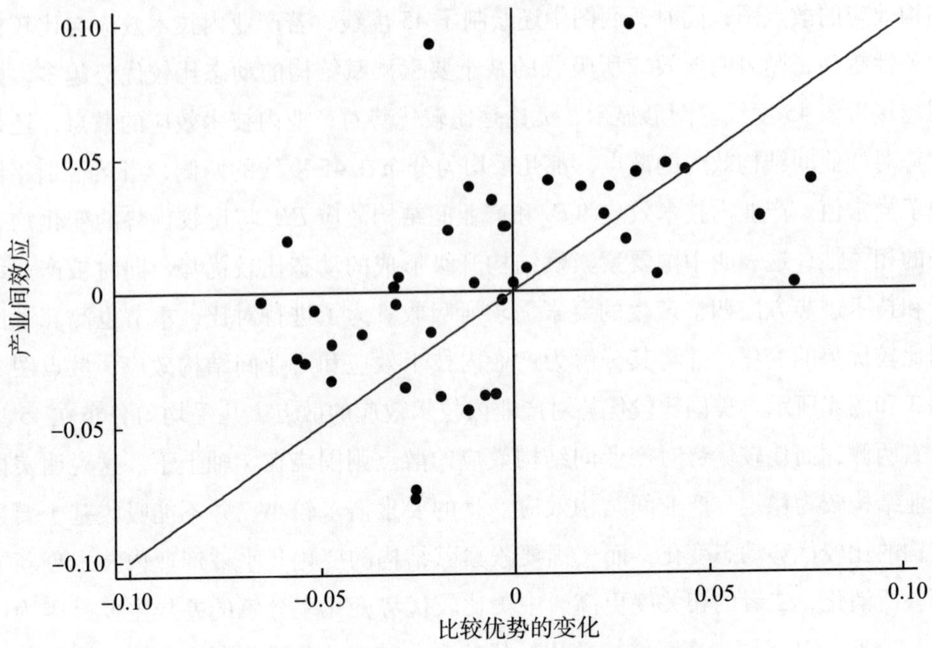

图 2　中国比较优势变化与产业间结构效应的散点图

资料来源：WIOD－SEA 数据库。

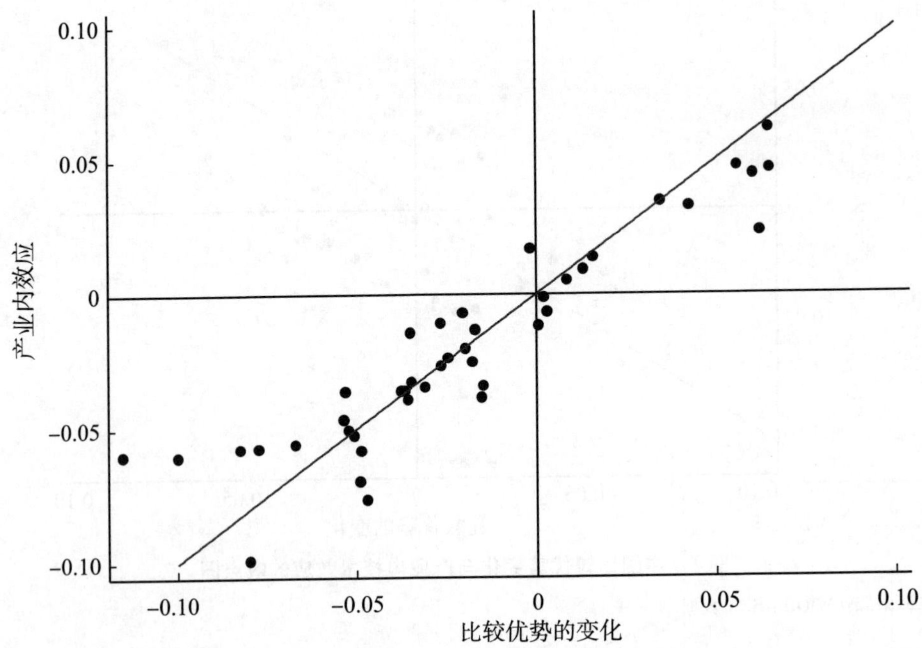

图 3　美国比较优势变化与产业内技术效应的散点图

资料来源：WIOD－SEA 数据库。

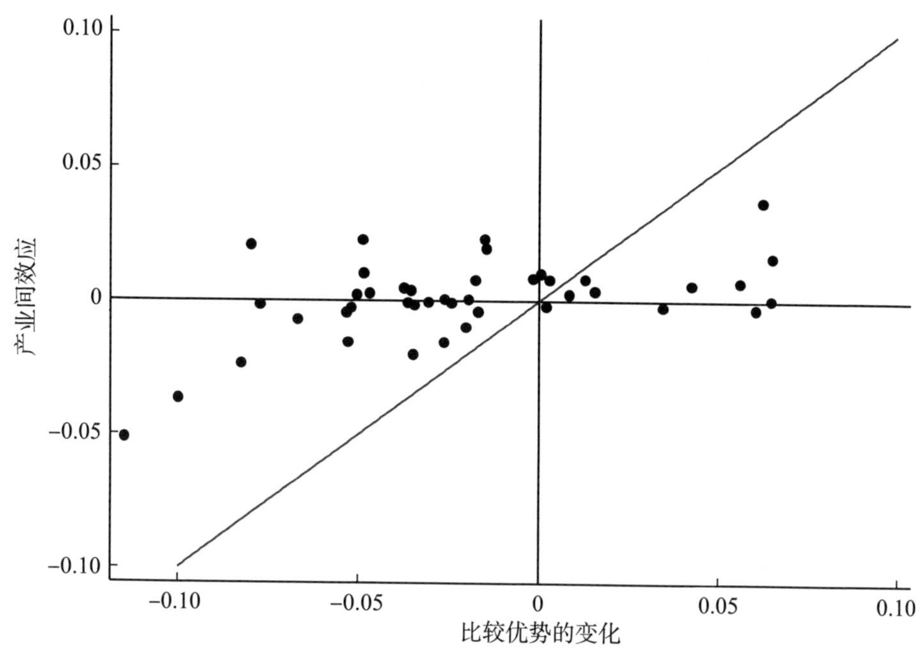

图 4　美国比较优势变化与产业间结构效应的散点图

资料来源：WIOD－SEA 数据库。

图 1～图 4 虽然验证了中国比较优势的变化被产业结构变迁和技术创新方向转变所吸收，但是各类要素供给及禀赋结构具体呈何种趋势变化？表 1 显示了中国 1996～2009 年资本、技能劳动和非技能劳动三类要素供给的变化率，并将其分解为产业内技术效应 WE_t 和产业间结构效应 BE_t，数据显示：在样本期内三类要素供给的平均变化率均为正值，表明三类要素供给均呈上升趋势。其中，物质资本存量积累的速度最快，1996～2009 年各年的变化率均为正值，年均增长率高达 4.24%；技能劳动供给的变化率在样本期间基本为正值，仅 2006 年的变化率为 －1.47%，平均增长率为 3.46%；而非技能劳动供给的变化率则出现波动趋势，样本期内变化率的年均值为 0.77%。

表 1　中国资本、技能劳动和非技能劳动要素供给的变化率及其分解效应　单位：%

年份	$\dot{K}/K$	BE	WE	$\dot{H}/H$	BE	WE	$\dot{L}/L$	BE	WE
1996	5.57	7.84	－1.17	5.39	10.25	－4.83	－0.97	7.51	－8.44
1997	4.97	8.38	－2.92	3.29	10.65	－7.28	－0.63	5.91	－6.47
1998	4.37	8.13	－3.48	1.30	8.34	－6.71	－1.04	5.48	－6.25
1999	4.03	7.96	－3.73	1.08	8.51	－7.27	－0.68	4.64	－5.18
2000	3.69	8.34	－4.51	4.05	9.19	－5.02	0.89	4.77	－3.83

续表

年份	$\dot{K}/K$	BE	WE	$\dot{H}/H$	BE	WE	$\dot{L}/L$	BE	WE
2001	3.57	8.88	-5.20	10.80	9.16	2.24	3.12	5.04	-1.69
2002	3.48	9.03	-5.46	7.18	9.63	-2.29	2.75	5.12	-2.31
2003	3.64	9.85	-6.14	3.37	9.54	-6.04	2.46	5.42	-2.79
2004	4.08	10.42	-6.28	1.96	8.90	-6.69	2.20	6.50	-3.96
2005	4.32	10.81	-6.43	2.20	20.05	-17.60	-0.82	10.13	-10.66
2006	4.36	11.23	-6.82	-1.47	13.16	-13.66	-0.33	9.28	-9.19
2007	4.42	15.08	-10.62	1.87	7.66	-5.73	1.86	7.34	-5.31
2008	5.03	8.00	-2.94	4.48	11.41	-6.85	2.01	7.55	-5.47
2009	3.86	8.40	-4.52	2.86	8.72	-5.86	-0.06	6.80	-6.81
均值	4.24	9.45	-5.02	3.46	10.37	-6.68	0.77	6.54	-5.60

资料来源：WIOD - SEA 数据库。

由此可见，以初始要素禀赋结构表征的我国静态比较优势虽然呈劳动要素相对丰裕，而资本要素相对稀缺的特征，但动态比较优势的变化则出现了资本快速积累，技能劳动供给增速较快，而非技能劳动供给相对稳定的趋势。值得注意的是：要素供给的变化率同时被产业内技术效应 WE_t 和产业间结构效应 BE_t 所吸收，在多数年份两类效应的符号相反方向相背离，且要素供给的变化基本由产业间结构效应所主导，这与图 1 和图 2 散点呈现的规律相吻合。

由于表 1 显示的三类要素供给均呈增长趋势，但变化趋势和速率存在一定差别。为此，本节将三类要素两两比较，观察要素禀赋结构的变化率及其分解效应。表 2 显示 1996 ~2009 年历年技能劳动相对于非技能劳动 CHL_t、技能劳动相对于资本 CHK_t 和非技能劳动相对于资本 CLK_t 要素禀赋结构的变化率及其分解效应，数据显示：首先，技能劳动相对于非技能劳动的要素密集度基本呈稳步上升态势，变化率的年均值为 2.69%，表示相对于非技能劳动，技能劳动的丰裕程度增加；同时，历年产业内技术效应 WE_t 和产业间结构效应 BE_t 年均值分别为 -1.09% 和 3.83%，两类效应在多数年份呈反向变化，二者与要素密集度变化率同向变化的年份占比约为 42.86% 和 85.71%。可见，技能劳动相对于非技能劳动的要素禀赋结构变化同时被产业结构变迁和技术创新方向转变所消化，且产业结构整体向技能劳动相对密集型产业倾斜，但各产业内部技术进步方向的变化未能使技能劳动相对于非技能劳动丰裕度随着技能劳动密集程度的增加而增加，因而整体产业内部技能劳动要素产出比的上升并未超过非技能劳动要素产出比，比较优势的变化主要被产业结构变迁所形成的要素需求所吸收。

表 2　　中国要素禀赋结构的变化率及其分解效应　　单位：%

年份	*CHL*	*BE*	*WE*	*CHK*	*BE*	*WE*	*CLK*	*BE*	*WE*
1996	6.36	2.74	3.61	-0.18	2.41	-3.66	-6.54	-0.33	-7.27
1997	3.92	4.74	-0.81	-1.68	2.28	-4.36	-5.60	-2.46	-3.55
1998	2.34	2.85	-0.46	-3.07	0.20	-3.23	-5.41	-2.65	-2.77
1999	1.76	3.87	-2.09	-2.95	0.55	-3.54	-4.71	-3.31	-1.45
2000	3.16	4.42	-1.19	0.36	0.85	-0.51	-2.80	-3.57	0.68
2001	7.68	4.12	3.93	7.23	0.28	7.44	-0.46	-3.83	3.51
2002	4.43	4.51	0.02	3.70	0.61	3.18	-0.73	-3.91	3.16
2003	0.91	4.12	-3.25	-0.27	-0.31	0.10	-1.18	-4.43	3.35
2004	-0.24	2.40	-2.73	-2.12	-1.52	-0.42	-1.88	-3.92	2.31
2005	3.03	9.92	-6.94	-2.12	9.24	-11.16	-5.15	-0.68	-4.23
2006	-1.14	3.88	-4.47	-5.83	1.93	-6.84	-4.69	-1.95	-2.36
2007	0.02	0.32	-0.42	-2.54	-7.41	4.89	-2.56	-7.73	5.32
2008	2.48	3.86	-1.38	-0.54	3.41	-3.91	-3.02	-0.45	-2.52
2009	2.91	1.92	0.96	-1.00	0.32	-1.34	-3.91	-1.60	-2.29
均值	2.69	3.83	-1.09	-0.79	0.92	-1.67	-3.47	-2.92	-0.58
符号检验	—	85.71	42.86	—	42.86	85.71	—	100	64.29

资料来源：WIOD-SEA 数据库，其中符号检验为产业内（间）效应和要素密集度变化率符号相同的年份占总样本年份的比例。

其次，技能劳动相对于资本的要素密集度呈波动下降态势，变化率的年均值为-0.79%，这是由于技能劳动和资本要素供给均稳步上升，但后者的增长率超过前者，因而技能劳动相对于资本的丰裕度下降。同时，各年产业内技术效应 WE_t 和产业间结构效应 BE_t 年均值分别为-1.67%和0.92%，两类效应在多数年份呈反向变化，二者与要素密集度变化率同向变化的年份占比约为85.71%和42.86%。可见，技能劳动相对于资本的要素禀赋结构变化同时被产业结构变迁和产业内技术进步方向转变所吸收，而产业结构整体向技能劳动相对密集型产业倾斜，且各产业内部资本相对于技能劳动的丰裕度随着各产业资本密集程度的增加而增加，因而整体产业内部资本要素产出比的上升超过技能劳动要素产出比，比较优势的变化主要被资本偏向型技术进步形成的要素需求所吸收。

最后，非技能劳动相对资本的要素密集度呈下降态势，样本期内各年变化率均为负值，均值为-3.47%。这与上文非技能劳动供给出现波动变化趋势，而资本要素供给迅速增长的分析相吻合，因而非技能劳动相对于资本的丰裕度下降。同时，各年产

业内技术效应 WE_t 和产业间结构效应 BE_t 年均值分别为 -0.58% 和 -2.92%，两类效应在多数年份呈同向变化，二者与要素密集度变化率同向变化的年份占比约为 64.29% 和 100.00%。可见，非技能劳动相对于资本的要素禀赋结构变化被产业结构变迁和产业内技术进步方向转变所吸收，产业结构整体向资本相对密集型产业倾斜，且各产业内部资本相对于非技能劳动的丰裕度随着各产业资本密集程度的增加而增加，整体产业内部资本要素产出比的上升超过非技能劳动要素产出比。

整体来看，无论是技能劳动相对于非技能劳动 CHL_t、技能劳动相对于资本 CHK_t，还是非技能劳动相对于资本 CLK_t，基于要素禀赋结构的动态比较优势变化同时被产业结构变迁和产业内部技术进步方向调整所吸收，但不同类型要素禀赋结构变化的分解效应出现异质性特征。为此，本文进一步分析，基于要素禀赋结构的比较优势动态演变，不同类型要素密集型产业产值占比和产业内部比较优势的变化特征。借鉴布兰特（Brandt）和莫罗（Morrow）的做法，本文仍采用要素密集程度甄别产业类型。[①] 为了避免直接采用中国数据测算要素密集度产生的内生性问题，本文采用 1995 年美国各产业的要素密集度再与中国各产业进行匹配。[②] 图 5 为各产业要素密集度对产值变化率和要素密集度变化率的散点图。

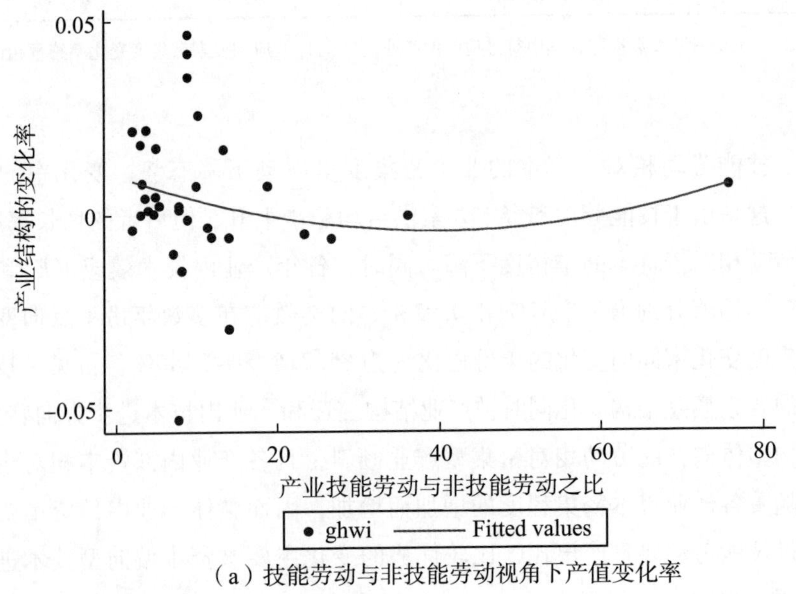

（a）技能劳动与非技能劳动视角下产值变化率

① Brandt L., Morrow P. M., "Tariffs and the Organization of Trade in China", *Journal of International Economics*, 2017, Vol. 104, pp. 85-103.

② 李力行、申广军：《经济开发区、地区比较优势与产业结构调整》，载《经济学（季刊）》2015 年第 3 期。

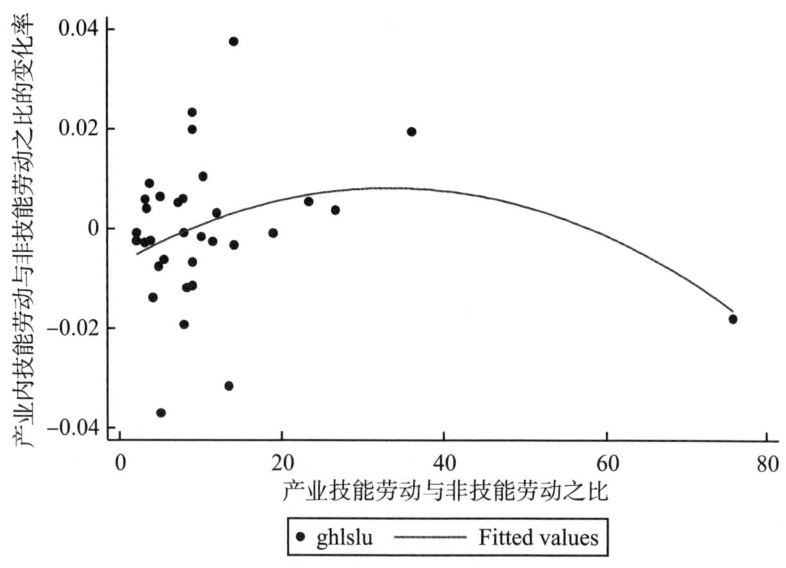

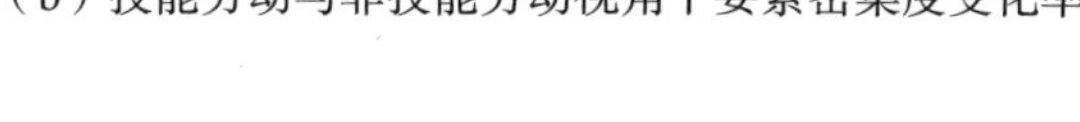

（b）技能劳动与非技能劳动视角下要素密集度变化率

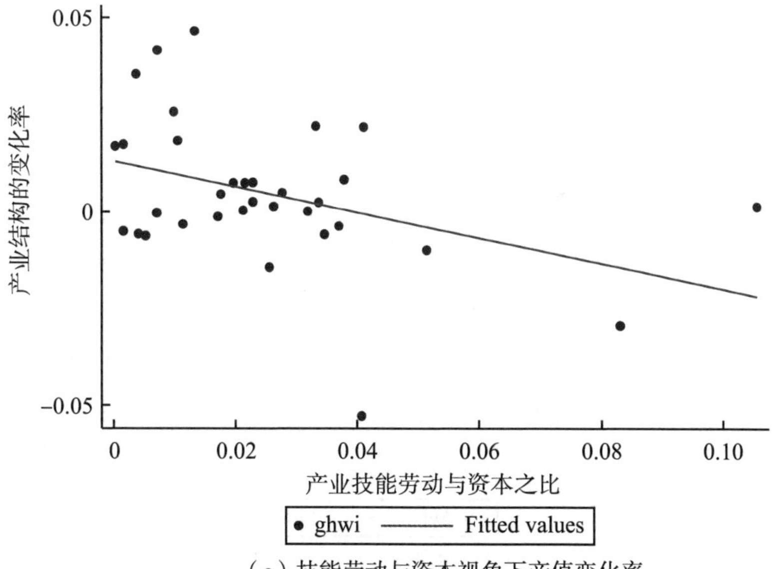

（c）技能劳动与资本视角下产值变化率

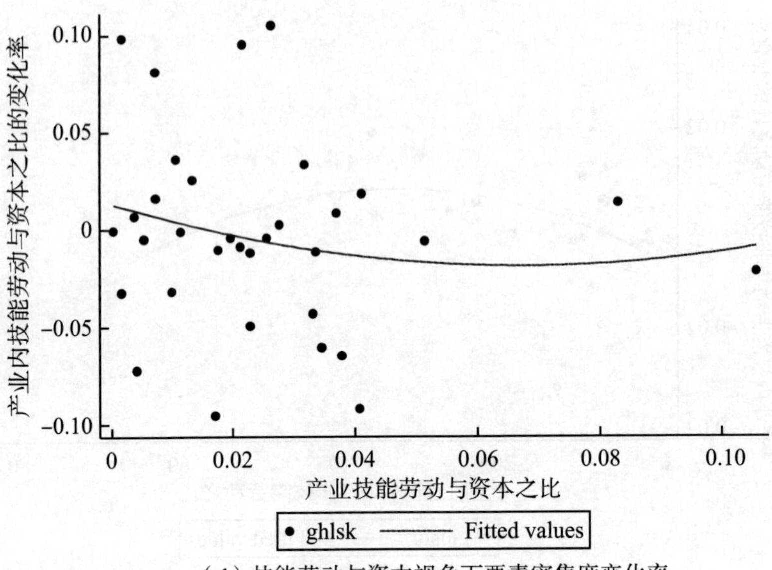

（d）技能劳动与资本视角下要素密集度变化率

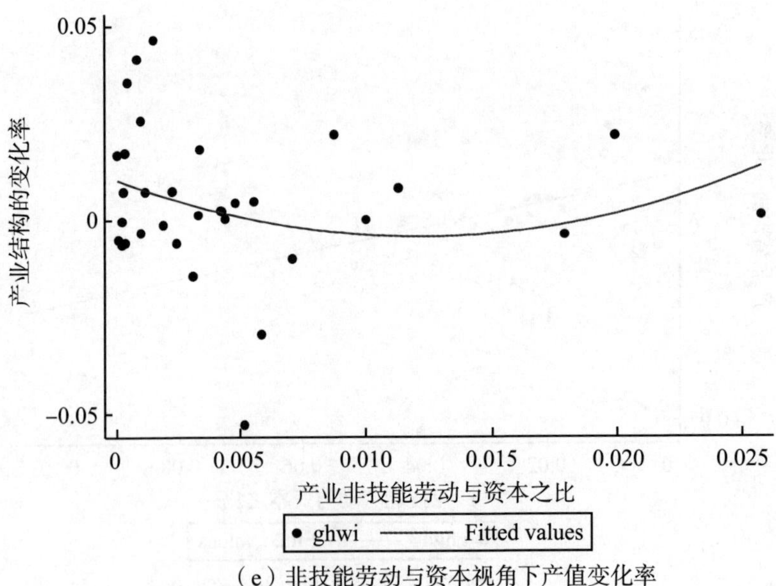

（e）非技能劳动与资本视角下产值变化率

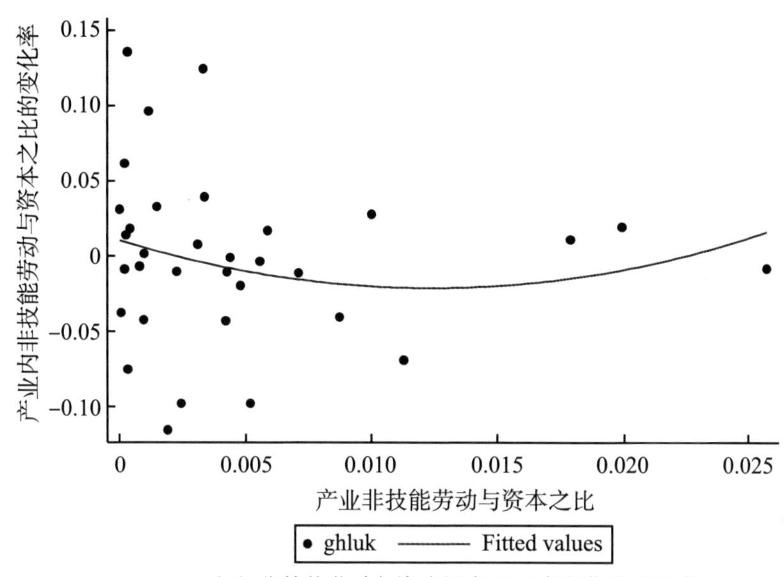

（f）非技能劳动与资本视角下要素密集度变化率

图5 产业要素密集度对产值变化率和要素密集度变化率散点图

结合上文及图5分析：第一，1995~2009年技能劳动相对于非技能劳动要素密集度上升，图（a）产业技能与非技能劳动要素密集度对产值变化率散点的拟合线呈平缓的先降后升“U”型趋势，而图（b）产业要素密集度对其变化率的散点拟合线则呈先升后降的倒“U”型，由此可知：在技能劳动相对于非技能劳动供给上升的条件下，一方面，技能劳动相对密集型产业的产值占比明显提升；另一方面，技能劳动偏向型技术进步具有明显的产业异质性，相对于技能劳动密集型产业，非技能劳动密集型产业更加倾向于采用技能偏向型技术进步。这一结果表明，从技能与非技能劳动视角观察，产值结构变化与产业比较优势相符，技术结构变化与比较优势规律相悖。第二，1995~2009年技能劳动相对于资本要素密集度下降，图（c）产业技能劳动与资本要素密集度对产值变化率的散点出现向下倾斜趋势；在图（d）技能劳动与资本要素密集度对其变化率的散点图，拟合线出现先下降后平缓的趋势，这表明随着资本积累的深化，资本要素相对密集型产业产值占比上升更快，且在资本密集型产业中资本相对于技能劳动的要素产出比提升更快。从技能劳动与资本视角考察，技术结构变化与比较优势规律相符。第三，1995~2009年非技能劳动相对于资本要素密集度下降，一方面，图（e）产业非技能劳动与资本要素密集度对产值变化率散点图，出现先下降而后上升的“U”型趋势。这表明随着资本积累的深化，资本相对密集型产业占比上升更快；另一方面，根据图（f）的散点构成的拟合线未出现明显的上升或下降趋势，表明对资本偏向型的技术进步没有出现明显的产业差异。从非技能劳动与资本要素视角观察，产值结构变化与产业比较优势相符，技术结构变化与比较优势规律相悖。

五、基本结论

为考察基于要素禀赋结构的比较优势变化对产业结构和技术结构的影响及贡献率，本文构建统一的数理框架，结合 WIOD - SEA 的中国产业数据，将 1995 ~ 2009 年中国要素禀赋结构的动态变化分解为代表产业结构变迁的产业间结构效应和表示技术进步方向调整的产业内技术效应，研究结论显示：

第一，中国资本存量积累和技能劳动供给增速较快，而非技能劳动供给相对稳定，这种要素禀赋结构升级形成的动态比较优势，同时被产业间结构效应和产业内技术效应所产生的要素需求所吸收。

第二，不同类型要素禀赋结构变化的分解效应呈异质性特征，技能劳动相对于非技能劳动、资本相对于非技能劳动要素密集度的上升主要被产业间结构效应吸收，产业结构变迁向资本和技能劳动相对密集型产业倾斜；而技能劳动相对于资本要素密集度的下降则被产业内技术效应主导，即资本偏向型技术进步形成的资本需求吸收了增加的资本相对供给。

第三，进一步分析各类产业的产值结构与技术结构是否遵循产业本身的比较优势，随着技能劳动、资本要素相对于非技能劳动要素密集度的上升，技能劳动和资本相对密集型产业产值占比的明显提高，但非技能劳动密集型产业更加倾向于采用技能偏向型技术进步，表明技术结构变化与比较优势规律相背离，产值结构变化与比较优势规律相吻合的特征。资本相对于技能劳动要素密集度的增加，使资本要素相对密集型产业占比上升更快，在资本密集型产业的资本偏向型技术进步倾向更强，产业结构变化与产业比较优势相悖，技术结构变化与比较优势规律相符。

劳动保护与私营企业出口*

熊瑞祥　万　倩**

摘　要　本文结合多个微观数据库与双重差分方法研究了《劳动合同法》及其实施强度对中国私营企业出口概率与出口额的影响。估计结果显示，企业所在地级市对《劳动合同法》的实施强度每提高一个标准差，平均而言会使得私营企业的出口概率与出口额分别下降约2.7%与16%。最低工资较高地区、劳动密集程度较高的企业受到《劳动合同法》的负向影响更大。机制分析表明：劳动保护显著地降低了私营企业的生产率与长期雇佣员工数量。

关键词　《劳动合同法》　劳动保护　私营企业出口

一、引言

如果不明确劳资双方的权利与义务，就可能损害劳动者的合法权益；而过度保护劳动者与限制劳资之间的合约自由，又可能降低就业与增长。因此，劳动力市场政策制定者面临的一个核心问题是，如何在保护劳动者福利与促进增长之间作出合适的权衡取舍。而要作出合适的权衡取舍，需要我们对劳动保护的收益与成本进行全面而准确的估计。现有文献主要从社保覆盖率、五险一金支付比例与企业创新等角度估计了《劳动合同法》的收益，从长期员工被解雇概率提高、生产率与产出降低、投资水平与经营弹性下降等角度估计了《劳动合同法》的成本。长期以来，我国依靠劳动力成本的比较优势实现了出口的飞速增长，并进而为我国经济的持续高速增长作出了重要贡献。可以预期，《劳动合同法》带来的劳动力成本上升将给企业出口，尤其是劳动密集型的私营企

* 本文原载于《经济学（季刊）》2022年第4期。

** 作者简介：熊瑞祥，湖南师范大学商学院教授。万倩（通讯作者），暨南大学经济与社会研究院，邮箱：wq_tempo@163.com。感谢国家自然科学基金青年项目（71803170）、教育部人文社科基金（17YJC790175）与湖南省教育厅创新平台开放基金项目（20K121）的资助。感谢匿名审稿专家的建设性意见，感谢刘学悦在研究中提供的帮助。文责自负。

业的出口带来不利的影响。研究《劳动合同法》对企业私营企业出口的影响，有助于我们更加全面地认识劳动保护的经济成本，并进而有助于我们实施最优的劳动保护。

为此，本文使用 2006 ~ 2012 年“全国私营企业调查数据”、2005 ~ 2013 年“中国工业企业数据库”、2000 ~ 2015 年“中国海关数据库”，结合双重差分方法研究了《劳动合同法》及其实施强度对中国私营企业出口行为的影响。估计结果显示，企业所在地级市对《劳动合同法》的实施强度每提高 1 个标准差，平均而言会使得私营企业的出口概率与出口额分别下降约 2.7% 与 16%。最低工资较高地区、劳动密集程度较高的企业受到《劳动合同法》的负向影响更大。机制分析表明：《劳动合同法》的实施，显著地降低了私营企业的生产率与长期雇佣员工数量。

本文在文献上的贡献主要体现在三个方面。第一，丰富了《劳动合同法》对企业行为影响的相关研究。现有相关文献主要研究了《劳动合同法》对企业创新、五险一金支付、雇佣行为、生产率与产出、经营弹性与投资，本文从出口角度补充了我们对《劳动合同法》经济影响的认识。并且，本文还从新新贸易理论下的生产率机制与比较优势理论下的劳动力成本机制这两个角度，检验了《劳动合同法》影响私营企业出口的微观作用机制。第二，本文结合我国 2008 年前后劳动保护的外生变化与不同地区对《劳动合同法》的实施强度差异，使用双重差分方法较好地处理了相关文献中的内生性问题，准确地估计了《劳动合同法》对私营企业出口行为的因果影响。第三，现有关于我国劳动力成本与企业出口行为之间关系的研究主要着眼于最低工资制度。本文从《劳动合同法》带来的劳动力成本上升这一新的角度，增加了我们对我国企业出口变化原因的认识。

本研究也具有重要的政策含义。本文发现表明，《劳动合同法》通过降低企业生产率与长期雇佣人数这两种机制，给企业出口带来了不利影响。这些发现表明，为兼顾增长与劳动者福利，政府需要制定一些补充政策，例如，给企业尤其是劳动密集型企业减税降费，给中小企业尤其是中小私营企业提供贷款优惠缓解其融资约束，以对冲《劳动合同法》所带来的劳动力成本上升。

二、文献述评

本文同两支文献直接相关，第一支文献研究了劳动保护的经济影响，第二支文献从理论与实证的角度研究了企业的出口行为。

文献上，关于《劳动合同法》的经济影响，没有定论。一些研究发现，《劳动合同法》给经济带来了显著的正向影响。《劳动合同法》的实施，提高了农民工的书面劳动合同签订率并进而增加了农民工的社保与工会覆盖率、降低了农民工的工资拖欠（Li and Freeman，2014），降低了农民工的工作时长并提高了其拥有社会保险的比例（杜鹏程等，2018），促进了企业创新（李建强、赵西亮，2019；倪骁然、朱玉杰，2016），提高了企业的五险一金支付比例（沈永建等，2017）。而另一些文献则发现，《劳动合同法》也给经济带来了显著的负向影响。《劳动合同法》的无固定期限合同相关条款，增加了企业解雇那些拥有正规劳动合同的长期员工的概率（Akee et al.，2019）。《劳动合同法》所导致的解雇成本与调整成本降低了生产率与产出（Cooper et al.，2018），降低了私营企业的投资水平（潘红波、陈世来，2017），降低了企业的经营弹性（廖冠民、陈燕，2014）。还有一些文献发现，《劳动合同法》对经济的影响是不确定的。《劳动合同法》在提高劳动者薪酬的同时也促使企业用机器来替代人工（刘媛媛、刘斌，2014）。这支文献加深了我们对《劳动合同法》经济影响的认识，相比这支文献，本文有如下两个方面的改进。首先，本文的研究对象为出口，这从一个新的角度补充了现有研究，有助于我们形成对《劳动合同法》经济影响更加全面的认识。其次，本文结合我国2008年前后劳动保护的外生变化与不同地区对《劳动合同法》的实施强度差异，使用双重差分方法较好地处理了相关文献中的内生性问题，准确地估计了《劳动合同法》对私营企业出口行为的因果影响。

还有一支文献从理论与实证的角度研究了企业的出口行为。比较优势理论从国家之间的要素禀赋比例差异与行业之间的要素密集度差异角度，以及国家之间在不同行业生产技术上的相对差异角度，解释了国际贸易产生的原因。然而该理论无法解释为什么要素禀赋比例与技术相似的国家之间会进行行业内贸易。新贸易理论从产品差异化与规模经济的角度补充了这一不足（Krugman，1979，1980）。然而，新贸易理论的同质性企业假设使得其无法解释为什么同一国家同一细分行业中的有些企业出口而另外一些却不出口。新新贸易理论在新贸易理论的基础上引入企业生产率的异质性，并假设企业进入出口市场需要支付固定成本，因此只有生产率足够高的企业才能出口，成功地弥补了这一不足（Melitz，2003）。在新新贸易理论的分析框架下，如果《劳动合同法》降低了企业生产率，则《劳动合同法》会给企业出口带来不利影响。伯纳德等（Bernard et al.，2007）在比较优势理论中引入了异质性企业假设，发现贸易成本下降会同时带来资源在行业内部与行业之间的重新优化配置，行业的平均生产率与企业的平均产出都会增加，并且这种增加效应在比较优势行业要大于非比较优势行业。由此可推测，《劳动合同法》带来的劳动力成本上升，对比较优势行业中企业出口的不利影响会大于非比较优势行业中企业。一些实证文献从产业政策（Chandra and Long，2013；陈钊、熊瑞祥，2015）、地方金融发展（Chen et al.，2020）、最低工资（Gan et al.，2016；孙楚仁等，2013）与贸易地理（佟家栋、刘竹青，2014；包群等，2012）等角度研究了企业的出口行为。相比这些文献，本文的改进体现在如下两个方面。第一，本文从《劳动合同法》带来的劳动力成本上升角度，增加了我们对我国企业出口变化的原因的认识。第二，本文还从新新贸易理论下的生产率机制与比较优势理论下的劳动力成本机制这两个角度，检验了《劳动合同法》影响私营企业出口的微观作用机制，对作用机制的分析有助于政府制定有针对性的补充政策，来缓解《劳动合同法》对私营企业的潜在不利影响。

三、制度背景、回归方程与数据说明

（一）我国的《劳动合同法》

21 世纪初，我国劳动者缺乏有效保护所带来的问题越来越突出。不少企业随意地削减员工工资、拖欠工资、随意地解雇员工、不提供社会保险等员工福利、让员工暴露在没有任何保护的危险工作环境中，等等。更重要的是，一些企业拒绝签订劳动合同，而因为没有劳动合同，工人在自己的合法劳动权利受到损害时就无法获得法律的有效保护。劳动者合法权益受到损害所带来的社会问题在不少地区时有发生。在此背景下，我国于 2008 年 1 月 1 日实施了《劳动合同法》。

该法具有如下 5 个特点。第一，它规定用人单位与员工需签订书面劳动合同。详情见第 10 与第 82 条。第二，它明确了员工的福利待遇。详情见第 4、第 17、第 38 条。第三，它提高了企业解雇员工的成本。详情见第 39、第 40、第 41、第 42 条。第四，它对集体合同作出了特别的规定。详情见第 51、第 52、第 53、第 54、第 55、第 56 条。第五，它强化了对长期员工的保护。详情见第 14、第 41 条。总的来说，《劳动合同法》显著地提高了对劳动者的保护。OECD 在 2012 年的调查显示，中国对就业保护的严格程度在 46 个国家中排名第 4。[①]

（二）回归方程

《劳动合同法》有政策实施前后的差异，但根据《劳动合同法》的内容难以直接

① 资料来源：https：//stats. oecd. org/viewhtml. aspx?datasetcode = EPL_OV&lang = en，2020 年 3 月 10 日访问。

找出处理组与对照组。现有文献主要通过如下两种方式来间接地构建处理组与对照组。①企业的劳动密集程度。虽然《劳动合同法》的内容无差异地指向所有企业，但相比劳动密集程度较低企业，《劳动合同法》对劳动密集程度较高企业的劳动力成本上升的影响更大；为此可以将劳动密集程度较高企业看作处理组，将劳动密集程度较低企业看作对照组（Cui et al.，2018；李建强、赵西亮，2019；倪骁然、朱玉杰，2016；沈永建等，2017）。②是否私营企业。国有企业除了要追求经济目标之外，还要承担一些社会政策目标，包括承担过多的冗员与工人福利等，所以国有企业在《劳动合同法》实施之前就已经较好地保护了劳动者的权益；而相比国有企业，我国私营企业在《劳动合同法》实施前，在用工方式方面更灵活、对劳动者的保护程度更低。因此，虽然《劳动合同法》对国有企业与私营企业一视同仁，但相比国有企业，私营企业更有可能受《劳动合同法》影响；可以把私营企业设置为处理组，把国有企业设置为对照组（刘媛媛、刘斌，2014；卢闯等，2015；潘红波、陈世来，2017）。

本文从我国各地区对《劳动合同法》实际实施强度差异的角度来构建处理组与对照组。在评估法律的效果时，法律的实际实施情况可能比法律条文本身更重要，尤其在转型国家（Pistor et al.，2000）；中国的劳动法律条文本身是比较健全的，它所面临的实质性问题在于法律的实际实施强度与法律条文之间的差距（Zheng，2009）。虽然《劳动合同法》的文本内容对全国所有地区来说都是相同的，并且从 2008 年开始在全国范围内统一实施，但它的实际实施强度因为如下原因而在不同地区之间存在差异。第一，地级市之间存在基于当地经济表现的激励竞争（Li and Zhou，2005），这使得地方政府有激励在不违法的前提下根据当地实际情况来影响该地区对《劳动合同法》的实际实施强度（Li and Freeman，2014）。第二，我国各地区的法律环境与司法水平存在很大的差异（郑志刚、邓贺斐，2010）。第三，不同地区企业的谈判力存在差异。第四，不同地区劳动者的维权意识、法律知识水平与诉讼能力也存在差异。各地级市对《劳动合同法》的实际实施强度，是各个地方政府、地方司法机构、各地企业、劳动者博弈之后的均衡结果，因此，不同地级市对《劳动合同法》的实际实施强度存在较大差异（Gallagher et al.，2014）。我们以每个地级市劳动合同纠纷案中劳动者胜诉的平均比例，作为该地级市对《劳动合同法》实施强度的代理变量。相对指标相比绝对指标的好处在于，它可以剔除不同地级市劳动力规模差异对度量的干扰。本文使用相对量来构建指标的思路同现有文献的做法一致：卢峰、姚洋（2004）使用各省法院每年经济案件的结案率来衡量各地区法治的效率。

在此基础上，为研究《劳动合同法》对私营企业出口行为的影响，我们设定如下形式的回归模型：

$$y_{cift} = \alpha + \beta post_{07} \times law_{c} + \gamma X_{ft} + \delta Z_{c,t-1} + \theta_{c} + \vartheta_{it} + \mu_{cift} \quad (1)$$

其中，α、β、γ、δ、θ 和 ϑ 为待估计参数；c、i、f 与 t 分别表示地级市、行业、企业与年份；μ_{cift}表示随机扰动项。被解释变量包括"企业是否出口"与"企业出口额"，"企业出口额"使用出口额加 1 再取对数来度量。

关键解释变量是 law_c 与 $post_{07}$的交互项。《劳动合同法》于 2008 年 1 月 1 日正式生效，故 $post_{07}$变量在 2008 年之前年份取值为 0，在 2008 年以及之后年份取值为 1。使用中国裁判文书网 2014 ~2017 年的劳动合同纠纷案件信息，我们计算了每个地级市劳动合同纠纷案中劳动者胜诉的平均比例 law_c,① 以此作为该地级市对《劳动合同法》实施强度的代理变量。②

X_{ft}表示企业f在t年的特征，包括企业年龄、企业规模、企业类型（合伙企业、有限责任公司、股份有限公司、一人有限责任公司）、企业家的性别、企业家的受教育程度。$Z_{c,t-1}$表示企业所在地级市 c 在第 $t-1$ 年的特征，包括人均 GDP 的对数与最低工资的对数。控制二者有助于缓解地区层面遗漏变量问题对估计结果的干扰。同时，为尽可能缓解反向因果问题，我们控制二者的滞后项。θ_c 表示地级市固定效应，用以控制地级市层面不随时间变化的不可观测因素对估计结果的影响。ϑ_{it}表示行业固定效应与年份固定效应的交互项，用以控制行业层面随年份变化的不可观测因素对估计结果的影响，例如，行业层面逐年变化的需求冲击或供给冲击。另外，本文使用的是企业 - 年份层面数据，而关键解释变量是地级市 - 年份层面数据，考虑到同一地级市内不同企业的随机扰动项可能存在相关性，我们将标准误聚类到地级市层面。

（三）数据说明

本文使用的企业层面主要数据来源于全国私营企业调查数据。该数据来自中共中央统战部、中华全国工商业联合会、原国家工商行政管理总局、中国民（私）营经济研究会组成的"私营企业研究课题组"每两年对全国的私营企业状况抽样调查。考虑到本文研究问题所需变量在"全国私营企业调查数据"中的可得性，以及需要使用到 2007 年之后样本，本文使用了 2006 年、2008 年、2010 年、2012 年四次调查数据，实际数据年份是 2005 年、2007 年、2009 年与 2011 年。该数据覆盖面广、可信度高，为

① 我们根据裁判文书的正文内容，提取了原告和被告支付的诉讼费用，然后根据原告、被告支付比例高低判断谁是获胜一方。

② 下文的稳健性检验 2 更深入地处理了关键解释变量度量的时期晚于被解释变量的问题。

了解中国私营经济的现状和研究中国私营企业行为提供了具有代表性的样本。劳动诉讼胜诉情况来自中国裁判文书网，地级市层面最低工资数据来自各地区统计公报与地方政府网站，地级市人均 GDP 数据来自《中国城市统计年鉴》。企业出口额的平均值约 112. 3 万美元，出口企业占全部样本的比例约为 13. 1%。地级市层面劳动胜诉率的均值约为 58. 2%，并且在不同地级市之间呈现出较大差异。

四、回归分析

（一）基本模型：逐步回归

表 1 报告了劳动保护对企业是否出口的逐步回归结果。第（1）~（5）列我们依次加入了关键解释变量、企业特征、地级市特征、地级市固定效应、行业 - 年份交互项的固定效应。可以发现，在第（1）~（5）列中，关键解释变量的系数都在 1% 的水平上显著为负，意味着《劳动合同法》实施之后，私营企业所在地级市对《劳动合同法》的实施越严格时，私营企业的出口概率越低。表 1 中控制最为严格的第（5）列的估计系数表明：私营企业所在地级市对《劳动合同法》的实施强度每增加 1 个标准差（0. 159），会使得私营企业的出口概率平均下降约 2. 7%（－0. 1667 × 0. 159 ≈ －2. 7%），占样本期间私营企业平均出口概率的比例约为 20. 6%（0. 027 ÷ 0. 131 ≈ 20. 6%）。

表 1　　逐步回归：企业是否出口

变量名称	(1)	(2)	(3)	(4)	(5)
是否 2007 年之后 ×《劳动合同法》实施强度	－0. 0465 *** (0. 0088)	－0. 0905 *** (0. 0104)	－0. 1445 *** (0. 0137)	－0. 0901 *** (0. 0267)	－0. 1667 *** (0. 0510)
企业年龄		0. 0091 *** (0. 0007)	0. 0089 *** (0. 0007)	0. 0060 *** (0. 0010)	0. 0043 *** (0. 0009)
企业规模对数		0. 0316 *** (0. 0019)	0. 0320 *** (0. 0020)	0. 0284 *** (0. 0036)	0. 0248 *** (0. 0032)
是否合伙企业		0. 0148 (0. 0161)	0. 0069 (0. 0165)	0. 0049 (0. 0158)	0. 0036 (0. 0154)

续表

变量名称	(1)	(2)	(3)	(4)	(5)
是否有限责任公司		0.0233 ** (0.0093)	0.0178 * (0.0095)	0.0273 *** (0.0104)	0.0246 ** (0.0100)
是否股份有限公司		0.0767 *** (0.0147)	0.0751 *** (0.0150)	0.0774 *** (0.0168)	0.0588 *** (0.0165)
是否一人有限责任公司		-0.0307 (0.0404)	-0.0255 (0.0452)	-0.0081 (0.0364)	0.0035 (0.0441)
企业家性别		-0.0245 *** (0.0090)	-0.0264 *** (0.0092)	-0.0074 (0.0088)	0.0063 (0.0095)
企业家受教育程度		-0.0024 (0.0028)	-0.0038 (0.0029)	0.0043 (0.0038)	0.0097 ** (0.0040)
最低工资对数滞后一期			0.0582 *** (0.0185)	0.0010 (0.0369)	-0.0182 (0.0597)
地区 GDP 滞后一期			0.0255 *** (0.0072)	0.0157 (0.0107)	0.0133 (0.0097)
常数项	0.1461 *** (0.0040)	-0.0576 *** (0.0189)	-0.6692 *** (0.0864)	-0.2320 (0.2144)	-0.0552 (0.3927)
观测值个数	14769	10688	10008	10003	9546
R^2	0.002	0.058	0.065	0.179	0.241
城市固定效应	否	否	否	是	是
行业-年份固定效应交互项	否	否	否	否	是

注：观测值为企业层面。***、** 和 * 分别表示参数的估计值在 1%、5% 和 10% 的统计水平上显著；括号内为标准误，均聚类到地级市层面。下文表中的说明类似，为节约字数，不再说明。

表 2 报告了劳动保护对企业出口额影响的逐步回归结果，该表的结构安排同表 1 相同。表 2 的第（1）~（5）列中，关键解释变量的系数都在 1% 的水平上显著为负，意味着《劳动合同法》实施之后，私营企业所在地级市对《劳动合同法》的实施越严格时，私营企业的出口额越低。表 2 控制最为严格的第（5）列的估计系数表明：私营企业所在地级市对《劳动合同法》的实施强度每增加 1 个标准差（0.159），会使得私营企业的出口额平均下降约 16%（$-1.0065\times0.159\approx16\%$）。

表 2 逐步回归：企业出口额

变量名称	(1)	(2)	(3)	(4)	(5)
是否 2007 年之后 ×《劳动合同法》实施强度	-0.2002 *** (0.0485)	-0.4460 *** (0.0571)	-0.8278 *** (0.0749)	-0.5709 *** (0.1448)	-1.0065 *** (0.2947)
企业年龄		0.0521 *** (0.0036)	0.0503 *** (0.0038)	0.0350 *** (0.0056)	0.0266 *** (0.0046)
企业规模对数		0.1959 *** (0.0106)	0.1989 *** (0.0109)	0.1795 *** (0.0231)	0.1642 *** (0.0215)
是否合伙企业		0.0749 (0.0882)	0.0385 (0.0904)	0.0321 (0.0877)	0.0387 (0.0850)
是否有限责任公司		0.1174 ** (0.0507)	0.0773 (0.0522)	0.1287 ** (0.0540)	0.1121 ** (0.0532)
是否股份有限公司		0.4673 *** (0.0803)	0.4669 *** (0.0824)	0.4978 *** (0.1039)	0.3937 *** (0.0987)
是否一人有限责任公司		-0.1384 (0.2209)	-0.1496 (0.2475)	-0.0633 (0.1629)	-0.0164 (0.2095)
企业家性别		-0.1201 ** (0.0491)	-0.1367 *** (0.0506)	-0.0325 (0.0451)	0.0343 (0.0476)
企业家受教育程度		-0.0163 (0.0154)	-0.0262 (0.0161)	0.0217 (0.0198)	0.0481 ** (0.0207)
地级市上一年最低工资对数			0.4887 *** (0.1012)	0.2282 (0.1915)	-0.2006 (0.3296)
地级市上一年人均 GDP 对数			0.1100 *** (0.0393)	0.0514 (0.0539)	0.0231 (0.0562)
常数项	0.7330 *** (0.0219)	-0.5128 *** (0.1034)	-4.5901 *** (0.4735)	-2.4956 ** (1.1479)	0.7192 (2.2441)
观测值	14769	10688	10008	10003	9546
R^2	0.001	0.067	0.076	0.190	0.240
城市固定效应	否	否	否	是	是
行业 - 年份固定效应交互项	否	否	否	否	是

(二) 稳健性检验

1. 事前同趋势假设检验与《劳动合同法》的动态效果

本文使用了 2005 年、2007 年、2009 年与 2011 年的数据，这样，《劳动合同法》

实施前后，我们各有两期数据。我们可以通过如下回归方程来检验事前同趋势假设是否满足来间接地检验“平行趋势”是否有可能成立，并考察《劳动合同法》的动态效果：

$$y_{cift} = \alpha + \sum_{t=2007,2009,2011} (\beta_t \times Year_t \times law_c) + \gamma X_{ft} + \delta Z_{c,t-1} + \theta_c + \vartheta_{it} + \mu_{cift} \quad (2)$$

在年份为 t 年时，$Year_t$ 变量取值为1；否则取值为0。式（2）中其他变量的取值情况同式（1）相同。我们选取样本初期的2005年为基准组。

表3报告了回归方程（2）的估计结果。估计结果显示，不管被解释变量是企业是否出口还是出口额，β_{2007} 在统计上都不显著，这意味着在《劳动合同法》实施之前，处理组中企业与对照组中企业的出口行为具有相同的变化趋势，即“事前同趋势”假设满足。这也意味着，虽然《劳动合同法草案》早在2006年3月就已经向社会公开征求意见，但就出口表现而言，私营企业并没有据该草案来提前调整自身行为，即这种公开并没有带来“预期效应”。原因在于，虽然《劳动合同法草案》早已公开，但其内容到底如何修改，是劳工方、资本方以及各利益相关者共同博弈的结果，在正式实施之前，企业无法准确地预判该法是否真的倾向于保护劳动者以及对劳动者的保护强度。同时，β_{2009} 与 β_{2011} 在统计上显著为负，意味着《劳动合同法》给私营企业的出口行为带来了显著的负向影响。

表3　　事前同趋势假设检验与《劳动合同法》的动态效果

变量名称	(1)	(2)
	是否出口	出口额
是否2007年×《劳动合同法》实施强度	-0.0573 (0.0906)	-0.1757 (0.6261)
是否2009年×《劳动合同法》实施强度	-0.2340*** (0.0688)	-1.2707*** (0.3911)
是否2011年×《劳动合同法》实施强度	-0.1615** (0.0679)	-0.9520** (0.4377)
企业特征	是	是
城市特征	是	是
城市固定效应	是	是
行业-年份固定效应	是	是
观测值	9546	9546
R^2	0.241	0.240

2. 检验关键解释变量度量方式的合理性

一般来说，关键解释变量度量的时期应该不晚于被解释变量。因为我们使用的私营企业数据来自 2005 年、2007 年、2009 年、2011 年，故从理论上而言，本文核心解释变量“各地级市劳动者的胜诉率”的度量最好也在 2008 ~ 2011 年，这样能最准确地度量《劳动合同法》实施之后，各地级市对劳动者的保护强度。但这样的度量确实很难获得，为此，我们根据“中国裁判文书网”公开的相关信息，计算了 2014 ~ 2017 年每个地级市劳动合同纠纷案中劳动者胜诉的平均比例。我们没有选用更早年份是因为该网站自 2013 年下半年才开始投入运营，故 2013 年及之前年份公开的裁判文书数量较少，不具有代表性；求多年平均值是为了尽可能地减少测量误差。我们需要检验使用 2014 ~ 2017 年这一指标的合理性。

针对核心解释变量度量的时期在被解释变量之后这一疑问，我们使用 2000 ~ 2007 年、2014 ~ 2015 年海关数据中的私营企业样本构建了地级市 - 年份 - 目的国层面平衡面板数据（如果某地级市在某年未向某目的国出口，则取值为 0），重新检验了劳动保护对私营企业出口的影响。在这个数据中，《劳动合同法》实施之后的时期只有 2014 ~ 2015 年，它的度量与核心解释变量劳动者胜诉率度量的时期基本一致，不再存在核心解释变量度量的时期在被解释变量之后的问题了。表 4 的估计结果显示，此时劳动保护仍然显著地降低了私营企业的出口概率与出口额。①

表 4　　使用海关数据进行回归

变量名称	(1)	(2)
	是否出口	出口额
是否 2007 年之后 × 《劳动合同法》实施强度	-0.0209*** (0.0059)	-0.4050*** (0.0684)
目的国 - 年份固定效应交互项	是	是
城市 - 目的国固定效应交互项	是	是
省份 - 年份固定效应交互项	是	是
城市特征	是	是

① 我们还将核心解释变量与 2008 ~ 2011 年各省劳动者胜诉率指标（该指标只在省级层面可得）进行相关性分析，发现二者显著正相关；使用 2008 ~ 2011 年各省劳动者胜诉率指标替换本文的核心解释变量，发现劳动保护仍显著地降低了私营企业出口。考虑到同一省份不同地级市之间的劳动保护程度存在较大差异，本文主要使用地级市层面劳动保护指标。

续表

变量名称	(1)	(2)
	是否出口	出口额
观测值	628468	628468
R^2	0. 680	0. 758

3. 其他方面的稳健性检验

此外，本文还进行了其他方面的稳健性检验，在这一系列稳健性检验中，本文发现仍然稳健。限于篇幅，此处仅简要说明缘由与方法，欢迎对结果感兴趣的读者来函。第一，《劳动合同法》实施之后，新成立企业可能会自行选择在《劳动合同法》实施强度较弱的地区建厂投资经营；新企业在地级市之间的这种自选择，会低估《劳动合同法》对私营企业出口行为的负向影响。2009 年样本中年龄小于或等于 2 的企业、2011 年样本中年龄小于或等于 4 的企业为《劳动合同法》实施当年及之后成立的企业样本，我们删除这部分企业，重新估计了式（1）。第二，根据 law_c 的中位数将所有地级市分成处理组与对照组，即将连续变量 law_c 转换为二值变量，重新估计了式（1）。第三，通过随机生成《劳动合同法》实施强度二值变量进行安慰剂检验，来判断上文的估计结果是否只是虚假相关。在每一次安慰剂检验中，随机选择 122 个地级市作为处理组、另外 91 个地级市作为对照组（同实际数据保持一致）；按照式（1）重复 1000 次回归，再绘制系数分布图。第四，出口目的国的关税与非关税壁垒也可能对私营企业的出口行为产生负向影响。但“全国私营企业调查数据”没有调查出口产品的目的国相关信息，所以我们使用 2000 ~ 2015 年海关数据库中的私营企业样本，将其加总至地级市 - 年份 - 目的国层面，再将其填充为地级市 - 年份 - 目的国层面的平衡面板数据，在控制一系列固定效应的基础上，估计了《劳动合同法》实施强度对地级市 c 在 t 年是否向 d 国出口产品与出口额的影响。第五，因为“全国私营企业调查数据”是混合截面数据，故无法控制企业固定效应、企业上一期的出口等其他企业层面变量，未控制这些因素，可能使得我们得到不准确的估计结果。为此，我们更换 2005 ~ 2013 年“中国工业企业数据库”中的私营企业样本进行回归分析，以控制企业固定效应与更多企业层面特征。第六，《劳动合同法》执行后我国不同地级市对法规中一些具体条文的执行力度可能会存在差异，例如，员工劳动报酬调整及时性（或早晚）可能存在地区差异，这种地级市层面随时间变化的不可观测因素可能影响我们的估计结果。我们通过将 $post_{07} \times law_c$ 与行业的劳动密集程度交互，并控制地级市、行业、年份三个维度两两固定效应的交互项，在式（1）的基础上进行了三重差分估计。

五、异质性分析

（一）地级市最低工资高低

《劳动合同法》的多个条款重申了最低工资标准对于保障我国劳动者权益的重要性①，《劳动合同法》增加了我国最低工资制度的实施强度。相比最低工资较低地级市中的私营企业，《劳动合同法》对最低工资较高地级市中私营企业劳动力成本增加的影响会更大。为此，我们推断，相比最低工资较低地级市中的私营企业，《劳动合同法》对最低工资较高地级市中私营企业出口行为的不利影响会更大。

为此，我们根据地级市最低工资的中位数，将全样本分成最低工资较低与较高的两个子样本。表5中的估计结果表明：《劳动合同法》的实施强度对最低工资较低地级市中私营企业的出口概率和出口额均没有显著影响；但它显著地降低了最低工资较高地级市中私营企业的出口概率和出口额。此外，我们分别对两组系数进行了差异显著性检验（Cleary，2009），结果表明二者的差异在千分之一以上的水平上显著。这一发现同现有文献一致：丁守海（2010）发现，《劳动合同法》强化了最低工资对就业的负向影响；樊海潮等（Fan et al.，2018）发现，《劳动合同法》强化了最低工资对我国企业对外直接投资的影响。

表5　地级市最低工资高低的异质性

变量名称	是否出口		出口额	
	<中位数	>中位数	<中位数	>中位数
	(1)	(2)	(3)	(4)
是否2007年之后×《劳动合同法》实施强度	-0.0799 (0.1170)	-0.5326*** (0.1410)	-0.4770 (0.6139)	-3.4589*** (1.0093)
企业特征	是	是	是	是
城市特征	是	是	是	是
城市固定效应	是	是	是	是
行业-年份固定效应交互项	是	是	是	是
观测值	4529	4775	4529	4775
R^2	0.265	0.252	0.264	0.260
经验p值	0.000		0.000	

① 详情见该法第20、第58、第72、第74与第85条。

(二)企业劳动密集程度高低

面对《劳动合同法》同样的实施强度，相比劳动密集程度较低的企业，劳动密集程度较高企业的劳动力成本增加更多。为此，我们推断，相比劳动密集程度较低的私营企业，《劳动合同法》对劳动密集程度较高的私营企业的出口行为的不利影响会更大。借鉴樊海潮等（Fan et al.，2018）的做法，我们使用劳动报酬占企业固定资产的比例作为企业劳动密集程度的代理变量。我们根据该比例的中位数，将企业分成劳动密集程度较高与劳动密集程度较低两个样本。表 6 中的估计结果分别表明：所在地级市对《劳动合同法》的实施强度对劳动密集程度较低的私营企业的出口概率和出口额均没有显著影响；但它显著地降低了劳动密集程度较高的私营企业的出口概率和出口额。此外，我们分别对两组系数进行了差异显著性检验，结果表明二者的差异在千分之一以上的水平上显著。这一发现同现有文献类似：潘红波、陈世来（2017）发现《劳动合同法》对劳动密集程度较低的民营上市公司的投资水平没有显著影响，但对劳动密集程度较高的民营上市公司的投资水平产生了显著的负向影响。

表 6　企业劳动密集程度高低的异质性

变量名称	是否出口		出口额	
	<中位数	>中位数	<中位数	>中位数
	(1)	(2)	(3)	(4)
是否 2007 年之后×《劳动合同法》实施强度	-0.0733 (0.0563)	-0.2198*** (0.0734)	-0.2168 (0.3452)	-1.5298*** (0.4273)
企业特征	是	是	是	是
城市特征	是	是	是	是
城市固定效应	是	是	是	是
行业-年份固定效应交互项	是	是	是	是
观测值	4363	5129	4363	5129
R^2	0.249	0.270	0.251	0.272
经验 p 值	0.000		0.000	

六、机制分析

（一）新新贸易理论下的生产率机制

企业进入出口市场需要支付固定成本，因此只有生产率足够高的企业才有能力出口（Melitz，2003），大量实证文献发现企业生产率同企业出口概率与出口额正相关（Bernard et al.，2007）。如果《劳动合同法》降低了企业生产率，就会给私营企业的出口带来负向影响。

从理论与实证上看，《劳动合同法》的实施确实可能降低私营企业生产率。一方面，从企业层面看，《劳动合同法》中的无固定期限劳动合同、集体合同、解雇成本等相关条款的实施，会削弱企业依据项目实际运行情况配置人力资源的灵活性，降低劳动力的流动性，提高人工成本黏性，企业雇佣劳动力的这些摩擦增加会最终降低企业的生产效率（刘媛媛、刘斌，2014；Hopenhayn and Rogerson，1993）。另一方面，从员工层面看，《劳动合同法》降低了员工违约时的惩罚力度与失业风险，会产生保护偷懒者效应，不利于员工工作积极性与工作效率的提高（张五常，2009；Suedekum and Ruehmann，2003）。来自中国的经验证据同理论推断一致：库珀等（Cooper et al.，2018）建立在一般均衡模型基础上的量化分析结果表明，我国的《劳动合同法》显著地降低了私营部门的生产率，反事实分析表明，《劳动合同法》使得我国年均经济增长率降低约1%；潘红波和陈世来（2017）发现，《劳动合同法》给我国区域经济增长带来了显著的负向影响，并且这种负向影响主要体现在民营经济投资占比高、民营经济提供就业多的区域。

本小节将检验《劳动合同法》对企业生产率的影响，以及企业生产率对其出口的影响。因为我们使用的主要数据“全国私营企业调查数据”缺乏增加值等相关变量，无法计算出企业的生产率，故我们借助2005~2013年“中国工业企业数据库”中的私营企业样本[①]，对《劳动合同法》所导致的企业生产率变化这一机制进行检验。使用“中国工业企业数据库”检验生产率机制的一个主要困难之处在于，估计企业生产率需要的相关变量在2008~2013年的可得性困难，例如：2011~2013年数据都缺少中间投入合计

① 使用2005~2013年样本，是为了与“全国私营企业调查数据”中所用样本区间保持一致。同时，因为2010年数据存在重要缺陷（Fan et al.，2018），故此回归中我们剔除了2010年的样本。

与工业增加值数据，无法直接估计全要素生产率；2009 年的 43 万家企业数据中，有 11 万家左右缺失了法人代码与企业名称信息，等等。[①] 我们按照寇宗来和刘学悦（2020）、布兰特等（Brandt et al.，2017）的做法，对 2008 ~ 2013 年中国工业企业数据库中存在的问题一一进行了处理，在此基础上按照罗维加蒂和莫里斯（Rovigatti and Mollisi，2018），估计了对奥利和佩克斯（Olley and Pakes，1996）进行 ACF 修正的全要素生产率（记为 OP - ACF），与对莱文索恩和彼得林（Levinsohn and Petrin，2003）进行 ACF 修正的全要素生产率（记为 LP - ACF）。同时，为考察结论的稳健性，我们还计算了企业劳动生产率的对数。表 7 第（1）~（3）列的估计结果显示，不管我们使用 OP - ACF、LP - ACF，还是劳动生产率作为被解释变量，劳动保护都显著地降低了私营企业的生产率。

表 7　　劳动保护对私营企业生产率的影响

变量名称	(1)	(2)	(3)
	全要素生产率：OP - ACF	全要素生产率：LP - ACF	劳动生产率
是否 2007 年之后×《劳动合同法》实施强度	-0.1056 *** (0.0117)	-0.1189 *** (0.0117)	-0.1927 *** (0.0134)
企业特征	是	是	是
城市特征	是	是	是
企业固定效应	是	是	是
行业 - 年份固定效应交互项	是	是	是
观测值	598307	598307	645325
R^2	0.740	0.734	0.711

表 8 进一步检验了生产率对私营企业出口概率与出口额的影响。第（1）~（6）列的估计结果显示，不管我们使用 OP - ACF、LP - ACF，还是劳动生产率作为关键解释变量，生产率提高都会显著地增加私营企业的出口概率与出口额。这一发现同现有相关文献一致：已有大量关于新新贸易理论的理论与实证研究发现，生产率提高会显著地促进企业出口（Melitz，2003；Bernard et al.，2007）。结合表 7 与表 8，我们就检验了劳动保护降低私营企业出口的生产率机制：劳动保护通过降低私营企业生产率降低了其出口概率与出口额。

① 尽管存在这些不足之处，但因为没有其他更好的数据库，“中国工业企业数据库”仍然是目前公开可得的适合检验这一机制的代表性数据库。

表 8　生产率对私营出口的影响

变量名称	(1)	(2)	(3)	(4)	(5)	(6)
	是否出口	出口额	是否出口	出口额	是否出口	出口额
全要素生产率：OP - ACF	0.0122 *** (0.0007)	0.1768 *** (0.0062)				
全要素生产率：LP - ACF			0.0108 *** (0.0007)	0.1627 *** (0.0063)		
劳动生产率					0.0048 *** (0.0006)	0.0799 *** (0.0054)
企业特征	是	是	是	是	是	是
城市特征	是	是	是	是	是	是
企业固定效应	是	是	是	是	是	是
行业 - 年份固定效应交互项	是	是	是	是	是	是
观测值	523457	523457	523457	523457	567647	567647
R^2	0.813	0.842	0.813	0.842	0.813	0.842

（二）比较优势理论下的劳动力成本机制

改革开放以来，我国依靠劳动力成本的比较优势实现了高速增长。按照比较优势理论，《劳动合同法》带来的劳动力成本上升会削弱我国在劳动密集型行业上的比较优势，进而通过降低私营企业的雇佣人数（与长期雇佣人数）给私营企业的出口概率与出口额带来负向影响。同前面机制检验类似，首先需要检验劳动保护是否会降低私营企业的雇佣人数（与长期雇佣人数），同时也需要检验私营企业的雇佣人数（与长期雇佣人数）下降是否会降低企业的出口概率与出口额。

《劳动合同法》提高了企业的解雇成本，尤其是解雇那些工作年限较长的员工的成本。换言之，《劳动合同法》实施之后，企业解雇不同工作年限员工的成本都提高了，但企业在解雇工作时间较长员工时还面临着较大的额外成本。解雇不同工作年限员工的这种成本差异，使得企业有动机解雇已在本企业连续工作较长时间的员工（Akee et al.，2019），雇佣新员工作为补充，以减少或延迟《劳动合同法》对其不利影响。全国私营企业调查数据调查了企业雇佣总人数、半年以上且不足一年员工人数，以及半年以下员工人数。表 9 第（2）列的估计结果显示，劳动保护显著地降低了私营企业雇佣的 1 年以上员工数量（即长期雇佣员工总数）。

表 9　　劳动保护对私营企业员工数量的影响

变量名称	(1)	(2)
	员工总数	长期雇佣员工总数
是否 2007 年之后 ×《劳动合同法》实施强度	-0.6105*** (0.1861)	-0.7062*** (0.1690)
企业特征	是	是
城市特征	是	是
行业 - 年份固定效应交互项	是	是
观测值	10377	10153
R^2	0.472	0.523

表 10 进一步报告了员工总数、长期雇佣员工总数对私营企业出口的影响。估计结果显示，员工总数与长期雇佣员工总数下降，会显著地降低私营企业的出口概率与出口额。结合表 9 与表 10，我们就检验了劳动保护降低私营企业出口的劳动力成本机制：劳动保护通过降低私营员工总数、长期雇佣员工总数降低了其出口概率与出口额。

表 10　　员工数量对私营企业出口的影响

变量名称	(1)	(2)	(3)	(4)
	是否出口	出口额	是否出口	出口额
员工总数的对数	0.0474*** (0.0027)	0.3148*** (0.0166)		
长期雇佣员工总数的对数			0.0567*** (0.0030)	0.3755*** (0.0185)
企业特征	是	是	是	是
城市特征	是	是	是	是
行业 - 年份固定效应交互项	是	是	是	是
观测值	9546	9546	9385	9385
R^2	0.267	0.278	0.272	0.286

七、总结与讨论

长期以来，我国依靠劳动力成本的比较优势实现了出口的快速增长，并进而为我国经济的持续高速增长作出了重要贡献。然而，《劳动合同法》的实施在较大程度上提升了我国劳动力成本，这将对企业出口，尤其是劳动密集型的私营企业的出口带来不利的影响。对此，本文利用多个微观数据库和双重差分方法研究了《劳动合同法》对企业私营企业出口的影响，有助于我们更加全面地认识劳动保护的经济成本，并有助于我们制定最佳的劳动保护政策。本文估计结果显示：企业所在地级市对《劳动合同法》的实施强度每提高 1 个标准差，会使得私营企业的出口概率与出口额分别下降约 2.7% 与 16% 。最低工资较高地区、劳动密集程度较高的企业受到《劳动合同法》的负向影响更大。此外，《劳动合同法》的实施是通过降低私营企业的生产率与长期雇佣员工数量两条机制对出口行为产生不利影响的。

需要特别说明的是，本文发现劳动保护给私营企业的出口带来了显著的负向影响，并不意味着我们不应该加强法治建设与保护劳动者的应有权利。相反，我国应积极保护劳动者——尤其是低技能与受教育程度较低劳动者——的合法劳动权益。上述发现只是启发我们，在积极保护劳动者权益时，为兼顾增长与劳动者福利，政府需要制定一些补充政策，例如，给企业尤其是劳动密集型企业减税降费，给中小企业尤其是中小私营企业提供贷款优惠缓解其融资约束，以对冲《劳动合同法》所带来的劳动力成本上升，以促进企业从中国制造向中国创造转型。

参考文献

［1］包群，邵敏，L. Song. 地理集聚、行业集中与中国企业出口模式的差异性［J］. 管理世界，2012（9）：61－75.

［2］陈钊，熊瑞祥．比较优势与产业政策效果：来自出口加工区准实验的证据［J］. 管理世界，2015（8）：67－80.

［3］丁守海．最低工资管制的就业效应分析：兼论《劳动合同法》的交互影响［J］. 中国社会科学，2010（1）：85－102.

［4］杜鹏程，徐舒，吴明琴．劳动保护与农民工福利改善：基于新《劳动合同法》的视角［J］. 经济研究，2018（3）：64－78.

［5］寇宗来，刘学悦．中国企业的专利行为：特征事实以及来自创新政策的影响［J］. 经济研究，2020（3）：83－99.

［6］李建强，赵西亮．劳动保护与企业创新：基于《劳动合同法》的实证研究［J］. 经济学（季刊），2019（1）：121－142.

［7］廖冠民，陈燕．劳动保护、劳动密集度与经营弹性：基于 2008 年《劳动合同法》的实证检

验［J］. 经济科学，2014（2）：91－103.

［8］刘媛媛，刘斌．劳动保护、成本粘性与企业应对［J］. 经济研究，2014（5）：63－76.

［9］卢闯，唐斯圆，廖冠民．劳动保护、劳动密集度与企业投资效率［J］. 会计研究，2015（6）：42－47.

［10］卢峰，姚洋．金融压抑下的法治、金融发展和经济增长［J］. 中国社会科学，2004（1）：42－55.

［11］倪骁然，朱玉杰．劳动保护、劳动密集度与企业创新：来自 2008 年《劳动合同法》实施的证据［J］. 管理世界，2016（7）：154－167.

［12］潘红波，陈世来.《劳动合同法》、企业投资与经济增长［J］. 经济研究，2017（4）：94－107.

［13］沈永建，等．显性契约、职工维权与劳动力成本上升：《劳动合同法》的作用［J］. 中国工业经济，2017（2）：117－135.

［14］孙楚仁，田国强，章韬．最低工资标准与中国企业的出口行为［J］. 经济研究，2013（2）：42－54.

［15］佟家栋，刘竹青．地理集聚与企业的出口抉择：基于外资融资依赖角度的研究［J］. 世界经济，2014（7）：67－85.

［16］张五常．张五常论新劳动法［J］. 法律和社会科学，2009（4）：1－36.

［17］郑志刚，邓贺斐．法律环境差异和区域金融发展：金融发展决定因素基于中国省级面板数据的考察［J］. 管理世界，2010（6）：14－27.

［18］Akee R，Zhao L，Zhao Z. Unintended Consequences of China's New Labor Contract Law on Unemployment and Welfare Loss of the Workers［J］. China Economic Review，2019，53：87－105.

［19］Bernard A B，Redding S J，Schott P K. Comparative Advantage and Heterogeneous Firms［J］. Review of Economic Studies，2007，74（1）：31－66.

［20］Brandt L，Wang L，Zhang Y. Productivity in Chinese Industry：1998—2013［R］. World Bank Working Paper，2017.

［21］Chandra P，Long C. VAT Rebates and Export Performance in China：Firm－Level Evidence［J］. Journal of Public Economics，2013，102：13－22.

［22］Chen Z，Poncet S，Xiong R. Local Financial Development and Constraints on Domestic Private－Firm Exports：Evidence from City Commercial Banks in China［J］. Journal of Comparative Economics，2020，48（1）：56－75.

［23］Cleary S. The Relationship between Firm Investment and Financial Status［J］. Journal of Finance，1999，54：673－692.

［24］Cooper R，Gong G，Yan P. Costly Labour Adjustment：General Equilibrium Effects of China's Employment Regulations and Financial Reforms［J］. Economic Journal，2018，128：1879－1922.

［25］Cui C，John K，Pang J，Wu H. Employment Protection and Corporate Cash Holdings：Evidence from China's Labor Contract Law [J]. Journal of Banking & Finance, 2018, 92: 182 – 194.

[26] Fan H, Lin F, Tang L. Minimum Wage and Outward FDI from China [J]. Journal of Development Economics, 2018, 135: 1 – 19.

[27] Gallagher M, Giles J, Park A, Wang M. China's 2008 Labor Contract Law: Implementation and Implications for China's Workers [J]. Human Relations, 2015, 68 (2): 197 – 235.

[28] Gan L, Hernandez M A, Ma S. The Higher Costs of Doing Business in China: Minimum Wages and Firms' Export Behavior [J]. Journal of International Economics, 2016, 100: 81 – 94.

[29] Hopenhayn H, Rogerson R. Job Turnover and Policy Evaluation: A General Equilibrium Analysis [J]. Journal of Political Economy, 1993, 101 (5): 915 – 938.

[30] Krugman P. Increasing Returns, Monopolistic Competition, and International Trade [J]. Journal of International Economics, 1979, 9 (4): 410 – 479.

[31] Krugman P. Scale Economics, Product Differentiation, and the Pattern of Trade [J]. American Economic Review, 1980, 70 (5): 950 – 959.

[32] Levinsohn J, Petrin A. Estimating Production Functions Using Inputs to Control for Unobservables [J]. Review of Economic Studies, 2003, 70: 317 – 341.

[33] Li H, Zhou L. Political Turnover and Economic Performance: the Incentive Role of Personnel Control in China [J]. Journal of Public Economics, 2005, 89 (9 – 10): 1743 – 1762.

[34] Li X, Freeman R B. How does China's New Labour Contract Law Affect Floating Workers? [J]. British Journal of Industrial Relations, 2014.

[35] Melitz M J. The Impact of Trade on Intra – Industry Reallocations and Aggregate Industry Productivity [J]. Econometrica, 2003, 71 (6): 1695 – 1725.

[36] Olley G S, Pakes A. The Dynamics of Productivity in the Telecommunications Equipment Industry [J]. Econometrica, 1996, 64: 1263 – 1297.

[37] Pistor K, Raiser M, Gelfer S. Law and Finance in Transition Economies [J]. Economics of Transition, 2000, 8 (2): 325 – 368.

[38] Rovigatti G, Mollisi V. Theory and Practice of Total – Factor Productivity Estimation: The Control Function Approach using Stata [J]. The Stata Journal, 2018, 18 (3): 618 – 662.

[39] Suedekum J, Ruehmann P. Severance Payments and Firm-specific Human Capital [J]. Labor, 2003, 17: 47 – 62.

[40] Zheng Y. It's not What is on Paper, but What is in Practice: China's New Labor Contract Law and the Enforcement Problem [J]. Washington University Global Studies Law Review, 2009, 8 (3): 595 – 617.

做大做强生物经济的大国路径*

陶文娜　欧阳峣**

摘　要　生物经济正在成为带动世界经济增长的重要引擎，给中国带来实现技术“并轨”和产业“跃升”的战略机遇。面对全球生物经济发展的浪潮，新兴大国应该以积极姿态抢占制高点，努力赢得全球科技和产业竞争的主动权。具体地说，新一轮技术革命趋势为新兴大国发展生物经济和实现产业跃升提供了战略机遇，国内资源多样性和市场规模性形成了发展生物经济的大国优势，我们应该构建政府和市场协同一致的大国治理机制，从而开拓做大做强生物经济的大国路径。

关键词　生物经济　中国战略　大国路径

“十四五”规划纲要提出“推动生物技术和信息技术融合创新，加快发展生物医药、生物育种、生物材料、生物能源等产业，做大做强生物经济。”① 生物经济是指以现代生命科学和生物技术为支撑，通过生产生物技术产品和提供生物技术服务而形成的经济活动，它是经济领域的新支柱，具有技术含量高、产业链条长和外溢效应强的特征，可以对技术进步、产业升级和经济发展形成积极的带动作用。在全球新一轮科技革命和产业变革中，应抢抓生物经济发展机遇，围绕跻身世界强国目标、超大市场规模特征和中国特色治理模式，通过谋划大国战略、发挥大国优势和构建大国机制，开拓做大做强生物经济的大国路径。

一、新一轮技术革命为新兴大国发展生物经济提供战略机遇

世界经济发展历史表明，每一轮新的技术革命不仅会推动产业变革，而且可能重

---

* 本文原载于《经济纵横》2022 年第 11 期。

** 作者简介：陶文娜，湖南师范大学大国经济研究中心研究员。欧阳峣，湖南师范大学商学院教授、博士生导师，湖南师范大学大国经济研究中心主任，上海大学经济学院特聘教授。本文获得湖南省哲学社会科学重点研究基地项目“湖南生物产业创新发展战略研究”（编号 21JD014）的资助。

① 《中华人民共和国国民经济和社会发展第十四个五年规划和 2035 年远景目标纲要》，载《人民日报》2021 年 3 月 13 日。

塑世界经济格局，给新兴国家带来经济振兴和大国崛起的机遇。正如习近平总书记所说："进入21世纪以来，全球科技创新进入空前密集活跃的时期，新一轮科技革命和产业变革正在重构全球创新版图，重塑全球经济结构。"① 新科技革命和产业变革的基本态势表明：一方面，以人工智能、量子信息、移动通信、物联网、区块链为代表的新一代信息技术加速突破应用；另一方面，以合成生物学、基因编辑、脑科学、再生医学等为代表的生命科学领域孕育新的变革。显然，信息科学和生命科学、信息技术和生物技术正在成为引领世界科学技术的两面旗帜，信息经济和生物经济也将成为带动世界经济增长的两大引擎。简言之，新一轮技术革命的大趋势，就是以信息技术和生物技术为引领，各门学科之间交叉融合，进而促进产业融合和经济高质量发展。为此，应科学研判、准确把握新一轮技术革命的新特征和新趋势，从新兴技术的突破及其产业化中去寻求中国经济增长的新动能，从而推动中国经济高质量发展和可持续发展，实现建设社会主义现代化国家的宏伟目标。

（一）新一轮技术革命给中国生物经济带来实现技术"变轨"和产业"跃升"的重大战略机遇

进入21世纪以来，全球生物经济的浪潮扑面而来，此时的中国经济和技术已站在历史的新起点上，从跟跑者变成并跑者，在某些领域成为领跑者。于是中国迎来新一轮科技革命和产业变革同转变发展方式的历史性交汇期，在这个时期既面临着千载难逢的历史机遇，又面临着差距拉大的严峻挑战。近年来，通过努力发展信息技术和信息经济，我国已经接近和赶上世界先进水平；如果能够在生物技术和生物经济领域占据制高点，就有可能站在世界经济和技术革命的潮头，但如果行动迟缓就将丧失发展机遇。历史经验证明，决定一国国际地位变化的主要原因是经济快速增长和产业技术突破，新兴大国赶超守成大国最关键的因素是占领科技制高点，一个大国如果完全做科学技术的追随者，是不可能跻身世界强国之列的。2021年5月，习近平总书记在"科技三会"上的重要讲话中指出："经过多年努力，我国科技整体水平大幅提升，我们完全有基础、有底气、有信心、有能力抓住新一轮科技革命和产业变革的机遇，乘势而上，大展宏图。"同时，提出明确要求："我国广大科技工作者要以与时俱进的精神、革故鼎新的勇气、坚忍不拔的定力，面向世界科技前沿、面向经济主战场、面向国家重大需求、面向人民生命健康，把握大势、抢占先机，直面问题、迎难而上，肩

① 习近平：《努力成为世界主要科学中心和创新高地》，载《求是》2021年第6期。

负起时代赋予的重任，努力实现高水平科技自立自强!”[①] 为此，我们应从面对百年未有之大变局的战略高度，特别是从全面建成社会主义现代化强国的战略全局，深刻认识加快发展生物技术和生物经济的战略意义，布局做大做强生物经济，在规模和质量方面实现快速持续发展。

(二) 中国在新起点上应加快发展生物技术、生物企业和生物产业，布局做大做强生物经济的战略谋划

从“十三五”时期开始，我国加速发展生物经济，2015 年全国生物产业规模超过 3.5 万亿元。“十三五”末期，我国生物医药、生物制造、生物育种、生物能源、生物环保等产值规模近 5 万亿元，生物及大健康产业主营业务收入规模超过 10 万亿元。2019 年全国生物领域企业总数达 224.5 万户，同比增长 11.5%；生物制造业体量扩大，现代生物发酵产品年产量超过 3000 万吨，占据全球 20% 以上的市场份额；生物质发电量超过 1000 亿千瓦时，同比增长 19%；生物基材料总产量超过 600 万吨，保持 20% 的年均增长速度。其中，全国医药行业规模以上企业主营业务收入达 2.5 万亿元，同比增长 9.6%。[②] 2020 年，全国医药制造业利润总额增长超过 12%，增速居战略性新兴产业的前列，代表性企业恒瑞医药、迈瑞医疗市值超过 5000 亿元。生物制造和生物能源生产规模日益扩大，现代生物发酵产品年产量超过 3000 万吨，占全球 70% 以上的市场份额；全年生物质发电新装机容量超过 300 万千瓦，同比增长 10% 以上。同时，生物产业初步显露集聚发展势头，生物医药产业正在形成长三角地区、环渤海地区、粤港澳地区和成渝地区等产业集群，核心地位凸显，全国 89% 的新增上市企业、92% 的新增国家一类新药证书、78% 的新增通过仿制药一致性评价的产品来自四大产业集聚区。[③] 近年来，新冠疫情防治的需求更是加速了生物医药产业的发展，特别是生物制剂行业快速增长，呈现出一种投资生物产业、催生新的业态和服务绿色消费、引领健康消费的新趋势。然而，虽然总体上生物经济和生物产业取得重要成就，但仍然存在规模不大、结构不优和企业不强的问题，主要表现在：一是中国生物产业核心技术及中高端设备和材料严重匮乏，发酵产业核心菌种被国外企业垄断，高通量测序仪、流式

① 习近平：《在中国科学院第二十次院士大会、中国工程院第十五次院士大会、中国科协第十次全国代表大会上的讲话》，载《人民日报》2021 年 6 月 3 日。

② 国家发展和改革委员会创新和高技术发展司：《中国生物产业发展报告 2019》，化学工业出版社 2020 年版，第 3 页。

③ 国家发展和改革委员会创新和高技术发展司：《中国生物产业发展报告 2020 – 2021》，化学工业出版社 2021 年版，第 5 页。

细胞仪和大规模生物反应器等都在严重依赖进口；二是中国生物企业普遍规模偏小和偏散，比如种业龙头企业规模与世界巨型种业企业的差距很大，前十大种业企业的市场占有率不高，其销售总额占据国内市场的份额未达到20%；三是生物产业的生产性服务业和配套产业不够发达，科技创新平台体系和公共基础设施不够健全，建设良好的创新生态系统任重道远。

2022 年 5 月，国家发展改革委印发了《“十四五”生物经济发展规划》，提出强化顶层设计、支撑国家战略、营造良好环境、统筹发展与安全的基本要求，坚持“创新驱动、系统推进、合作共赢、造福人民、风险可控”的基本原则，以及生物经济总量规模迈上新台阶、生物科技综合实力得到新提升、生物产业融合发展实现新跨越、生物安全保障能力达到新水平、生物领域政策环境开创新局面的发展目标，并提出 2035 年生物经济综合实力稳居国际前列，基本形成技术水平领先、产业实力雄厚、融合应用广泛、资源保障有力、安全风险可控、制度体系完备的发展新局面的远景目标。为了达到这些目标，需要致力于做大做强生物经济、生物企业和生物产业。具体地说，第一，要做大生物经济规模，通过“规模效益”促进生物经济的繁荣，继续增加中国生物经济在全球生物经济中的份额，逐步改变美国等发达国家占主导地位的状况；第二，要做强生物经济企业，通过技术创新促进生物产业升级，努力实现关键核心技术的突破，增加世界生物产业巨型企业，培育生物经济的全球价值链链主；第三，要发展相关配套产业，在重点发展生物农业和生物医药产业的同时，加快生物能源和生物材料等产业的发展，特别是加速发展与生物产业配套的生产性服务业以及基础设施建设。总之，要根据战略性、系统性和先进性的原则和要求，科学地做好战略规划，促进生物经济的快速、持续和协调发展。

二、中国发展生物经济的大国优势：资源多样性和国内超大市场规模

现代经济特别重视规模和范围的作用。亚当・斯密认为，市场范围广阔引致分工深化和效率提高，他将市场范围作为寻求经济增长源泉的逻辑起点；阿弗里德・马歇尔则提出“规模报酬”假说，阐述了市场规模扩大影响经济增长的机制。生产规模的扩大必然依赖于资源的规模，经济规模的扩大必然依赖于市场的规模，这就是经济增长对于资源和市场的规模性要求。从发展经济的角度来说，中国幅员辽阔、人口众多，拥有大国经济的初始特征，也是培植大企业和大产业的重要优势。同时，中国是具有

超大规模特征的国家，拥有规模庞大的生物资源和生物市场，并拥有素质优良的生物技术和管理人才，恰好适应发展生物经济对资源和市场规模的要求。为此，根据国内资源多样性和国内市场规模庞大的特征，按照需求市场、自然资源和人力资源的规模性和多样性要求，可以形成做大做强生物经济的大国优势。

（一）生物自然资源丰富多样的优势

自然资源是产业发展和经济发展的重要条件。中国的植物资源、动物资源、海洋资源和人类遗传资源非常丰富，生物资源的规模和结构都有利于生物产业和生物经济的发展。生物资源是人类繁衍和发展最基本的物质基础，包括动物、植物、微生物有机体及由其组成的群落、种群和生态系统。中国是世界上生物资源最丰富的国家之一，无论是种类和数量都居世界前列，生物资源不仅具有多样性特征，而且具有规模性特征。在辽阔的幅员范围里，地形地貌复杂，气候多样，动植物种类丰富，拥有 60000 余种生物，30000 余种高等植物，其中特有属种 17300 种；共有 581 种哺乳动物，其中特有种 110 种左右。拥有占世界总数 13.5% 的鸟类资源，占世界总数 11.3% 的兽类资源，占世界总数 10.5% 的哺乳动物资源；拥有陆栖脊椎动物约 2070 种，两栖类约 184 种，分别占世界同类动物的 9.8% 和 7.3%。中国素有“世界植物王国”之称，有维管植物近 30000 种、种子植物 25700 种。[①] 同时，有海洋生物 20278 种，占世界总数的 25% 以上，其中有捕捞价值的海洋动物鱼类有 2500 余种、可入药的海洋生物 700 种。栽培植物资源、家养动物及其野生亲缘种质资源异常丰富，不仅是水稻的原产地和大豆的故乡，而且有经济树种 1000 种以上，药用植物 10000 余种。生态系统的类型繁多，拥有陆生生态系统的各种类型及齐全的海洋和淡水生态系统类型。同时，中国是拥有 56 个民族的国家，具有繁杂多样的人类遗传资源和病理资源、最大的基因信息数据库，以及规模特别庞大的临床资源，从而为生物技术和生物产业发展提供有力的资源支持。这样丰富多样和规模庞大的生物资源，既可以为发展生物农业和生物医药产业提供原料，也可以为发展生物能源和生物材料产业提供条件，从而形成发展生物经济的要素禀赋优势。

（二）生物产品市场规模庞大的优势

市场需求是经济发展的内生动力，特别是在中国经济转型发展的时期，劳动力成

---

① 陆建身：《中国自然资源》，上海科技教育出版社 1997 年版，第 5 页。

本优势在逐步减缩，更加需要依托超大规模市场优势集聚国内和国际范围的优质资源和生产要素，促进专业化分工和规模化经营，利用超大规模市场优势促进经济发展，从而构建中国经济发展的新优势。中国是拥有 14 多亿人口的国家，形成了规模庞大的消费群体和市场规模，构筑起经济增长的内生动力。随着经济发展和国民收入的增加，居民购买力大幅增强，并形成了四亿多人的中等收入群体。进入 21 世纪以后，广大人民追求美好生活的愿望越来越强烈，在物质生活和精神生活方面都提出了高质量的要求，对生物产品的需求迅速增加，特别是对健康生活和医药产品的需求迅速增加，从而推动了生物农业和生物医药产业的快速发展。从目前的总体情况看，国内生物产品的生产还不能满足广大人民的消费需求。从生物医药市场看，2017 ~ 2020 年，中国生物医药行业进口额从 144.45 亿美元增加到 194.90 亿美元，出口额从 12.59 亿美元增加到 46.80 亿美元，贸易逆差长期保持在 130 亿美元以上，说明国内生产远远不能满足国内消费和市场需求。同时，随着经济的高质量发展，将带动国民收入水平的提高和消费结构的改善，因而蕴含着巨大的市场潜力。据专业机构分析，中国生物药市场规模 2020 年为 3457 亿元人民币，预计 2025 年中国生物药市场将达到 8116 亿元人民币，年复合增长率为 18.6%；2020 年中国单克隆抗体市场规模为 411 亿元人民币，预计到 2025 年将增长到 1945 亿元人民币，年复合增长率为 36.5%。[①] 显然，这种增长速度远远高于国民经济增长速度，在这种增长速度下的中国生物产业市场必将迅速扩张，成为中国最有潜力的消费市场。积极有效地利用好这种规模庞大的生物产品市场，不仅可以拉动生物经济的快速持续发展，而且可以培育大产业和大企业，构建以国内大循环为主体的生物经济发展格局。

综上所述，中国生物资源丰富多样，生物技术达到国际先进水平，国内外生物技术人才集聚各地生物产业园区，生物产品市场规模极为庞大。同时，拥有全球最完整、规模最大的工业体系及完备的配套能力，而且通过建设国家生物产业基地和区域生物产业集群，初步构建了从新药研发、临床试验到产业化应用的技术研发链，从原材料供应、技术研发、产业制造到销售服务的比较完整的医药工业产业链，这是加快发展生物经济特别是生物医药产业的重要条件。为此，应合理地配置各种资源和生产要素，利用庞大的生物资源和生物产品市场做大生物经济，利用优良的技术和人才优势做强生物经济，培育生物企业和生物产业的国际竞争新优势，真正形成发展生物经济的大国综合优势。

---

① 《2022 年生物药行业市场全产业链发展动态分析及细分产品市场规模研究预测》，中金企信国际咨询网站，2022 年 4 月 28 日。

三、构建发展生物经济的大国机制

经过长期的实践探索和理论总结，我国已经形成比较成熟的社会主义市场经济体制、有为政府与有效市场协同治理机制，以及集中力量办大事的新型举国体制。在发展生物经济过程中，需要构建政府与市场协同、政府各部门和社会各方力量协同的大国机制。现代产业经济理论认为，国家经济竞争力的源泉不仅在于劳动力、自然资源和金融资本等物质要素的投入，而且需要优越的经营环境和支持性制度保障，包括促进生产率增长的政策、法律及其他制度。中国是典型的新兴大国，大国经济的发展需要调动多方力量和协同各方关系，从而形成推动经济高质量发展的合力。因此，发展生物经济涉及政府和市场、企业和科研部门、生产者和消费者等诸多方面，需要建立有效的协同机制，构建发展生物经济的大国机制。

（一）提高政府和市场在发展生物经济中的协同性

生物经济是国家经济发展的战略重点，生物产业是国家重点支持的战略性新兴产业，政府应该有效作为，但要准确把握政府作用与市场作用的边界，关键是不能影响市场在资源配置中的决定性作用，不能干预具体的微观主体活动。习近平总书记指出："政府和市场分工，能由市场做的，要充分发挥市场在资源配置中的决定性作用，政府从分钱分物的具体事项中解脱出来，提高战略性规划水平，做好创造环境、引导方向、提供服务等工作。"① 首先，政府应从具体的经济事务和项目管理中摆脱出来，致力于科学制定战略规划，选择重点经济区域和产业部门，通过积极的政策引导生产要素流动和集聚，形成企业和产业的集聚，并在这个集聚区域内创造优越的政策环境、制度环境和商业环境，使企业实现信息共享和技术外溢，从而降低交易成本，提高生产效率，促进生物经济的繁荣和发展。其次，政府的作用要有利于创造公平的竞争环境，增加普惠性的财政税收和金融支持，防止形成垄断。同时，提高市场质量和市场效率，着眼于降低市场主体的交易费用，增加流动性、有效性和透明度，使企业能够公平地进入生物经济领域，获得公平的政策环境和自由的经营环境。最后，要鼓励民营企业进入生物产业领域，激发生物经济发展的活力。《中共中央 国务院关于营造更好发展

① 中共中央文献研究室：《习近平关于科技创新论述摘编》，中央文献出版社 2016 年版，第 66～67 页。

环境支持民营企业改革发展意见》提出：要“营造市场化、法治化、国际化营商环境，保障民营企业依法平等使用资源要素、公开公平公正参与竞争、同等受到法律保护，推动民营企业改革创新、转型升级、健康发展，让民营经济创新源泉充分涌流，让民营企业创造活力充分迸发。”① 民营企业是重要的市场主体，也是最有活力的市场主体，投资决策和创新决策比较自由和便捷，经营灵活性较强，其特性同生物经济这种有活力的新经济相耦合，使得它可以在发展生物经济中更好地发挥作用。应该依法保护民营企业家的合法权益，努力营造激励企业家干事创业的浓厚氛围，使之形成长期稳定的发展预期，从而专心致志地投入生物技术和生物产品的开发中，满怀信心地实行企业规模化经营。这样，就可以使政府作用和市场作用产生协同效应，促进生物企业的健康成长和生物经济的可持续发展。

（二）增强政府、企业和科研部门在生物技术创新中的协同性

现代生物产业是高新技术产业，现代生物技术是国际前沿技术，生物技术的突破是生物产业发展的先导。2020 年中国生物技术进口额为 43. 27 亿美元，同比增长 44%，2021 年 1 ~11 月中国生物技术进口额为 57. 54 亿美元，相比 2020 年同期增长了 19. 02 亿美元，同比增长 49. 4%。② 可见，中国的生物技术供给还不能满足生物产业和生物经济快速发展的技术需求。因此，要增强创新发展的理念，以技术创新引领生物产业和生物经济的高质量发展。习近平总书记指出：中国如果“老是在产业链条的低端打拼，老是在‘微笑曲线’的底端摸爬，总是停留在附加值最低的制造环节而占领不了附加值高的研发和销售这两端，不会有根本出路”③。生物产业是中国的战略性新兴产业，因而必须有进入全球价值链中高端的战略考量，以技术进步为先导，致力于关键核心技术的突破，从而带动生物经济的高质量发展。国家“十四五”规划纲要提出在科技前沿领域攻关，明确在生命健康、脑科学和生物育种领域的原创性引领性科技攻关。具体看，主要在以下方面力争实现突破：一是脑科学和类脑研究，包括脑认知原理解析、脑介观神经联接图谱绘制、脑重大疾病机理与干预研究、儿童青少年脑智发育、类脑计算与脑机融合技术研发；二是基因和生物技术，包括基因组学研究应用，遗传细胞和遗传育种、合成生物、生物药等技术创新，创新疫苗、体外诊断、抗体药物等

① 《中共中央　国务院关于营造更好发展环境　支持民营企业改革发展的意见》，载《人民日报》2019 年 12 月 23 日。

② 《中国生物技术进口金额情况统计》，华经情报网，2022 年 1 月 12 日。

③ 中共中央文献研究室：《习近平关于科技创新论述摘编》，中央文献出版社 2016 年版，第 26 页。

研发，农作物、畜禽水产、农业微生物等重大新品种创制，生物安全关键技术研究；三是临床医学与健康，包括癌症和心脑血管、呼吸、代谢性疾病等发病机制基础研究，主动健康干预技术研发，再生医学、微生物组、新型治疗等前沿技术研发，重大传染病、重大慢性非传染性疾病防治关键技术。①

协同政府、企业和科研部门开展生物产业核心技术攻关，具体地说：一是要在位居国际前沿的生物技术领域突破关键核心技术，形成一批引领世界生物技术的颠覆性和原创性成果；二是要在学习国际先进技术的基础上进行消化、吸收和集成创新，尽快提升生物技术的整体水平；三是要通过生物科学和信息科学、工程学、临床医学、材料科学、能源科学的交叉研究，实现融合性的技术创新。在技术创新的机制方面，应着力增强政府、企业和科研机构的协同性。政府应选择关系到生物产业发展全局的共性关键技术，组织科学家和技术人员联合攻关，借鉴“两弹一星”的组织模式和“揭榜挂帅”的形式开展技术研究，积极推进生物技术创新公共基础设施建设，如数据组学和数据库建设；加快构建以生物医药国家实验室为引领的战略科技力量，推进科研院所、高等院校及企业科技力量的优化配置和资源共享；真正使企业成为技术创新的主体，通过政策引导和知识产权保护，激发企业开展生物技术研发的动力和活力。总之，应将生物技术创新引上协同和高效的轨道，促进我国生物技术的追赶和超越，为生物产业和生物经济的高质量发展提供有力的技术支撑。

（三）构建国内和国际双循环相互促进的生物经济发展格局

“十四五”规划纲要将“加快构建以国内大循环为主体、国内国际双循环相互促进的新发展格局”作为经济社会发展的主要目标之一，生物经济也应构建国内和国际相互促进的发展格局。政府应瞄准构建新发展格局的目标进行顶层设计，企业也应围绕构建新发展格局进行战略谋划，致力于开辟一条促进生物经济高质量发展的新路径，即依靠国内规模巨大的生物产品需求拉动生物经济发展，依托庞大的国内市场推动生物产业技术创新，构建比较完备的国内产业链条，在全国和全球范围内集聚发展生物产业的优质资源和生产要素，培植生物企业和生物产业优势，在此基础上瞄准国际市场，进入全球生物产业的中高端领域，依靠技术优势和产业链优势培育生物产业的国际竞争新优势。首先，加快培育生物经济的内需体系，形成需求牵引供给和供给创造

① 《中华人民共和国国民经济和社会发展第十四个五年规划和 2035 年远景目标纲要》，载《人民日报》2021 年 3 月 13 日。

需求的高水平动态平衡。通过需求侧管理和供给侧结构性改革，提高生物产品质量，促进市场规模扩大；加强生物产品市场和要素市场建设，特别是京津冀、长三角、珠三角等重点区域的市场建设，贯通生产、分配、流通和消费各个环节，融通东部、中部和西部市场，实现生物经济国内良性循环。特别是“加快建立全国统一的市场制度规则，打破地方保护和市场分割，打通制约经济循环的关键堵点，促进商品要素资源在更大范围内畅通流动，加快建设高效规范、公平竞争、充分开放的全国统一大市场，全面推动我国市场由大到强转变。”① 其次，通过相机抉择进入国际大循环。发达国家仍然是生物技术和生物经济的制高点，因而既要通过国内大市场培育大企业和大产业，又要创造条件和选择时机进入国际大循环，利用国外的优质资源和市场发展生物经济，从而构建“双牵引”模式。最后，构建统筹配置的生物经济产业链，根据生物经济关联度大和产业链长的特点，系统地谋划产业链和供应链布局，实现生物经济各产业内部、各产业之间以及生产性服务业的配套，形成完整的国内产业链和供给链，并选择技术先进的巨型企业进入国际循环，培育区域性或全球性的生物产业“头雁”和价值链的链主。

① 《中共中央　国务院关于加快建设全国统一大市场的意见》，载《人民日报》2022 年 4 月 11 日。

人力资本积累如何提高农业转移人口的收入？[*]

——基于农业转移人口收入相对剥夺的视角

袁冬梅　金　京　魏后凯[**]

摘　要　加大对农业转移人口人力资本投入是缩小城乡收入差距、扩大中等收入群体的重要途径。本文利用 CGSS 数据测算农业转移人口客观收入剥夺指数并从受教育程度、工作经验、技能培训、健康水平等角度估计人力资本积累降低客观收入剥夺指数的作用。研究表明：(1) 受教育程度与工作经验对客观收入剥夺指数的作用呈现非线性变动，接受技能培训、提高健康状况均有利于降低客观收入剥夺指数。(2) 机制检验发现，农业转移人口就业稳定性和主观阶层认同发挥了中介作用。(3) 进一步回归结果显示，农业转移人口人力资本积累存在地区异质性和受剥夺程度异质性。本文的研究结果为后续提高人力资本投入以促进农业转移人口收入提供了经验证据，为中国制定更加公平合理的人力资本投资政策提供了重要的政策启示。

关键词　农业转移人口　人力资本积累　客观收入剥夺指数　教育投资

改革开放以来，农业剩余劳动力非农转移和重新配置在较长一段时期是中国经济增长最根本的源泉（蔡昉，2017）。非农就业使农业剩余劳动力实现了职业转换，进入生产率相对更高的工业和服务业部门并因此获得了更高的个人收入，我国的城乡收入差距也因此在 2013 年前的一段时期内出现了缩小的趋势（李实，2020）。但由于城乡二元分割体制和户籍壁垒未彻底消除，农业转移人口①在子女义务教育、基本社会保险、最低生活保障和就业等方面仍不能享受与城市户籍居民同等的待遇（蔡昉，2017；

---

* 本文原载于《中国软科学》2021 年第 11 期。

** 作者简介：袁冬梅（1971～），经济学博士，湖南师范大学商学院教授、博士生导师，研究方向为城镇化与城乡收入差距。通讯作者：金京，湖南师范大学商学院博士研究生。魏后凯，中国社会科学院农村发展研究所教授、博士生导师。国家社科基金面上项目“产业结构转型升级与稳就业协同推进的实现机制和支撑政策研究”（20BJL141）。

① 本文中农业转移人口内涵等同于农民工，按照国家统计局的定义，主要指外出从业 6 个月及以上的农民工，为避免“农民工”这一名词带有的歧视性质（魏后凯、苏红键，2013），本文全部采用“农业转移人口”这一概念。

陆铭、陈钊，2004），加之产业转型升级的加快，两大群体的收入差距自2013年以来没有缩小反而出现扩大化趋势。本文利用CFPS、CGSS和CMDS等问卷数据对非农就业中城市户籍人口与农业转移人口的人均年收入进行粗略的比较①，发现该比值在2013～2017年处于高位徘徊的状态，2017～2018年则出现一定程度的上升，2018年该比值达到了2.427倍。与此相关联的是，中国居民收入差距基尼系数自2016年来也出现反弹，2017年该系数超过国际警戒线达到了0.47（潘文轩，2018；谢伏瞻等，2020）。一般认为城乡收入差距是我国整体收入差距的最主要构成部分，而农业转移人口与城镇职工的工资差距则是城乡收入差距的长期决定因素之一（张延群、万海远，2019）。因而，缩小农业转移人口与城市户籍人口的收入差距是缩小城乡整体收入差距、扩大中等收入群体的关键与核心内容。随着城镇化率的提高和中小城市产业专业化水平提升，更多的农业剩余劳动力将向大城市和城市群迁移（袁冬梅、信超辉、袁珶，2019），如何改善农业转移人口的收入和社会生活状况，使其更好地融入城市，避免形成城市新的二元结构，关系到中国“两步走”战略的顺利实施和中等收入陷阱的顺利跨越。

一、文献综述

关于非农就业两大群体间收入差距长期存在且趋于扩大的深层次原因，现有研究探讨了体制和户籍壁垒等的约束作用（薛进军、园田正、荒山裕行，2008）。一些学者研究发现，家庭背景、城乡户籍等是构成基础教育质量机会不平等的主要来源，机会不平等的存在对收入差距的解释程度超过个体的努力水平（张楠、林嘉彬、李建军，2020；罗良文、茹雪，2019），且城市倾向性的教育投资政策强化了原本就存在的城乡劳动力之间的认知能力和技能水平差异，农业转移人口家庭在人力资本和社会资本积累方面的劣势导致了贫困的代际传递和城乡收入差距的不断扩大（黄祖辉、刘桢，2019；邹薇、郑浩，2014）。只有进城接受更高质量的教育和获得非农就业机会，才有可能摆脱收入阶层固化、实现职业的向上流动和收入阶层的攀升（徐晓红，2015）。

教育等人力资本投资对收入增长和城市归属感的作用日益受到重视。教育有助于农民获得非农就业机会进而缓解收入不平等（Knight and Song，1999），但城市偏向型的教育经费投入、低收入家庭面临的教育投入约束和公共教育投入不足导致了城乡家

① 本文使用CFPS、CGSS和CMDS三个数据库的问卷数据，以户籍和常住地区分城镇居民和农业转移人口，分别计算两类群体的人均年均收入，再将人均年收入相除得到两类群体收入的比值，因考察的是比值故不再按照每年价格水平进行调整。

庭收入差距扩大（陈斌开、张鹏飞、杨汝岱，2010；杨娟、赖德胜、邱牧远，2015）。因此，如何有效地发挥教育提高农业转移人口收入的作用，教育投入与收入差距之间存在什么关系，目前的研究并没有形成明确的结论。

同时，人力资本的内涵还包括工作经验、职业技能和健康状况等内容。众多研究认为丰富的工作经验和提升职业技能有利于劳动者提高就业能力，增加对就业区位和流动距离的选择权从而增加收入（张建华、程文，2019；Rodriguez and Pereira，2007；Kettunen，1997）。就农业转移人口而言，职业教育与技能培训能够稳定农业转移人口就业、提高工作效率和城市归属感，而且在职培训对新生代农业转移人口增加收入的作用尤为显著（刘万霞，2013；屈小博，2013；张俊，2015）。格罗斯曼（Grossman，1972）将人力资本概念应用到健康领域，奠定了健康经济学的基础。健康人力资本有助于劳动力接受教育和提升技能水平，是保持高质量劳动力稳定持续供给的重要条件（Fogel，1993；刘国恩、Dow、傅正泓、Akin，2004；李谷成、冯中朝、范丽霞，2006），有研究认为健康对实现农村减贫的作用比教育更明显（程名望等，2016）。良好的健康状况对于提高农村居民劳动生产力和非农就业率、获取非农就业收入具有显著的正向影响（Smith，2009），较差的健康状况将减少获得高收入的可能性（刘新波、文静、刘轶芳，2019）。

对于收入差距或收入不平等的刻画与测度，除了常见的基尼系数、泰尔指数或熵指数外，有学者提出了相对剥夺（relative deprivation）的概念（Runciman，1966；Yitzhaki，1979；Sen，1973）。此后出现的 Yitzhaki 收入剥夺指数、Kakwani 收入剥夺指数及相关理论被国内学者使用并在收入差距的测度上进行了新的尝试，但研究的重点主要集中于分析城乡收入差距或农业转移人口的低收入状况及产生的影响（王湘红、陈坚，2016；邓大松、杨晶、孙飞，2020）。

总体来看，上述研究是本文研究的坚实基础，但忽视了农业转移人口这一群体的特殊性，也未全面考察人力资本各指标对农业转移人口非农就业收入差距的综合影响。在现有的关于城乡收入差距的研究中，农业转移人口绝大多数是作为城市常住人口进行统计，其真实的收入状态和在城市的阶层认同无法反映出来。而使用收入剥夺理论的研究没有专门关注非农就业中农业转移人口与城市户籍人口的收入差距，也没有系统地探讨人力资本积累提高农业转移人口收入、降低相对收入剥夺程度的作用。

基于此，本文可能的贡献在于：一是聚焦于农业转移人口这一特殊群体，将其收入和城市户籍人口收入进行比较，使用客观收入剥夺指数衡量二者的相对收入状况，深入探讨收入差距形成的原因及改善途径。二是将人力资本分解为受教育程度、工作经验、技能培训、健康水平等指标，考察各指标独自及综合提升农业转移人口收入的作用机理。三是分析并检验了主观阶层认同和就业稳定性作为机制的中介效应。四是通过区分所在地和进行分位数回归，分析在不同地区、不同的客观收入剥夺程度下人力资本积累影响收入的异质性，力争为有针对性的市民化政策和人力资本政策的实施提供依据。

二、理论分析与研究假设

对人力资本的研究多基于舒尔茨（Schultz，1961）、贝克尔（Becker，1994）的理论基础，为此，本文将从受教育程度、工作经验和技能培训以及健康水平等方面总结人力资本积累影响农业转移人口收入、缩小非农就业收入差距的机理。

第一，正规教育有利于提高劳动者的知识积累、认知能力和就业技能，从而提高其劳动生产率和工资报酬，并通过“结构效应”和“工资压缩效应”影响收入分配。提高低学历群体的教育投入产生的收入回报边际效应要高于城市户籍人口，即教育扩展具有收入效应，但这种效应并非是线性的（赖德胜，1997；De Gregorio，1999）。奈特和萨博（Knight and Sabot，1983）发现二元经济结构中教育的“结构效应”和“工资压缩效应”使其对收入分配有复杂影响。“结构效应”意味着高学历群体能够获得更多的教育资源从而扩大高素质劳动力比重，扩大收入的不平等；“工资压缩效应”是指高学历劳动力相对过剩人口的存在和边际报酬逐渐递减不断降低高学历人群未来教育收益率，改善了收入分配不平等状况。从中国较长一段时期的教育供给来看，由于基础教育财政分权体制的约束，农业转移人口难以获得与流入地城市居民同等的教育资源，导致了教育不平等和“结构效应”的存在。从国外的经验来看，在经济发展的后期阶段，教育不平等的减少以及平均受教育水平的提高能有效降低收入不平等的程度（Ram，1990）。由此本文提出假说1。

假说1：长期来看，受教育程度与非农就业中两大群体的收入差距存在非线性关系。

第二，工作经验积累和职业技能培训产生的技能工资溢价效应影响农业转移人口收入。技能工资溢价是指高技能劳动工资和低技能劳动工资的比率，高技能劳动力能适应城市产业结构的调整而获得更高的工资溢价（Berry，2005）。工作经验积累转化为工作技能提升的过程离不开“干中学”作用，“干中学”能让个体在实践中不断总结经验以提高劳动生产率（Lucas，1988），从而提升就业技能进而获得更高的技能工资。但Mincer收入函数指出，工作经验对收入水平的影响存在生命周期效应。要想改变这种变化趋势，参加职业技能培训是重要途径。农业转移人口由于平均受教育程度较低，参加职业技能培训是提高专业技术水平较为便利且可行的方式。职业技能培训通过提高农业转移人口职业选择权和就业稳定性为收入持续稳定增长提供保障。由此本文提出假说 2。

假说 2：工作经验积累对缩小收入差距的作用呈现先缩小后扩大的趋势，而提高技能水平始终有助于农业转移人口缩小收入差距。

第三，健康水平提升通过提高劳动生产力回报率促进收入增长。在传统人力资本理论的基础上，提升健康水平对经济增长的正向作用已经被学者证实（杨建芳、龚六堂、张庆华，2006）。首先，健康的体魄直接强化了个人和家庭的劳动生产率，有利于农业转移人口参与社会生产，缩小与城市居民的收入差距。其次，健康与寿命息息相关，预期寿命更长的个体更有动力在生产阶段进行储蓄，为子女教育进行投资，降低了贫困代际传递的可能性（Ehrlich and Lui，1991）。预期寿命长也意味着更低的死亡率，提高人口平均年龄的同时降低了女性大量生育的必要性，使得总人口中适龄劳动力的比例不断上升（Ram and Schultz，1979）。由此本文提出假说 3。

假说 3：提高农业转移人口的健康水平对促进收入分配均衡始终保持正向作用。

上述总结表明，人力资本各指标通过稳定就业和提升社会阶层等传导作用保障农业转移人口收入的持续增长。这是因为人力资本水平的提高使其能更好地胜任工作岗位，劳资双方将愿意维持当下的雇佣状态（杨沫、葛燕、王岩，2019）。经验证据显示，具有高学历和培训经历的农业转移人口在正规劳动力市场获得长期合同的可能性较高，在城市务工积累的经历也有助于建立城市关系网络以增加城市就业的稳定性，参与务工地医疗保险可显著缩短周工作小时数并减轻其劳动压力（寇恩惠、刘柏惠，2013；邓睿，2019）。因而，正规教育、技能培训和医疗保险等是提升农民工就业稳定性的关键因素（Knight and Song，1999；Laszlo，2008）。同时，农业转移人口职业阶层和社会阶层的向上流动也是人力资本积累作用于收入差距缩小的重要渠道。具体来看，受教育程度的提高不仅能提高个体社会经济地位（Blanden and Gregg，2007），使得农业转移人口实现职业阶层向上流动（寇恩惠、刘柏惠，2013），而且能通过代际传递影响子代的人力资本和社会经济地位，实现收入的增加（Machin and Vignoles，2004），同时就业技能水平提高、良好的健康状况也有利于农业转移人口摆脱职业代际固化、进入高收入行业，实现职业向上流动和社会阶层的跨越（刘新波、文静、刘轶芳，2019），最终都将通过社会阶层的流动而实现促进收入分配均衡的目标。由此本文提出假说 4。

假说 4：人力资本积累有利于促进农业转移人口的就业稳定性、提升主观阶层认同，并因此促进收入分配均衡。

三、模型设定、变量选择与数据来源

（一）模型设定与变量选择

依据第二部分的理论分析和研究假说，并借鉴 Mincer 收入函数和奈特和萨博（Knight and Sabot，1983）的理论基础，本文从受教育程度、工作经验、技能培训与健康水平四个方面考察人力资本积累对于缩小收入差距的作用并构建以下模型：

$$Y=\beta_0+\beta_1 Edu+\beta_2 Edu^2+\beta_3 Exp+\beta_4 Exp^2+\beta_5 Tra+\beta_6 Hea+\beta_7 Ins+\beta_j Control+\varepsilon \quad (1)$$

方程（1）中被解释变量 Y 为客观收入剥夺指数 $KIDI(x, xk)$。核心解释变量中 Edu 是受教育程度，Exp 为工作经验，Tra 为技能培训，Hea 和 Ins 是衡量健康水平的指标。$Control$ 是除人力资本积累以外的其他变量，β_0 为截距项、$\beta_1 \sim \beta_7$ 是核心解释变量的变动系数、β_j 为其他变量的变动系数，ε 为误差项。

1. 被解释变量

本文的主要被解释变量为客观收入剥夺指数 $KIDI(x, x_k)$，该指数的计算方式基于 Kakwani 指数。首先将在城市居住的样本 X 中的每个样本按收入升序排列得到样本集合 $X=X(x_1, x_2, x_3, \cdots, x_n)$，再利用以下公式进行测算：

$$KIDI(x, x_k)=\frac{1}{n\times\mu_x}\sum_{j=i+1}^{n}(x_j-x_i)=\gamma_{x_k}^{+}\left[\frac{\mu_{x_k}^{+}-x_k}{\mu_x}\right] \quad (2)$$

其中，μ_x 为总样本中的人均收入；$\gamma_{x_k}^{+}$ 为集合中收入超过 x_k 的样本所占的比重，以百分比的形式出现；$\mu_{x_k}^{+}$ 为 X 集合中收入超过 x_k 的样本收入的均值。$KIDI$ 指数将在 0 ~ 1 范围内，越接近 1，则说明该样本受到的收入剥夺越严重。需要说明的是，由于样本中的个体相互独立，城市户籍居民的收入不会影响到农业转移人口客观收入剥夺指数的测算。

2. 核心解释变量

核心解释变量包括受教育程度（*Edu*）、工作经验（*Exp*）、技能培训（*Tra*）、主观健康水平（*Hea*）、社会保险参与种类（*Ins*）五个指标，具体定义如下：

（1）受教育程度（*Edu*）。以接受的最高教育程度来衡量，受教育年限设为：未上过学 =0 年，私塾/扫盲班 =1 年，小学 =6 年，初中 =9 年，中专、职业高中和普通高中 = 12 年，大学专科 =15 年，大学本科 =16 年，研究生及以上 =19 年，若未毕业则减去 1 年。

（2）工作经验（*Exp*）。借鉴程名望等（2016）的方法，令工作经验 = 年龄 − 受教育

年限 -7。如果样本的受教育程度在高中及以下，工作经验 = 调查时的当年年龄 - 18。

（3）技能培训（*Tra*）。本文以“在空闲时间进行学习充电的频率”作为衡量指标并取“经常”和“非常频繁” =1，其余取0。

（4）主观健康水平（*Hea*）。该指标反映个体的主观健康水平，以“您觉得您目前的身体健康状况”的结果来度量，取“比较健康”和“很健康” =1，其余取0。

（5）社会保险参与种类（*Ins*）。该指标反映个体的客观健康水平，以“是否参与了基本养老保险/基本医疗保险/商业医疗保险”的结果作为近似指标，令“参与了 = 1”“没参与 =0”。

3. 控制变量

考虑到除人力资本因素以外，个人因素的政治面貌（*Pol*）、宗教信仰（*Fai*）、性别（*Gen*）和影响家庭因素的婚姻状况（*Mar*）、住房产权（*Hou*）等均会影响到客观收入剥夺指数，故本文对上述变量进行控制。政治面貌为党员取1，其余取0；无宗教信仰取1，其余取0；男性取1，女性取0；婚姻状况中有过配偶取1，其余取0；住房产权则通过“目前这套住宅的产权是否属于自己”进行衡量，产权属于自己则取值为1，否则取值为0。

（二）数据来源与统计

为获得足够的样本量，本文借鉴何欣等（2016），毛宇飞、曾湘泉（2017）的方法将2012年、2013年和2015年中国综合社会调查数据（CGSS）合并，采用多阶分层PPS随机抽样法，三年有效问卷量分别为11776份、11439份、10968份。本文选择样本类型为在城市从业6个月及以上且年龄在18～65岁以内的人群，即不考虑户籍因素包含农业转移人口与城市户籍人口。在此前提下剔除在各项目下选择“不知道”“不适用”“拒绝回答”的问卷，最后有效问卷12530份，占总问卷数目36.88%，其中城市户籍居民样本8743份，农业转移人口样本3787份。各变量描述统计分析如表1所示。

表1　变量的描述与统计

变量	城市户籍人口				农业转移人口			
	最大值	最小值	均值	标准差	最大值	最小值	均值	标准差
KIDI	0.9984	0.0043	0.4657	0.2110	0.9948	0.0142	0.5141	0.2283
Edu	19	0	13.69	2.5271	19	0	11.43	3.575

续表

变量	城市户籍人口				农业转移人口			
	最大值	最小值	均值	标准差	最大值	最小值	均值	标准差
Exp	53	0	23.0626	13.2649	47	0	21.4341	12.4829
Tra	1	0	0.1785	0.3829	1	0	0.0808	0.2725
Hea	1	0	0.7067	0.445	1	0	0.7254	0.4463
Ins	3	0	1.8314	0.7236	3	0	1.4802	0.7471
Pol	1	0	0.1826	0.3864	1	0	0.0522	0.2226
Fai	1	0	0.8986	0.3019	1	0	0.8693	0.3373
Gen	1	0	0.5395	0.4984	1	0	0.5503	0.4976
Mar	1	0	0.8860	0.3177	1	0	0.8840	0.3330
Hou	1	0	0.5147	0.4988	1	0	0.3636	0.4810

由表1的统计结果来看，与城市户籍人口相比，农业转移人口人均收入明显低些，而客观收入剥夺指数的平均值和标准差都明显高些。核心解释变量中，城市户籍人口的平均受教育程度处于高中毕业到大专教育层次，而农业转移人口平均受教育程度基本在高中未毕业层次。无论是从最大值、均值还是标准差来看，城市户籍人口在工作经验积累、技能培训和社会保险参与种类方面均要优于农业转移人口群体。主观健康水平指标在农业转移人口与城市户籍人口之间的差距则相差不大。总体而言，相较于城市户籍人口，农业转移人口人力资本水平处于劣势，在收入分配上也处于不利位置。

四、实证结果分析

（一）基准估计

基于前文构建的模型进行基准回归结果见表2。表2的回归结果表明，人力资本的核心变量始终在1%水平上显著，说明农业转移人口进行人力资本积累能够缩小与城市户籍居民的收入差距，但作用效果各有差异。具体来看，受教育程度（*Edu*）对客观收入剥夺的影响呈现倒“U”型变动，拐点值为11.5年①，证实了假设1的合理性，说

① 在模型 $KIDI(x, x_k) = \beta_0 + \beta_1 Edu + \beta_2 Edu^2 + \beta_3 Exp + \beta_4 Exp^2 + \beta_5 Tra + \beta_6 Hea + \beta_7 Ins + \beta_j Control + \varepsilon$ 中，求 *Edu* 和 *Exp* 的拐点公式如下，$KIDI(x, x_k)$ 对 *Edu* 求偏导，得 $\partial KIDI(x, x_k)/\partial Edu = \beta_1 + 2\beta_2 Edu$，令其为0则可计算出受教育年限的拐点值为 $-\beta_1/2\beta_2$，同理将 $KIDI(x, x_k)$ 对 *Exp* 求偏导，得到工作经验的拐点值为 $-\beta_3/2\beta_4$。

明从长期趋势来看，提高受教育程度降低了客观收入剥夺指数。当前，农业转移人口的平均受教育程度（11.43年）正处于职业高中或普通高中就读层次，教育人力资本尚未完全发挥促使收入增加、降低客观收入剥夺指数的作用。

表2 人力资本积累影响客观收入剥夺指数的基准回归

变量	(1)	(2)	(3)
	KIDI	KIDI	KIDI
Edu	0.023*** (0.004)	0.022*** (0.0038)	0.023*** (0.0038)
Edu^2	−0.002*** (0.000)	−0.001*** (0.0002)	−0.001*** (0.0002)
Exp	−0.006*** (0.001)	−0.006*** (0.0011)	−0.005*** (0.0013)
Exp^2	0.0002*** (2.20e−05)	0.0002*** (2.16e−05)	0.0002*** (2.46e−05)
Tra	−0.031** (0.0038)	−0.0261*** (0.0037)	−0.0265*** (0.0037)
Hea	−0.056*** (0.008)	−0.047*** (0.0078)	−0.047*** (0.0079)
Ins = 1	0.020* (0.0119)	0.022* (0.0115)	0.023** (0.0116)
Ins = 2	−0.012 (0.0115)	−0.010 (0.0111)	−0.008 (0.0113)
Ins = 3	−0.117*** (0.0193)	−0.109*** (0.0187)	−0.107*** (0.0187)
个人因素		是	是
家庭因素			是
常数项	0.601*** (0.0212)	0.625*** (0.0245)	0.632*** (0.0248)
样本量	3787	3787	3787
R^2	0.195	0.242	0.243

注：***、**和*分别表示在1%、5%和10%的水平上显著，以下各表同。

工作经验和技能培训对客观收入剥夺指数的回归结果证实了假说 2 的存在。工作经验（*Exp*）的积累与客观收入剥夺指数之间存在“U”型变动关系，“U”型拐点为 12.5 年，意味着一个人如果 21 岁大学毕业，则 33.5 岁前工作经验的增加将促使其收入增加，33.5 岁以后仅靠工作年限延长已难以缩小与高技能劳动力的收入差距。技能培训（*Tra*）与客观收入剥夺指数负相关，即接受培训的农民工有机会从事高技能工作，缩小与城市户籍人口的收入差距。依据 2018 年农业转移人口监测调查报告数据，中国农业转移人口目前受教育程度和工作经验两个指标都不利于其缩小与城市户籍居民的收入差距。这是因为当前“80 后”的农业转移人口占农业转移人口总数过半，其中学历在高中以下的人数占比超过 70%，受教育程度较低、工作年数较长，收入分配不平等状况难以短期改善。

主观健康水平（*Hea*）及社会保险参与种类（*Ins*）与客观收入剥夺指数呈反向关系，说明对缩小收入差距都具有积极作用，验证了假说 3 的合理性。当前农业转移人口得益于国家近年来医疗保险尤其是新农合的覆盖面和大病支出可报销比例大幅度提高，缓解了因疾病导致的经济负担，促进了身体的健康与收入的提高。

（二）稳健性检验

为了检验模型设定的稳健性，本文通过变换模型、替换被解释变量和解释变量以及使用工具变量法进行稳健性检验。首先，由前文的测算结果可知 $KIDI(x, x_k)$ 是一个在（0，1）范围内的连续受限因变量，从而可以利用 Tobit 模型对其进行回归。其次，通过改变客观收入剥夺指数的测算方法、使用替代变量以克服可能存在的指标选取偏误问题，在这里我们采用 Podder 指数公式重新进行测算，测算公式为：

$$PIDI(x, x_k) = \frac{1}{n}\sum_{j=i+1}^{n}(\ln x_j - \ln x_i) = \gamma_{x_k}^{+}(\mu_{\ln x_k}^{+} - \ln x_k) \tag{3}$$

$PIDI(x, x_k)$ 为个体 x_k 用对数化收入衡量的收入剥夺指数，$\gamma_{x_k}^{+}$ 为集合中收入超过 x_k 的样本所占的比重，以百分比的形式出现，$\mu_{\ln x_k}^{+}$ 为 $\ln x$ 集合中收入超过 $\ln x_k$ 的样本收入的均值。

此外，我们使用“过去四周心情沮丧的频率”（*Men*）作为自评身体健康的替代变量进行回归。本文令“很少”“从不” =1，其余取 0。同时将“是否接受中专及以上教育”作受教育年限的替代变量，接受则取值 1，否则取 0。回归结果见表 3 第（1）~（4）列，稳健性检验中其系数大小存在不同，但符号和显著性水平基本相同，与 OLS 回归结果保持一致，侧面佐证了表 2 结果的合理性。

表 3 人力资本积累影响客观收入剥夺指数的稳健性回归结果

变量	(1)	(2)	(3)	(4)	(5)
	KIDI	PRD	KIDI	KIDI	KIDI
Edu≥中专				−0.0303** (0.0128)	
Edu	0.023*** (0.0035)	0.093*** (0.0133)	0.021*** (0.0038)	—	0.283** (0.119)
Edu^2	−0.001*** (0.00019)	−0.006*** (0.0007)	−0.0014*** (0.0002)	—	−0.0244*** (0.0064)
Exp	−0.005*** (0.0012)	−0.024*** (0.0040)	−0.005*** (0.00126)	−0.005*** (0.00131)	0.006 (0.0064)
Exp^2	0.0002*** (2.35e−05)	0.0008*** (8.52e−05)	0.0002*** (2.45e−05)	0.0002*** (2.56e−05)	−0.0001** (0.0001)
Tra	−0.026*** (0.0036)	−0.066*** (0.0105)	−0.026*** (0.0037)	−0.0291*** (0.0037)	0.0015*** (0.0145)
Hea	−0.0466*** (0.0075)	−0.159*** (0.0258)	—	−0.0468*** (0.00796)	−0.036 (0.0266)
Ins=1	0.023** (0.0113)	0.089*** (0.0337)	0.021* (0.0115)	0.0229** (0.0116)	−0.004 (0.0406)
Ins=2	−0.008 (0.0110)	0.016 (0.0326)	−0.011 (0.0112)	−0.0097 (0.0112)	−0.047 (0.0419)
Ins=3	−0.107*** (0.0183)	−0.153*** (0.0447)	−0.106*** (0.0187)	−0.112*** (0.0188)	−0.172** (0.0732)
Men			−0.013*** (0.0018)		
控制变量	是	是	是	是	是
常数项	0.632*** (0.0238)	0.987*** (0.0757)	0.568*** (0.0241)	0.706** (0.0313)	1.085*** (0.412)
样本量	3787	3787	3787	3787	3787
R^2	0.243	0.243	0.246	0.229	0.251

续表

<table>
<tr><th rowspan="2">变量</th><th>（1）</th><th>（2）</th><th>（3）</th><th>（4）</th><th>（5）</th></tr>
<tr><th>KIDI</th><th>PRD</th><th>KIDI</th><th>KIDI</th><th>KIDI</th></tr>
<tr><td colspan="6">工具变量的识别检验</td></tr>
<tr><td rowspan="2">F 统计量</td><td colspan="2">28.99</td><td rowspan="2">Anderson Canon. LM</td><td colspan="2" rowspan="2">40.48</td></tr>
<tr><td colspan="2">28.63</td></tr>
<tr><td>P 值</td><td colspan="2">0.000</td><td rowspan="2">Weak id 统计量</td><td colspan="2">41.37</td></tr>
<tr><td>Stock Yogo 10%</td><td colspan="2">19.93</td><td colspan="2">41.01</td></tr>
</table>

在内生性问题上，由于本文样本来源于三年非连续数据，年份跨度较短，故可认为不存在人力资本积累与收入差距之间的双向因果关系，同时本文衡量健康的指标中包含了主观健康水平及基本医疗保险、基本养老保险和商业养老保险这三个参保指标，降低了健康人力资本选取上存在遗漏变量的可能性，故本文将重点考察教育人力资本积累与收入差距之间的内生性问题。借鉴李海峥和罗（Li and Luo，2004）的方法，本文选取父辈的受教育年限作为农业转移人口教育人力资本的工具变量。工具变量回归结果见表 3 第（5）列，回归结果符号和显著性水平与 OLS 回归结果保持一致。一阶段 F 统计量、Anderson Canon. LM 和 Weak id 统计量的值显示模型的工具变量有效，且不存在识别不足和弱工具变量问题，可以认定回归模型稳定，回归结果可信。

（三）就业稳定性、主观阶层认同的中介作用检验

理论机制中分析了人力资本积累可以通过提升农业转移人口的就业稳定性和社会阶层进而缩小收入差距，在此借鉴温忠麟和叶宝娟（2014）的中介效应检验模型，构建方程（4）~方程（7）进行检验。主观阶层认同（*Status*）的衡量是将对自我社会地位的评估中 1~10 分按每两分一级合并为 5 个等级，从低到高分别赋值为 1~5。就业稳定性（*Emst*）的量化按照是否签订合同来决定，签订则取 1，否则取 0。方程（4）~方程（7）设定如下，其中 *Control* 为控制变量，ε、ε_1、ε_2、ε_3 为回归残差。由于受教育程度与工作经验对客观收入剥夺指数存在非线性影响，有理由认为其对中介变量的影响也是非线性的，故设定受教育程度（*Edu*）、工作经验（*Exp*）的平方项。

$$KIDI = \beta_0 + \beta_1 Edu + \beta_2 Edu^2 + \beta_3 Exp + \beta_4 Exp^2 + \beta_5 Tra + \beta_6 Hea + \beta_7 Ins + \beta_j Control + \varepsilon \quad (4)$$

$$Status = c_1 + c_{11} Edu + c_{21} Edu^2 + c_{31} Exp + c_{41} Exp^2 + c_{51} Tra + c_{61} Hea + c_{71} Ins + c_{j1} Control_{j1} + \varepsilon_1 \quad (5)$$

$$Emst = c_2 + c_{12}Edu + c_{22}Edu^2 + c_{32}Exp + c_{42}Exp^2 + c_{52}Tra + c_{62}Hea + c_{72}Ins + c_{j2}Control_{j2} + \varepsilon_2 \tag{6}$$

$$KIDI = c_3 + b_1Status + b_2Emst + c_{13}Edu + c_{23}Edu^2 + c_{33}Exp + c_{43}Exp^2 + c_{53}Tra + c_{63}Hea + c_{73}Ins + c_{j3}Control_{j3} + \varepsilon_3 \tag{7}$$

检验结果如下：表 4 的第（1）~（4）列分别报告了回归方程（4）~方程（7）的结果。针对不显著的指标进行 bootstrap 检验的结果见第（5）列。检验结果显示：中介效应显著且各指标均为部分中介效应，检验了假说 4 的存在，证明了农业转移人口人力资本投资能够通过提高就业稳定性和主观阶层认同缩小与城市户籍人口的收入差距。

表 4　人力资本积累影响客观收入剥夺指数的中介效应检验

变量	（1）KIDI	（2）Status	（3）Emst	（4）KIDI
Status = 2				-0.0466*** （0.0094）
Status = 3				-0.0675*** （0.00956）
Status = 4				-0.172*** （0.0169）
Status = 5				-0.0998** （0.0455）
Emst				-0.0427*** （0.00661）
Edu	0.023*** （0.00381）	-0.0082 （0.0191）	-0.149*** （0.0367）	0.0195*** （0.00368）
Edu^2	-0.001*** （0.000201）	0.0007 （0.00102）	0.0083*** （0.00196）	-0.0013*** （0.000194）
Exp	-0.005*** （0.00126）	-0.0148** （0.00657）	-0.0685*** （0.0128）	-0.0065*** （0.00124）
Exp^2	0.0002*** （2.46e-05）	0.0002* （0.00012）	0.0013*** （0.00024）	0.0002*** （2.40e-05）
Tra	-0.026*** （0.00372）	0.129*** （0.0197）	0.102*** （0.0382）	-0.0215*** （0.00363）

续表

变量	(1)	(2)	(3)	(4)
	KIDI	Status	Emst	KIDI
Hea	-0.046*** (0.00785)	0.328*** (0.0411)	-0.0238 (0.0804)	-0.0383*** (0.00773)
Ins = 1	0.023** (0.0116)	0.113* (0.0616)	0.301** (0.130)	0.0292** (0.0113)
Ins = 2	-0.007 (0.0113)	0.176*** (0.0601)	0.837*** (0.126)	0.0052 (0.0111)
Ins = 3	-0.107*** (0.0187)	0.494*** (0.0995)	1.128*** (0.196)	-0.0797*** (0.0186)
控制变量	是	是	是	是
常数项	0.632*** (0.0248)		-0.309 (0.254)	0.688*** (0.025)
样本量	3787	3787	3787	3787
R^2	0.243			0.275
	(5) bootstrap 检验			
	LLCI	ULCI	BootLLCI	BootULCI
Edu	-0.0083	-0.0043	-0.0005	0.0003
Edu^2	-0.0006	-0.0004	0.0000	0.0000

五、进一步分析

（一）按农业转移人口流入地分区域检验

在中国由于不同地区经济发展水平与城镇化水平存在较大差距，东部地区一直是农业转移人口流入最多的地区，也是中等收入群体分布最为集中的地区。因此，在整体回归的基础上有必要按流入地进行分区域考察。本文按照传统的东部、中部和西部分类法得到各地区符合条件的样本比例分别为59.8%、21.7%和18.4%，回归结果如表5所示。

表 5 分地区农业转移人口客观收入剥夺指数回归结果

变量	(1)	(2)	(3)
	东部地区	中部地区	西部地区
Edu	0.022*** (0.00485)	0.027*** (0.00809)	0.019** (0.00828)
Edu^2	-0.001*** (0.00025)	-0.002*** (0.00042)	-0.001*** (0.00044)
Exp	-0.004*** (0.00153)	-0.003 (0.00297)	-0.005* (0.00312)
Exp^2	0.00022*** (3.06e-05)	0.00019*** (5.52e-05)	0.00022*** (6.21e-05)
Tra	-0.034** (0.0148)	0.017 (0.0323)	-0.024 (0.0292)
Hea	-0.043*** (0.0105)	-0.069*** (0.0154)	-0.012 (0.0179)
Ins = 1	0.009 (0.0142)	0.003 (0.0234)	0.038 (0.0327)
Ins = 2	-0.019 (0.0135)	-0.020 (0.0229)	0.005 (0.0328)
Ins = 3	-0.112*** (0.0213)	-0.120*** (0.0463)	-0.035 (0.0512)
控制变量	是	是	是
常数项	0.492*** (0.0275)	0.696*** (0.0524)	0.714*** (0.0543)
样本量	2265	823	699
R^2	0.252	0.279	0.193

表 5 回归结果显示，东部、中部地区人力资本积累缩小收入差距的效果更显著。东部地区受教育程度的拐点与基准回归一致，代表了农业转移人口的主体情况。受教育程度需达到中专、高中及以上才会对降低客观收入剥夺指数产生正向作用。中部地区受教育程度的拐点比东部要来得早，完成初中及以上学历教育就能促进相对收入增长。相对于东部地区而言，中部地区经济发展水平和城镇化率更低，因而提高教育的平均水平对缩小收入差距有更快更显著的作用。随着西部大开发战略的深入以及“一带一路”建设的推进，西部地区吸引了较多的高技能人才，在一定程度上提高了教育的平均水平，因此西部地区受教育程度的拐点来临要晚于中部地区。就工作经验和技

能培训的作用而言，东部地区能够提供更多的技术型工作岗位，劳动力工作经验的积累和技能水平提升均有利于促进收入分配均衡，在回归中技能培训指标显著且系数绝对值最大证明了这一点。西部地区经济发展处于劳动力边际报酬递增阶段，通过提升工作经验以促进收入分配均衡的作用最为明显。主观健康水平衡量指标则只有东部和中部地区显著，且中部地区在主观健康水平指标和社会保险参与种类指标下对缩小收入差距的作用更为明显。中部地区在健康上的公共投入和医疗卫生建设水平上与东部地区存在一定的差距，因此提高健康人力资本投入对促进收入分配的作用更为明显。

（二）客观收入剥夺指数的分位数回归检验

前面的 OLS 回归仅从均值角度证明了人力资本与客观收入剥夺指数之间的变动关系，分位数回归相较于 OLS 回归更不容易受极端值影响，且能够更全面地识别受教育程度、技能培训等变量对客观收入剥夺指数在不同分位数上的影响，具体结果见表 6。

从表 6 结果比较来看，受教育程度平方项（Edu^2）的系数值随分位数递增不断下降，技能培训（*Tra*）系数绝对值则随分位数递增逐渐上升。工作经验（*Exp*）、主观健康水平（*Hea*）系数呈现“两头小中间大”的特征。社会保险参与种类（*Ins*）随分位数的增加对降低客观收入剥夺指数的作用整体呈现波动变化。

表 6　　客观收入剥夺指数分位数回归结果

变量	QR_10	QR_25	QR_50	QR_75	QR_90
Edu	0.0128*	0.0157***	0.0192***	0.0226***	0.0327***
Edu^2	-0.0007*	-0.0010***	-0.0013***	-0.0017***	-0.0024***
Exp	-0.0062***	-0.0047**	-0.0088***	-0.003	-0.003
Exp^2	0.00021***	0.00018***	0.00031***	0.00020***	0.00014**
Tra	-0.0387***	-0.0330***	-0.0246***	-0.0190**	-0.0189**
Hea	-0.007	-0.0348***	-0.0641***	-0.0751***	-0.0347*
Ins = 1	0.026	0.006	0.014	0.014	0.042
Ins = 2	-0.000	-0.018	-0.010	-0.025	-0.001
Ins = 3	-0.1058***	-0.1236***	-0.0979***	-0.1101***	-0.1152**
控制变量	是	是	是	是	是
常数项	0.329***	0.483***	0.6422***	0.8124***	0.9249***

具体来看，受教育程度平方项（Edu^2）的分位数回归显示，提高教育水平以促进收入分配均衡的最大边际贡献点为 90 分位点处，系数绝对值达到 0.0024，高于整体回归下的 0.0017。工作经验（*Exp*）的系数最大值位于 50 分位点，健康水平（*Hea*）的系数最大值则是 75 分位点，说明收入剥夺较为严重的群体提高健康水平带来的收益更大。技能培训（*Tra*）的回归结果显示，收入较高的样本通过提高技能水平促进收入分配均衡的作用要高于 OLS 回归的系数值。原因可能在于高收入样本有更多的机会进行技能培训，更有可能在工作经验中通过“干中学”作用增加收入、缩小收入差距。社会保险参与种类（*Ins*）的回归系数表明，参与社会保险种类越多，越能缩小收入差距，在参与三种保险的情况下以 25 分位点处的效果最为显著，系数绝对值为 0.1236。

六、结论与建议

（一）结论

本文系统分析了人力资本积累提升收入的积极作用和缩小收入差距的机理，利用 2012～2015 年中国综合社会调查数据，测算了反映收入差距的客观收入剥夺指数，并实证检验了受教育程度、工作经验、技能培训、主观健康水平和社会保险参与度等人力资本指标对收入差距的影响。研究发现，农业转移人口人力资本积累既有直接的缩小收入差距效应，也能通过提高就业稳定性和社会阶层降低客观收入剥夺指数、缩小与城市户籍居民收入差距。其中，受教育程度在高中及以上的群体继续增加教育投入和受教育的时间能够显著地降低客观收入剥夺指数。工作年限达到 12.5 年后未参与技能培训的劳动力会迈入收入增长“瓶颈”期。接受技能培训、提高健康状况能在一定程度上减弱受教育程度、工作经验跨过拐点前对客观收入剥夺指数的负面影响。分地区估计的结果显示，东部地区通过参加技能培训降低客观收入剥夺指数的作用最明显，中部地区提高受教育程度、主观健康水平和参与三种社会保险的结果则优于其他地区，西部地区通过提高工作经验促进收入分配均衡的作用要优于东部地区。分位数回归结果显示要缩小农业转移人口与城市户籍人口的收入差距，重点在于提高农业转移人口中受剥夺较为严重群体的人力资本水平。

（二）建议

第一，教育投资是提升农业转移人口能力与收入的根本途径。从全国层面来看，政府要将平衡教育支出的重点放在高中及以上教育阶段，城市教育部门要进一步完善保障城乡流动人口教育公平的规章制度和监管程序，在保证义务教育覆盖率的同时要加大对农业转移人口和子女高中及以上学历教育的扶持力度，确保其享有平等的受教育权利。从地区层面来看，中西部地区是全国农业转移人口主要的输出地，应优先加大基础教育投资力度，扶持、鼓励农业转移人口完成高中及以上的职业教育与学历教育，推动教育水平的整体提高，缩小与城市居民受教育程度的差距，积极发挥教育缩小收入差距的主体作用。

第二，技能培训能有效降低农业转移人口客观收入剥夺指数，且能在受教育程度较低时弥补教育可能产生的结构效应。要建立政府、企业与学校共同参与的培训体系，深入实施新生代农业转移人口职业技能提升计划，加大对农业转移人口精准、对标的技能培训，帮助新生代农业转移人口和中年面临转型的农业转移人口提高就业技能和增加收入的能力。针对中西部地区劳动力流出大于流入的现象，政府要继续加大对产业投资和高层次人才引进力度，促进产业优化升级和创造更多的非农就业岗位，并支持和引导吸纳农业转移人口较多的企业开展岗前培训、新型学徒制培训和岗位技能提升培训，降低农业转移人口自我提升的成本。

第三，提高健康水平是改善农业转移人口收入的有力保障。在新型农村合作医疗保险基本覆盖的基础上，政府及相关部门应加大针对农业转移人口的医疗服务和医疗保障投资，完善基本医疗保险跨省异地就医医疗费用直接结算制度，推动农业转移人口逐步享有与户籍人口同等的城镇基本公共服务。同时，政府要加大对农业转移人口中低收入群体的健康教育普及力度，鼓励低收入农业转移人口参与医疗保险和养老保险，并在公共健康产品的资源配置中更多地向中部、西部地区倾斜。

第四，以深化户籍制度改革和基本公共服务提供机制为路径，促进农业转移人口的能力提升与人力资本积累，提高其收入水平与市民化质量。政府要逐步消除户籍制度在医疗、养老、子女入学和住房等方面形成的差别待遇与负面效应，推动城镇基本公共服务覆盖未落户常住人口。对有能力在城市落户的农业转移人口，简化落户手续，放宽人口流动限制，同时要维护其在农村的土地承包权、宅基地使用权、集体收益分配权。农业转移人口自身也要不断扩大社会交往与信息来源，形成综合社会资本网络，不断缩小与城市居民之间的阶层差距和收入差距。

参考文献

［1］蔡昉．改革时期农业劳动力转移与重新配置［J］．中国农村经济，2017（10）：2－12.

［2］陈斌开，张鹏飞，杨汝岱．政府教育投入、人力资本投资与中国城乡收入差距［J］．管理世界，2010（1）：36－43.

［3］程名望，等．人力资本积累与农户收入增长［J］．经济研究，2016，51（1）：168－181，192.

［4］程名望，等．中国农户收入不平等及其决定因素：基于微观农户数据的回归分解［J］．经济学（季刊），2016，15（3）：1253－1274.

［5］邓大松，杨晶，孙飞．收入流动、社会资本与农村居民收入不平等：来自中国家庭追踪调查（CFPS）的证据［J］．武汉大学学报（哲学社会科学版），2020，73（3）：103－114.

［6］邓睿．健康权益可及性与农民工城市劳动供给：来自流动人口动态监测的证据［J］．中国农村经济，2019（4）：92－110.

［7］何欣，等．中国农地流转市场的发展与农户流转农地行为研究：基于 2013～2015 年 29 省的农户调查数据［J］．管理世界，2016（6）：79－89.

［8］黄祖辉，刘桢．资本积累、城乡收入差距与农村居民教育投资［J］．中国人口科学，2019（6）：71－83，127－128.

［9］寇恩惠，刘柏惠．城镇化进程中农民工就业稳定性及工资差距：基于分位数回归的分析［J］．数量经济技术经济研究，2013，30（7）：3－19.

［10］赖德胜．教育扩展与收入不平等［J］．经济研究，1997（10）：46－53.

［11］李谷成，冯中朝，范丽霞．教育、健康与农民收入增长：来自转型期湖北省农村的证据［J］．中国农村经济，2006（1）：66－74.

［12］李实．中国特色社会主义收入分配问题［J］．政治经济学评论，2020，11（1）：116－129.

［13］刘国恩，Dow W H.，傅正泓，等．中国的健康人力资本与收入增长［J］．经济学（季刊），2004（4）：101－118.

［14］刘万霞．职业教育对农民工就业的影响：基于对全国农民工调查的实证分析［J］．管理世界，2013（5）：64－75.

［15］刘新波，文静，刘轶芳．贫困代际传递研究进展［J］．经济学动态，2019（8）：130－147.

［16］陆铭，陈钊．城市化、城市倾向的经济政策与城乡收入差距［J］．经济研究，2004（6）：50－58.

［17］罗良文，茹雪．我国收入分配中的机会不平等问题研究：基于 CGSS 2008－2015 年数据的经验证据［J］．中国软科学，2019（4）：57－69.

［18］毛宇飞，曾湘泉．互联网使用是否促进了女性就业：基于 CGSS 数据的经验分析［J］．经济学动态，2017（6）：21－31.

［19］潘文轩．在新时代下实现更加公平合理的收入分配：习近平收入分配思想探析［J］．经济学家，2018（10）：14－20.

［20］屈小博．培训对农民工人力资本收益贡献的净效应：基于平均处理效应的估计［J］．中国农村经济，2013（8）：55－64.

［21］王湘红，陈坚．社会比较和相对收入对农民工家庭消费的影响：基于 RUMiC 数据的分析［J］．金融研究，2016（12）：48－62.

［22］魏后凯，苏红键．中国农业转移人口市民化进程研究［J］．中国人口科学，2013（5）：21－29，126.

［23］温忠麟，叶宝娟．中介效应分析：方法和模型发展［J］．心理科学进展，2014，22（5）：731－745.

［24］谢伏瞻，等．完善基本经济制度 推进国家治理体系现代化：学习贯彻中共十九届四中全会精神笔谈［J］．经济研究，2020，55（1）：4－16.

［25］徐晓红．中国城乡居民收入差距代际传递变动趋势：2002－2012［J］．中国工业经济，2015（3）：5－17.

［26］薛进军，园田正，荒山裕行．中国的教育差距与收入差距：基于深圳市住户调查的分析［J］．中国人口科学，2008（1）：19－29，95.

［27］杨建芳，龚六堂，张庆华．人力资本形成及其对经济增长的影响：一个包含教育和健康投入的内生增长模型及其检验［J］．管理世界，2006，（5）：10－18，34，171.

［28］杨娟，赖德胜，邱牧远．如何通过教育缓解收入不平等？［J］．经济研究，2015，50（9）：86－99.

［29］杨沫，葛燕，王岩．城镇化进程中农业转移人口家庭的代际职业流动性研究［J］．经济科学，2019（2）：117－128.

［30］袁冬梅，信超辉，袁珶．产业集聚模式选择与城市人口规模变化：来自 285 个地级及以上城市的经验证据［J］．中国人口科学，2019（6）：46－58，127.

［31］张建华，程文．服务业供给侧结构性改革与跨越中等收入陷阱［J］．中国社会科学，2019，（3）：39－61，205.

［32］张俊．新生代农民工在职培训的工资效应［J］．财经科学，2015（11）：129－140.

［33］张楠，林嘉彬，李建军．基础教育机会不平等研究［J］．中国工业经济，2020（8）：42－60.

［34］张延群，万海远．我国城乡居民收入差距的决定因素和趋势预测［J］．数量经济技术经济研究，2019，36（3）：59－75.

［35］邹薇，郑浩．贫困家庭的孩子为什么不读书：风险、人力资本代际传递和贫困陷阱［J］．

经济学动态，2014（6）：16－31.

［36］Becker G S. Human Capital：a Theoretical and Empirical Analysis with Special Reference to Education［M］. Chicago，The University of Chicago Press，1994.

［37］Berry C R，Glaeser E L. The Divergence of Human Capital Levels Across Cities［J］. Papers in Regional Science，2005，84（3）：407－444.

［38］Blanden J，Gregg P. Macmillan L. Accounting for Intergenerational Income Persistence：Noncognitive Skills，Ability and Education［J］. Economic Journal，2007，117（519）：43－60.

［39］De Gregorio J，LEE J W. Education and Income Distribution：New Evidence from Cross－Country Data［J］. Documentos de Trabajo，1999，48（3）：395－416.

［40］Ehrlich I，Lui F T. Intergenerational Trade，Longevity，and Economic Growth［J］. Journal of Political Economy，1991，99（5）：1029－1059.

［41］Fogel R W. New Findings on Secular Trends in Nutrition and Mortality：Some Implications for Population Theory［J］. Handbook of Population and Family Economics，1993，1（97）：433－481.

［42］Grossman M. On the Concept of Health Capital and the Demand for Health［J］. The Journal of Political Economy，1972，80（2）：223－255.

［43］Kettunen J. Education and Unemployment Duration［J］. Economics of Education Review，1997，16（2）：163－170.

［44］Knight J B，Sabot R H. Educational Expansion and the Kuznets Effect［J］. American Economic Review，1983，73（5）：1132－1136

［45］Knight J B，Song L. The Rural－Urban Divide：Economic Disparities and Interactions in China［M］. Oxford：Oxford University Press，1999.

［46］Laszlo S. Education，Labor Supply，and Market Development in Rural Peru［J］. World Development，2008，36（11）：2421－2439.

［47］Li H，Luo Y. Reporting Errors，Ability Heterogeneity，and Returns to Schooling in China［J］. Pacific Economic Review，2004，9（3）：191－207.

［48］Lucas R E. On the Mechanics of Economic Development［J］. Journal of Monetary Economics，1988，22（1）：3－42.

［49］Machin S，Vignoles A. Educational Inequality：The Widening Socio－Economic Gap［J］. Fiscal Studies，2004，25（2）：107－128.

［50］Ram R. Educational Expansion and Schooling Inequality：International Evidence and Some Implications［J］. The Review of Economics and Statistics，1990，72（2）：266－274.

［51］Ram R，Schultz T. Life Span，Health，Savings and Productivity［J］. Economic Development and Cultural Change，1979，27（3）：399－421.

［52］Rodriguez S B，Pereira P T. The Wage Effects of Training in Portugal：Differences Across Skill

Groups, Genders, Sectors, and Training Types [J]. Applied Economics, 2007, 39 (6): 787 - 807.

[53] Runciman W G. Relative Deprivation and Social Justice: A Study of Attitudes to Social Inequality in Twentieth - Century England [M]. Berkeley: University of California Press, 1966.

[54] Schultz W. Investment in Human Capital [J]. American Economic Review, 1961, 51 (1): 1 - 17.

[55] Sen A. On Economic Inequality [M]. Oxford: Clarendon Press, 1973.

[56] Smith J P. The Impact of Childhood Health on Adult Labor Market Outcomes [J]. Review of Economics & Statistics, 2009, 91 (3): 478 - 489.

[57] Yitzhaki S. Relative Deprivation and the Gini Coefficient [J]. Quarterly Journal of Economics, 1979, 93 (2): 321 - 324.

强化扩散效应推动城乡共同富裕的理论机制与策略研究*

罗富政　罗能生**

摘　要　从党的十一届三中全会关于农业的功能定位，到党的十九大实施乡村振兴战略的提出，我国城乡关系经历了由极化效应向扩散效应调整的过程，实现了由“农村服务城市”向“城市带动农村”的转变。强化扩散效应，对于扎实推动城乡共同富裕具有重要的理论与现实意义。在阐析城乡共同富裕理论意蕴的基础上，梳理了城市对农村扩散效应的微观要素、中观产业、宏观发展三重路径，要素扩散与产业扩散是发展扩散的基础，城乡发展扩散表现在物质生活和精神生活两方面。城乡扩散效应的驱动体现在要素流动机制、产业链条机制、市场竞争机制及政府调节机制等方面，且受到主体因素、客体因素、渠道因素与制度因素的影响。城乡共同富裕的推动，需要强化城市扩散强度，提升农村承接能力，促进产业链条衔接与城乡融合，优化城乡制度安排协同供给。

关键词　扩散效应　城乡共同富裕　三重路径　驱动机制

一、引言

从党的十一届三中全会关于农业的功能定位，到党的十九大实施乡村振兴战略的提出①，我国城乡经济关系经历了由极化效应向扩散效应调整的发展过程，实现了由“农村服务城市”向“城乡共同富裕”的转变。特别是党的十八大以来，党中央把握发

---

*　本文原载于《人文杂志》2023 年第 2 期。

**　作者简介：罗富政，经济学博士，湖南师范大学商学院副教授、硕士生导师。罗能生，男，湖南新田人，湖南大学经济与贸易学院教授、博士生导师。基金项目：国家社会科学基金青年项目“强化扩散效应促进发达与欠发达地区协同发展的体制机制创新研究”（18CJL047）；湖南省自然科学基金面上项目“新发展格局下湖南区域中心城市经济辐射能力测度及强化策略研究”（2022JJ30403）；湖南省社会科学基金基地项目“发展中大国的比较优势研究”（17JD59）；湖南省 2021 年度“芙蓉计划”——湖湘青年英才项目。

①　杨发祥、杨发萍：《乡村振兴视野下的新型城乡关系研究——一个社会学的分析视角》，载《人文杂志》2020 年第 3 期。

展阶段新变化，把逐步实现全体人民共同富裕摆在更加重要的位置。党的十九届六中全会进一步鲜明提出，要“立足新发展阶段、贯彻新发展理念、构建新发展格局、推动高质量发展，全面深化改革开放，促进共同富裕。”党的二十大报告指出，“全面建设社会主义现代化国家，最艰巨最繁重的任务仍然在农村”，全面推进乡村振兴，需要“坚持农业农村优先发展，坚持城乡融合发展”。[①] 在当前脱贫攻坚战取得全面胜利和乡村振兴战略深入实施的宏观背景下，强化扩散效应缓解城乡二元经济结构的非均衡化，实现“以工促农、以城带乡”，持续性推进城乡产业融合发展和城乡区域协调发展，对于扎实推动城乡共同富裕具有重要的理论与现实意义。

共同富裕是社会主义的本质要求，是中国式现代化的重要特征。[②] 实现城乡全体人民的共同富裕是我国持续推进城乡经济高质量协调发展的根本目的。然而，当前我国发展不平衡不充分问题仍然突出，城乡区域发展和收入分配差距较大，推动城乡共同富裕依然是一项长期任务。而强化扩散效应，实现“以城带乡”“城乡融合”“城乡协同”，是我国推动城乡共同富裕的重要路径选择。

扩散效应源于法国经济学家佩鲁首创的增长极理论。[③] 在增长极理论视野下，城乡关系经历两阶段的动态调整过程：第一阶段，周边农村的要素资源不断向城市集聚促进城市经济发展，进而形成“农村服务城市”的经济现象；第二阶段，城市通过自身发展和结构调整促成各种要素资源从城市向周围农村转移，从而形成“城市带动农村”的经济现象。缪尔达尔[④]和赫尔斯曼[⑤]分别将第一阶段和第二阶段的经济现象称为“极化效应”与“扩散效应”。

在国内学术界，基于扩散效应视角探讨“城市带动农村”问题的相关研究相对较少，更缺乏扩散效应机制下城乡共同富裕的系统性研究。为此，本文基于微观要素、中观产业和宏观发展三重维度探讨城乡共同富裕的扩散效应机制。微观维度关注资本、劳动、技术等生产要素的扩散效应；中观维度关注产业承接与转移的产业扩散；宏观维度关注物质生活与精神生活共同富裕视角下的发展扩散。而城乡扩散效应受到要素流动、产业链条、市场竞争、政府调节等机制的驱动。那么，在城乡共同富裕推动进程中应如何强化扩散效应呢？通过影响因素分析，本文从主体、客体、空间和制度四

---

① 习近平：《高举中国特色社会主义伟大旗帜　为全面建设社会主义现代化国家而团结奋斗——在中国共产党第二十次全国代表大会上的报告》，载《求是》2022 年第 21 期。

② 习近平：《扎实推动共同富裕》，载《求是》2021 年第 20 期。

③ Perroux F.，“Economic Space：Theory and Applications”，*Quarterly Journal of Economics*，Vol. 64，No. 1，1950，pp. 89 – 104.

④ Myrdal G.，*Economic Theory and Underdeveloped Regions*，London：Gerald Duckworth and Co，1957，P. 94.

⑤ Hirschman A. O.，*The Strategy of Economic Development*，New Haven：Yale University Press，1958，P. 51.

方面提出城市对农村扩散效应的强化策略。

二、中国特色社会主义视域下城乡共同富裕的理论意蕴

共同富裕作为中国共产党人的一种理念至少可以回溯到 20 世纪 80 年代。[①] 1985 年邓小平同志提出："鼓励一部分地区、一部分人先富裕起来，也正是为了带动越来越多的人富裕起来，达到共同富裕的目的。"[②] 共同富裕从一种理念转变为一种国家发展阶段的目标，并将这一目标付诸行动，开始于 2020 年党的十九届五中全会。[③]习近平总书记在庆祝中国共产党成立 100 周年大会上强调，在新的征程上要"推动人的全面发展、全体人民共同富裕取得更为明显的实质性进展"。党的二十大报告指出，"中国式现代化是全体人民共同富裕的现代化"。[④] 习近平总书记提出的新时代共同富裕理论具有严密的马克思主义历史逻辑和丰富的新时代中国特色社会主义现实内涵。[⑤] 城乡共同富裕是习近平新时代共同富裕理论在城乡区域层面的理论延伸和目标要求。

在中国特色社会主义视域下，城乡共同富裕是新时代城市与农村全体人民的共同富裕，是城乡居民物质生活和精神生活的共同富裕。[⑥] 在推动城乡共同富裕进程中，不能仅看到城市的经济发展和文化繁荣，也不应片面地强调城乡间整齐划一的平均主义。而应积极应对城乡区域差异和非均衡发展的现实状况，在脱贫攻坚战取得全面胜利、乡村振兴战略深入推进大背景下不断推进城乡融合和协同发展，最终实现共同富裕。就目标导向而言，城乡共同富裕进程包括三个阶段：一是到"十四五"末，城乡共同富裕迈出坚实步伐，城乡间居民收入和实际消费水平差距逐步缩小；二是到 2035 年，城乡共同富裕取得更为明显的实质性进展，城乡基本公共服务实现均等化；三是到本世纪中叶，城乡共同富裕基本实现，城乡间居民收入和实际消费水平差距缩小到合理区间。[⑦]

城乡共同富裕战略的理论逻辑是中国共产党在不断摸索中国特色社会主义道路过程中提炼的经验总结。根据"先富带动后富，实现共同富裕"的理论构想，我国推进城乡协调发展主要历程经历了两个阶段：一是"先富"阶段，表现为"农村服务城

①③ 李实：《共同富裕的目标和实现路径选择》，载《经济研究》2021 年第 11 期。

② 《邓小平文选》（第三卷），人民出版社 1993 年版，第 142 页。

④ 习近平：《高举中国特色社会主义伟大旗帜 为全面建设社会主义现代化国家而团结奋斗——在中国共产党第二十次全国代表大会上的报告》，载《求是》2022 年第 21 期。

⑤ 葛道顺：《新时代共同富裕的理论内涵和观察指标》，载《国家治理》2021 年第 30 期。

⑥⑦ 习近平：《扎实推动共同富裕》，载《求是》2021 年第 20 期。

市”。在我国的工业化初期阶段，农业支持工业、农村服务城市，是一个普遍的倾向。[①]城市“先富”战略使得城市逐步成为引领城乡经济发展的增长极，而增长极对农村资源和要素的“虹吸”现象不断凸显，增长极的极化效应成为这一阶段的主要趋势，城乡经济和收入差距不断扩大。二是“先富带动后富”扎实推动“共同富裕”阶段。随着市场的资源配置基础作用的强化以及政府政策的强力推动，城市的高质量发展和结构性调整，引致其对农村发展的扩散效应。随着扩散效应的强化，不断推进城乡间高质量、现代化的协调发展，实现城乡深度融合发展，缩小城乡发展差异及居民收入差距，进而逐步实现城乡间物质生活与精神生活的共同富裕。

扩散效应是在马克思主义政治经济学视角下理解城乡共同富裕的重要理论契入点。首先，扩散效应确保高质量发展的城乡共同富裕。[②] 扩散效应完善城乡间的生产、交换、分配、消费等经济环节和经济关系，使社会制度、体制、机制更加适合异质性城乡区域的生产力和生产关系[③]，推动城乡经济高质量融合发展，实现城乡基础设施一体化和居民高品质生活，达到共同富裕。其次，扩散效应确保共享式发展的城乡共同富裕。扩散效应推进城乡间要素扩散、产业扩散和发展扩散，发挥市场和政府在城乡资源配置中的协同作用，排除阻碍城乡居民和市场主体共同参与发展、分享发展成果的障碍，促进城乡产业融合发展、城乡居民收入共享式增长与生活品质的共享式改善。最后，扩散效应确保系统化发展的城乡共同富裕。扩散效应不仅带动城乡经济的平衡性与协调性发展，还促进城乡基本公共服务均等化，强化农村基础设施和公共服务体系建设，完善城乡社会保障体系和社会救助体系。

强化扩散效应推动城乡共同富裕，必须坚持党的全面领导和以人民为中心。[④] 扩散效应的强化需要政府与市场的共同驱动，而政府与市场驱动机制的优化需要坚持党的领导和以人民为中心。习近平总书记在庆祝中国共产党成立 95 周年大会上的讲话中指出：“中国特色社会主义最本质的特征是中国共产党领导，中国特色社会主义制度的最大优势是中国共产党领导。”[⑤] 政府与市场基础性制度安排的设计与优化，需要充分发挥党总揽全局、协调各方的领导核心作用，把党的领导和以人民为中心贯穿推动城乡共同富裕的全过程、各领域、各环节。

---

① 魏后凯：《新常态下中国城乡一体化格局及推进战略》，载《中国农村经济》2016 年第 1 期。

② 蒋南平、张明明：《论新时代共同富裕的基本经济制度作用》，载《人文杂志》2022 年第 9 期。

③ 邓泽球、李开明：《共同富裕的实现路径》，载《光明日报》2021 年 9 月 16 日，第 6 版。

④ 周文、何雨晴：《共同富裕的政治经济学理论逻辑》，载《经济纵横》2022 年第 5 期。

⑤ 习近平：《在庆祝中国共产党成立 95 周年大会上的讲话》，载《求是》2021 年第 8 期。

三、扩散效应推动城乡共同富裕三重路径：微观、中观、宏观

在城乡二元结构中，城市成为经济相对发达的增长极，而农村则是处于增长极周边的扩散效应承接地。当城市经济发展到一定阶段，自身要素结构和产业结构发生调整，生产要素及部分产业向农村扩散，形成扩散路径机制，使得城乡空间发展融合不断加强并带动城乡发展差异与居民收入差距缩小，进而逐步实现城乡共同富裕。在城乡共同富裕推动进程中，扩散效应体现在微观要素扩散、中观产业扩散、宏观发展扩散三方面。要素扩散是产业扩散与发展扩散的基础，产业扩散是要素扩散的联动形式，而发展扩散是要素扩散与产业扩散的外化表现。

（一）扩散效应推动城乡共同富裕的微观路径：要素扩散

生产要素是维系城市和农村经济运行及市场主体生产经营过程中所必须具备的基本因素。在推动城乡共同富裕进程中，城市对农村的要素扩散起到微观基础的作用。生产要素在城市和农村要素市场进行市场交换，形成不同种类的生产要素价格及其市场体系。改革开放以来我国城乡间要素配置经历了两个阶段：第一阶段，二元经济结构显现，生产要素市场供需的结构化失衡引致城乡间要素名义价格（报酬）差异扩大，进而导致生产要素的城乡配置非均衡化加剧，农村生产要素不断向城市集聚；第二阶段，城市要素使用成本上升，加之市场对要素需求的结构性调整，要素扩散效应显现，一是要素需求约束下城市剩余生产要素向农村反流，二是政策引导与市场机制下生产要素向农村进行趋利性流动，最终表现为城乡间生产要素的结构性配置调整。

1. 资本要素扩散

物质资本是农村较为稀缺的生产要素，实现物质资本“量”和“质”的双重积累，是推动农村高质量发展的关键。推动城乡共同富裕的资本要素扩散路径表现为两方面：一是市场机制层面。随着脱贫攻坚战的全面胜利，农村的投资边际回报率不断提升，投资环境和投资条件不断改善，趋利导向引致城市物质资本反流。二是政策导向层面。“工商资本下乡”“三次产业融合发展”等城乡产业政策是物质资本扩散的重要路径。[①]

① 周飞舟、王绍琛：《农民上楼与资本下乡：城镇化的社会学研究》，载《中国社会科学》2015 年第 1 期。

改革开放以来我国城乡间资本要素扩散呈现出阶段性差异：一是农村资本向城市聚集阶段。改革开放初期，在工业化、城镇化战略的指导下，农业自身积累的物质资本向城市集聚，形成城市对农村的资本极化现象。相较于规模较大的引进外资，这一现象并未引起足够关注。在该阶段，城市形成较为充裕的物质资本积累，且在知识溢出和技术进步的作用下城市投资边际回报率显著高于农村，这使得城市资本增值在下一轮投资中依旧进入城市，形成了资本流动闭环，城乡经济差异和公共服务差距进一步扩大。二是城市资本向农村的转移阶段。随着城市规模的不断扩张，交通拥挤、土地稀缺以及环境污染等问题使得物质资本的使用成本不断增加，城市投资边际回报率开始下降甚至部分地区开始低于农村，此时资本要素开始向农村进行趋利性流动。特别是，农村的土地要素使用成本和劳动力要素价格相对较低，吸引了大量的城市物质资本反流，并形成资本积累和新一轮资本投入。该阶段是资本要素扩散的主要形成和发展阶段，且随着城乡间资本配置效率提高，资本要素扩散效应越发显著。

2. 劳动要素扩散

城乡劳动要素配置表现为城乡人力资源配置和城乡人力资本改善两方面。在人力资源配置方面，改革开放初期农村大量剩余劳动力不断向城市转移，为城市经济发展提供了充足的劳动力供给；[①] 然而，随着城市劳动力市场不断趋于饱和，加之居民生活成本提升带来的劳动要素价格上涨，城市劳动力开始向农村进行要素反流。劳动力反流塑造劳动要素扩散的基本形态，也为后期人力资本层面劳动要素扩散提供渠道。城乡教育供给差异和公共服务不均衡是导致城乡人力资本水平失衡的主要因素[②]，改革开放初期这一现象表现尤为明显，其外化表现是在规模效应、竞争效应及经济外部性影响下专业技术人员向城市的过度集聚。随着资本扩散进程加速、政府人才政策引领、农村教育水平改善，专业技术人员也开始反流，形成城乡配置再调整。近年来，农村基础设施条件和交通网络不断优化，城乡间生产布局与产业结构发生调整，专业技术人员倾向于迁向周边郊区和乡镇地区的现象越来越普遍。人力资源层面的劳动要素扩散是劳动要素实体由城市往农村的扩散，人力资本层面的劳动要素扩散是先进知识与技术等无形资本的扩散。劳动要素扩散呈现圈层化，越靠近城市核心地，劳动流入速度越快，劳动要素扩散效应越显著。劳动要素扩散引致的不仅是城乡劳动要素配置结构的优化以及城乡经济发展差异的弱化，还带来城乡间居民收入差距的缩小与公共服务供给的均衡。

---

① 洪银兴：《工业和城市反哺农业、农村的路径研究》，载《经济研究》2007 年第 8 期。

② 陈斌开、张鹏飞、杨汝岱：《政府教育投入、人力资本投资与中国城乡收入差距》，载《管理世界》2010 年第 1 期。

3. 技术要素扩散

技术是知识经济时代的重要生产要素。在人力资本和物质资本约束下，特别是外资引进技术溢出效应作用下，改革开放初期城乡间技术要素配置失衡现象较为严重，城市科技水平与创新能力远超农村。农村实现技术进步主要有技术创新和技术扩散两种形式。其中，技术创新的过程也存在集聚效应，往往存在于特定地区，然而市场机制下形成的集聚效应必然伴随着扩散效应的存在。因此，技术扩散是推动农村技术进步的重要路径。作为创新主体的城市通过消费、生产等方式主动向周边农村进行技术输出，农村的企业或产业也会不断进行技术模仿。城市对农村的技术要素扩散主要体现在技术人员向农村输送、新技术的转让以及示范学习等方面，通过技术要素扩散增加农村的知识技术与人力资本的累积，进而推动城乡共同富裕。具体而言，一是城市技术领先企业的示范效应与农村技术落后企业的模仿效应形成的技术进步空间转移；二是人力资本有形转移与无形转移形成的技术载体空间转移①，其中有形转移主要指通过人员的流动而发生的技术扩散，而无形转移主要指借助于信息的非自愿流动而发生的技术扩散；三是联系效应引致的技术溢出空间转移，主要是指城乡间市场主体不通过纯粹的市场交易而发生的技术扩散。

要素扩散是扩散效应推动城乡共同富裕微观路径的内在机制，而其现实形态是微观市场主体间的分布、交互与流动。市场主体是市场上从事交易活动的组织和个体，微观视角下市场主体主要包括企业和个人两类。资本扩散、技术扩散和产业扩散的现实形态主要体现在企业主体层面，而劳动扩散和部分技术扩散的现实形态主要体现在个人主体层面。就企业主体而言，随着企业生产模式的完善与生产环节部门的增加，企业内部生产环节的分散现象也日益显著②，使得企业各个环节部门在城乡间进行分离性布局，即形成分布效应；同时，企业内部各部门间紧密的信息、人才、资金等要素形成了一个跨城乡的联系网络，不同的生产要素与资源在这个网络中自由流动，即形成交互效应。就个人主体而言，个人主体在城乡间的流动刻画劳动扩散和技术扩散过程，即形成流动效应。

（二）扩散效应推动城乡共同富裕的中观路径：产业扩散

扩散效应推动城乡共同富裕的中观机制体现在产业层面，产业扩散是承接微观要

---

① 台航、崔小勇：《人力资本结构与技术进步——异质性影响分析及其跨国经验证据》，载《南开经济研究》2019 年第 4 期。

② 马克思：《资本论》（第 1 卷），人民出版社 2004 年版，第 412 页。

素扩散与宏观发展扩散的中间环节。一方面，产业扩散是以要素扩散为基础。梯度转移理论认为，城市与农村之间存在客观上的梯度差异，作为高梯度地区的城市在自身产业生命周期演变的作用下实现劳动、资本、技术和产业的扩散，农村作为低梯度地区通过接受扩散不断发展。在这一过程中，作为微观主体的企业会将产品生产的部分或全部由城市转移到农村，伴随着要素扩散和技术扩散形成城乡间的产业转移与承接。另一方面，产业扩散是宏观发展扩散的外化形式。宏观发展扩散是一个无法具象化的概念，而对其评价较为直观的、有效的方式是观察城乡间产业结构调整进程。

产业转移与承接是发生在不同经济发展水平的区域之间的一种经济现象，主要表现为城市与农村之间经济结构的匹配性调整。在市场经济条件下，城市的部分企业顺应比较优势变化，通过工商资本下乡等形式，把部分产业的生产转移到农村，从而在产业的空间分布上表现出该产业由城市向外转移和农村进行产业承接的现象。在马克思主义经济学视域下，产业转移与承接与要素扩散是互动衍生的。生产要素的相对价格是城乡间产业配置的重要驱动导向。[①] 随着生产要素由城市向农村的转移，依托于生产要素的不同层次类型及其相对价格差异的产业也开始进行城乡间转移和配置。一方面，城市的剩余生产要素向农村反流，引致与该类型生产要素具有紧密联系的产业向农村转移，如劳动密集型产业转移的形成。另一方面，在城乡间生产要素相对价格逐渐均等化的过程中，为寻求低成本效应，城市的企业与产业不断向后发地区转移。此外，技术溢出是产业扩散的重要路径。产业转移往往伴随着技术溢出的非自愿性扩散的发生。城市产业向农村的转移带动了技术的跨地区溢出，使得农村在承接产业转移的同时实现技术进步。产业转移的技术溢出推动承接地市场主体的学习效应和技术进步，进而促进承接地经济发展。同时，在产业结构调整过程中，城市内部失去比较优势的产业会向农村转移，这既能使城市开拓空间发展其他比较优势产业，又能使农村通过承接产业转移带动经济快速发展并实现产业升级。

（三）扩散效应推动城乡共同富裕的宏观路径：发展扩散

发展是一种地理现象的空间转换过程[②]，发展扩散表现为发展现象在城乡间的传递与演变[③]，具有空间和时间上的不可逆性。发展扩散依托于要素扩散和产业扩散在宏观

① 马克思：《资本论》（第1卷），人民出版社2004年版，第408页。

② 董姝娜：《发展扩散与区域经济一体化研究》，博士学位论文，东北师范大学2016年版，第11页。

③ Brown L A., *Place, Migration and Development in the Third World: An Alternative View*, London and New York: Routledge, 1990, P. 19.

层面显现，是城乡间生产要素配置和产业结构调整的外化形态，包括经济发展扩散、制度发展扩散、效率发展扩散三个方面。其中，经济发展扩散表现为城市产出增长和收入增长的发展现象向农村的扩散，制度发展扩散表现为城市正式制度和非正式制度优化的发展现象向农村的扩散，效率发展扩散表现为城市生产效率、管理效率、研发效率提升的发展现象向农村的扩散。

1. 物质生活共同富裕视角下的城乡发展扩散

物质生活是指满足人类生存和发展需要所创造的物质产品及其所表现的生活形态。在物质生活共同富裕视角下，城乡发展扩散主要体现在经济发展扩散和效率发展扩散两方面。①城乡间经济发展扩散。一方面，要素扩散改善城乡要素禀赋结构且调整城乡间要素配置的结构性差距，强化农村生产要素的产出增长和收入增长。其中，产出增长表现为农村生产要素边际产量的提升，收入增长表现为农村居民收入的增长及收入结构的趋同，特别是工资性收入与财产性收入占比的提升。另一方面，产业扩散拓宽城乡产业链条，实现城市市场主体及其产出增长和收入增长向农村的转移。其中，产出增长表现为产业转移带动农村的产能和产量提升，收入增长表现为农村产业承接带动就业和投资引致的收入增长。②城乡间效率发展扩散。一方面，城市地区技术领先企业的示范效应与农村技术落后企业的模仿效应形成的技术进步空间转移以及联系效应引致的技术溢出空间转移，带动农村生产效率、管理效率、研发效率的提升。另一方面，人力资本有形转移与无形转移形成的技术载体空间转移，伴随着人力资本结构的空间再配置，带动农村地区生产效率、管理效率、研发效率的提升。城乡间经济发展扩散和效率发展扩散，弥合城乡间的居民收入差距和消费水平差异，同时逐步实现城乡基本公共服务的均等化，进而有效地推动城乡物质生活的共同富裕。

2. 精神生活共同富裕视角下的城乡发展扩散

精神生活是指一定社会人们的精神生产、思想传播和精神享受过程的总称，其基础是物质生活。在精神生活共同富裕视角下，城乡发展扩散主要体现为制度发展扩散。制度可划分为正式制度和非正式制度，前者是指一些成文的规定，如法规、政策、规章、契约等；后者则是指人们在长期社会交往过程中逐步形成并得到社会认可的约定成俗、共同恪守的行为准则，包括风俗习惯、文化传统、道德伦理等。[①] 就正式制度扩散而言，在城乡要素和产业交互过程中，城市地区质量更高的正式制度安排被农村地区的市场主体所接受，形成制度学习和模仿效应，这不仅通过制度优化促进经济发展

① 罗富政、罗能生：《地方政府行为与区域经济协调发展——非正式制度歧视的视角》，载《经济学动态》2016 年第 2 期。

扩散和效率发展扩散，而且推动城乡间组织管理制度和个体行为规范的趋同，进而驱动城乡间国民素质和社会文明程度差异的弥合。就非正式制度扩散而言，城乡间劳动要素的交互和流动降低城乡间非正式制度壁垒，通过多渠道、多形式使农村居民有更美好的精神文化享受，不断激发文化创新创造活力，不断增强农村居民的文化获得感与满足感。①

随着城市对农村要素扩散效应的强化，特别是农村物质和人力资本投资的增加，城乡间的基本公共服务均等化水平不断改善，进而带来城乡居民精神生活差异的缩小，为精神生活共同富裕奠定基础。同时，产业扩散优化农村产业结构，特别是强化农村文体事业和文旅产业的发展。农村文化产业的持续健康发展，新型文化企业、文化业态、文化消费模式不断涌现，推动文化和旅游融合发展深入拓展，为实现城乡间精神生活共同富裕提供驱动力。②

物质生活和精神生活在城乡共同富裕进程中是缺一不可的和相辅相成的。③ 一方面，城乡居民物质生活共同富裕下的发展扩散为精神生活共同富裕创造良好条件。另一方面，精神生活共同富裕为物质生活共同富裕提供精神指引和精神动力。特别是，消费方式、投资理念等市场行为的精神生活差异也在发展扩散中得到了弥补，这为调整城乡居民的投资差异、收入差距、消费距离提供了契机，也进一步加速发展扩散了内循环。

四、推动城乡共同富裕进程中扩散效应的驱动机制与影响因素

（一）推动城乡共同富裕进程中扩散效应的驱动机制

1. 要素价格机制

要素价格是指生产要素（劳动力、资本、土地）的报酬（工资、利息、租金），是影响城乡要素配置的重要因素。在趋利机制下，一个地区相对较高的要素价格可以驱动相应生产要素在该地区集聚。然而，市场主体不仅考虑要素价格，还要考虑要素使

① 刘东超：《精神生活共同富裕是共同富裕的重要内容》，载《党建》2022 年第 2 期。

② 牛家儒、杨晓东：《正确把握实现人民精神生活共同富裕的内涵》，载《光明日报》2022 年 7 月 25 日，第 6 版。

③ 张德勇：《共同富裕是人民物质生活和精神生活都富裕》，载《中国青年报》2021 年 11 月 1 日，第 2 版。

用成本。学术界将要素名义价格与要素使用成本之比称为要素实际价格。近年来，城乡间要素名义价格差异非常显著，如城市居民名义工资普遍高于农村。但随着城市要素使用成本的提升（如高房价、高租金等），城乡间要素实际价格却呈现出趋同的趋势，这使得城市部分劳动和资本要素开始向要素使用成本相对较低的农村反流和扩散。在要素实际价格的调节下，城市对农村的要素扩散得以形成和发展，称为要素价格机制。此外，在一些规模较大的城市，过度集聚降低城市居民生活环境和市场投资需求，驱动劳动要素和资本要素不断向生活效应更高和投资需求更强的农村转移，而要素转移引致城乡间的产业扩散。

2. 产业链条机制

城乡产业链是通过跨城乡的生产分工、市场衔接和产业协作形成的产业部门之间的链条式关联关系。市场主体通过要素扩散与产业扩散形成城乡间产业链条，并在城乡产业协作的条件下分布和畅通其供应端、生产端、销售端的各产业环节，既是扩散效应的载体也是扩散效应的渠道。城乡间不同产业与企业之间通过价值链条、企业链条、供需链条和空间链条四个维度形成市场关联，进而通过投入产出机制影响城乡间资源配置模式，这被称为产业链条机制。产业链条机制表现为两方面：一是内部方面，产业链内部主体之间通过市场机制实现企业与产业在城乡间的优化配置，进而推动城乡扩散效应的显现。特别是在产业链不同环节分布于城乡不同区域的情况，城乡间的要素扩散和产业扩散表现尤为显著。二是外部方面，通过水平分工和垂直分工的形式，实现城乡间产业链条的有效衔接，特别是产业融合模式带动的新业态发展，显著促进城市对农村的扩散效应。

3. 市场竞争机制

市场竞争是市场经济的基本特征，是实现生产要素优化配置的重要路径。要素扩散与产业扩散是城市内部主体间以及城乡主体间进行市场竞争的结果。改革开放以来，市场竞争机制使得城市商品经济向农村拓展，强化城乡扩散效应及农村经济发展。随着农村成本优势及市场潜力的显现，城乡二元之间以及城乡区域内部的市场竞争程度不断加深，市场机制下资源配置的驱动模式也不断形成和完善，这被称为市场竞争机制。在城乡二元结构的作用下，通过产品或服务市场的竞争机制以推动城乡市场整合进而强化城乡扩散效应的作用相对较弱。而通过资本要素竞争实现的要素扩散与产业转移成为强化城乡扩散效应的主要市场竞争机制。事实上，市场竞争驱动机制下的扩散效应具有显著的层级特征，表现为“中心城市内部—郊区产业园—农村地区”的层级。

4. 政府调节机制

由于市场失灵的存在，要素扩散和产业扩散的实现不能仅依靠市场机制。特别是，城市依然在各方面对农村具有绝对优势，市场机制并不能为农村地区带来资源配置的相对优势。[①] 此时，“有为政府”的调节机制可以弥补市场失灵的不足[②]，改善农村的资源配置劣势。政府调节机制主要通过财税补贴和制度激励等方式，对生产要素、企业产业及市场环境进行再配置。具体而言，一是对农村相关产业和企业的产品研发与技术创新进行财政补贴；二是对农村流向城市的最终产品及农业企业生产所需中间产品进行税收优惠；三是对“工商资本下乡”“劳动力反流”“产业承接转移”实行政策保障，特别是对劳动力、投资者及企业的正当收益权进行制度保护。

（二）推动城乡共同富裕进程中扩散效应的影响因素

1. 主体因素：城市扩散强度

扩散效应是城市与农村的互动过程，其中城市的扩散强度发挥着重要作用。城市扩散强度表现为两方面：一是城市的要素资源与企业产业的“输出”能力与渠道，二是城市的经济辐射覆盖范围。城市的要素资源充裕度与产业结构特征决定其“输出”能力的强弱，而城乡间交通布局、信息化程度、物流水平影响着“输出”渠道。一般而言，城市规模扩大伴随着要素资源充裕度的提升与要素结构的优化调整。同时，城市规模扩大意味着其经济辐射范围的扩大，表现为扩散效应腹地宽度的拓展。

2. 客体因素：农村承接能力

扩散效应是否具有效率，还取决于农村对其的承接能力。首先，农村经济组织化程度影响其承接能力。城乡二元结构是以社会化生产为主要特点的城市经济和以小农生产为主要特点的农村经济并存的经济结构。非组织化的小农生产制约城乡经济的有效衔接，而通过农村经济的组织化发展助推小农户与现代农业发展有机衔接[③]，可以提升农村对城市扩散效应的承接能力。其次，农村人力资源及人力资本水平影响其承接能力。虽然农村剩余劳动力释放使得农村人力资源充裕度迅速提升，但普遍受教育水平较低、人力资本水平不足，这制约了农村的承接能力。最后，农村产业发展基础及现代化水平影响其承接能力。农村产业发展基础及现代化水平是市场竞争机制起作用的关键环节，同时也是调节城乡要素相对价格的现实条件。

3. 渠道因素：城乡空间关联

城乡空间关联的渠道包括人口流动、物品流动、服务流动、技术流动、信息流动

---

① 罗富政、何广航：《政府干预、市场内生型经济扭曲与区域经济协调发展》，载《财贸研究》2021 年第 2 期。

② 习近平：《正确发挥市场作用和政府作用推动经济社会持续健康发展》，载《人民日报》2014 年 5 月 28 日。

③ 徐旭初、金建东、嵇楚洁：《组织化小农与小农组织化》，载《学习与探索》2019 年第 12 期。

等多方面。其中，人口流动、物品流动和服务流动依赖于城乡间的交通布局、交通基础设施水平及其便利程度，信息流动依赖于城乡通信基础设施建设以及农村信息化建设水平[①]，而技术流动依赖于要素扩散与产业扩散的渠道及其效率。

4. 制度因素：政府政策协同

政府在推进城乡融合发展进程中的制度协同供给是保障扩散效应持续稳定的重要因素。一方面，政府政策可以弥补市场失灵，为处于比较劣势的农村提供制度优势保障。如通过实施优惠政策，提高区位吸引力，吸引优质企业投资定位于农村。另一方面，政府主体可以通过财政政策与货币政策的调节效应，拓宽农村地区市场主体的融资渠道，改善农村地区企市场主体的融资环境。同时，政府加大基础设施建设力度为畅通要素扩散渠道、降低城乡扩散效应成本提供重要保障。

五、强化扩散效应推动城乡共同富裕的对策建议

（一）强化城市扩散强度

应当利用要素结构调整契机，强化城市生产要素向农村的扩散，并带动产业扩散与发展扩散。而城市要素的结构调整，既需要根据城市的产业结构发展方向推进先进与高层次生产要素的吸收，又需要进行落后与低层次生产要素的淘汰。同时，还需要强化城市“扩散源”的经济辐射能力，特别是避免和弱化城市的规模不经济问题和扩散渠道不通畅问题。具体而言：首先，应当合理控制城市规模，避免城市呈现过度极化效应。城市规模的过度膨胀不仅会导致城市承载过度[②]，还会引致要素的不合理集聚。所以，需根据城市自身的多维特征和区位异质性，合理规划城市的建设和发展规模，特别是需要依据城市类型合理控制其扩张程度。其次，合理进行区域及产业规划，激发要素结构的调整效应，进而强化要素扩散带动产业与发展扩散。同时，依托城市群激励城市主体之间的合作分工，进而为农村释放要素供给空间，以实现城乡合作分工的改进。最后，改善基础设施及其网络建设，畅通扩散效应渠道，特别是拓展农村地区的交通可达度以及环境改善度，从“硬件”与“软件”双重视角优化城乡扩散渠道的布局结构。

---

① 白美妃：《撑开在城乡之间的家——基础设施、时空经验与县域城乡关系再认识》，载《社会学研究》2021 年第 6 期。

② 鲍宗豪：《文明城市：一种中国特色的可持续城市化新模式》，载《马克思主义研究》2011 年第 3 期。

（二）提升农村承接能力

农村是城市扩散效应的承接体。扩散效应的发挥不仅依赖城市的扩散强度，还依赖农村的承接能力。随着脱贫攻坚战的全面胜利以及乡村振兴战略的实施，我国农村的社会经济发展得到极大改善，但目前依然面临经济基础薄弱、信息化程度低、要素结构失衡等问题。首先，提升农村的信息化承接能力。基础设施建设水平的改善是吸引要素回流的关键，结合信息化社会的时代特征，当前应当完善农村地区的信息网络建设，依据“互联网+”的产业发展导向，提升互联网普及率，增强跨区域、跨主体、跨产业的信息互联互通能力。其次，畅通农村的渠道化承接能力。提高对农村交通设施建设的支持力度，围绕农村改善网络化的城乡交通衔接节点建设，同时强化农村产品和服务市场外向型物流渠道建设，以增强农村对城市的市场开拓。再次，优化农村的吸纳性承接能力。要素吸纳以拓展要素扩散是实现城乡共同富裕的关键。一方面，农村应当改善自身各层次教育供给条件[①]，注重技术型人才的结构培养。另一方面，利用市场机制和政府政策引导人才反流，改进和完善城乡间的人才配置与共享机制。最后，制定农村的特色化承接能力。合理利用农村具有比较优势的基础资源，进行符合区域特色的产业发展规划，特别是需要鼓励工商资本下乡、发展农村区域品牌、破除农村市场壁垒，构建高质量、可持续的农村特色经济发展模式。

（三）促进产业链条衔接与城乡融合

促进城乡产业链条衔接，强化城乡产业互动以促进城乡空间融合发展，是推动城乡共同富裕的重要路径。城乡间存在显著的产业链条段二元异质性：城市具备第二、第三产业优势，主要表现为资本密集型产业、技术密集型产业及中高端服务业集聚的链条段；而农村则表现为以农、林、牧、渔等劳动密集型产业及轻工业为主的链条段。在推动城乡共同富裕中，衔接城乡间的产业链条发挥着重要的作用。产业链是一个包含价值链、企业链、供需链和空间链四个维度的概念。[②] 促进城乡间产业链条的衔接，不仅是产业的对接与融合，还包括价值链条的衔接、城乡企业的对接、城乡供需结构的承接、城乡地理空间的弥合。一方面，应确保城乡间产业链条段的完整性，城乡产

---

① 罗富政、陈丽媛：《高等教育普及化对区域经济协调发展的影响研究——兼论文化资本的中介机制》，载《劳动经济研究》2022 年第 2 期。

② 吴金明、邵昶：《产业链形成机制研究——“4+4+4”模型》，载《中国工业经济》2006 年第 4 期。

业链的各环节分别布局或配置到适合其经济活动特征的特定地点。另一方面，应确保城乡间产业链条段的层次性，区域类型与产业链的层次之间具有内在的关联关系，农村一般拥有产业链的上游链环，其下游链环一般布局在城市。产业链整合不仅是对产业链进行调整和协同的过程，还是城乡间产业融合发展的过程。就乡村振兴战略视野而言，应积极做好两方面工作：一是在产业链条内部积极推动城市地区上游链条和农村地区下游链条的衔接，其关键在于整合产品市场和生产资料市场；二是在产业链条外部积极强化水平分工和垂直分工的产业关联，可以通过建立并扩大工业园区等方式，实现城乡产业链条的虚拟空间集聚向地理空间集聚转变。当前产业链条衔接的关键在于实现传统农业与现代化服务业的有机融合，通过新产业、新业态模式推动城乡共同富裕。

（四）优化城乡制度安排协同供给

首先，做好正式制度安排的优化供给。一是实施城乡协调发展的宏观战略和完善乡村振兴战略，健全转移支付制度，缩小区域人均财政支出差异，加大对农村地区的支持力度。[①] 二是要抓住重点、精准施策，推动更多低收入人群迈入中等收入行列，特别是要提高农村居民的财产性收入。三是促进基本公共服务均等化，要完善养老和医疗保障体系，逐步缩小城市与农村的筹资和保障待遇差距，逐步提高城乡居民基本养老金水平。[②]

其次，做好非正式制度安排的优化供给。城乡间的文化差异、方言风俗、经济理念、社会网络等因素形成的非正式制度壁垒一定程度上阻碍了城乡扩散效应的强化。因此，要强化社会主义核心价值观引领，加强爱国主义、集体主义、社会主义教育，发展公共文化事业，完善公共文化服务体系，不断满足人民群众多样化、多层次、多方面的精神文化需求[③]，以弱化非正式制度壁垒。

关键是做好正式制度与非正式制度安排的协同供给。既要以非正式制度安排提升正式制度安排的供给效率，又要以正式制度安排引领非正式制度安排的供给优化。特别是在全面推进乡村振兴的战略背景下，要通过正式制度安排加快农业产业化，盘活农村资产，增加农民财产性收入，又要通过改善非正式制度安排供给使更多农村居民接受城市地区的投资理念和发展思维，进而强化农村地区居民对现代化市场认知，发挥意识的主观能动性作用。

---

①②③ 习近平：《扎实推动共同富裕》，载《求是》2021 年第 20 期。

互联网提升了发展中大国经济韧性吗？

——来自中国的经验证据*

生延超**

摘　要　互联网运营的重要前提条件是使用互联网的人口数量和规模，因而拥有庞大人口规模的发展中大国往往具有发展互联网经济的优势，并且获得提升经济韧性的收益。通过从互联网技术、平台、思维科学分析了互联网对经济韧性的作用机制，并以中国2000～2020年31个省份经济发展数据为样本，科学探究了互联网对发展中大国经济韧性的影响。研究结果表明，互联网有助于大国经济韧性的提升，并且这种促进作用在抵抗恢复力维度尤为突出；互联网对经济韧性存在明显的规模效应，当网民规模占比超过36.55%时，互联网对经济韧性的作用由负转正；互联网对区域经济韧性具有多元化特征，具体表现为在中值韧性区互联网具有显著的正向作用，而在低值韧性区和高值韧性区互联网表现出不显著的负向作用。通过IV－2SLS内生性检验后上述结果依然稳健。本文结论充分证明互联网是未来发展中大国抵御不确定风险，发展可持续经济的核心要素。

关键词　互联网　经济韧性　发展中大国　规模效应

一、引言

21世纪以来，以“金砖国家”为代表的发展中大国凭借独有的大国优势迅速崛起，成为世界经济格局的重要组成部分（欧阳峣、罗富政、罗会华，2016）。但是，经济发展总是繁荣与萧条交替进行，不可逆转的经济全球化趋势使发展中大国面临着更多不确定性风险。面对日益严峻的国内外形势，发展中大国抵御不确定性风险最有效的途径就是增强自身经济韧性。因此，近年来关于韧性的研究也成为学术界关注的重要话题。

---

* 本文原载于《湖南师范大学社会科学学报》2022年第6期。

** 作者简介：生延超，湖南工商大学公共管理与人文地理学院教授、硕士生导师。基金项目：国家社会科学基金项目：和谐消费的理论与实证研究（20FJYB048）；湖南省教育厅科学研究项目“区域旅游经济高质量增长的驱动机制与提升策略研究”（21A0380）。

韧性（resilience）一词源于语源学，本意为恢复原来的状态（赵瑞东、方创琳、刘海猛，2020），后由郝灵（Holling，1973）首次引入生态领域，并逐渐形成了工程韧性（Berkes and Folke，1998）、生态韧性（Carpenter et al.，2001）和演化韧性（Reggiani，Graaff and Nijkamp，2002）等相关概念。经济韧性则是从演化韧性概念中衍生出来的，是指经济系统抵御外部冲击并迅速调整恢复到稳定状态的能力（谭俊涛等，2020）。研究表明，一个具有高韧性的经济系统必须具备预测危机、抵御冲击的恢复能力，适应变化、快速调整的反应能力，以及开辟路径、转型升级的创造能力（Martin and Sunley，2010）。学界关于经济韧性的研究主要集中在三方面：一是探究区域经济韧性的时空特征。在区域选择上，既包括国家整体发展状况（谭俊涛等，2020），也包括长三角（方叶林等，2022）、珠三角（刘逸等，2020）、黄河流域（孙久文、陈超君、孙铮，2022）等特定城市群，还涉及具体省市（关皓明等，2021；王鹏飞、李红波，2022）、单个产业（甘畅、王凯，2022；韩增林、朱文超、李博，2022）等，研究对象呈不断细化的态势。二是经济韧性的衡量方式。经济韧性的测度方式主要分为核心指标法和综合指标法两种。核心指标法延续了工程韧性和生态韧性所主张的单一均衡思想，认为经济韧性的高低应以经济系统遭遇危机后恢复原状的能力为核心（陈梦远，2017），多采用失业率（Fingleton，Garretsen and Martin，2012）、GDP 增长率（Martin，2012）等关键指标评价系统经济韧性的高低。综合指标法则是以演化韧性演化论为出发点，从抵御恢复力、适应调整力、创新转型力等多个方面综合测定系统经济韧性（Davies，2011）。三是经济韧性的影响因素。学者们对经济韧性的影响因素的相关研究，既有从宏观层面出发，探究产业结构状况（林耿、徐昕、杨帆，2020）、产业政策（丁建军等，2020）等与经济韧性之间的关系，也有从制造业（苏任刚、赵湘莲，2020）、海洋业（韩增林、朱文超、李博，2022）、金融业（郑长德、戚玉莹，2022）等特定产业出发，探究特定产业与经济韧性的协调关系。综上所述，关于经济韧性的研究正处于不断丰富、不断完善的阶段，而新冠疫情的全球性蔓延也让更多学者关注到了通过提升经济韧性以抵御不确定性风险的重要性。

在影响经济韧性的众多因素中，互联网为发展中大国向全球价值链高端跃升提供了绝佳的“弯道超车”机会（裴长洪、刘斌，2019）。互联网作为第三次技术革命的基础要素，其经济效益主要体现在以下几个方面。首先，能够通过缩小城乡收入差距（程名望、张家平，2019）、提高整体就业水平（Hjort and Poulsen，2019）、优化进出口产品质量（李亚波、崔洁，2022），实现二三产业的更好融合（裴长洪、刘斌，2019），进而提升经济效率，提高经济收益。其次，互联网普及率的提高能够充分激发企业的创新活力（何帆、刘红霞，2019），推动内部管理战略转型升级的同时实现企业经济收益最大化（张新民、陈德球，2020）。同时，互联网的普惠便捷特征有助于降低市场摩擦，提高家庭风险投资概率，提高公民金融参与度（周广肃、梁琪，2018）。那么，在国际环境不断变化和信息技术快速发展的背景下，互联网对经济韧性具有怎样的影响呢？发展中大国如何正确使用互联网以实现经济韧性的提升呢？本文借鉴郭家堂等（2016）的相关研究，从互联网作为一项技术、一个平台、一种思维三个维度科学分析互联网对经济韧性的影响，并在理论分析与典型化事实基础上，以中国31个省份为例，科学探究互联网对发展中大国经济韧性的直接影响和作用机制，以期能够充分挖掘互联网对发展中大国经济韧性的积极效应，进而为推动发展中大国经济可持续、高质量发展提供科学的理论依据和政策建议。

二、理论分析与典型化事实

在信息技术快速发展的今天，互联网作为一项通用技术、一种商业思维、一个信息平台，采用全民参与、万众创新、产业融合等新发展模式将个人、企业、产业、国家连接成一个命运共同体，借助互联网的规模效应和多元化特征，推动着大国经济韧性的提升（见图1）。

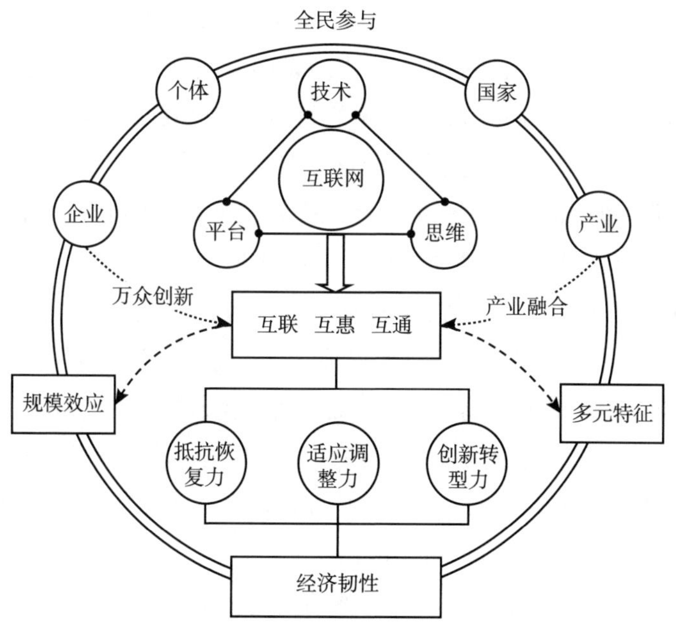

图1　互联网与经济韧性的环形网络

（一）互联网与发展中大国的经济韧性

互联网作为一项通用技术，能够在风险防范、风险应对、创新升级三个方面同时发力，实现经济的平稳发展（Czernich et al.，2011）。对个体来说，互联网技术打破了固有信息茧房，让消费者通过信息检索、吸收、传递等方式，提高了自身的风险感知能力（韩宝国、朱平芳，2014）。对于企业来说，互联网能够催生例如云旅游、云购物等新兴产品，这些产品将商业情景、生活情景、娱乐情景互联，降低了企业的经济损失（马化腾等，2015）。对于政府来说，互联网技术的正确使用能够提高风险预判的准确度，降低不利冲击带来的人力损失和财产损失。对于国家来说，互联网技术能够突破传统的时空界限（施炳展、李建桐，2020），增强国家之间的交流合作，是提高国际整体危机应对能力的重要工具。互联网作为一个信息平台，一是能够降低信息不对称，以接近零的边际成本达到生产可能性边界，提供个性化服务的同时提高了企业生产效率，既满足了消费者消费过程中追求“自我”“本我”的消费心理，又实现了企业成本降低、收益增加的发展目标，为企业应对不确定风险积累了坚实的财富基础（施炳展、李建桐，2020）。二是互联网平台具有“去中心化”特征和自我匹配能力，能够为不同层次、不同能力、不同年龄阶段的劳动者提供合适的就业机会（Kuhn and Skuterud，2010），这对于后危机时代发展中大国经济恢复具有重要意义。三是互联网平台有利于催生更多的跨平台、跨领域、跨区域业务，有利于创造更加透明、高效的全球市场，形成风险共担、危机共抗的国际局面，这为后发国家实现危机后重建提供了良好的国际环境。互联网作为一种“跨界思维”，最终目标就是将互联网与生活的方方面面交互融合，形成一个全民共建、全民共享、全球互联的网络体系。马化腾、张晓峰和杜军（2015）对互联网思维的内涵做了全面阐释，认为互联网思维包含“用户思维、极致思维、流量思维、社会化思维、大数据思维、平台思维、跨界思维”7 种，这是所有国家实行“互联网 +”的最终目标，也是互联网思维“跨界”“融合”“连接一切”的具体表现。“互联网 +”工业，对激发企业创新活力，实现产品更新换代、产业绿色升级具有重要意义；“互联网 + 农业”能够推动传统农业快速转型，在解放农民双手的同时提升农产品的供给质量；“互联网 + 能源、医疗”等基础设施，充分挖掘了互联网普惠、便利、快捷的特征，通过受众更广、受惠更均等方式实现经济的协调可持续发展。可见，互联网思维是实现产业融合的重要依托。

对发展中大国来说，互联网对经济韧性的作用更加明显。这是因为发展中大国经济具有典型的规模化和多元化特征，这与互联网的普惠性和融合性相对应。所以，人口规模越大的国家，数字经济发展的边际成本越低，越有利于增强区域经济韧性（张勋、谭莹，2019）。在发展中大国发展历程中，互联网也多次被运用于缓解危机带来的不利影响。例如，2008 年全球金融危机导致印度出口受阻，经济增长急速下滑并于 2013 年跌至十年来新低，为了走出经济长期低迷的态势，2014 年莫迪上台后提出“数字印度”倡议，使用互联网聚焦电子政务、远程医疗等，该倡议在全国推行后印度经济下滑趋势逐渐放缓，并于 2016 年经济增长率达到历史新高 8.26% 。而同样作为后发大国的中国，也看到了互联网在提高经济韧性方面的积极作用，并于 2013 年实施“宽带中国”战略以加快互联网的普及。面对来势汹汹的新冠疫情，互联网对中国经济恢复更是起到了重要的作用。为了保持正常的经济运转，以互联网为支撑的线上办公成为抗击疫情的重要手段。此外，疫情期间，为了响应“少出门、不聚集”的号召，小程序购物成为居民消费的首选方式。

（二）发展中大国互联网的规模效应

互联网新摩尔定律指出，中国 Internet 联网主机数和网络用户人数的递增速度，大约每半年翻一番。而梅特卡夫准则（Metcalfe's Law）认为，网络价值的增长倍数几乎等于网络节点数量增长倍数的平方，这也就意味着网民数越多，互联网的普及率越高，其规模效应越明显，网络的潜在价值也将更有可能被进一步挖掘和获取。现有研究也已经证明了互联网具有明显的规模效应，例如罗勒和伟弗尔曼（Roller and Waverman，2011）通过研究 OECD 电话普及率与经济发展的关系发现，当且仅当互联网的普及率达到 40% 时才能发挥其潜在价值；郭家堂、骆品亮（2016）认为中国互联网的普及率达到 20% 时才能对全要素生产率起到正向促进作用。那么，互联网是如何通过规模效应发挥其在经济韧性方面的价值的呢？首先，互联网降低了时间成本和交易成本，破除信息不对称壁垒。互联网普及率的提高，可以将不同领域、不同区域的资源进行有效整合，提高了信息获取的速度和准度，对于预防风险、化解风险具有积极作用。其次，互联网规模的扩大使巨额成本分摊到单个个体，缓解了企业研发压力，也为企业、公共服务、创业者提供了重要的入口，激发了各领域的创新活力，有利于经济体在遭受不利冲击后快速调整。此外，国际互联网普及率越高，越有利于各个国家之间的技术交流、信息共享，有助于各国在遭受全球性危机时后实现资源共享、风险共担，缩短了各国走出经济萧条期的时间。互联网规模效应还体现在其连接、融合的深刻内涵方面。“互联网 +”是一种连接思维，对个体而言，连接更多的是一种体验、一种社交、一种生活方式；而对企业和机构而言，连接的是一种对话、一种交互、一种效率；

对产业而言，连接的是一种融合、一种转型、一种新发展理念；对国家而言，连接的是一种可融合、可交流、可协作、可治理的发展结构。因此互联网普及率越高，受惠群体越大，对经济发展越有利。

缪尔·达尔将世界关系归纳为“中心—外围”结构，其中，中心就是指欧美等发达国家，外围主要是发展中国家，而发展中大国突破“中心—外围”结构的关键在于充分运用技术的传播效应实现可持续、高质量的发展（Myrdal，1957）。结合互联网普及率的事实数据来看，2020 年美国的互联网普及率已经达到了 86%，全民共享局面已经基本实现；中国作为典型的发展中大国，互联网的普及率也已经达到了 73%，互联网已深刻影响了中国经济发展的方方面面；但印度作为“世界办公室”，互联网的普及率仅为 35%，互联网技术掌握在精英阶层手中，不利于经济的长期可持续发展。因此，只有当互联网的规模效应被充分利用，后发大国才能突破外围圈层，靠近中心圈层，才能具有较强的经济韧性。

（三）发展中大国互联网的多元特征

技术后发优势理论认为，后发大国实现经济赶超需要经历两个阶段，一是通过模仿创新缩小与发达国家的差距，二是通过自主创新实现弯道超车，但无论是模仿创新还是自主创新都必须以技术的区域适用性为前提（欧阳峣、易先忠、生延超，2012）。互联网对后发大国经济韧性具有多元特征，这是由于不同国家技术适用性不同。首先，受地缘政治和宗教习俗的影响，不同后发大国对互联网的接受程度不同。例如，中国、俄罗斯这类开放度和包容度较高的大国，消费者对互联网的需求会随时间呈指数型增长。当国家在遭遇不确定冲击时能够充分借助互联网的预测功能、传播功能，尽可能减少风险造成的损失。而印度、印度尼西亚等受宗教影响较大的国家，居民物质需求尚未得到充分满足，根深蒂固的宗教思想使大部分消费者处于思想封锁、技术封锁的局面，这既不利于互联网在全国层面的深层次推广，也不利于国家运用互联网工具应对不确定风险带来的经济损失，导致互联网对经济韧性的影响相对较小。其次，受经济发展水平的影响，各国运用互联网实现自主创新的可能性不同。中国经济发展相对较快，在面对发达国家的技术封锁和贸易保护政策时，能够迅速调整发展战略，规整资金用途加强自主创新能力，并顺利成为第一个实现 5G 技术的国家。而印度等相对落后的发展中大国，互联网被运用于民生服务而非经济建设，自主创新始终受到资金短缺和创新不足的约束，互联网在危机防范方面的作用相对较小。因此，技术的区域适用性导致了互联网对经济韧性的梯度效应。

三、互联网与中国经济韧性的检验

中国是典型的发展中大国，在经济发展、危机应对、网络建设方面具有独特的大国优势。首先，改革开放以来，中国凭借发展中大国特有的规模优势、后发优势和转型优势创造了大国经济增长奇迹，为其他发展中大国经济腾飞提供了可参考的发展路径（欧阳峣，2018）。其次，无论是1997年的亚洲金融风暴、2008年的全球金融危机，还是席卷全球的新冠疫情，中国都能对经济形势作出快速反应并独善其身，体现了中国宏观经济具有较强的韧性。同时，中国经济发展存在极大的区域不均衡性，既具有市场灵敏度高、经济发展迅速的东部沿海示范区，又存在经济相对落后、风险抵御能力较差的西部地区，研究中国区域经济韧性既能解释相对发达的发展中大国为何拥有较高的经济韧性，又能为相对落后的发展中大国提供跨越“中等收入陷阱”、提高经济韧性的科学路径。此外，在国家政策大力支持下，中国已经拥有了健全的经济网络、物流网络、人流网络、信息网络等全方位的网络体系，互联网已经成为中国经济发展的助推剂。据统计，中国的电子商务交易额现已经超过了英、法、美、日、德五个国家的总和，成为引领全球的互联网重心。基于中国在经济韧性和互联网发展的典型性，故以中国31个省份作为研究对象，科学分析互联网对发展中大国经济韧性的影响，以期为其他后发大国充分运用互联网提升经济韧性提供科学的理论依据和政策建议。

（一）模型构建和指标选取

1. 模型构建

首先，为了探究互联网对经济韧性的直接影响，文章构建如下面板数据基准回归模型：

$$Resis_{i,t} = \alpha_0 + \alpha_1 INR_{i,t} + \alpha_2 Z_{i,t} + \mu_i + \delta_t + \varepsilon_{i,t} \tag{1}$$

其中，$Resis_{i,t}$表示i地区在t时期的经济韧性，$INR_{i,t}$为i地区在t时期的互联网发展水平，$Z_{i,t}$代表一系列控制变量，μ_i表示不随时间变化的省份固定效应，δ_t则为时间固定效应，$\varepsilon_{i,t}$为随机扰动项。

其次，已有研究证明了互联网对经济发展存在规模效应并且满足“梅特卡夫准则”（施炳展、李建桐，2020）。那么，互联网对经济韧性是否也具有规模效应呢？鉴于此，本文在汉森（Hansen）提出的门限回归基础模型上构建如下计量模型，探究互联网对经济韧性的规模效应。

$$Resis_{i,t} = \beta_0 + \beta_1 INR_{i,t} I(INS_{i,t} \leqslant \gamma) + \beta_2 INR_{i,t} I(INS_{i,t} > \gamma) + \beta_2 Z_{i,t} + \mu_i + \delta_t + \varepsilon_{i,t} \quad (2)$$

其中，$INS_{i,t}$为门槛变量；I为取 0 或者取 1 的指示函数，满足条件为 1，不满足则为 0；模型设定时为单一门槛情况，可根据后文计量检验结果拓展为多门槛情况。

2. 指标选取和数据来源

为了科学探究互联网对发展中大国经济韧性的影响，本文以中国 31 个省份为研究对象，考虑到数据的可得性和实证结果的时效性，以 2000 ~ 2020 年作为研究区间。对数据样本做了两方面处理，一是为消除价格波动的影响对具有时间价值的绝对值数据以 2000 年为基期运用居民价格指数进行了平减，二是针对个别数据缺失情况根据前五年平均值补齐。经济数据均来自《中国统计年鉴》《中国科技统计年鉴》，以及各省份统计年鉴；网络信息数据来源于中国互联网中心（CNNIC）发布的统计报告；法人单位数据取自《中国基本单位统计年鉴》。

核心被解释变量：经济韧性（*Resis*）。基于前文对经济韧性的相关文献梳理，经济韧性的测度分为核心指标法和综合指标法两种，但核心指标法忽略了经济系统的关联性，仅从单一维度评价经济韧性值，缺乏指标选取的科学性。因此，本文综合已有研究从抵抗恢复力（*Rec*）、适应调整力（*Adp*）、创新转型力（*Rev*）三个维度出发构建综合指标评价体系（见表 1），运用熵值法测算了各省份的经济韧性值（甘畅、王凯，2022；丁建军等，2020）。为了消除不同量纲的影响，首先对各指标进行了归一化处理，再通过熵值法确定各级指标的权重以及各省份 2000 ~ 2020 年的经济韧性值。

表 1　　经济韧性综合评价指标体系

一级指标	权重	二级指标	指标解释、计算方式及量纲	权重
抵抗与恢复力	0.2556	地区生产总值	反映经济发展整体水平（亿元）	0.3782
		人均 GDP	反映整体居民抗风险能力（元）	0.3082
		城镇居民可支配收入	反映城镇居民风险抵抗的能力（元）	0.2784
		贸易依存度	进出口总额/GDP 比重（%）	0.0351
适应与调整力	0.3969	财政自给水平	地方财政收入/地方财政支出（%）	0.0594
		地方财政支出	反映地方政府的资源调配能力（万元）	0.2635
		固定资产投资	反映地区投资规模的大小（万元）	0.3251
		社会消费品零售总额	反映地区市场规模的大小（万元）	0.3189
		金融发展质量	金融机构存贷款余额之比（%）	0.0331

续表

一级指标	权重	二级指标	指标解释、计算方式及量纲	权重
创新与转型力	0.3475	城镇化率	城镇人口数/总人口数（%）	0.0334
		R&D 经费投入	R&D 内部经费支出（万元）	0.4284
		专利申请授权数量	衡量区域潜在创新能力（个）	0.4473
		产业高级化	一产产值占比 ×1 + 二产产值占比 ×2 + 三产产值占比 ×3（%）	0.0731
		平均受教育年限	（文盲人数 ×1 + 小学学历人数 ×6 + 初中学历人数 ×9 + 高中和中专学历人数 ×12 + 大专及本科以上学历人数 ×16）/6 岁以上人口总数	0.178

核心被解释变量：互联网发展水平（*INR*）。互联网资源是互联网相关产业发展的基础，互联网发展水平可以用互联网资源存量加以衡量（李立威、景峰，2013）。本文借鉴郭家堂、骆品亮（2016）相关研究，采用区域网站数占法人单位数量的比重衡量各省份互联网发展水平。

门槛变量：互联网需求（*INS*）。需求和生产是相辅相成的，大规模的互联网需求才能将互联网资源转化为经济发展的物质基础。因此文章采用网民数占总人口数的比重衡量互联网需求，并将互联网需求作为本文的门槛变量，检验互联网对经济韧性的规模效应。

控制变量。影响经济韧性的因素众多，本文从要素禀赋、基础设施、产业发展和制度建设四个方面选取了控制变量。人口密度决定了地区劳动力的聚集程度，文章采用人口密度（*Des*）衡量区域要素禀赋。基础设施分为交通基础设施和社会保障基础设施，这是构成经济稳定发展的基础支架，采用各省份人均拥有道路面积和辖区卫生机构数量分别衡量区域交通发展状况（*Inf*）和社会保障力度（*Hyg*）。工业制造业是国民经济的主体，也是不确定危机作用最直接、影响最深远的领域，工业发展水平与区域经济韧性紧密相关，采用工业总产值占 GDP 的比重衡量工业化水平（*Ind*）。制度变迁是影响中国经济发展的决定性因素，本文以王小鲁、樊纲和胡李鹏（2018）的市场化指数衡量制度建设水平（*Mar*）。此外，为消除绝对值数据过大对实证结果产生的不利影响，故对人口密度、社会保障力度等绝对值指标做了对数化处理。

（二）基准回归结果

在进行基准回归之前，为了消除多重共线性产生的偏误，本文对所涉及的各指标做了多重共线性检验，检验结果发现，max{*Resis*，*Inr*，*Ins*，*Des*，*Inf*，*Hyg*，*Ind*，*Mar*}=1.47，明显小于 Vif 检验的最低临界值 10，证明文章所选取的变量能够有效规避多重共线性造成的偏误。此外，在进行基准回归前必须要考虑模型是采用固定效应还是随机效应，这就需要进行 Hausman 检验。Hausman 检验结果显示 P=0.0000，强烈拒绝原假设，故应该使用固定效应模型。

采用固定效应模型的估计结果如表 2 所示。模型（2）在模型（1）基础上加入了全部控制变量并控制了省份固定效应和时间固定效应。回归估计结果表明，互联网发展对经济韧性具有显著的正向促进作用。这一结论与现实状况相吻合。2008 年金融危机以来，全球经济均处于生产力增速放缓、经济下行压力大的低迷阶段，然而以互联网为基础的美国企业 Uber 和 Airbnb 却一枝独秀，成为促进经济增长的催化剂。究其本质，是因为互联网能够有效减少供给方和需求方之间信息不对称问题，激励企业管理模式的战略升级和产业结构的转型升级，在去产能、去库存和降成本等方面具有得天独厚的优势。由于本文的经济韧性是从抵抗恢复力、适应调整力、创新转型力三个维度构建的指标体系，我们进一步探究了互联网发展对这三个维度的影响，结果见表 2 中第（3）~（5）列。不难发现，互联网对经济韧性的正向影响具体表现为抵抗恢复力>创新转型力>适应调整力。这主要是因为相较创新转型力和适应调整力，互联网能够通过大数据检索提高风险预警能力，降低危机修复成本，直接规避不确定性风险带来的安全隐患和经济损失，加快了经济发展的恢复速度。例如自然灾害高发区安装联网传感器能够及时监测地表变化，进而在危害到来时采取及时的防控手段，通过互联网的预警能力提高了区域经济的抵抗恢复力。在控制变量方面，人口密度和工业化水平对经济韧性具有显著的负向影响，而市场化水平、基础设施建设对经济韧性具有显著的正向影响。究其原因，人口密度大、工业占比高的区域，面对危机难以快速反应并及时调整，经济发展缺乏韧性；而市场是资源配置最有效的方式，在应对外来冲击时，市场化程度越高的区域对经济变化的灵敏度越高，从而能够迅速重整资源，降低沉没成本。基础设施是经济稳定发展的重要支柱，交通基础设施和医疗基础设施是现代文明建设的关键，也是应对风险时的重要保障，有助于经济恢复。

表 2　　基准回归结果

变量	(1)	(2)	(3)	(4)	(5)
	res	*Res*	*rec*	*adp*	*rev*
INR	0.00116*** (0.000202)	0.000782*** (0.000139)	0.00142*** (0.000175)	0.000424** (0.000157)	0.000718*** (0.000172)

续表

变量	(1)	(2)	(3)	(4)	(5)
	res	*Res*	*rec*	*adp*	*rev*
Des		-0.0124* (0.00700)	-0.00422 (0.00643)	-0.0169* (0.00909)	-0.0132* (0.00697)
Mar		0.0343*** (0.00435)	0.0323*** (0.00534)	0.0393*** (0.00590)	0.0299*** (0.00547)
Inf		0.00532* (0.00261)	0.00667*** (0.00226)	0.00776** (0.00320)	0.00153 (0.00285)
Hyg		0.0936*** (0.0158)	0.0900*** (0.0146)	0.118*** (0.0196)	0.0689*** (0.0183)
Ind		-0.0569*** (0.0194)	-0.0798*** (0.0230)	-0.0437* (0.0218)	-0.0551** (0.0227)
Constant	0.147*** (0.000469)	-0.875*** (0.148)	-0.879*** (0.126)	-1.123*** (0.184)	-0.589*** (0.170)
Observations	651	651	651	651	651
R^2	0.009	0.647	0.714	0.636	0.454

注：***、**和*分别表示回归系数在1%、5%和10%水平上显著，括号内为标准差。

（三）互联网的规模效应

互联网最显著的特征是会产生规模效应，这既是指刺激互联网使用需求，能够实现互联网企业的大规模涌现进而推动经济发展，也是指不断拓展互联网的边界范围，能够滋生多元化的消费需求和多样化的新兴产品，进而提高需求和供给的数量，这能够切实落实“双驱动”发展战略。但是，互联网发展要达到何种规模才能撬动经济韧性的提升呢，这是本文需要研究的重点，面板门限回归模型为回答这一问题提供了可能性。按照门限回归的前提假设，首先要确定门槛个数及门槛值。因此，本文运用Bootstrap抽样法模拟似然比估计值500次，估计出了门槛个数和对应门槛值，具体结果见表3。根据表3估计结果显示，单一门槛的F值在5%的水平上显著，双重门槛的F值并不显著，说明互联网发展对经济韧性是存在单一门槛的规模效应，也就是说在不同网民规模下，互联网对经济韧性的影响也将不同。更进一步分析发现，当$INT \leqslant 0.3655$时互联网对经济韧性的具有显著的负向影响，而当$INT > 0.3655$时互联网对经济韧性的影响为正，表明互联网对经济韧性的影响是以互联网的规模效应为前提的，这与厄布杜库厄迪尔和阿桑古（Abdulquadir and Asongu，2022）的研究结论相一致。说明要发挥互联网对经济韧性的积极作用，首要任务是要提高互联网的普及率，利用互联网的规模效应分摊创新研发的巨额成本，进而实现经济的可持续高质量发展。

表 3　门槛效应检验及估计结果

项目	单门槛检验	双门槛检验	估计结果
门槛值	0.3655**	0.0325	
F 值	29.24	7.58	
P 值	0.0180	0.4920	
10% 临界值	17.6826	17.8550	
5% 临界值	23.5233	36.0121	
D1（INT≤0.3655）			-0.008652*** (0.00179)
D2（INT>0.3655）			0.009161*** (0.00296)

注：***、** 和 * 分别表示回归系数在 1%、5% 和 10% 水平上显著，括号内为标准差。

（四）互联网的多元特征

为了深入探讨互联网对经济韧性产生作用的多元化特征，本文计算出研究区间内各省份经济韧性均值，参考方叶林等（2022）分层方法，借助 Arcgis 采用自然断裂点分级法将区域经济韧性分为低值韧性区、中等韧性区、高值韧性区三类，并根据分类结果估计了互联网对不同经济韧性水平的影响。估计结果见表 4。根据估计结果可知，互联网对经济韧性仅在中值韧性区域具有显著的正向作用，在低值韧性区和高值韧性区均呈现不显著的负向作用。究其原因，在韧性值较低的区域，人口较为稀疏，互联网建设成本较高，互联网发展相对缓慢，尚未形成较为明显的网络效应。此外，低值韧性区无论是经济发展水平、产业结构多样性、公职人员处理危机能力均存在滞后性，在运用网络等通用技术应对不利冲击、创造可持续发展新途径方面仍处于学习探索阶段。而在高值韧性区，互联网迅速发展的同时也带来了很多新的挑战，例如数据安全隐患加重、过度依赖数字化导致实体经济发展受阻等，这些成为新一轮危机的预警，加大了经济发展的不确定性。同时，高值韧性区互联网对经济韧性的可见性悖论、公平性悖论、与社会发展的相关性悖论尤为突出，如何让互联网在可控范围内更好地服务于经济韧性有待进一步探究。

表 4 互联网的多元性检验

变量	(1)	(2)	(3)
	低值韧性区	中值韧性区	高值韧性区
INR	-0.000973 (0.000909)	0.000711** (0.000241)	-0.00405 (0.0169)
Des	-0.00404 (0.00362)	0.0134 (0.0138)	0.111** (0.0314)
Mar	0.0147*** (0.00420)	0.0307*** (0.00421)	0.0447* (0.0177)
Inf	0.00625*** (0.00154)	0.00635 (0.00361)	0.0112 (0.00843)
Hyg	0.0407*** (0.00714)	0.0982*** (0.0179)	0.161** (0.0451)
Ind	-0.0123 (0.00905)	-0.0853*** (0.0226)	-0.0740 (0.0505)
Constant	-0.384*** (0.0613)	-1.095*** (0.180)	-2.652*** (0.439)
Observations	315	231	84
R^2	0.812	0.809	0.783
Number ofid	15	11	4

注：***、**和*分别表示回归系数在1%、5%和10%水平上显著，括号内为标准差。

（五）内生性检验

内生性问题一直是经济学实证研究的一大困扰，本文可能存在的内生性问题主要是反向因果，即是指互联网发展促进了经济韧性的提升，那么经济韧性提升是否会对互联网发展产生影响呢？为了尽可能消除反向因果问题带来的影响，采用工具变量法对内生性问题做了进一步检验。工具变量法要求所选取的工具变量必须满足与解释变量相关而与随机扰动项无关，本文基于这两个原则参考赵宸宇、王文春和李雪松（2021）的研究采用了各省份邮电业务总量的对数（ln*Ema*）作为工具变量。指标选取原因，一是结合互联网发展的历史逻辑，我国互联网进入大众视野是从电信业务大规模发展开始的，这也就意味着在电信业务普及率较高的地区通常也相对较早地拥有了互联网资源。而在电信业务广泛普及前，邮电是人们沟通交流的最普遍方式，互联网可以看作邮电业务在 21 世纪的衍生品。因此，选择邮电业务总量对数作为工具变量满足了工具变量选取的相关性原则。二是以信息技术为基础的第三次工业革命时代的到来，标志着邮电业务对经济发展的影响正在不断减弱，因此可以满足外生性这一条件。表 5 显示了运用两阶段最小二乘法（IV - 2SLS）的工具变量检验结果。根据第Ⅰ阶段估计结果可知，ln*Ema* 与 *INR* 呈显著的正相关关系，这证实了工具变量选取的相关性准则。从第Ⅱ阶段估计结果可知，在运用工具变量降低内生性影响后互联网资源（*INR*）对经济韧性（*Resis*）依然具有显著的正相关关系，并且系数更大，这进一步证明了本文回归结果的稳定性。

表 5 工具变量两阶段回归结果

IV - 2SLS	ln*Ema*	*INR*
第Ⅰ阶段	1.8279 * (0.9372)	
第Ⅱ阶段		0.0214 ** (0.0107)
样本量	651	651
R^2	0.0787	

注：*** 、** 和 * 、分别表示回归系数在 1% 、5% 和 10% 水平上显著，括号内为标准差。

四、结论与启示

本文从技术、思维、平台三个维度分析了互联网对经济韧性的作用，并以中国作为发展中大国的典型案例，利用全国 31 个省份 2000 ~2020 年经济发展数据，科学探究了互联网对经济韧性的影响及作用机制。实证结果显示：互联网能够有效促进发展中大国提升经济韧性，且从构成经济韧性的三个维度来看，互联网对抵抗恢复力起到的正向作用最为显著；互联网对经济韧性的促进作用存在规模效应，当网民规模达到 36.55% 时，互联网对经济韧性的作用由负转正；进一步研究发现，互联网对经济韧性的作用仅有在中值韧性区才显著为正。基于本文的研究结论，得到以下三个政策启示。

一是发展中大国具有发展互联网经济的优势，互联网将会成为提升发展中大国经济韧性的重要工具。互联网运营的重要前提条件是使用互联网的人口数量和规模，因而拥有庞大人口规模的发展中大国往往具有发展互联网经济的优势，并且能获得提升经济韧性的收益。全球化进入 3.0 时期，互联网将成为新一轮经济发展的“动力源”“稳定器”，而发展中大国将成为引领和推进新一轮全球化的“发动机”。所以，发展中大国应该充分运用政策手段深化“互联网 +”改革，推动形成全民参与、全民共建、万众创新、共享共治的经济发展态势，充分挖掘互联网在经济韧性提升中的潜在价值。

二是发展中大国需不断提高互联网的普及率，充分发挥互联网用户的规模优势。互联网对经济韧性的价值是以规模效应为基础的，发展中大国具有人口规模大和国土面积大的先天优势，但也正因为人多地广加大了互联网基础设施建设的难度，所以发展中大国在制定互联网发展战略时，要充分评估各个地区互联网普及的难易程度，对于较难进行互联网建设的区域采用国家政策导向、资本投入倾向等方式实现互联网在各个区域的公平化、均等化发展。此外，发展中大国应该重视国家整体的数字素质培养，通过教育的数字化改革激励创新，推动小企业“铺天盖地”地涌现，促进大企业“顶天立地”地发展，真正实现互联网在生产生活领域“全面绽放”。

三是发展中大国需正确评估区域经济韧性值，依托区域协调发展提升国家经济韧性。发展中大国具有广阔的区域空间，各个区域应该根据自身经济韧性状况正确、恰当使用互联网资源。对于发展相对较慢、经济韧性值较低的区域，首先要对内改革以提升经济实力，加大互联网的普及率，强化互联网的规模效应；经济韧性值较高的区域在运用互联网时要重点提升居民的数字素养，提高劳动力素质，净化网络虚拟空间，防范互联网带来的不利影响；中值韧性区应该充分借助互联网之风，提升经济韧性，实现经济的可持续发展。

参考文献

［1］陈梦远．国际区域经济韧性研究进展：基于演化论的理论分析框架介绍［J］．地理科学进展，2017（11）：1435－1444.

［2］程名望，张家平．互联网普及与城乡收入差距：理论与实证［J］．中国农村经济，2019（2）：19－41.

［3］丁建军，等．中国连片特困区经济韧性测度及影响因素分析［J］．地理科学进展，2020（6）：924－937.

［4］方叶林，等．城市韧性对旅游经济的空间溢出效应研究：以长三角城市群为例［J］．地理科

学进展，2022（2）：214－223.

［5］甘畅，王凯．湖南省旅游发展与经济韧性的耦合协调性研究［J］．地理与地理信息科学，2022（3）：1－8.

［6］关皓明，等．基于“产业—企业—空间”的沈阳市经济韧性特征［J］．地理学报，2021（2）：415－427.

［7］郭家堂，骆品亮．互联网对中国全要素生产率有促进作用吗？［J］．管理世界，2016（10）：34－49.

［8］韩宝国，朱平芳．宽带对中国经济增长影响的实证分析［J］．统计研究，2014（10）：49－54.

［9］韩增林，朱文超，李博．中国海洋渔业经济韧性与效率协同演化分析［J］．地理研究，2022（3）：1－15.

［10］何帆，刘红霞．数字经济视角下实体企业数字化变革的业绩提升效应评估［J］．改革，2019（4）：137－148.

［11］李立威，景峰．互联网扩散与经济增长的关系研究：基于我国31个省份面板数据的实证检验［J］．北京工商大学学报（社会科学版），2013（3）：120－126.

［12］李亚波，崔洁．数字经济的出口质量效应研究［J］．世界经济研究，2022（3）：17－32，134.

［13］林耿，徐昕，杨帆．佛山市产业专业化、多样化与经济韧性的关系研究［J］．地理科学，2020（9）：1493－1504.

［14］刘逸，等．粤港澳大湾区经济韧性的特征与空间差异研究［J］．地理研究，2020（9）：2029－2043.

［15］马化腾，等．数字经济：中国创新增长新动能［M］．北京：中信出版社，2015.

［16］马化腾，张晓峰，杜军．互联网＋国家战略行动路线图［M］．北京：中信出版社，2015.

［17］欧阳峣，罗富政，罗会华．发展中大国的界定、遴选及其影响力评价［J］．湖南师范大学社会科学学报，2016（6）：5－14.

［18］欧阳峣，易先忠，生延超．技术差距、资源分配与后发大国经济增长方式转换［J］．中国工业经济，2012（6）：18－30.

［19］欧阳峣．中国的大国经济发展道路及其世界意义［J］．经济学动态，2018（8）：28－38.

［20］裴长洪，刘斌．中国对外贸易的动能转换与国际竞争新优势的形成［J］．经济研究，2019（5）：4－15.

［21］施炳展，李建桐．互联网是否促进了分工：来自中国制造业企业的证据［J］．管理世界，2020（4）：130－149.

［22］苏任刚，赵湘莲．制造业发展、创业活力与城市经济韧性［J］．财经科学，2020（9）：79－92.

［23］孙久文，陈超君，孙铮．黄河流域城市经济韧性研究和影响因素分析：基于不同城市类型的视角［J］．经济地理，2022（1）：1－20.

［24］谭俊涛，等．中国区域经济韧性特征与影响因素分析［J］．地理科学，2020（2）：173－181.

［25］王鹏飞，李红波．基于产业结构关联视角的区域经济韧性作用机理研究：以江苏省为例［J］．地理科学进展，2022（2）：224－238.

［26］王小鲁，樊纲，胡李鹏．中国分省份市场化指数［M］．北京：社会科学出版社，2018.

［27］张新民，陈德球．移动互联网时代企业商业模式、价值共创与治理风险：基于瑞幸咖啡财务造假的案例分析［J］．管理世界，2020（5）：11，74－86.

［28］张勋，谭莹．数字经济背景下大国的经济增长机制研究［J］．湖南师范大学社会科学学报，2019（6）：27－36.

［29］赵宸宇，王文春，李雪松．数字化转型如何影响企业全要素生产率［J］．财贸经济，2021（7）：114－129.

［30］赵瑞东，方创琳，刘海猛．城市韧性研究进展与展望［J］．地理科学进展，2020（10）：1717－1731.

［31］郑长德，戚玉莹．中国金融发展对宏观经济韧性影响的理论与实证研究［J］．西南民族大学学报（人文社会科学版），2022（1）：117－131.

［32］周广肃，梁琪．互联网使用、市场摩擦与家庭风险金融资产投资［J］．金融研究，2018（1）：84－101.

［33］Abdulqadir I A，Asongu S A. The Asymmetric Effect of Internet Access on Economic Growth in Sub-saharan Africa［J］. Econonmic Analysis and Policy，2022，73：44－61.

［34］Berkes F，Folke C. Linking Social and Ecological Systems：Management Practices and Social Mechanisms for Building Resilience［M］. Cambridge：Cambridge University Press，1998.

［35］Carpenter S，et al. From Metaphor to Measurement：Resilience of What to What?［J］. Ecosystems，2001，4（8）：765－781.

［36］Czernich N，et al. Broadband Infrastructure and Economic Growth［J］，Social Science Electronic Publishing，2011，121（552）：505－532.

［37］Davies S. Regional Resilience in The 2008－2010 Downturn：Comparative Evidence from European Countries［J］. Cambridge Journal of Regions Economy & Society，2011，4（3）：369－382.

［38］Fingleton B，Garretsen H，Martin R. Recessionary Shocks and Regional Employment：Evidence on the Resilience of U. K. Regions［J］. Journal of Regional Science，2012，52（1）：109－133.

［39］Hansen B E. 1999，Threshold Effects in Non-dynamic Panels：Estimation，Testing and Inference［J］. Journal of Econometrics，1999，93（2）：345－368.

［40］Hjort J，Poulsen J. The Arrival of Fast Internet and Employment in Africa［J］. American Economic Review, 2019, 109 (3): 1032 - 1079.

[41] Holling C S. Resilience and Stability of Ecological Systems [J]. Annual Review of Ecology and Systematics, 1973, 4 (4): 1 - 23.

[42] Kuhn P, Skuterud M. Internet Job Search and Unemployment Durations [J]. American Economic Review, 2010, 94 (1): 218 - 232.

[43] Martin R. Regional Economic Resilience, Hysteresis and Recessionary Shocks [J]. Journal of Economic Geography, 2012, 12 (1): 1 - 32.

[44] Martin R, Sunley P. The Place of Path Dependence in An Evolutionary Perspective on The Economic Landscape [M]. Edward Elgar: Handbook of Evolutionary Economic Geography, 2010: 62 - 92.

[45] Myrdal G. Economic Theory and Underdeveloped Regions [M]. London: Duckworth, 1957.

[46] Reggiani A, Graaff T D, Nijkamp P. Resilience: An Evolutionary Approach to Spatial Economic Systems [J]. Networks and Spatial Economics, 2002, 2 (2): 211 - 229.

[47] Roller L H, Waverman L. Telecommunica-tions Infrastructure and Economic Development: A Simultaneous Approach [J]. American Economic Review, 2001, 91 (4): 909 - 923.

市场规模、创新要素集聚与后发大国创新能力提升*

陈 琦 欧阳峣**

摘 要 基于2000~2020年24个大国的面板数据，通过建立静态面板回归模型和面板向量自回归（PVAR）模型，分析市场规模、创新要素集聚对后发大国创新能力提升的影响，并与发达大国进行比较研究。结果显示：静态面板回归模型和面板向量自回归（PVAR）模型中，市场规模一直是促进后发大国创新能力提升的重要因素；创新要素集聚对后发大国创新能力提升的促进作用短期不显著，长期则呈不断增强态势，但创新要素集聚对发达大国创新能力提升一直具有显著正向影响；市场规模与创新要素集聚之间存在交互作用，对后发大国和发达大国创新能力的提升都具有混合协同效应，但它们对后发大国的影响程度大于发达大国。根据后发大国现状和问题，分别从市场规模、创新要素集聚、创新环境三方面提出了相应的政策建议。

关键词 后发大国市场规模 创新要素集聚 创新能力

科技是国家强盛之基，创新是民族进步之魂，如何提升科技创新能力已被各国提升到前所未有的高度，它关乎一国未来的生存力、发展力和竞争力，后发大国也一直致力于提高自身自主创新能力。市场需求与创新要素供给是促进创新能力提升的主要动力。目前制约后发大国创新能力提升的主要因素是人才、技术、知识等关键创新要素短缺，但后发大国国内市场规模庞大。自2008年金融危机以来，后发大国以出口导向为特征的第一波经济全球化的红利已经透支，后发大国只有抓住第二波基于内需的经济全球化机遇，利用本国的市场用足国外人才、技术等关键创新要素，提升本国创

---

* 本文原载于《湖南师范大学社会科学学报》2022年第6期。

** 作者简介：陈琦，湖南财政经济学院教授、硕士生导师。欧阳峣，湖南师范大学商学院教授、博士生导师，湖南师范大学大国经济研究中心主任，上海大学经济学院特聘教授。基金项目：国家社会科学基金项目“双循环新格局下我国制造业转型升级的大国优势及驱动机制研究”（21BJY191）、湖南省教育厅重点项目“环境规制、要素集聚与中国绿色经济效率提升的机理及效应研究”（19A272）、湖南省普通高等学校教学改革研究项目“中美比较视阈下我国地方高校创新创业型人才培养模式创新研究”（湘教通〔2019〕291号）。

新能力（刘志彪，2012）。党的十九届五中全会提出要“实施扩大内需战略同深化供给侧结构性改革有机结合起来，构建以国内大循环为主体、国内国际双循环相互促进的新发展格局”。基于此，如何从国内市场需求出发，充分利用后发大国市场规模庞大的虹吸效应，从全球视角来集聚人才、技术、知识等关键创新要素，是后发大国创新能力提升的关键。

一、文献综述

关于市场规模与创新能力提升的研究，最早可追溯到克鲁格曼（Krugman，1980，1995）提出的本土市场效应理论，即在规模报酬递增和贸易成本的基础上，当两个国家进行不同产品贸易时，国内市场需求较大的国家会产生大规模生产和高效率，故市场规模能够促进创新效率的增加。后期克鲁格曼提出的本土市场效应理论也得到了众多学者的认同与证实，如戴维斯和温斯坦（Davis and Weinstein，2001）、汉隆（Hanlon，2015）分别以日本和美国为例实证检验了市场规模效应的存在；德斯米特和帕伦特（Desmet and Parente，2010）针对市场规模对技术创新的影响，提出了“市场规模越大越好”的观点；欧阳峣等（2017，2018）认为庞大市场需求规模可以形成大国创新优势；刘志彪（2018）研究了发达国家先进企业的原创性知识产权和品牌的成长道路，认为它们最初都是依靠国内市场不断获得成长；徐康宁、冯伟（2010）研究发现，国内企业通过利用宏大的本土市场规模优势来吸引跨国企业，而跨国企业的到来必然会带来新的技术与产品，通过技术溢出效应促进中国的区域创新提升；易先忠、高凌云（2018）研究发现不以内需为基础融入全球价值链会对生产率的提升产生抑制作用。上述研究表明国内市场需求增长能对技术创新产生积极影响。

近年来，要素集聚对创新能力的影响，学术界也很关注，主要存在两种观点。第一种观点认为要素集聚对创新能力提升具有积极影响。波特（Porter，1998）指出创新要素集聚可以促进企业持续创新从而增强其竞争力。韩言虎、罗福周（2014）认为创新要素集聚能够产生知识溢出、技术转移、创新集群等效果。田喜洲、郭新宇、杨光坤（2021）实证得出人才、技术等创新要素集聚对区域或产业创新能力有显著正向影响。吴卫红等（2017）、张斌（2017）研究发现，资本、劳动、政策扶持等单一要素集聚对创新效率提升并不特别显著，但多种要素聚集会产生相互作用，并显著促进创新能力提升。第二种观点认为要素集聚和创新能力之间存在倒“U”型关系。邹文杰（2015），周璇、陶长琪（2019）认为当集聚规模超过门槛值时，要素集聚将会抑制研发效率或全要素生产率的提升。弗里奇和斯拉夫切夫（Fritsch and Slavtchev，2010）发现产业集聚可以通过知识溢出来促进区域创新绩效，但集聚程度过高时，其促进作用会减弱。张向荣（2020）以粤港澳大湾区制造业为样本进行研究，结果显示要素集聚与创新效率之间呈倒“U”型关系。

关于市场规模、要素集聚与创新能力三者相互关系的文献相对较少。刘和东（2013）以中国30个省域面板数据为样本，实证发现本土市场规模与创新要素聚集存在双向相互作用，共同促进创新能力的提高。刘志彪（2012）认为中国作为后发大国，其内需市场规模庞大，能虹吸人力、金融、资本要素和资金要素的聚集来提升国内区域创新能力。张亚斌、刘天琦（2016）提出利用国内市场的巨大吸引力和规模效应的支持，构建跨国企业业务发展逆向外包，利用好宏大的本土市场内需规模和引进吸收外国高级要素可以实现自主创新能力增强。

以上成果或侧重市场规模或侧重要素集聚来研究其对创新能力的影响，鲜有学者将市场规模、要素集聚和创新能力提升统一到一个分析框架来进行系统研究。现实中，后发大国创新能力不强，其所需的人才、技术、资本等关键创新要素短缺，但后发大国的优势是市场规模庞大，如何利用内需市场规模庞大的“虹吸效应”来集聚这些要素是后发大国创新能力提升的关键。

二、理论分析与研究假设

（一）市场规模与后发大国创新能力提升

由市场需求所形成的市场规模为国家创新能力提升提供内源性的直接动力，具有规模效应与市场竞争效应。

市场规模效应。根据内生技术变迁理论，新技术的产生主要受市场利益的驱动，市场需求规模制约着技术创新的发生及规模。一国不断成长的市场规模，是企业相互竞争的基点。面对不断扩大的市场规模，技术创新是企业占有市场并获得尽可能多的利润的重要途径。因此，只要市场规模达到一定程度，企业就会有足够动力增加人才、资金等要素投入，进行技术创新。但同时，技术创新是一种高风险高成本投资，当市场规模较小时，企业进行创新时由于面临着高风险和高成本，很多企业缺乏技术创新的动力。当市场规模足够大时，能有效降低创新产品的单位成本与开拓成本，而且还可以分摊企业创新失败带来的损失。后发大国有着宏大的市场规模，无论是创新成本还是风险系数都会显著降低，这将大大增强企业技术创新的意愿进而提升企业技术创新能力，国家创新能力由此也进一步加强。

市场竞争效应。随着市场规模的扩大，也会吸引更多企业集聚到某一行业或某一区域，企业数量的增加，使得企业间竞争更为激烈，企业为了生存或成为行业的佼佼者，不得不进行技术创新。同时，企业为了保持原有的技术优势，也必须要不断地进行创新，所有这些都会在无形中提升国家创新能力。这正如杨浩昌、李廉水、刘军（2015）所言“本土市场规模的扩大，有利于产生在竞争效应下的知识或技术的溢出，即产生波特溢出，从而促进该地区的技术创新能力不断提升。梅利茨和奥塔维亚诺（Melitz and Ottaviano，2008）也发现更大规模的市场导致更为激烈的市场竞争，由此带来更高的生产率。对于后发大国而言，其市场需求规模巨大，完全可以凭借其本土市场规模和容量不断吸引企业展开竞争，由此不断培育与发展本国的技术创新能力。

基于此，本文提出假设 1：

H1：市场规模正向影响后发大国创新能力，市场规模越大，越能促进后发大国创新能力的提升。

（二）创新要素集聚与后发大国创新能力提升

创新要素作为技术创新活动的最根本投入资源，已成为各国和各区域发展争夺的焦点，并在日益激烈的竞争中逐渐形成集聚现象。创新要素集聚主要体现在资金要素集聚与人才要素集聚。

资金要素集聚是一国创新能力提升的重要物质保障。创新活动是一项高成本投资，创新资金是创新活动必备的要素。创新活动过程包括创意、研发、制造、商业化应用等环节，每一环节都需要大量的资金投入，创新资金集聚能保证创新活动各个环节的顺利开展。创新活动又是一项高风险投资，创新资金集聚度较高的区域，抗风险能力较强，其进行创新活动的动力更强、信心更足，创新成功的可能性更大。因此创新资金的集聚可以增强一国进行技术创新的积极性，从而促进创新效率的提高和创新能力的增强。

人才要素集聚是决定一国创新能力水平的关键因素，国家创新能力的提升主要依赖高素质创新型人才的推动。创新型人才的集聚有利于知识溢出效应的发挥和信息共享成本的降低。创新型人才是知识的载体，高素质创新型人才在一定区域范围内集聚，可以克服知识传播的时空障碍，增强彼此间的学习交流、技能匹配等，有利于区域内和区际间创新型人才的知识传播与溢出；同时创新型人才之间的知识交流更便利更活跃，信息传播更及时更准确，信息共享成本更低。创新型人才集聚在一起，还会产生合作与竞争效应。为了实现共同的目标，同一群体内的他们需要互助合作、优势互补、资源共享，从而增强群体凝聚力和创造力，进而提升整体创新效率。而群体内优胜劣汰的机制也会给他们带来竞争。激烈竞争会激发他们的学习欲望和创新意识，努力提高自身知识与能力水平，促进个体成长，同时，整体技术创新能力也进一步增强。

许多研究成果也表明创新要素集聚有助于创新能力提升。技术竞争理论认为创新要素的集聚数量是决定创新能力的重要因素之一。史多坡和维纳布尔斯（Storper and Venables，2004）实证显示创新要素集聚水平越高，该地区或企业的创新绩效越好。但也有研究认为创新要素过度集聚会对创新绩效产生抑制作用，造成要素拥挤问题和效率损失现象（沈能、赵增耀、周晶晶，2014；唐根年、管志伟、秦辉，2009）。后发大国创新要素严重短缺，这也是后发大国在创新方面亟待解决的问题，因此目前还不存在创新要素集聚的拥挤问题。

基于此，本文提出假设2：

H2：创新要素集聚正向影响后发大国创新能力，创新要素集聚度越大，越能促进后发大国创新能力的提升。

（三）市场规模、创新要素集聚与后发大国创新能力提升

市场规模对创新要素集聚的虹吸效应。主要体现在市场规模越大的区域，越容易吸引个人与企业等在该区域的投资，从而也吸引更多创新人才往该区域的流动与集聚。区域创新要素集聚能产生技术溢出和共享经济等好处，也能降低运输成本，从而对区域创新能力提升产生积极影响。要素集聚效应出现后，往往还会出现“马太效应”。例如，人才越集聚，区域竞争力就越强，区域人才吸引力也就越强，人才集聚度也就越高，也越能吸引高端人才与创新团队进驻，这样区域创新人才队伍总量得到进一步增加，人才质量得到进一步提升，人才结构得到进一步优化。

创新要素集聚对市场规模的迂回效应。当高科技人才在一定空间上形成集聚效应后，一方面，由于人才流入增加了当地劳动力的供给并形成一定的消费群体规模，会直接提高当地居民的收入与消费水平，直接促进当地市场规模的扩大；另一方面，企业为了更多地享受高科技人才集聚带来的丰富高端劳动力、便利的基础设施、知识溢出效应等要素共享的便利性，办公地址往往会选择人才集聚较为丰富的地区，企业的驻扎又会吸引更多的人才集聚在该区域求职。这样，创新要素集聚扩大市场规模，市

场规模扩大进一步促进创新要素集聚，形成一种良性循环，这就是创新要素集聚对市场规模产生的迂回效应。

市场规模与创新要素集聚对后发大国创新能力提升的混合协同效应。正是因为市场规模对创新要素集聚产生虹吸效应，使创新要素进一步增强，创新要素集聚对市场规模产生迂回效应，使市场需求规模进一步扩大，它们相互作用产生混合协同效应，共同促进后发大国创新能力的提升。刘和东（2013）基于 2000 ~ 2010 年中国 30 个省级区域的面板数据，实证得出国内市场规模对人才要素具有虹吸效应，人才集聚对国内市场规模具有迂回效应，创新要素集聚与国内市场规模之间存在双向因果关系。

基于此，本文提出假设 3：

H3：市场规模、创新要素集聚之间存在相互作用关系，继而对后发大国创新能力提升产生正向影响。

三、实证研究

（一）指标确定、模型设计与数据来源

1. 指标确定

（1）被解释变量：国家创新能力。对于国家创新能力的测算，发明专利授权数是目前较为常用的衡量指标。本文采用三方专利数来衡量其专利水平，三方专利数可以消除由不同国家对专利的不同界定而引起的偏差，可以在同一个水平上比较各国的专利情况。

（2）解释变量：市场规模、创新要素集聚。①市场规模：关于“国内市场规模”的衡量标准不一，有主观维度，也有客观维度。从主观判断来界定国内市场规模的大小，则其内涵和外延界定并不清晰，且都缺乏一个有效的具体操作手段。而从客观维度来界定国内市场规模则相对比较清晰，且易于测量，具有可操作性。国内市场规模与贸易开放程度、国家自由度、GDP 等有关，因此本文采取 GDP 与国家进出口贸易差额之和来衡量国内市场规模。②创新要素集聚：目前直接对国家创新要素集聚的测度文献较少，本文参考周学政（2013）的研究成果，从人才要素集聚与资本要素集聚角度出发来构建创新要素集聚指标体系，采取熵值法来测算创新要素集聚度。

（3）控制变量。①市场制度：用经济自由指数（*frd*）来表征，以反映技术创新的制度环境。②政策支持：用 R&D 经费支出中政府资金支出占比来表征，以反映政府对

技术创新活动的支持程度。③基础设施：用各国固定宽带互联网用户与人口之比来衡量，以反映技术创新的硬环境。④外商直接投资：用各国固定资产投资中外商投资值衡量，以反映国家技术引进状况。

2. 模型构建

本文拟将静态面板回归模型和面板向量自回归（PVAR）模型相结合来检验市场规模和创新要素集聚对后发大国创新能力提升的影响。基于上述理论分析，以国家创新能力（*pat*）作为被解释变量，市场规模（*mar*）、创新要素集聚（*fac*）作为解释变量，市场制度（*frd*）、政策支持（*gov*）、基础设施（*inf*）和外商直接投资（*fdi*）作为控制变量，设计如式（1）所示的静态面板回归模型：

$$pat_{it}=\beta_0+\beta_1 mar_{it}+\beta_2 fac_{it}+\beta_3 mar_{it}\times fac_{it}+\beta_4 frd_{it}+\beta_5 gov_{it}+\beta_6 inf_{it}+\beta_7 fdi_{it}+\varepsilon_{it} \tag{1}$$

其中，i 表示国家；t 表示年度，pat_{it}表示 i 国家第 t 年的国家创新能力，mar_{it}表示 i 国家第 t 年的市场规模，fac_{it}表示 i 国家第 t 年的创新要素集聚度；frd_{it}、gov_{it}、inf_{it}和 fdi_{it}分别表示 i 国家第 t 年的市场制度、政策支持、基础设施和外商直接投资。

尽管式（1）给出了市场规模、创新要素集聚与国家创新能力的基本关系，但是它难以全面刻画它们之间多向的相互影响、相互制约的动态关系。因此，本文还通过建立面板向量自回归（PVAR）模型探寻它们之间的长期均衡关系，然后通过脉冲效应函数与方差分解方法，研究市场规模、创新要素集聚等因素扰动对国家创新能力所产生的动态效应。

本文构建滞后 j 阶的 PVAR 模型如式（2）所示：

$$Y_{it}=\alpha_i+\beta_t+\sum_{j=1}^{n}\lambda_j Y_{i(t-j)}+\mu_{it} \tag{2}$$

其中，Y_{it}包括三个列向量，分别是国家创新能力、市场规模和创新要素集聚；λ_j 表示滞后 j 阶的参数矩阵；n 代表滞后阶数；α_i、β_t 分别表示个体效应变量与时间效应变量；μ_{it}为随机扰动项。

3. 数据来源

三方专利授权量、GDP、进出口贸易额、研发人员、研发资金、人口、经济自由指数、固定宽带互联网用户、FDI 等相关数据均来源于 OECD 数据库和世界银行数据库，其中 GDP、研发资金、进出口贸易额、FDI 均以 2005 年不变价格指数进行平减。根据欧阳峣、罗会华（2010）对大国的界定以及联合国关于发达国家和发展中国家的划分依据，选择 14 个后发大国（中国、俄罗斯、巴西、印度、南非、墨西哥、阿根廷、伊朗、哥伦比亚、埃及、印度尼西亚、刚果（金）、苏丹、埃塞俄比亚）和 10 个发达大国（美国、日本、英国、西班牙、德国、法国、加拿大、澳大利亚、意大利、韩国）共 24 个国家作为样本，时间跨度为 2000～2020 年。为了避免时间序列中可能存在的异方差问题，对变量均作自然对数处理。

（二）实证分析

1. 静态面板回归结果与分析

对于面板数据的回归，有混合面板回归（OLS）、随机效应模型（RE）、固定效应模型（FE）三种基本的估计方法。LM 检验、F 检验和 Hausman 检验结果表明，本文适合采用固定效应模型进行回归分析。由于面板数据易产生异方差问题，本文接着利用 Wald Test 进行组间异方差的检验，结果表明不能接受组间异方差为零的假设，即存在着显著的组间异方差，本文运用 FGLS 的固定效应模型进行估计，可修正上述问题，具体结果如表 1 和表 2 所示。

表 1　市场规模、创新要素集聚对国家创新能力影响的回归分析（后发大国）

被解释变量	国家创新能力（*pat*）			
	模型 1	模型 2	模型 3	模型 4
市场制度 （*frd*）	1.2321 * （1.83）	1.6280 ** （2.45）	1.2348 * （1.83）	0.0334 *** （2.62）
政策支持 （*gov*）	0.0870 （0.46）	0.2818 （1.49）	0.0938 （0.38）	0.1174 *** （2.64）
基础设施 （*inf*）	0.2468 *** （9.41）	0.1032 ** （2.53）	0.2466 *** （9.38）	−0.1879 （−1.46）
外商直接投资 （*fdi*）	−0.2517 *** （−3.34）	−0.2570 *** （−3.46）	−0.2513 *** （−3.32）	−0.1044 *** （−3.29）
市场规模 （*mar*）	—	0.6345 *** （4.68）	—	0.9314 *** （8.80）
创新要素集聚度 （*fac*）	—	—	0.0042 （0.04）	0.1220 （1.53）
交互项 *mar*×*fac*	—	—	—	0.0982 ** （2.33）
常数项	3.5991 （1.31）	−15.3748 *** （−3.14）	3.6095 （1.30）	−19.3150 *** （−6.31）

续表

被解释变量	国家创新能力（*pat*）			
	模型 1	模型 2	模型 3	模型 4
Wald chi 值	132.76***	162.77***	132.32***	179.55***
观测值	294	294	294	294

注：（1）括号内为 z 值；（2）*、**、*** 分别表示 0.1、0.05、0.01 的 P 值显著性水平。

表 2 市场规模、创新要素集聚对国家创新能力影响的回归分析（发达大国）

被解释变量	国家创新能力（*pat*）			
	模型 1	模型 2	模型 3	模型 4
市场制度（*frd*）	0.8191** (2.11)	1.1443*** (2.61)	1.1081*** (2.77)	1.2689*** (2.73)
政策支持（*gov*）	0.0907 (0.83)	-0.0198 (-0.17)	0.0842 (0.79)	-0.0344 (-0.29)
基础设施（*inf*）	0.0307*** (2.77)	0.0691*** (4.13)	0.0266* (2.40)	0.0713*** (3.97)
外商直接投资（*fdi*）	0.0006 (0.04)	-0.0015 (-0.11)	0.0041 (0.30)	-0.0005 (-0.04)
市场规模（*mar*）	—	0.2048*** (2.99)	—	0.0377 (0.24)
创新要素集聚度（*fac*）	—	—	0.0893* (2.44)	2.6653* (1.78)
交互项 *mar*×*fac*	—	—	—	0.0911* (1.72)
常数项	11.1183*** (6.43)	-6.4800*** (2.84)	12.5877*** (6.97)	14.1096*** (3.18)
Wald chi 值	23.38***	27.86***	30.08***	38.20***
观测值	210	210	210	210

注：（1）括号内为 z 值；（2）*、**、*** 分别表示 0.1、0.05、0.01 的 P 值显著性水平。

根据表 1，模型 1 中，市场制度、基础设施与后发大国创新能力提升的相关系数分别为 1.2321、0.2468，且分别通过 10%、1% 的显著性水平检测，说明市场制度、基础设施对后发大国创新能力提升具有正向影响；外商直接投资与后发大国创新能力提升之间存在 1% 水平上的负向影响关系；政策支持对后发大国创新能力提升有正向影响，但并不显著。模型 2 中，市场规模与后发大国创新能力相关系数为 0. 6345，且在 1% 的水平上显著。说明市场规模正向影响后发大国创新能力，当市场规模提升 1 个单位时，后发大国创新能力提升 0. 6345 个单位。假设 1 初步得到证实，即市场规模正向影响后发大国创新能力。模型 3 中，创新要素集聚度与后发大国创新能力相关系数为 0. 0042，但未通过显著性检验。说明创新要素集聚对后发大国创新能力提升有促进作用，但还不显著。这与我们的假设 2 不完全符合，但这也正反映了后发大国创新要素短缺这一客观事实，还未真正形成大规模的创新要素集聚现象，因此创新要素对后发大国创新能力提升的集聚效应还不明显。模型 4 中，市场规模对后发大国创新能力提升的促进作用最大，相关系数达到 0. 9314，且在 1% 的水平上显著；市场规模和创新要素集聚的交互项与后发大国创新能力的相关系数为 0. 0982，并且在 5% 的水平上显著，说明市场规模与创新要素集聚对后发大国创新能力提升具有混合协同效应；创新要素集聚对后发大国创新能力提升有正向影响，但不显著。假设 3 初步得到证实，即市场规模、创新要素集聚之间存在相互作用关系，继而对后发大国创新能力提升产生正向影响。

根据表 2，模型 1 中，市场制度、基础设施与发达大国创新能力提升存在显著正向影响关系；政策支持、外商直接投资对发达大国创新能力提升有正向影响，但并不显著。美国等发达大国是一种典型的市场调节型技术创新活动的国家，其市场制度和基础设施都比较完善，但政府在 R&D 经费支出中的投资比例是比较低的，其职责主要是通过制定较完善的制度，为企业创造一个良好的创新环境，让市场去调节企业的创新活动，这些都有助于发达大国技术创新活动的自由顺利开展。模型 2 中，市场规模与发达大国创新能力相关系数为 0. 2048，且在 1% 的水平上通过显著性检验，说明市场规模正向影响发达大国创新能力，当市场规模提升 1 个单位时，发达大国创新能力提升 0. 2048 个单位。模型 3 中，创新要素集聚度与发达大国创新能力相关系数为 0. 0893，且在 10% 的水平上通过显著性检验，说明创新要素集聚正向影响发达大国创新能力，当创新要素集聚提升 1 个单位时，发达大国创新能力提升 0. 0893 个单位。模型 4 中，创新要素集聚对发达大国创新能力提升的正向影响最大，影响系数达到 2. 6653；市场规模与创新要素集聚的交互项相关系数为 0. 0911，且通过了 10% 的显著性检验，说明市场规模与创新要素集聚存在相互作用，继而对国家创新能力产生影响；市场规模对发达大国创新能力的提升有正向影响，但不显著。

因此，从静态面板回归数据来看，市场规模是后发大国创新能力提升的关键因素，创新要素集聚对后发大国创新能力提升具有不显著的促进作用，市场规模与创新要素集聚具有交互作用，并对后发大国创新能力提升具有混合协同效应。创新要素集聚是发达大国创新能力提升的关键因素，市场规模具有不显著的促进作用，市场规模与创新要素集聚对发达大国创新能力提升同样具有混合协同效应。

2. PVAR 模型回归结果与分析

（1）模型检验。创新能力提升从长期来看是个动态过程，既受当前因素的影响，也与过去因素有关，本文采用面板向量自回归（PVAR）方法对国家创新能力与市场规模、创新要素集聚之间的关系进行再次验证。

①面板单位根检验。为检验面板数据的平稳性，本文运用 LLC、IPS 方法对变量数据进行面板单位根检验。根据表 3 结果，后发大国与发达大国各变量都为一阶单整时间序列，因此，面板数据满足 PVAR 模型所需的平稳性条件。

表 3　　面板单位根检验

国家	项目	*pat*	*mar*	*fac*	*pat*（-1）	*mar*（-1）	*fac*（-1）
后发大国	LLC	-2.1020 (0.0178)	1.8325 (0.9666)	5.5628 (1.0000)	-10.6638 (0.0000)	-4.2653 (0.0000)	-7.6369 (0.0000)
	IPS	-1.2640 (0.1031)	0.5294 (0.7017)	2.6295 (0.9975)	-7.5994 (0.0000)	-4.2309 (0.0000)	-5.1178 (0.0000)
	平稳性	不平稳	不平稳	不平稳	平稳	平稳	平稳
发达大国	LLC	2.9204 (0.9983)	-1.2768 (0.1008)	-0.8988 (0.1844)	-11.1285 (0.0000)	-7.0223 (0.000)	-6.5159 (0.000)
	IPS	-1.2070 (0.1137)	0.0155 (0.5062)	0.3665 (0.6430)	-7.3616 (0.0000)	-5.2312 (0.0000)	-3.0513 (0.0000)
	平稳性	不平稳	不平稳	不平稳	平稳	平稳	平稳

注：（1）括号内为 P 值；（2）*pat*（-1）、*mar*（-1）、*fac*（-1）表示对应变量的一阶差分。

②最优滞后期确定。本文运用 MAIC，MBIC 和 MQIC 准则，确定 PVAR 模型的最优滞后期。根据表 4，最终确定后发大国的最优滞后期是二期，发达大国的最优滞后期是一期。

表 4　　最优滞后阶数确定

滞后阶数	后发大国			发达大国		
	MAIC	MBIC	MQIC	MAIC	MBIC	MQIC
1	0. 0914	0. 8057	0. 3789	-5. 1584*	-4. 4666*	-4. 8779*
2	-0. 3266*	0. 5488*	0. 0262*	-5. 0899	-4. 2045	-4. 7306
3	-0. 1132	0. 9377	0. 3110	-4. 9460	-3. 8505	-4. 5012
4	0. 1686	1. 4118	0. 6712	-4. 9414	-3. 6167	-4. 4032
5	0. 2009	1. 6560	0. 7900	-4. 7053	-3. 1294	-4. 0649

注：* 表示相应准则选择的最优滞后阶数。

（2）PVAR 模型的向量自回归结果。为了更好地控制个体效应和内生性问题，本文采用 GMM 广义矩估计法对模型参数进行估计，具体结果如表 5 所示。

表 5　　PVAR 模型的估计结果

	变量	L1. h_pat	L1. h_mar	L1. h_fac	L2. h_pat	L2. h_mar	L2. h_fac
后发大国	L. h_pat	0. 6626*** (2. 86)	-0. 0374 (-1. 20)	0. 0163 (0. 21)	0. 0555 (0. 73)	0. 0051 (0. 37)	0. 0120 (0. 26)
	L. h_mar	0. 1730 (0. 48)	0. 9157*** (8. 82)	-0. 0903 (-0. 74)	-0. 0201 (-0. 16)	-0. 0906 (-1. 33)	0. 0579 (0. 63)
	L. h_fac	-0. 3605* (-1. 67)	0. 0250 (0. 50)	1. 2419*** (12. 45)	0. 3435* (1. 77)	0. 0122 (0. 38)	-0. 2824*** (-2. 74)
发达大国	L. h_pat	0. 9854*** (7. 10)	0. 2415 (1. 36)	0. 0755* (2. 09)			
	L. h_mar	0. 0433** (3. 34)	0. 7753*** (13. 91)	0. 0495 (0. 20)			
	L. h_fac	0. 0123* (2. 26)	-0. 0535 (-0. 84)	0. 9764* (2. 44)			

注：（1）采用 Pvar2 程序进行估计；（2）所有变量在估计前进行 Helmelt 转换，*h_pat*，*h_mar*，*h_fac* 为转变后变量；（3）L1、L2 分别表示滞后 1 期、2 期。

根据表5，滞后1期的市场规模、创新要素集聚对后发大国当期创新能力的影响系数分别是 -0.0374、0.0163，两者都未通过显著性水平检验；滞后2期的市场规模、创新要素集聚的影响系数分别是0.0051、0.0120，两者也都未通过显著性水平检验。说明市场规模与创新要素集聚对后发大国创新能力提升有促进作用，但还不显著。

滞后1期的市场规模、创新要素集聚对发达大国当期创新能力的影响系数分别是0.2415、0.0755，其中创新要素集聚通过了10%的显著性水平检验，而市场规模未通过检验。这表明创新要素集聚对发达大国创新能力存在正向影响，市场规模的促进作用则不明显。

（3）脉冲响应函数分析。本文使用 Monte Carlo 模拟500次得到正交化脉冲响应函数图，来探寻市场规模、创新要素集聚与国家创新能力之间的动态关系。结果如图1、图2所示。

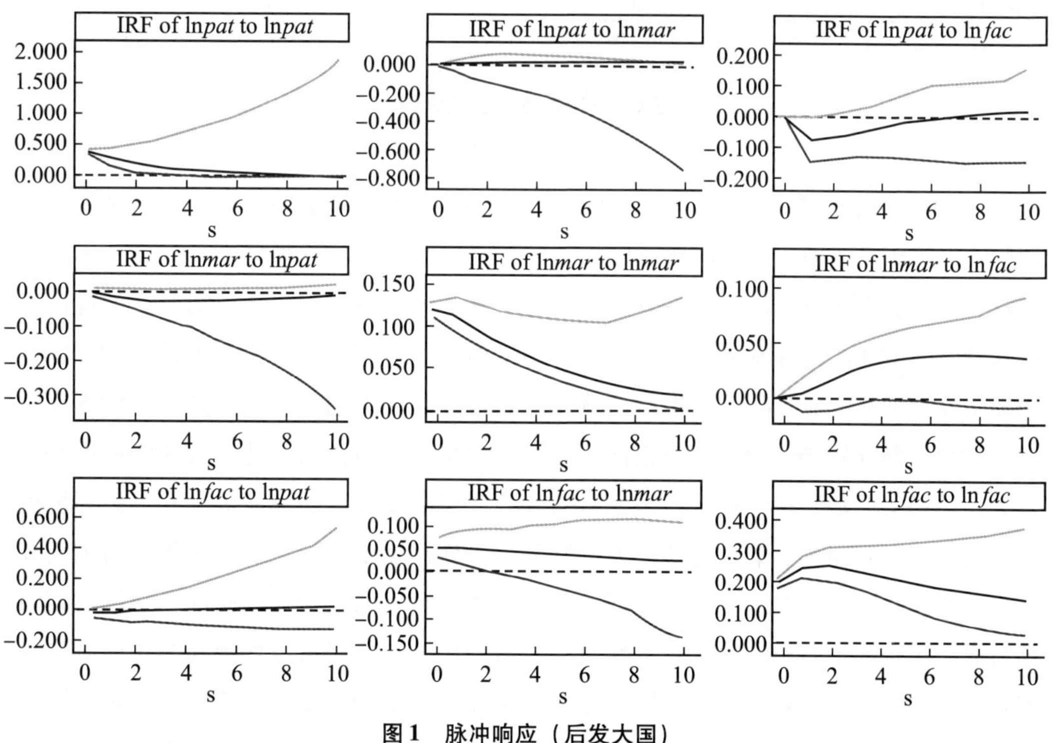

图1　脉冲响应（后发大国）

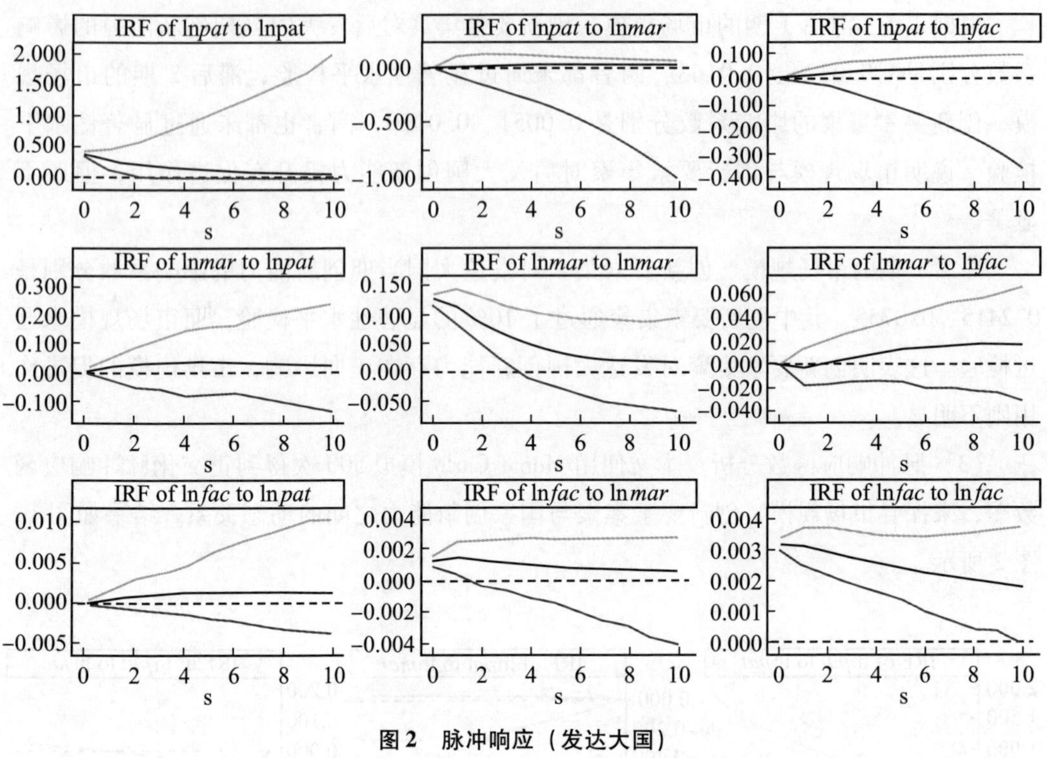

图 2　脉冲响应（发达大国）

从图 1 可以看出，后发大国创新能力对市场规模的冲击响应，表现为一种较为平缓的力度不大的正向响应，原因可能在于尽管后发大国市场规模巨大，但还处于一种潜在状态，只有将其市场潜力充分激发出来，其市场规模在创新能力提升中的规模效应和竞争效应才会充分发挥作用。后发大国创新能力对创新要素集聚的冲击响应，在当期未作出明显响应，随后产生负向响应，其幅度在第 1 期达到最低点，之后逐步回升，到第 7 期开始转化为较弱的正向响应，随后呈现不断扩大之势。可能的原因是后发大国前期的创新要素集聚度不足，但随着创新要素集聚度的不断提高和创新环境的不断改善，创新要素集聚对创新能力提升的促进作用逐步显现。从市场规模与创新要素集聚的相互冲击响应来看，它们都彼此表现为一种正向响应，不同的是市场规模对创新要素集聚的正向响应程度在不断增大，而创新要素集聚对市场规模的正向响应程度则在逐步缩小。这表明市场规模与创新要素集聚具有相互促进作用，同时也证明了创新要素集聚对市场规模具有迂回效应；市场规模对创新要素集聚具有虹吸效应。

从图 2 可以看出，发达大国创新能力对市场规模的冲击响应，一直表现为一种较为平缓的微弱正向响应；其对创新要素集聚的冲击响应，则表现为一种逐步扩大的非常显著的正向响应。这表明创新要素集聚一直是促进发达大国创新能力提升的关键因素。从发达大国市场规模与创新要素集聚的相互冲击响应来看，与后发大国的情况一样，它们也都彼此表现为一种正向响应，但其响应程度要小。

（4）方差分解分析。方差分解方法可以帮助我们通过分析每一个结构性冲击对其他内生变量变化的影响程度来了解一个变量冲击对另一个变量变动的贡献大小。

根据表6，后发大国创新能力自身对创新能力变动的贡献率，无论在第10期、第20期还是第30期，一直都保持在0.910以上；市场规模与创新要素集聚对创新能力变动的贡献率在第10期分别仅为0.019、0.044，到第30期，这两者的贡献率尽管都有不同程度的提升，但也分别只有0.024、0.059。这表明，后发大国创新能力的变动，更多来自自身的积累，市场规模与创新要素集聚的贡献较小，但受创新要素集聚的影响略大，这再次说明市场规模与创新要素集聚对后发大国创新能力提升的促进作用还没充分发挥，还有很大的挖掘空间。

表6 **方差分解**

变量	期数	后发大国			发达大国		
		ln*pat*	ln*mar*	ln*fac*	ln*pat*	ln*mar*	ln*fac*
ln*pat*	10	0.937	0.019	0.044	0.386	0.013	0.601
ln*mar*	10	0.051	0.807	0.142	0.346	0.551	0.084
ln*fac*	10	0.008	0.037	0.955	0.129	0.017	0.854
ln*pat*	20	0.922	0.023	0.054	0.365	0.025	0.610
ln*mar*	20	0.046	0.718	0.236	0.586	0.313	0.101
ln*fac*	20	0.012	0.038	0.950	0.114	0.020	0.866
ln*pat*	30	0.918	0.024	0.059	0.249	0.029	0.722
ln*mar*	30	0.045	0.696	0.259	0.635	0.268	0.097
ln*fac*	30	0.013	0.038	0.949	0.190	0.018	0.792

发达大国第10期的市场规模、创新要素集聚对其创新能力变动的贡献率分别为0.013、0.601；到第30期，创新要素集聚对发达大国创新能力变动的贡献率达到0.722，市场规模对国家创新能力变动的贡献率最小，仅为0.029。这表明，发达大国创新能力的变动主要来自创新要素集聚的贡献。

综上所述，根据面板向量自回归模型结果，从长期来看，后发大国的市场规模对其创新能力提升一直有着较为平缓的促进作用；创新要素集聚对其创新能力提升也有着正向影响，并呈现不断增强趋势；市场规模、创新要素集聚之间存在交互作用，共同促进后发大国创新能力提升，本文提出的假设 1、假设 2、假设 3 全部得到证实。发达大国的创新要素集聚对其创新能力提升的促进作用明显，但市场规模的促进作用较为微弱；市场规模、创新要素集聚之间也存在明显的交互作用，共同促进发达大国创新能力提升。

四、结论与政策建议

（一）主要结论

本文在对市场规模、创新要素集聚和国家创新能力之间的关系进行文献梳理与理论分析的基础上，利用 2000～2020 年 14 个后发大国、10 个发达大国的面板数据，通过建立静态面板回归模型和面板向量自回归（PVAR）模型，实证研究市场规模、创新要素集聚对后发大国创新能力提升的影响，并与发达大国进行对比分析，主要结论如下。

第一，静态面板回归结果显示，市场规模是促进后发大国创新能力提升的重要因素；创新要素集聚对后发大国创新能力提升有着不显著的正向影响，但却是促进发达大国创新能力提升的关键因素；市场规模与创新要素集聚之间存在交互效应，它们对后发大国和发达大国创新能力提升都具有混合协同效应。

第二，面板向量自回归（PVAR）模型显示，市场规模对后发大国创新能力提升一直有较为平缓的促进作用，创新要素集聚对后发大国创新能力提升的促进作用由负向转为正向，并呈不断增强的态势；市场规模对发达大国创新能力的促进作用比较微弱，但创新要素集聚对发达大国创新能力具有显著正向影响；无论是后发大国还是发达大国，市场规模与创新要素集聚之间都存在显著的相互促进作用，但它们对后发大国的影响程度大于发达大国，这表明扩大后发大国市场规模、增强创新要素集聚大有潜力。

（二）政策建议

后发大国有着宏大的国内市场规模，但市场规模对其创新能力提升的促进作用还没有最大限度发挥；后发大国创新要素较为短缺，创新要素集聚对创新能力提升的促进作用还不特别明显。如何充分挖掘其超大规模市场优势，集聚各种优质创新要素，尤其是集聚高素质创新型人才，并积极营造好的创新环境，是后发大国创新能力不断提升的关键。

第一，充分发挥国内市场规模优势，致力于培育高端市场需求，形成完整市场链。在国内市场规模上，尽管后发大国人口众多，潜在市场需求规模庞大，但由于后发大国人均收入低，城乡间、地区间收入差距大，且国内市场分割的存在，导致国内有效需求严重不足，需求结构低端化，从而削弱了市场需求对技术创新动力的引致作用，制约了技术创新活动的开展和能力的提升。因此，促进后发大国创新能力提升的政策思路，应该着眼于提升居民购买能力，缩小城乡间、地区间收入差距，打破国内市场分割，从而刺激有效需求规模，将潜在市场需求最大限度转变为现实需求，同时要不断改善市场需求结构，致力于培育本土高端需求，形成完整的市场链，不断拉动后发大国技术进步。

第二，积极搭建高能级的平台载体，大力促进创新要素集聚。高素质创新型人才与创新资金的不足是后发大国创新能力提升的主要“瓶颈”因素。以中国为例，2018年，中国每万人拥有 R&D 人员数量仅 31 人，远低于美国（68 人/万名）、日本（71 人/万名）、法国（67 人/万名）、德国（85 人/万名）、韩国（97 人/万名）等国家。后发大国应充分利用其市场规模巨大的虹吸效应，积极搭建各种平台载体，吸引创新要素在后发大国形成集聚，确保要素集聚对技术创新的拉动效应得以充分发挥。同时应打破区域壁垒，促进创新要素跨区域合理、有序流动，从而优化区域间的创新要素配置，提高省际各要素的交互作用，以达到“1 +1 >2”的协同效应。

第三，努力营造良好创新环境，厚植创新能力提升的土壤。后发大国还存在市场制度不太完善、外商直接投资技术溢出效应不佳、政府支持错位、基础设施不够发达等问题，这些都制约着后发大国创新能力的提升。后发大国要不断完善市场制度，减少政府对创新主体的直接干预，提高市场自由化程度，从而激发创新主体活力；要不断提升本国技术吸收能力，增强外商直接投资带来的技术外溢效应，同时要注重引进技术含量较高的外商直接投资；在政府支持上，应注重通过对创新人才的知识和健康投资，提高创新人才的质量，同时提升资金利用效率，使政府支持和市场所需有效衔接起来；提升技术创新能力还需要基础设施等硬件支撑，后发大国需不断加强基础设施建设，进一步提升基础设施的数量和质量。

参考文献

［1］韩言虎，罗福周．中国情境下创新集群策动的路径选择［J］．中国科技论坛，2014（7）：

10 – 14.

［2］刘和东．国内市场规模与创新要素集聚的虹吸效应研究［J］．科学学与科学技术管理，2013，34（7）：104 – 112.

［3］刘志彪．基于内需的经济全球化：中国分享第二波全球化红利的战略选择［J］．南京大学学报（哲学·人文科学·社会科学版），2012，49（2）：51 – 59.

［4］刘志彪．新时代实现创新引领性发展：关键问题和运行机制［J］．中国地质大学学报（社会科学版），2018（2）：1 – 7.

［5］欧阳峣．大国发展经济学的逻辑体系［J］．湖南师范大学社会科学学报，2018（6）：40 – 46.

［6］欧阳峣，罗会华．大国的概念：涵义、层次及类型［J］．经济学动态，2010（8）：20 – 24.

［7］欧阳峣，汤凌霄．大国创新道路的经济学解释［J］．经济研究，2017（9）：13 – 25.

［8］沈能，赵增耀，周晶晶．生产要素拥挤与最优集聚度识别：行业异质性的视角［J］．中国工业经济，2014（5）：83 – 95.

［9］唐根年，管志伟，秦辉．过度集聚、效率损失与生产要素合理配置研究［J］．经济学家，2009（11）：52 – 59.

［10］田喜洲，郭新宇，杨光坤．要素集聚对高技术产业创新能力发展的影响研究［J］．科研管理，2021（9）：61 – 70.

［11］吴卫红，等．创新资源集聚对区域创新绩效的溢出效应：高校与高技术产业对比研究［J］．科技进步与对策，2017，34（17）：40 – 45.

［12］徐康宁，冯伟．基于本土市场规模的内生化产业升级：技术创新的第三条道路［J］．中国工业经济，2010（11）：58 – 67.

［13］杨浩昌，李廉水，刘军．本土市场规模对技术创新能力的影响及其地区差异［J］．中国科技论坛，2015（1）：27 – 32.

［14］易先忠，高凌云．融入全球产品内分工为何不应脱离本土需求［J］．世界经济，2018（6）：55 – 78.

［15］张斌．政府参与、创新要素投入与企业绩效：基于洛阳市 15 个产业集聚区的实证研究［J］．研究与发展管理，2017，29（3）：31 – 43.

［16］张向荣．粤港澳大湾区制造业要素集聚与创新效率联动研究［J］．工业技术经济，2020（4）：11 – 18.

［17］张亚斌，刘天琦．逆向外包：理论源起、前沿进展与全球化战略路径创新［J］．经济与管理研究，2016，37（12）：123 – 130.

［18］周璇，陶长琪．要素空间集聚、制度质量对全要素生产率的影响研究［J］．系统工程理论与实践，2019，39（4）：1051 – 1066.

［19］周学政．区域创新要素集聚的理论基础及政策选择［J］．科学管理研究，2013，31（2）：

43 -46.

[20] 邹文杰．研发要素集聚、投入强度与研发效率：基于空间异质性的视角 [J]. 科学学研究，2015，33 (3)：390 -397.

[21] Davis D R，Weinstein D E. Market Size，Linkages，and Productivity：A Study of Japanese Regions [R]. National Bureau of Economic Research，2001.

[22] Desmet K，Parente S L. Bigger is Better：Market Size，Demand Elasticity，and Innovation [J]. International Economic Review，2010，51 (2)：319 -333.

[23] Fritsch M，Slavtchev V. How Does Industry Specialization Affect the Efficiency of Regional Innovation Systems? [J]. Annals of Regional Science，2010，45 (1)：87 -108.

[24] Hanlon W. Necessity is the Mother of Invention：Input Supplies and Directed Technical Change [J]. Econometrica，2015，83 (1)：67 -100.

[25] Krugman P R，Venabeles A J. Globalization and the Inequality of Nation [J]. Quarterly Journal of Economics，1995，110 (4)：857 -880.

[26] Krugman P. Scale Economies，Product Differentiation，and Pattern of Trade [J]. American Economic Review，1980，70 (5)：950 -959.

[27] Melitz M J，G I P Ottaviano. Market Size，Trade，and Productivity [J]. Review of Economic Studies，2008，75 (1)：295 -316.

[28] Porter M E. Clusters and the New Economics of Competition [M]. Boston：Harvard Business Review，1998.

[29] Storper M，Venables A J. Buzz：Face-to-face Contact and the Urban Economy [J]. Journal of Economic Geography，2004，4 (4)：351 -370.

中国经济史研究

唐宋时期经济重心南移如何促进了市场规模扩张?*

欧阳峣　唐　清**

摘　要　唐宋时期逐渐实现了经济重心南移，这种变化对商品市场产生了重要影响。在大国经济的框架下做市场规模的长时段历史考察，从市场供给与需求两端入手分析经济重心南移影响市场规模扩张的路径。研究发现：经济重心南移促进了商品化程度加深、商品交易频率加快和贸易网络的形成。通过劳动力数量增多、自然资源增加、农业技术改进和手工业技术进步促进供给规模扩张；通过人口扩张集聚、消费结构变化，收入水平提高和海外贸易发展促进需求规模扩张。在这种供给和需求的互动之中形成了庞大的市场规模。

关键词　市场规模　经济重心南移　供给规模　需求规模

自远古时期直至唐代前期，中国的经济重心主要集中在北方的黄河中下游地区。唐代之前经济重心总体以黄河中下游流域为中心由西向东移动，先后在西周时期至西汉末期从关中地区移至关东地区（程民生，2004）。后因各种原因，特别是人口南迁，导致经济重心逐渐迁移至南方，这一格局始于唐代安史之乱，到南宋时期基本形成。唐宋时期发生的重大的社会经济变迁促进了商品经济的发展和商品市场的繁荣。

一、文献综述

唐宋时期的社会经济发展和商业变革是国内外学者长期关心的问题。这一时期商

*　本文原载于《湘潭大学学报（哲学社会科学版）》2022 年第 4 期。

**　作者简介：欧阳峣，湖南师范大学商学院教授、博士生导师，湖南师范大学大国经济研究中心主任，上海大学经济学院特聘教授。唐清，湖南师范大学商学院理论经济学专业博士研究生。基金项目：国家社会科学基金重大项目“发展中大国经济发展道路研究”（15ZDB132）。

品经济的发展引起了各种社会要素流动，并重新组合，经济关系和社会关系日益呈现出市场化趋势（林文勋，2004）。手工业和商业的各个领域中呈现出社会商业信用体系优化，产权结构明晰化，社会资本利率下降的趋势，使得社会交易成本逐步降低（谢元鲁，2005）。私营手工业的发展体现出扩张再生产、积累货币财富、追逐利润最大化的特征（宁可，2000；魏明孔，2004）。贸易方面，商人制定并形成了新的商业惯例、制度安排和合伙方式来进行贸易活动，斯波义信、张天虹（2009）指出商业市场的突出变化是长江流域市场的扩张。学者们从不同的角度解释了唐宋时期经济发展和商业繁荣的原因，斯波义信将长江流域市场扩张归结为水路系统扩大和商业制度变革的结果，但却忽视了经济重心南移对市场规模的影响。经济重心南移对南方商品经济发展产生了重要影响，逐步形成了较为庞大的市场规模，而在以往的研究里，这一重要的影响因素经常被忽略。

学者们对于经济重心南移的研究主要集中在经济重心开始及完成的时间、标准及过程，或是经济重心南移的原因。（1）经济重心南移开始及完成的时间。唐宋时期经济重心南移的变化已经成为学界共识，但是对于经济重心南移具体何时开始、何时转移与何时完成，学界并没有一个定论。有的学者认为经济重心南移最早始于东汉，有的学者提出应是魏晋南北朝、隋代或是唐代。关于经济重心南移完成的时间颇具争议，时间跨度相当长，可从魏晋南北朝跨越至南宋。目前，较为主流的观点认为经济重心南移的时间始于唐代安史之乱（李伯重，1990；朱绍侯、张海鹏、齐涛，2000），到南宋时期基本完成（郑学檬，1996；李剑农，1957）。（2）经济重心南移的标准及过程。早期，多数学者主要将南北方人口分布情况作为经济重心南移的判断标准，后来涉及对农业、手工业及生产力发展情况等经济因素方面的考察。郑学檬和陈衍德较为全面地指出经济重心南移过程完成的标准包括：经济重心南移地区生产发展的广度与深度领先其他地区；经济重心南移地区生产发展具有持久性和稳定性；封建政府更加倚重经济重心所在的地区，并反映在政治方面（郑学檬、陈衍德，1991）。当然，其中不乏其他学者提出的新的标准，例如，从人口的综合素质、主要生产部门的产量或是经济发展的质量等方面进行衡量（程民生，2004；张全明，2002）。（3）经济重心南移的原因。此前史学界普遍认为，中国经济重心南移的主要原因在于北方长期战乱，导致人口大量南迁，为南方移民地区带去了丰富的劳动力（张步天，1988；吴松弟，1993）。但王大建和刘德增指出经济重心南移的根本原因在于南方人与北方人行为模式的差别（王大建、刘德增，1999）。此外，北方气候、水文、植被、土壤的变化被认为是经济重心南移不可忽视的原因（郑学檬、陈衍德，1991；张雨潇、张略钊，2010；穆冬霞，2019）。同时，民众的防灾抗灾能力因自然灾害频发、战乱割据、政治腐败、土地兼并而被严重削弱，人口南迁的规模也越来越大（邵侃、商兆奎，2009）。

总体来说，现有文献关于唐宋时期经济重心南移的解释主要涉及自然因素和社会因素，鲜有学者探究经济重心南移对商品经济的影响。因此，本文的创新主要集中在两个方面，一是纵向和横向的研究范围的拓展，即突破了朝代分野，将唐宋时期的市场规模视作整体进行长时段的历史考察，突破了区域分割，从国家整体出发而不是聚焦于江南某个地区的一个发展侧面来考察。二是运用大国经济的分析框架，即遵循国土面积广阔引致自然资源丰富，人口数量众多引致劳动力充裕以及消费需求扩大，进而形成庞大市场规模的思路（欧阳峣，2019），对唐宋时期经济重心南移影响市场规模扩张的路径，从生产要素和商品市场供需互动的视角进行综合分析。

二、经济重心南移的原因分析

学者们已经从自然和社会层面分析了经济重心南移的原因，但笔者认为从经济学角度重新来考察经济重心南移的原因，将有助于梳理经济重心南移与市场规模扩张的关系。

第一，长期战乱引发了人口大量南迁，为南方经济发展提供了劳动力资源。中国历史上经历了多次人口南迁，其中，西晋后期的“永嘉之乱”、唐代的“安史之乱”和宋代的“靖康之难”影响巨大。魏晋南北朝时期，大批北方移民南下。司马光在《资治通鉴》中提到“安史之乱”时，如是说道“由是祸乱继起，兵革不息，民坠涂炭，无所控诉，凡二百余年。”（司马光，1977）长时间的战乱，北方地区民不聊生，导致生产难以恢复，人口被迫大量南迁，这批流动人口，主要移居至江、浙、湖、川等地区。当时的淮南与江浙地区由于有运河同黄河、淮河相通，交通便利，气候宜人，是移民们的理想移居地，以淮南东部移民最多，而苏南与浙北次之。鄂北区因与长安和洛阳两地距离较近，也成为当时北方移民高度集聚的地区。同时，西南地区的巴蜀盆地，因农业发达，自然条件优越，也成为许多移民选择迁居的地区。至北宋末年的“靖康之难”导致大约500万人口南迁，此次的迁徙规模是中国历史上空前的（吴松弟，1993）。《宋史·钦宗本纪》记载，河东“威胜、隆德、汾、晋、泽、绛民皆波河南奔，州县皆空，”（脱脱，1977）于是有“士民扶老携幼，适汝、颍、襄、邓避难者莫知其数。”（徐梦莘，1987）并且此次人口南迁的区域，比前朝更广更远，最远到达广西、岭南等地。中国古代以农业为本，需要投入较多的劳动力。此外，唐宋时期，南方地区纺织业、制茶业、制瓷业、铸造业等手工业逐渐发展起来。农业与手工业属于劳动密集型产业，大量南迁的人口为南方地区的农业、手工业经济发展带来了丰富的劳动力，促进了农业和手工业的发展，推动经济增长的重心从北方转移到南方（欧阳峣，2017）。

第二，南方适宜的气候和生态环境为农业发展提供了优越的自然条件。南方气候较为温暖，雨水充沛。西晋以后，随着人工施肥和人工灌溉技术的改进，弥补了南方红土壤呈酸性且腐殖质缺乏的缺陷，使南方的土地更加适宜农业生产。相比较当时的北方，黄土高原由于被过度开垦，生态环境遭到破坏，黄河中游地区水土流失严重，耕地面积减少，天灾频繁，农业发展受阻（王大建、刘德增，1999）。北宋末及南宋初，更是经历了一个寒冷期，北方平均气温比往常低，降水量减少，气候干旱，导致北方农作物种类减少，农作物生产周期变长，加速了北方农业的衰落。但这个寒冷期并未对南方地区的生产条件造成太大影响，反而为一些地区实行稻麦连作打下了基础，因为春小麦的生长需要更低温的条件（张雨潇、张略钊，2010）。且此时江南地区农业生产技术及生产工具有明显的进步，极大地提高了南方地区的农业生产效率和粮食产量，使得南方地区可以容纳更多的人口，为经济的繁荣提供了物质基础。

第三，南方的陆运和水运网络为形成统一市场提供了交通条件。古代的物资运输主要有两种途径：陆运和河流水运。相比之下，水运比陆运更经济实惠。北方地区河流系统少、水量小，还有大量水源需要用于农业灌溉，且部分河道由于泥沙淤积严重，经常需要疏浚，河流冬天还有漫长的结冰期，所以面临旱季和冬季船只几乎无法行驶的问题。但南方地区的河流全年不会结冰，长江中下游水系发达，得天独厚的水运条件使得南方地区发展贸易无往不利。同时，隋朝时期开通的大运河能使生产于江南的粮食、丝绸、瓷器能以大批量且成本较低的方式运到北方的政治中心。船只在运粮往返途中会携带商货，以牟取额外利润，降低运输成本，有利于北方与南方的商品贸易流通。除水运外，陆路交通条件也有所改善。北宋时，南方不少地区已在路面铺设砖石，使路面硬化，南宋时，道路铺设砖石在江浙地区已十分普遍。在两宋时期，南方桥梁和道路数量大幅增加，如福建一路在宋代就造桥 646 座，根据各地方志记载，道路较前朝更为繁密。总之，交通基础设施的改善为形成统一的国内市场提供了基础条件（欧阳峣，2017），大运河、长江航道和陆路交通运输网为南北方的贸易提供了便利。

三、唐宋时期商品市场规模扩张的主要特征

市场，中国古代称作市井，即买卖双方进行交易的场所。唐宋时期，商品交换的

空间和范围与前朝相比，已经发生了根本性的变化，商品市场规模具有明显的大国市场规模特征。主要表现在以下几个方面。

第一，农业和手工业的发展使剩余产品增多，促进了商品化程度的加深。唐宋时期，粮食的亩产量大幅提高，人均占有的粮食数量增加，剩余可交易的粮食数量也相应增加。“唐代的平均粮食亩产量可能是在每市亩一百二三十市斤上下”，此时稻米的种植面积已经扩大，产量高于北方旱地作物；到了宋代，浙江地区的稻米亩产量可达每市亩四百零二市斤，江苏及安徽地区的稻米亩产量可达每市亩三百二十六市斤（赵冈，2001），《太平广记》中记载了淮阴地区粮食商品化生产现象。唐代南粮北运数量庞大，也说明唐代粮食商品化已经达到了一定的规模（刘玉峰，2004）。农业生产的商品化不仅体现在粮食生产的商品化上，还体现在经济作物的种植和生产上。其中，茶叶生产的商品化最为突出，桑葚、大麻、棉花、水果、蔬菜、花卉等经济作物也呈现出一定的商品化趋势。宋代经济作物的种植有相当大的发展，特别是在南方地区，以至于出现了以生产某种专门农作物的专业生产户，这也是农业生产商品化的一个重要表现。

唐代以前，私营手工业生产的形式是农民的家庭副业和城镇家庭小作坊。唐宋以后，私营手工业显著发展，产生了更多的商品剩余。唐代的官营和私营的手工业种类十分丰富，手工业体系已经形成，发展至宋代，手工业不仅产地分布广泛，而且生产规模迅速扩大，产量增加。

第二，商品种类和交易数量增多，促使商品交易频率加快。农产品与手工业产品分类更加精细，品种不断增加，产品也不断推陈出新。据粗略统计，宋代长江流域进行贸易的商品有几十种，相比魏晋南北朝时期的商品种类有了大幅增加（沈约，2000）。北宋时东京的市上至少有160行，到了南宋，临安的市上已发展到440行之多。隋唐时期出口的商品主要以丝绸与陶瓷器皿为主，其他商品比较有限。到宋代，商品的出口种类大幅增加，除了瓷器、陶器、纺绸、布帛、书籍、漆器等手工业品外，还包括铜器、铜钱、金、银、铅、锡等金属制品；玩具、乐器、伞、梳、扇等工艺品；茶、糖、酒、果脯、米、盐、药材等农副产品（黄纯艳，2003）。

以茶业和酿酒业为例，唐贞元九年（793）税茶之法实行之后，茶税约为40万贯，元和初年约为66万贯（陈衍德，1988），最高年份可达80万贯至100万贯。到南宋时，宋高宗末年约为273万贯，宋孝宗时约为470万贯。① 据推测，“唐茶产量约在

① 根据高宗末年财政总收入约为5940万贯，宋孝宗时约为6530万贯，这两代的茶利分别占财政总收入的4.6%和7.2%推算。

6000 万斤"，"宋茶则达 1.5 亿斤水平。"（方健，1993）到了宋代，酿酒业不断发展，酒课年收入与酒产量都不断增加（见表 1）（李华瑞，1991）。从唐宋时期的漕运粮食数量也可以窥见一二，唐代刘晏主政漕运时期每年漕运江南粮食到长安 110 万石。宋真宗时期，以 600 万石粮食为东南漕粮定额，其后运量在此定额基础上有所增减变化。据统计，当时江淮地区的漕粮运量曾达到 700 万～800 万石（徐松，1957）。

表 1　宋代酒产量与酒课收入

年份	酒课年收入	增长率	酒的产量	增长率
至道二年（996 年）	185 万余贯	19%	8043478 斗	20% *
景德中（1006 年前后）	428 万余贯	131%	18608695 斗	131%
天禧末（1020 年前后）	1017 万余贯	138%	42230000 斗	127%

注：*《新唐书》记载唐代太和八年（834），酒税钱即达到"凡天下榷酒为钱百五十六万余缗"，按照酒税钱与产酒量 1∶4.3 平均比例，估算出太和八年的产酒量约为 6708000 斗。

资料来源：李华瑞：《宋代酿酒业简述》，载《中国史研究》1991 年第 3 期。

第三，商品交易场所和范围扩大，促进了贸易网络的形成。发展到唐代"草市"逐渐演进为地方商业中心，还出现了"夜市"。到宋代，城市中出现了定期和不定期、专业性和节令性的各种不同类型的集市，早市、夜市昼夜相接，店铺已经可以随处开设，草市和夜市更加繁荣。根据傅宗文所统计的宋代草市镇的数据可知，宋代草市镇的分布密度为北方平均每州军拥有草市镇 9.5 个，南方平均每州军拥有草市镇 14.15 个，四川地区平均每州军拥有草市镇 18.54 个（傅宗文，1989）。这些都反映了市场规模在不断扩张，交易的场所数量日益增多。

国内贸易方面，除长安、洛阳外，汴州、益州、瓜州、荆州、湖州等州在唐代也成为著名的商业城市。如广州、扬州不仅商贸发达，而且是重要的商埠和对外贸易的重要窗口。随着贸易的发展，在唐代，各地纷纷建立了自己的商业中心。到了宋代，城市得到了大规模的发展，特别是南方地区的城市。如宋《吴郡图经续记》卷上"城邑"条记载："当此百年之间，井邑之富，过于唐世，郛郭填溢，楼阁相望，飞杠如虹，栉比棋布"（朱长文，1987）。长江流域及沿海地区的城市商船往来不绝，形成了以水运为基础的城市网络。

国际贸易方面，"丝绸之路"在唐代时期开辟了新的干线和支线，交易地点从东南亚地区及南亚地区扩散到非洲东海岸及阿拉伯地区（见表 2）。发展至宋代，对外贸易的国家和地区增加至 60 个以上（黄纯艳，2003），且不同的港口分组承担不同的航线。

对外贸易的商品种类不断丰富，贸易规模不断扩张。宋代的市舶司的收入也从初期的几十万缗增长到绍兴二十九年（1159）的二百万缗。

表 2 唐宋时期市场规模

特征	隋唐时期	北宋时期	南宋时期
商品种类	长安东市 220 行，洛阳 120 行	东京 160 行	临安 440 行
主要手工业品种类	唐代前期：纺织业、制瓷业和矿冶业 唐代后期：丝织业、制瓷业、矿冶业、造船业、造纸业和制茶业	北宋：丝织业、制瓷业、船舶制造业、矿冶业、造纸业、制茶业和雕版印刷业	南宋：丝织业、制瓷业、船舶制造业、矿冶业、印刷业、造纸业、铸钱业、军工业、酒盐茶等食品加工业
交易场所	坊市制度：只有在州、县所在地以及东、西两京设市场（受时间、空间限制）草市繁华，夜市开始出现	出现定期和不定期、专业性和节令性集市	早市、夜市更替（不受时间、空间限制）
外贸港口	广州、扬州、泉州、明州、温州、莱州、登州、楚州、都里镇、青龙镇、华亭县、澉浦镇等	广州、明州、杭州、泉州、福州、秀州华亭县、镇江、平江、密州板桥镇	广州、泉州、明州、温州、秀州海盐县、上海镇、镇江、平江、通、楚、海、越、台、福、漳、潮、雷、琼
外贸国家（地区）	新罗、百济等东亚周边国家和地区，印度尼西亚、马来半岛等东南亚地区，印度半岛、斯里兰卡等南亚地区，巴基斯坦到波斯湾沿岸，东非的部分地区	大食、注辇、阇婆、占城、勃泥、麻逸、三佛齐、倭、高丽等 60 多个国家，遍布东亚、东南亚、南亚、阿拉伯地区及非洲	

资料来源：《唐国史补》《旧唐书》《新唐书》《长安志》《太平寰宇记》《舆地纪胜》《文献通考》《宋史》《宋会要辑稿》等。

四、经济重心南移影响市场供给的路径

由于各种原因，唐代中期以后经济重心逐渐南移，为南方地区的经济发展和工商业繁荣迎来了契机。崔融道：“天下诸津，舟航所聚，旁通巴汉，前指闽越，七泽十薮，三江五湖，控引河洛，兼包淮海，弘舸巨舰，千轴万艘，交货往来，昧旦永日。”（刘昫，1975）可见当年唐代商业繁茂的程度。宋代商品交换发达，当时出现了世界上最早的纸币“交子”，出现了邸店、柜坊、飞钱等新的商业服务要素，到南宋时商业税收已经远远地超过了农业的税收，商人地位得到显著提高。追溯唐宋的工商业为何如

此繁荣，我们需要先讨论市场规模是如何扩张的。市场规模的扩张主要缘于供给和需求的互动扩张，而经济重心南移是怎样影响市场供给和市场需求的呢？首先，市场的供给能力取决于当时的生产条件，随着人力资本、技术水平、原材料质量等生产条件得到改善，给市场供给带来重要影响。

第一，人口数量增加使劳动力更加充裕，通过推动产业发展促进市场供给。在唐代中期以后，南方较为安定的政治环境吸引了大量南迁的人口，人口规模不断扩张（见表 3）。

表 3 唐宋时期南北人口统计

年份	总人口数（户）	北方人口（户）	北方人口占比（%）	南方人口（户）	南方人口占比（%）
天宝元年（742）	897 万	489 万	54.5	408 万	45.5
太平兴国五年（980）	641 万	254 万	39.6	387 万	60.4
元丰元年（1078）	1660 万	566 万	34.1	1094 万	65.9
崇宁元年（1102）	1812 万	592 万	32.7	1220 万	67.3

资料来源：根据《中国历代户口、田地、田赋统计》《中国人口史》中户数计算。

埃迪斯和格莱泽（Ades and Glaeser，1999）提出“人口规模扩大有利于形成规模市场和劳动分工”。唐宋时期大量人口涌入南方，他们带来了技能、知识、资本等资源，但无法带来土地进行农业生产。为了获得生存空间，提高生产效率，有资本的移民积极投身商业，有技术的移民则从事手工业，推动手工业从农业中分离出来；其他移民或出卖劳动力成为雇工、佣人，或成为以租佃为生的客户，或涌入不依赖于土地的其他行业。大量无地的移民转化为工商业发展的人力资源，使得劳动分工进一步细化与专业化。随着分工的发展，上下游产业取得纵向发展，商品交换范围进一步扩张，市场上商品的种类和数量也随之增加；手工业与商业的利润进一步吸引了更多无地移民及由于农业生产效率提高从土地中解放出来的劳动力的加入，如此循环往复进入“斯密杨格循环”。这种分工的发展推动产生了许多前朝没有出现的工种，还有大量专业从事工商业和各种手工业的能工巧匠。漆侠估计北宋熙丰年间采冶的冶户有 24 万至 25 万户，烧瓷的窑户有 6 万至 7 万户，各地手工业者以及集中于城镇的各种作坊的杂工不少于 40 万户（漆侠，2009）。

第二，自然资源增加使行业多样化，通过丰富商品种类促进市场供给。历史上，南方地区的初始农业发展条件远不如北方。但是，“南方气候湿热，湖泊棋布，河流纵横，鱼虾繁多，果木茂盛，……使得南方人的谋生手段相应就比较多样化”（王大建、刘德增，1999）。当南方人口与土地发生冲突时，南方人可以利用的自然资源更加丰富多样，可种植多种经济作物，可开发丘陵和湖泊，同时发展渔业、林业、采矿业、纺织业等，利用各地区异质性的自然资源，在多个领域发展生产，形成丰富的产业结构。中国古代发展小农经济以家庭为单位，对于每个家庭而言，鱼虾瓜果、麻布丝绸等产品的需求是有限的，且新鲜的鱼虾瓜果在当时不便于储存，所以生产者有了更多交易的动机，促进了南方商业贸易的繁荣。较之于北方地区，生产者以生产粮食为主，粮食便于储存，还可以充当通货，减少了交易的动机与需求。由此南方地区形成了农业、林业、渔业、手工业、矿业、商业齐头并进的局面。

另外，丝、棉、茶叶等经济作物的种植与供给是具有一定区域性的。以茶叶为例，孙洪升认为唐代以来，中国的茶叶产地不断扩张，产茶州县的数量不断增加，南方产茶区所占比重也不断提高（孙洪升，2009；张泽咸，1981）。到了晚唐江南地区的江南道 44 州中有 40 州产茶，淮南道 14 州有 10 州产茶。北宋崇宁元年（1102），各路共计 1265 个县，产茶县有 277 个，约占 21.9%，南方产茶区共有 655 个县，产茶县占 42.29%，比例明显高于北方，其中江南路、两浙路、荆湖路的产茶县数量占绝对优势（邹逸麟，1993）。唐宋时期，丝、麻的主要产区也主要集中在江淮一带。棉花，唐宋时称木棉，在唐代主要集中在岭南一带，到了宋代，两浙路、福建路、广南东西路、江南东西路都有一定规模的种植规模（杜文玉，1998）。南方各种经济作物的广泛分布与充足的产量促进了农产品商品化，丰富了市场可交换的商品种类。

第三，耕作技术的进步、生产工具的改进以及水利工程建设，通过提高农业劳动生产率促进市场供给。唐宋时期几项重要的农业技术普及与经济重心南移有密切联系。第一项技术进步是复栽技术和稻麦复种技术在南方的普及，复栽技术和稻麦复种技术分别随着唐代中期和北宋时期的人口南迁在南方地区得到广泛推广。复栽技术和稻麦复种技术将南方的土地利用率从 50% 提升至 200%（韩茂莉，2013）。漆侠更是认为当时“南方水田一亩（产量）相当于北方旱地三亩”（漆侠，2009）。复栽技术和稻麦复种技术使得大批的劳动力从土地中解放出来，转而投向手工业与商业。第二项技术进步在于育种和肥料的准备。到唐代后期，南方的地主们使用特殊的方法来进行育种，包括用特殊溶液来浸泡种子，精心准备育种的苗床，用人、动物的粪便或者腐烂的麻秆施肥，以此来提高种子的成活率，有效地降低农作物病虫害风险，增加土壤肥力，提高农作物产量（陆威仪，2016）。生产工具改进方面，更高效率的新式犁和挽具在南方得到普及，这种新式犁的新设备——犁铧，能使耕作者改变犁沟的深度。配合连接新式犁与牛的新挽具，使得整套装备使用起来灵活高效，可选择多头牲畜，适应南方地区多种多样的土壤条件，如丘陵、山地等，极大地提高了农业生产效率。

水利工程方面，南方水利工程类型众多，一是蓄水塘堰的发展，蓄水塘堰主要用于蓄水灌田。唐宋时期江南塘堰发展迅速，两浙路、福建路等地此类工程最多。如唐元和年间在江南西道兴修大小陂塘达 598 座之多共灌田 1.2 万顷。南宋淳熙元年(1174) 江南西路共修陂塘 2245 个，可灌田 4 万余顷。二是东南沿海地区的拒咸蓄淡工程。唐太和七年（833）兴建的它山堰（在今浙江宁波）就是典型的拒咸蓄淡工程。《宋史·食货志》中《木兰坡志》记载过熙宁八年（1075）在筑坡拦蓄木兰溪水，可灌溉田万余顷。三是滨湖圩田，唐代人们依靠圩田技术在太湖与洞庭湖周围的湿地新开垦了大量土地，到宋代时，通过圩田技术开发的农田已经遍布整个长江流域，宋代时人们还在山间开垦梯田。根据冀朝鼎统计的中国治水活动的历史发展与地理分布情况，唐宋时期，南方地区水利工程总量远远超过北方，北方地区新增水利工程呈下降趋势，南方地区新增水利工程呈上升趋势，且南北方差距逐渐拉大（冀朝鼎，1981)。这些水利工程技术的进步与普及提高了土地的灌溉率。

第四，盐业、造船业和航运业技术进步与扩散，通过推动手工业和服务业促进市场供给。中国很早就开始了对制盐技术的探索，北宋时期在四川地区出现的“卓筒井”是宋代的盐业技术进步的代表，此盐井“用圜刃凿如碗大，深者数十丈”（苏轼，1997)。这种隐蔽的小口深井广泛存在于私盐，产盐洁白，无论从价格还是质量上都胜过多沙多杂土的官盐。至神宗熙宁初年，经营“卓筒井”者颇多，仅陵州卓筒井作坊中雇佣的劳动者，“与彼二州（嘉荣州）者工匠移人，合为千几、万人矣!”（文同，1936）此三州从事盐业的工匠已达数千上万人。“卓筒井”的出现提高了食盐产量，有效缓解了食盐危机。

造船业与航运业的发展与内河运输及海外贸易的发展息息相关，唐代在全国沿江傍海地区普遍建立了造船厂，主要分布在南方地区，如嘉州、金陵、岭南等地。唐代时期造船重点由军用战舰转为民用船舶，舟船已使用了钉接榫合的连接工艺，能造当时海上最大的海船。宋代的造船地点比唐代更多，据《宋会要辑稿》记载：宋代的造船地点有 24 个，主要分布在长江流域和东南沿海一带，如江州、吉州、洪州等，有些造船地点还规定了每年造船定额。宋代舟船的制造不但数量多，而且质量高，船体高大坚固，船舱内装潢精致。宋代造船业的发展极大地降低了商品运输的成本，提高了商品流通效率，推动了国内外贸易的发展。

五、经济重心南移影响市场需求的路径

唐宋时期多种商品市场需求都有不同程度的扩张,“增长不仅是产出总量的增长,更是需求扩张及结构转换的过程”(Chenery, 1960)。唐宋时期经济重心南移促进了商品供给能力的提升,同时促进了商品市场需求的扩张和结构的转换。

第一,人口数量和密度增加,通过影响消费总量促进市场需求规模的扩张。人口规模的增长不仅带来了丰富的劳动力,这些劳动力人口也是消费的主体。从唐至宋,除了战乱年间,人口总体规模呈上涨趋势。但相比而言,南方的人口增加速度与数量都要高于北方(见表3)。当生产力水平提高后,大量农副产品进入市场,充足的人口使得这些产品能够被消化,新的人口结构与多样化的消费取向激发了更多的市场需求,草市镇得以迅速发展。

同时,南方各地区人口密度的增加,使得城市化率提高,这为工商业和贸易规模扩张提供了有利条件。唐代天宝元年(742)北方的人口密度为14.5人/平方公里,南方的人口密度为11.6人/平方公里。到南宋嘉定十六年(1223),北方的人口密度为3.6人/平方公里,南方的人口密度为17.2人/平方公里(见图1)。随着南方人口的增长,唐宋时期南方地区的城市获得长足的发展,到唐代以后,南方城市数量明显多于北方。人口密度的增加使得原本分散少量的需求聚集,变成集中多样的市场需求,商人纷纷在人口集中的城市或集市开店,以获得规模经济效益。

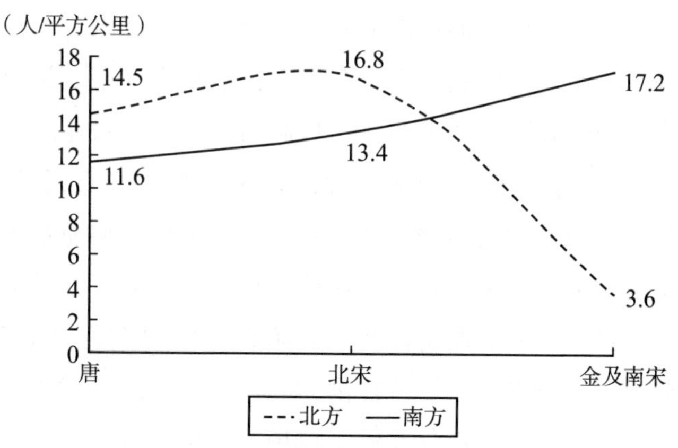

图1 唐宋时期南北方人口密度

资料来源:根据《中国历代户口、田地、田赋统计》中数据计算。

第二，消费需求多样化发展，通过影响消费结构促进市场需求规模扩张。首先，南方地区与北方地区，甚至周边的少数民族地区因自然条件、资源禀赋及比较优势的不同，产生了互补型贸易需求。如唐宋时期通过大运河实现南粮北运，还将南方及沿途的丝织品、珍品、特产运输至都城。唐宋时期的茶马互市，也体现了南方与游牧民族的经济结构差异，需求互补。由于游牧民族常吃牛羊肉，油脂含量高，缺乏维生素，茶既可以补充营养，又可以解腻促消化。而当时中原地区与各游牧民族有大量交易战马的需求，尤其宋代失去了北方养马的大片腹地，战事频繁，马匹紧缺，用茶易马可以"易边场之用，利之最大者也"（谢肇淛，1959），宋代政府因此大力鼓励发展茶叶的种植与生产，到宋代时，茶叶已经成为高度发达的商品生产。除了茶叶，还有诸多手工业品通过这种互市的方式流入少数民族地区。

其次，唐宋时期各个消费阶层的崛起，南方城市化水平的提高，使得人们的消费需求更加多样化，改变了当时的消费结构。《唐会要》《全唐诗》《太平广记》《宋会要辑稿》《梦粱录》等史料里不仅记载了贵族与官员的奢靡消费、工商业者及富农丰衣足食的中等消费，还描绘了普通市民的日常消费。宋代的城市化水平进一步提高，较为发达的城市主要集中在江南地区，据《元丰九域志》记载北宋元丰初年，全国超过 10 万户以上的城市有 49 个，其中北方地区有 11 个，南方地区有 38 个。城市中餐饮业、酒店业、娱乐业、零售业、旅游业等多种服务业百花齐放，说明当时服务商品化已经成为一种流行趋势，民众生活服务类需求增加。

第三，农民和市民收入水平提高，通过影响购买能力促进市场需求规模扩张。首先，江南地区部分农民的收入水平有所改善。农业的发展是古代国民经济水平提升的基础，发展到宋代，农业技术不断发展和扩散，生产工具得到改良，政府引导农民改进种植方法，引进了国外农作物的优良品种，以及组织兴修水利，在多种因素的共同作用下，不仅促进了农业生产发展，也提高了农民的收入水平。从粮食产量的亩产量来看，我们不难发现宋代农田的产量要比唐代高出不少，且农业的剩余产品应该是增加了。顾吉辰估计南方水稻亩产 2 ~ 4 石，北方粟麦亩产 1 ~ 2 石（顾吉辰，1983）。据赵冈估计，两汉时期人均原粮占有量约为 574 市斤，唐代人均原粮占有量约为 716 市斤，宋代人均原粮占有量约为 906 市斤（赵冈，2001）。其次，唐代安史之乱以后，均田制崩溃，政府对人口和税赋的控制程度大大降低。到了宋代"国家劳役大多数也改为招募形式，税赋的征收由实物向货币转化"（龙登高、李埏，2021）。宋代和买、和籴等政府购买行为也无处不在，不仅促进了市场上货币的流通，也促进了农户消费需求的增加。

同时，我们可以从市民阶层的消费中找到需求增加的证据。唐代后期都市饮食业日趋发达，出现了承办酒席、送菜上门的专项服务；出现了路歧人作场卖艺，在各个城市中聚居着乐工、舞姬，以及击球、斗鸡等职业，并且还出现了围绕这些从业者的服务业，如制作和修理乐器的工匠，制作球杆的工匠等。至宋代城市出现了专门的娱乐场所——瓦舍勾栏，据《梦粱录》记载临安的瓦舍有 17 处。精神性和娱乐性的需求一般建立在物质丰富的基础上，通过对唐宋时期市民消费的考察可知，相比前朝，唐宋时期的市民阶层购买力水平较前朝有大幅增长，大量南方地区市民阶层崛起，促进了城市的文化娱乐等消费产业的蓬勃发展。

第四，贸易港口和海外贸易的发展，通过影响市场范围促进市场需求规模扩张。东南沿海地区，自唐代起，就形成了许多优良的贸易港口。特别到南宋时，依托南方地区造船技术和航海技术的发展，开始大力发展海外贸易。葛金芳认为南宋东南沿海常年有近十万人涉足外贸，南宋民间海船总数保守估计有七八万艘（葛金芳、汤文博，2013）。唐宋时期中国主要出口手工业品，如瓷器和丝绸，进口东南亚、印度洋沿岸地区的香药及珠宝，但中国出口的商品更具有技术含量与日用属性，市场需求巨大。由此也促进了南方地区的手工业发展，如唐代时期长沙窑的瓷器，就以外销而闻名。北宋开宝四年（971）设市舶司于广州，后又陆续在杭州、明州、泉州、密州设立市舶司，北宋时期市舶司的年收入在 30 万至 100 万缗，到南宋初期市舶司年收入在 100 万缗左右，绍兴二十九年（1159）达到 200 万缗（黄纯艳，2003）。海外贸易的发展扩大了市场范围，促进了市场需求规模扩张。

六、小结

郑学檬和陈衍德（1991）曾提出“在一个幅员广袤的国度里，当一个发达地区出现巨幅涨落，从而触发其经济失稳时，这种巨幅涨落带来的振荡又可能成为引导新兴地区出现的创生因素”。唐宋时期经济重心南移促进了市场规模扩张，整个国家经济总量与社会福利增加。本文从市场供给和市场需求两端讨论了唐宋时期大国市场规模的形成与扩张，经济重心南移影响生产条件的变化，促进了市场供给规模扩张；经济重心南移引起消费条件的变化，也促进了市场需求规模的扩张。通过市场供给与市场需求的互动作用，最后形成了唐宋时期庞大的市场规模（见图 2）。

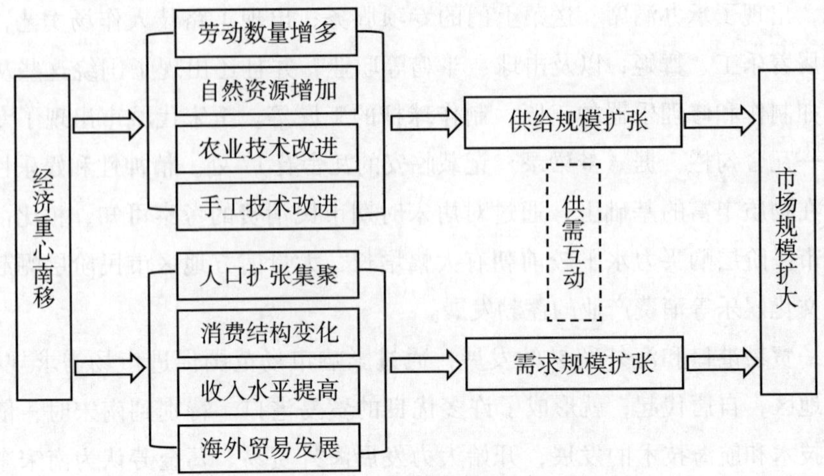

图 2　经济重心南移影响市场规模的路径

唐宋时期经济重心南移是市场规模扩张的重要诱因，经济重心南移的过程为古代大国庞大市场规模的形成埋下了伏笔，在很大程度上影响了市场形成的地域与时间进程。事实上，技术进步与扩散、农产品的商品化、手工业产品的发展也离不开制度、政治、文化等各个方面的变革。宋时崛起的牙人和商人等商业群体，促进了商品交换，政府实行一系列护商政策，商业制度不断完善，促进了工商业繁荣和贸易兴盛，最终形成了全国性的市场网络。从总体来看，唐宋时期市场经济的发展显露出商品经济发达和市场规模庞大的优势。

本文从市场供给与市场需求角度探讨唐宋时期市场规模扩张的路径。在经济史视角下考察唐宋时期市场规模的扩张可以为解决当代问题提供借鉴。从供给角度来看，中国需要提供充足且优质的人力资源，加强基础设施建设，提供优质的公共产品，实施创新驱动发展战略。从需求角度来看，应增加国民收入和扩大中等收入消费群体，优化消费结构，挖掘与其他国家互补性贸易需求。通过从供给侧和需求侧改革，构建以国内市场为主体、国内国际双循环相互促进的大国经济发展格局。

参考文献

[1] 陈衍德．唐代专卖收入初探［J］．中国经济史研究，1988（1）．

[2] 程民生．中国北方经济史［M］．北京：人民出版社，2004．

[3] 杜文玉．唐宋经济实力比较研究［J］．中国经济史研究，1998（4）．

［4］方健．唐宋茶产地和产量考［J］．中国经济史研究，1993（2）．

［5］傅宗文．宋代草市镇研究［M］．福州：福建人民出版社，1989.

［6］葛金芳，汤文博．南宋海商群体的构成、规模及其民营性质考述［J］．中华文史论丛，2013（4）．

［7］顾吉辰．宋代粮食产量小考［J］．农业考古，1983（2）．

［8］韩茂莉．论北方移民所携农业技术与中国古代经济重心南移［J］．中国史研究，2013（4）．

［9］黄纯艳．宋代海外贸易［M］．北京：社会科学院文献出版社，2003.

［10］冀朝鼎．中国历史上的基本经济区与水利事业的发展［M］．北京：社会科学院文献出版社，1981.

［11］李伯重．唐代江南农业的发展［M］．北京：农业出版社，1990.

［12］李华瑞．宋代酿酒业简述［J］．中国史研究，1991（3）．

［13］李剑农．宋元明经济史稿［M］．北京：三联书店，1957.

［14］林文勋．商品经济与唐宋社会变革［J］．中国经济史研究，2004（1）．

［15］刘昫．旧唐书［M］．北京：中华书局，1975.

［16］刘玉峰．唐代商品性农业的发展和农产品的商品化［J］．思想战线，2004.

［17］龙登高，李挺．中国市场通史（第一卷）［M］．北京：东方出版社，2021.

［18］陆威仪．世界性的帝国：唐代［M］北京：中信出版社，2016.

［19］穆冬霞．古代黄河中下游地区移民规律、动因与影响［J］．中州学刊，2019（8）．

［20］宁可．中国经济通史（隋唐五代经济卷）［M］．北京：经济日报出版社，2000.

［21］欧阳峣．大国发展经济学［M］．北京：中国人民大学出版社，2019.

［22］欧阳峣．美国工业化道路及其经验借鉴：大国发展战略的视角［J］．湘潭大学学报（哲学社会科学版），2017，41（5）．

［23］欧阳峣．唐宋时期经济增长的大国效应［N］．光明日报，2017-01-18.

［24］漆侠．宋代经济史［M］．北京：中华书局，2009.

［25］邵侃，商兆奎．唐代的灾荒与人口流迁［J］．北京理工大学学报（社会科学版），2009，11（6）．

［26］沈约．宋书［M］．北京：中华书局，2000.

［27］司马光．资治通鉴（三）［M］．长沙：岳麓书社，1977.

［28］斯波义信，张天虹．商业在唐宋变革中的作用［J］．文史哲，2009（3）．

［29］苏轼．东坡志林［M］．北京：中华书局，1997.

［30］孙洪升．唐宋时期茶叶产地变迁考述［J］．清华大学学报（哲学社会科学版），2009（4）．

［31］脱脱．宋史（纪）［M］．北京：中华书局，1977.

［32］王大建，刘德增．中国经济重心南移原因再探讨［J］．文史哲，1999（3）．

［33］魏明孔．中国手工业经济通史（魏晋南北朝隋唐五代卷）［M］．福州：福建人民出版社，

2004.

［34］文同．丹渊集［M］．上海：商务印书馆，1936.

［35］吴松弟．北方移民与南宋社会变迁［M］．台北：文津出版社，1993.

［36］谢元鲁．对唐宋社会经济制度变迁的再思考［J］．中国经济史研究，2005（2）.

［37］谢肇淛．五杂俎［M］．北京：中华书局，1959.

［38］徐梦莘．三朝北盟会编［M］．上海：上海古籍出版社，1987.

［39］徐松．宋会要辑稿［M］．北京：中华书局，1957.

［40］张步天．中国历史地理（下册）［M］．长沙：湖南大学出版社，1988.

［41］张全明．试析宋代中国传统文化重心的南移［J］．江汉论坛，2002（2）.

［42］张雨潇，张略钊．气候变迁在宋代经济重心南移中的影响［J］．河南社会科学，2010，18（3）.

［43］张泽咸．文史（第 11 辑）［M］．北京：中华书局，1981.

［44］赵冈．农业经济史论集［M］．北京：中国农业出版社，2001.

［45］郑学檬，陈衍德．略论唐宋时期自然环境的变化对经济重心南移的影响［J］．厦门大学学报（哲学社会科学版），1991（4）.

［46］郑学檬，陈衍德．中国古代经济重心南移的若干问题探讨［J］．农业考古，1991（3）.

［47］郑学檬．中国古代经济重心南移和唐宋江南经济研究［M］．长沙：岳麓书社，1996.

［48］朱长文．吴郡图经续记［M］．上海：上海古籍出版社，1987.

［49］朱绍侯，张海鹏，齐涛．中国古代史（下）［M］．福州：福建人民出版社，2000.

［50］邹逸麟．中国历史地理概述［M］．福州：福建人民出版社，1993.

［51］Ades A F，Glaeser E L. Evidence on Growth，Increasing Returns，and the Extent of the Market［J］. The Quarterly Journal of Economics，1999，114（3）.

［52］Chenery H. Patterns of Industrial Growth［J］. American Economic Review，1960，50（4）.

宋代河流、集聚效应与市场规模*

欧阳峣　唐　清**

摘　要　本文从理论层面分析了宋代河流对市场规模的影响，探讨了集聚效应在河流与市场规模间可能存在的中介机制，并进一步利用北宋熙宁十年282个州的截面数据进行经验检验。研究结果显示：河流资源丰富的地区市场规模更加广阔，即宋代河流促进市场规模扩张；河流对市场规模的影响存在地区异质性，北方和南方地区影响显著，而四川地区影响不显著；集聚效应在河流与市场规模之间存在中介机制，但因河流类别不同而存在差异。人工运河主要通过产业集聚提升供给效应，进而促进市场规模扩张；自然河流主要通过人口规模提升需求效应，进而促进市场规模扩张。本文的研究为推进全国统一大市场建设提供了新的经验证据。

关键词　市场规模　人口规模　产业集聚　人工运河　自然河流

一、引言

宋代的商品经济十分繁荣、贸易活动发达，经历了土地、税赋、市场、货币、对外贸易等各项制度的变革①，政府在商业领域的角色有所转变，国家与社会的经济关系也发生显著变化。目前，现代经济学关于市场规模的研究文献主要集中在市场规模与经济增长、对外贸易、技术创新等方面。经济史领域，研究宋代的商品经济发展及“商业革命”的文献不胜枚举，但研究古代市场规模的文献相对不足。市场规模作为大国优势的突出表现，在唐宋时期就已经凸显。亚当·斯密在《国民财富的性质和原因的研究》中就谈道：“中国幅员是那么广大，居民是那么多，气候是各种各样，因此各地方有各种各样的产物，各省间的水运交通，大部分又是极其便利，所以单单这个广

*　本文原载于《求索》2023年第3期。

**　作者简介：欧阳峣，湖南师范大学商学院教授、博士生导师，湖南师范大学大国经济研究中心主任，上海大学经济学院特聘教授。唐清，湖南师范大学商学院博士研究生。基金项目：国家社会科学基金重点项目“大国效应、内生能力与新发展阶段经济转型机制研究”（项目编号：22AJL001）。

①　黄纯艳：《经济制度变迁与唐宋变革》，载《文史哲》2005年第1期。

大的国内市场，就够支持很大的制造业。"[①] 为此，从史实分析和实证检验相结合的视角研究古代市场规模，有利于加深对于中国大国经济地位的形成及优势的理解。河流（尤其是运河）对政治或经济的影响是近期研究的热点问题[②]，长江与大运河是宋朝的黄金航道，长江水路不仅是当时中国重要的商品流通线，还串联起沿线大批兴起的商业都会[③]，因此有不少学者认为宋代的水运交通对于商业化具有显著的促进作用[④]。本文试图研究宋代的河流对市场规模的影响及其作用机制。

现有研究中有关河流影响市场规模的机制和作用路径可归纳为三个方面：第一，河流通过吸引产业集聚、推动产业分工，提高劳动生产率，促进市场规模扩张。沿江河地区具有的优越的区位优势，一方面能够吸引周围地区的自然资源，如矿产资源、原材料等[⑤]；另一方面能够提升社会经济潜力，促进产业集聚，深化劳动分工，从而提升沿江、沿河区域总体贸易额和贸易量。[⑥] 如宋代长江沿线造船、营建、制糖、酿酒等手工业十分繁荣，生产水平较前朝有显著提高。第二，河流通过促进人口规模扩张，增加消费需求，推动市场规模扩张。虽然人口分布是一个地区内自然因素和社会经济因素共同作用的结果，但河流是影响人口分布较为重要的自然因素。[⑦] 张胜利和冯华南在探讨明代商业人口迁移时提到古代水路交通对于商业人口迁移具有强大的吸引力，以长江和京杭运河为主线的河运拉动了商业人口的集聚。[⑧] 诺斯早在制度变迁理论中提出人口的增加是经济增长的内在动力。人口增长不仅能促进农业生产的发展，还能促进工商业从业人口的增多和生产力的提高[⑨]，使当地的消费需求增加或者消费结构改变，对区域经济发展水平具有显著的正向影响，对经济增长有长期贡献[⑩]。第三，河流通过发挥交通运输功能促进要素流动，促进市场规模扩大和区域市场形成。水路是中国古代主要的交通方式，水运网络的扩展极大地降低了交通运输成本。[⑪] 水路为人员往

① 亚当·斯密：《国民财富的性质和原因的研究》（下卷），商务印书馆 2003 年版，第 247 页。

② Cao, Y., and Chen S., "Rebel on the Canal: Disrupted Trade Access and Social Conflict in China", *American Economic Review*, Vol. 112, No. 5 (2022), pp. 1650 – 1911.

③ 林文勋：《唐宋时期长江航运贸易的发展》，载《江苏社会科学》1992 年第 6 期。

④ 林友宏、李楠：《商业化与地权分配：来自十一世纪宋代的历史证据》，载《财经研究》2016 年第 1 期。

⑤ 王晓巍、温国明、李二玲：《黄河与长江两经济带形成的分形比较研究》，载《中国软科学》2008 年第 12 期。

⑥ 斯波义信、张天虹：《商业在唐宋变革中的作用》，载《文史哲》2009 年第 3 期。

⑦ 廖顺、孙九林：《青藏高原人口分布与环境关系的定量研究》，载《中国人口·资源与环境》2003 年第 3 期。

⑧ 张胜利、冯华南：《明代商业人口迁移与地方文化发展》，载《中州学刊》2019 年第 11 期。

⑨ 吴松弟：《从人口为主要动力看宋代经济发展的限度兼论中西生产力的主要差距》，载《人文杂志》2010 年第 6 期。

⑩ 杨东亮、任浩锋：《中国人口集聚对区域经济发展的影响研究》，载《人口学刊》2018 年第 3 期。

⑪ Liu, G. W., "Song China's Water Transport Revisited: A Study of The 1077 Commercial Tax Data", *Pacific Economic Review*, Vol. 17, No. 1 (2012), pp. 57 – 85.

来和货物运输提供了便利，处在水路或者水陆交汇节点的州县由此发展成为重要的交通枢纽；水路为要素自由流通提供了更为便利的条件，促进了沿线城市的发育成长①，推动各流域附近形成发达的区域市场。本文受限于数据来源，主要对第一条和第二条路径进行研究和分析。

宋代的水路运输网络对于形成国内大市场起到关键性作用，本文研究的核心问题是宋代的河流如何影响市场规模，以及自然河流与人工运河对市场规模的影响机制有何差异。目前研究宋代商业与贸易的文献数量众多，并集中研究了水路对海外贸易的影响，但鲜有学者考虑河流对古代整体市场规模的影响。因此，本文的创新主要集中在两个方面：一是探究了河流对宋代整体市场规模的影响，包括国内贸易以及海外贸易在国内流通的部分贸易，并结合微观数据进行了实证研究。二是比较了人工运河与自然河流对市场规模影响机制的差异，即人工运河主要通过产业集聚提升供给效应，从而促进市场规模扩张；自然河流主要通过人口规模提升需求效应，从而促进市场规模扩张。

二、宋代市场和河流的史实分析

（一）宋代的商税与市场规模

宋代是历朝历代市场最为活跃的时期之一，不仅早市和夜市十分繁盛，而且出现了季节性、专门性的市场，市场彻底突破了时间和空间的限制。因此，宋代的商品交易场所较前朝大幅增加，不仅设有镇市、草市、虚市，在边疆还设有榷场来进行边境贸易。在镇市、草市、虚市交易的商品一般以盐、酒、茶等生活必需品以及一些日用品为主；榷场贸易主要以交易边境双方的特产为主，比较著名的有茶马贸易。除此之外，宋代出口的商品还包括药材、粮食、香料、漆器、象牙、丝麻制品、硫黄、铜钱、书籍等，进口的商品还包括羊、骆驼、玉、粘毯、蜜、蜡皮革、刀剑等。学者们从宋代市场的形成原因、区域差异、市场结构、层级网络、城乡市场关系等角度对宋代的市场展开了深入研究。总体而言，学者们认为宋代市场发生了革命性的变化，商品交易频率和交易数量显著增加，市场规模不断扩大。现代经济学意义中的市场规模指市场容量，即在不考虑产品价格或供应商的前提下，市场在一定时期内能够吸纳某种产品或劳务的单位数目。②

---

① 张剑光：《江南运河与唐前期江南经济的面貌》，载《中国社会经济史研究》2014 年第 4 期。

② 受限于数据来源，本文研究的市场规模只包括商品市场规模。

宋代的市场管理相比前朝要更为严格规范，宋代开始系统地征收“商税”，并作为制度确立下来，这是宋代市场管理方面的突出进步。宋太祖时期颁布了工商税法《商税则例》，税率为：规定“行商”按照货物价值的 2% 征收过税，“坐商”按照货物价值的 3% 征收住税①，总体税率为 5%。课税范围甚广，凡布帛、什器、香药、宝货，民间典卖庄田、店宅、马、牛、驴、骡及商人贩茶盐均在征课之列。政府在州、军、县设税务或税场，甚至延伸到市、镇、关、寨、津渡等，并设监官来征收和管理商税，为避免重复收税，会对已征税的商品发放文书。由此可知，各地区商税的税率是一致的，且征收和管理过程比较严格。商税制度的确立对于宋代商品市场的意义巨大，它意味着国家与财政关系开始出现变革。到北宋时，工商杂税的收入已经逐步成为国家财政最主要的支柱。② 宋代的海外贸易繁荣，商税征收的范围包括了国内外贸易的商品。章深在研究广州商税大幅度增长的原因时提到，广州商税的增长与经济因素和非经济因素皆有关联，海外贸易以及酒类等商品的运销是商税的主要来源。③

《宋会要辑稿》里详细记录了各州嘉祐年间（1056 ~ 1063）的商税旧额和熙宁十年（1077）的商税额。由于熙宁年间是北宋商品经济繁荣的高峰期之一，且熙宁十年记录的商税额度更全，所以本文的实证部分采用该年的商税作为市场规模的代理指标。当时多数地区流通铜钱，但四川主要使用铁钱，熙宁十年铜铁钱的折换比率稳定在 1∶1.5，因此对四川的商税按此比例进行折算。④ 汇总后各州府的商税如表 1 所示。由表 1 可知，南方地区商税数额最多，占比也最高，达 49.25%，商税前 50 州府里有 28 个为南方地区。全国商税总额为 7289215 贯，各州府平均商税为 25757 贯。商税排名前十的州分别为杭州、开封府、益州、楚州、扬州、沧州、潭州、秦州、彭州、郓州、密州。

表 1　　熙宁十年各地区商税

地区	北方	南方	四川
商税	2741253 贯	3589588 贯	958374 贯
占比	37.60%	49.25%	13.15%
商税前 50 州府	16	28	6

注：河南府、颍昌府、郑州、滑州、大名府、河州、兰州、太原府、大通监、辽州、丰州、梅州、宋州（应天府）、寿州（寿春府）的商税数据缺失。

① “行商”指外出流动经营的小型个体商贩；“坐商”指拥有一定数额的资本，具有一定的字号，在固定地址经营商业的商人。

② 贾大泉：《宋代赋税结构初探》，载《社会科学研究》1981 年第 3 期。

③ 章深：《宋代广州商税大幅度增长的原因》，载《学术研究》2011 年第 10 期。

④ 林文勋：《北宋四川商税问题考释》，载《中国社会经济史研究》1990 年第 1 期。

（二）宋代的河流与商业贸易

在宋代影响市场规模的诸多因素中，河流对市场规模的影响是最为直接的。首先，河流可作为水路进行交通运输，它是一种经济便利的运输方式。由于宋朝失去了北方养马的大片腹地，马匹较为稀缺，而马匹是陆运最重要的交通工具，失去了马匹作为补给的陆运交通系统，单纯依靠人力会变得效率低下且成本高昂。相比之下，依靠河流构建的水运系统就显得特别经济迅速。货物装船之后，或凭风逆流而上，或借水顺流而下。水运借助自然力量，比陆运经济实惠，且宋代的造船工艺发达，船只结构得到了改善，船舶适航性更佳，其货物运输量又大。于是当时水运逐渐取代陆运成为主要的货运方式。其次，北宋时期，河流形成的水运交通系统串联起全国的商业市场网络。而在宋代以后，明清时期的海外贸易逐渐萎缩，后来发展至"闭关锁国"，使得水路运输的发展呈现出"内卷化"，无法形成全国性的市场网络①。最后，对于运河而言，安史之乱以后，中央政府的财赋中心转移至南方，运河充分发挥出沟通南北经济的作用。而且宋代运河运输功能并不为官方政府专享，而是开放式水上交通网络。换言之，运河也可作为私人贸易的渠道发挥作用。在运河中往来的不仅有漕运官船，还有无数民间的商船、货船、客船。明清之后，运河主要用于漕运，而不是官民共用体系，其商业运输功能被削弱。

宋代的河流主要包括黄河、淮河、长江、珠江、大运河及其支流。黄河虽然是重要的运输航道，但黄河下游由于泥沙淤积严重，在北宋时期发挥的作用较为有限，为了防止黄河下游决堤，历史上曾多次改道。宋神宗熙宁二年（1069），为缓解黄河北流压力，减少河道淤塞和河堤决口的现象，将黄河引东流入海。相比而言，黄河中游的航运条件更优。淮河地处交通要道，沟通了黄河流域与长江流域，也是南北方的地理分界线，通过淮河淮南地区的茶、盐、丝、帛等物产可以源源不断地运到都城开封。长江的航运贸易不仅连通了西南地区和东南地区，使长江中游成为转运贸易区，而且通过淮河和汴河可以连接南北的水运商路；唐宋时期出现经济重心南移，长江中下游地区农业产量提高，手工业规模不断扩大，为长江流域在内的全国商业贸易发展奠定了物质基础。珠江沟通了富饶的江南地区和海外贸易发达的广州等地区，随着唐宋时期海外贸易不断扩张，广州成为数一数二的对外贸易港口，珠江航运发挥着越来越重要的作用，长江往来的商货可通过湘江—灵渠—西江至广州，也可通过赣江—大庾岭

① 高雅婷、代谦：《河流上的繁荣：宋朝水路运输与海外贸易》，载《经济评论》2016 年第 2 期。

—北江至广州，实现江海联运。

自隋朝修建大运河以来，运河就成为各个朝代的“生命线”。北宋时期大运河主要部分包括御河（永济渠）、汴河（通济渠）、广济河、蔡河、金水河、扬楚运河、江南运河、浙东运河。其中汴河、广济河、蔡河、金水河被称为“漕运四渠”。这四渠中，汴河的作用尤为突出，流经开封的汴河连通了黄河和淮河，是关中通往东南地区的重要水上要道。《宋史·河渠志》中记载：“唯汴水横亘中国，首承大河，漕引江、湖，利尽南海，半天下之财赋，并山泽之百货，悉由此路而进。”① 广济河、蔡河分别联通了西南地区、齐鲁地区，金水河则主要用于生活和饮用水源。由于北方运河的水源主要来自黄河，黄河秋冬季有半年的枯水期，北方的运河每年从三四月起，只有半年的时间可以通航。

表 2 汇总了五大河流流域商业概况，由表 2 可知其中长江流域贯穿了诸多商业贸易繁荣的城市，其沿线州府商税总额最高。长江流域沿线商税总额达 147.048 万贯，各州府平均商税最高的是大运河流域，为 5.864 万贯，其次是长江与黄河流域，分别为 3.501 万贯和 3.366 万贯，各州府平均人口最多的地区分别是大运河、长江与淮河流域，珠江流域的商税与人口是最少的，可见当时珠江流域除了广州外，其他地区还未被完全开发，商业活动不频繁。相比而言，无河流流经的州府不仅平均人口较少，平均商税与除珠江外的有河流经过的州府也相差甚远。

表 2　　五大河流流域商业概况

河流	黄河	淮河	长江	珠江	大运河	无河流地区
里程数（公里）	3666	1114	5242	3022	1893	0
流经州府	40	11	42	19	23	163
商税总额（贯）	1346192	366928	1470476	216772	1348688	3442241
州府平均商税（贯）	33655	33357	35011	11409	58639	21118
人口（户）	2191538	800633	3436588	434857	2129818	8170907
州府平均人口（户）	54788	72785	81824	22887	92600	50128

三、模型设定与数据来源

（一）模型设定与变量解释

本文整理了北宋 282 个州的截面数据，利用多元线性回归模型考察河流对市场规

① 脱脱：《宋史》卷九十三《河渠志》三，中华书局 2011 年版，第 2321 页。

模的影响。模型设定如下：

$$y_i = \alpha_1 + \beta_1 river_i + \mu X_i + \delta_i$$

其中，y_i 为市场规模，熙宁十年（1077）的商税为市场规模的代理变量。$river_i$ 为河流里程，X_i 为控制变量，包括自然灾害次数、战争次数、是否为首府、北方南方还是四川、是否为边界州、是否临海、是否临近湖泊、是否为外贸港口、是否为造船中心、各州面积、平均海拔和地形崎岖程度。具体来看，自然灾害和战争的发生会影响当地的农业生产和经济活动；是否为首府会影响当地政治、经济和人口条件；不同区域要素禀赋差异较大，四川地区地理位置深居内陆，因此本文区分了北方、南方还是四川；考虑到处于各路边界州的区域贸易可能会增加，区分了是否为边界州；是否临海和湖泊区分了自然资源禀赋差异；是否外贸港口与造船中心是经济是否发达的表现之一；古代土地是重要的生产要素，各州面积的大小影响资源禀赋分配；平均海拔和地形崎岖程度影响河流分布及其他自然条件，也会影响农业生产条件及交通条件。基于如上考虑，本文选取了以上可能影响市场规模的地理环境、资源等自然因素以及政治、经济等社会因素作为控制变量。

（二）数据来源

1. 被解释变量

其中熙宁十年（1077）的商税数据来自《宋会要辑稿》，遗漏及校正数据来自程民生的《北宋商税统计及简析》（1988）。“草市镇”分布数据来自傅宗文的《宋代草市镇研究》（1989）。

2. 解释变量

结合哈佛大学 Robert Hartwell“中国历史研究”GIS 数据库中 1080 年的历史地图，同时根据中国三级及以上河流的 GIS 地图，本文测量了一级河流、二级河流及三级河流的河流里程数。其中一级河流为黄河、长江、淮河、大运河及珠江，二级河流为一级河流的支流，三级河流为二级河流的支流①。不同历史时期河流数据差异参考了毛锋等人编著的《京杭大运河时空演变》，以及 OSGeo 平台的历史地图。元丰初年（1078）的人口数据来自梁方仲的《中国历代户口、田地、田赋统计》（2008）。宋代

① 此分类方法借鉴高雅婷和代谦的方法。运河主要包括御河（永济渠）、汴河（通济渠）、广济河、蔡河、金水河、扬楚运河、江南运河、浙东运河；黄河的支流有渭水、汾水及黄河北流（黄河东流改道前的河流段）；长江的支流有赣水、汉水、湘水、沅水、巴江、嘉陵江、大渡河，还包括两个非常重要的水域浙江和闽江；珠江的支流有龙川江、湞水、郁水、漓江、黔水。

的原始工业数量来自《元丰九域志》及《太平寰宇记》，统计的宋代原始工业类型包括：陶瓷、丝绸、茶叶、铁、棉花、银、煤、墨水、造纸及书法毛笔制造行业在各州府的数量①。

3. 控制变量

自然灾害数据来自陈高傭编撰的《中国历代天灾人祸表》（1986），战争数据来自中国军事史编写组的《中国历代战争年表》（2003）。由于自然灾害及战争对于商业有滞后影响，一般选取 5 年。因此，本文统计了 1073 ~ 1077 年发生在各州的自然灾害及战争次数。本文将宋朝疆域划分为三个区：北方，zone 0；南方，zone1；四川，zone 2，以示区分。是否临海、是否为边界州②、是否临近湖泊，依据 OSGeo 平台的历史地图观测得出，各州面积根据哈佛大学郝若贝（Robert Hartwell）“中国历史研究”GIS 数据库中 1080 年的历史地图测量而来。是否为首府、是否为外贸港口、是否是造船中心根据《宋会要辑稿》《宋史》等历史资料识别得出。海拔和地形崎岖程度根据美国地质调查局（U. S. Geological Survey）提供的高程数据计算得出。表 3 是变量描述性统计。

表 3 **变量描述性统计**

变量	观察值	均值	标准差	最小值	最大值
商税（千贯）	282	25.757	25.696	0.051	183.814
草市镇数量（个）	267	13.146	14.944	1	146
河流里程（公里）	282	52.781	92.771	0	935
人口（千户）	282	56.282	54.957	0.217	357.824
原始工业数量（个）	279	4.111	5.345	0	32
自然灾害（次）	282	1.463	1.751	0	6
战争（次）	282	0.049	0.248	0	2
是否为首府	282	0.039	0.194	0	1
北方、南方、四川	282	0.760	0.673	0	2
是否为边界州	282	0.721	0.449	0	1
是否临海	282	0.124	0.330	0	1
是否临近湖泊	282	0.102	0.304	0	1

① 此方法借鉴 Chen, T., and Kung, K. S., “Commercial Revolution in Medieval China: Origin and Consequences”, *Social Science Electronic Publishing*, 发布在 SSRN 平台。

② 边界州指位于各路边界的州。

续表

变量	观察值	均值	标准差	最小值	最大值
是否为外贸港口	282	0.032	0.176	0	1
是否为造船中心	282	0.081	0.274	0	1
各州面积（平方万米）	282	9.455	9.423	1.112	839.013
平均海拔（米）	282	521.366	565.627	-0.3526	3215.101
地形崎岖程度（米）	282	172.032	153.495	1.402	968.882

四、回归结果分析和稳健性检验

（一）基准回归

本文首先识别河流对市场规模的影响，并进一步将河流区分为自然形成的河流和人工修筑的运河。自然河流为黄河、长江、淮河、大运河、珠江及其二级、三级支流。运河包括的河流如前所述，运河沟通了关中地区至江浙地区，包括开封府、淮南东路、淮南西路、江南东路及两浙路。为消除极端值影响，对所有连续变量进行上下1%的winsorize处理，并控制路层面的固定效应①，由于运河流经的路较少，差异性不大，因此识别运河对市场规模的影响时不控制路层面的固定效应。表4给出了采用逐步回归法进行OLS回归的结果。从回归结果可以看出，河流对市场规模有显著的正向影响，系数为0.063，在1%的水平上显著。这说明河流所形成的水运网络，能够促进沿线地区的商业发展，从而促进该地区的市场规模扩大。当把河流区分为自然河流与人工运河时，发现自然河流与人工运河对市场规模的影响都非常显著。

表4　　河流对市场规模的影响

被解释变量：商税	所有河流		自然河流		人工运河	
河流里程	0.099*** (0.025)	0.063*** (0.021)	0.071*** (0.024)	0.061*** (0.023)	0.262*** (0.050)	0.170*** (0.042)
控制变量	否	是	否	是	否	是

① 宋代在州军监上一级设置了“路”，如淮南东路、淮南西路、江南东路等。“路”的行政范围较大，大致相当于现在的“省份”，因此本文控制了路层面的固定效应。

续表

被解释变量：商税	所有河流		自然河流		人工运河	
路固定效应	否	是	否	是	否	否
观测值	282	282	282	282	282	282
R^2	0.100	0.555	0.041	0.549	0.131	0.388

注：括号中为标准误，*** 、** 、* 分别表示在1%、5%、10%的水平上显著，下同。

（二）异质性分析

本文进一步将河流划分为不同区域来讨论河流对市场规模的异质性影响，由于不同区域要素禀赋差异较大，在经济重心南移的背景下，南方地区的商业与贸易发展水平逐渐超过北方，其中四川地区地理位置深居内陆，相对较为封闭，所以划分成南方、北方或四川地区来讨论河流对不同区域市场规模的差异；宋代的贸易开放水平较之前显著提升，位于各路边界的州与其他各路的区域贸易可能会增加，因此划分为边界州地区与非边界州地区来讨论其异质性。表5中回归结果第（1）~（3）列的回归结果显示，北方和南方地区的河流对市场规模的影响表现为正向显著，但四川地区河流对市场规模的影响不显著，这说明四川地区的河流资源虽然十分丰富，但地势险峻、水流湍急，可能并不适宜通航，因此没有对商品经济发展、市场规模扩张产生积极影响。表6中第（4）、第（5）列的回归结果显示，对于位于各路边界的州府来说，河流可以促进各州与周边的贸易往来，而对于非边界州府来说，河流对市场规模的提升作用并不显著。

表5　不同区域河流对市场规模的影响

区域	（1）	（2）	（3）	（4）	（5）
	北方	南方	四川	边界州	非边界州
河流里程	0.094*** （0.027）	0.058** （0.024）	-0.049 （0.074）	0.056** （0.022）	0.015 （0.036）
控制变量	是	是	是	是	是
路固定效应	是	是	是	是	是
观测值	105	139	38	204	78
R^2	0.712	0.577	0.762	0.655	0.719

（三）稳健性检验

由以上结果可知，河流对市场规模有较为显著的正向影响。虽然自然河流的分布是较为随机的，但是运河起点和终点的选择可能与当地的经济发展水平相关，可能存在内生性问题。因此本文选用替换解释变量、被解释变量和剔除运河起点和终点的方法来进行稳健性检验。

1. 替换解释变量

将河流里程的连续变量替换为是否有河流穿过的虚拟变量，将自然河流里程替换为是否有自然河流穿过的虚拟变量，将人工运河里程替换为是否有人工运河穿过的虚拟变量，同时运用 OLS 进行多元线性回归。表 6 结果显示，替换解释变量后的回归结果与初始回归结果基本一致，结果仍然是稳健的。

表 6　　河流对市场规模的影响（虚拟变量）

河流类型	(1)	(2)	(3)
	所有河流	自然河流	人工运河
河流里程	6.709*** (2.547)	6.814** (2.747)	20.089*** (6.492)
控制变量	是	是	是
路固定效应	是	是	否
观测值	282	282	282
R^2	0.547	0.542	0.381

2. 替换被解释变量

草市镇是宋代商品交易的主要场所，草市镇的繁荣是宋代商品经济发达和市场规模扩大的表现。因此，替换草市镇数量为市场规模的代理变量，同时剔除户数少于 10000 户的州，因为如果该州人口过少，商人无利可图，无法产生规模效应，不利于草市镇的形成。运用 OLS 进行多元线性回归，表 7 报告了河流对草市镇影响的回归结果。结果显示，河流、自然河流以及人工运河对草市镇的影响均显著为正。其中，运河对草市镇的影响在 1% 的水平显著，且回归系数远高于自然河流，表明运河的修建有利于周边草市镇的形成与发展。

表 7 **河流对草市镇的影响**

河流类型	(1)	(2)	(3)
	所有河流	自然河流	人工运河
河流里程	0.026 *** (0.010)	0.028 ** (0.011)	0.046 *** (0.014)
控制变量	是	是	是
路固定效应	是	是	否
观测值	229	229	229
R^2	0.526	0.526	0.343

3. 剔除运河的起点和终点

最后剔除运河的起点和终点，包括开封、杭州、济州。其原因在于尽管运河的起点和终点的选择是非随机的，但是运河的中段修建更多考虑海拔、坡度、地形等自然因素，因此一般选择航程短、造价低、运费省的路线。另外，还可能会考虑是否能与自然水系连通，发挥更大交通运输作用，而自然水系的形成是外生的影响因素。运河经过的大部分州的商税规模不超过 3 万贯，也很好地说明了运河中段路线的选择没有过多地考虑经济因素。运用 OLS 进行多元线性回归，表 8 的回归结果与初始回归结果的方向和显著性也是一致的，回归结果较为稳健。

表 8 **河流对市场规模的影响（剔除起点和终点）**

河流类型	(1)	(2)	(3)
	所有河流	自然河流	人工运河
河流里程	0.063 *** (0.021)	0.062 *** (0.023)	0.232 *** (0.088)
控制变量	是	是	是
路固定效应	是	是	否
观测值	279	279	279
R^2	0.524	0.519	0.345

五、机制检验

为了验证河流影响市场规模的机制，并且比较自然河流与人工运河影响机制的差异，本文使用中介效应模型对河流影响市场规模的机制进行检验。

首先，本文运用中介效应模型对产业集聚的中介作用进行检验①。有学者提出宋代已经出现了“原始工业化”②，因此，本文用原始工业数量作为产业集聚的代理变量。表9的检验结果显示，人工运河通过产业集聚影响市场规模的中介效应显著，且各项指标显示为部分中介效应，但是自然河流无法通过产业集聚这一中介机制影响市场规模。这说明人工运河主要通过促进产业集聚，从而提升市场规模。可能的原因在于，人工运河的通航条件优于自然河流，可以大幅降低运输成本，商品的流通效率更高。而且运河可以与长江中下游的水运网络连通，可同时为国内贸易与海外贸易提供航运价值。基于此，运河周边的地区能够吸引原材料、劳动力、资本等各种社会经济潜力形成产业集聚，提升供给效应，从而促进市场规模扩张。

其次，河流是否能通过人口规模促进市场规模扩张呢？本文进一步使用中介效应模型对人口规模的中介效应进行检验。表10的检验结果显示，自然河流和人工运河通过人口规模的中介效应都显著，且各项指标显示为部分中介效应。这说明自然河流和人工运河都可以通过人口规模影响市场规模。可能的原因在于，河流能带来充足的灌溉水源，自然河流附近往往能形成土壤肥沃的冲积平原，有益于农业、渔业的发展，提高农业劳动生产率，可以产生更多的生产剩余，吸引了周边地区的人口和移民；同时，人口规模的扩张又可以增加消费需求，改善消费结构，即通过需求效应促进市场规模扩张。

但是人工运河对市场规模的影响机制仍然以产业集聚为主，运河周围集聚了大量陶瓷、丝绸、茶叶、铁等产业。手工业品是比农业品更加具有资本效应的商品，手工业的生产方式相比农业生产周期短，以大批量生产为主，且产量稳定，这些产业有大量的交易需求。人工运河适宜通航条件刚好可以为这些交易需求提供便利，提升商品交易的效率。本文认为人工运河对市场规模的影响机制仍然以产业集聚为主。

表9　　河流对市场规模的中介效应（产业集聚）

项目	自然河流			人工运河		
	(1)	(2)	(3)	(4)	(5)	(6)
	商税	原始工业数量	商税	商税	原始工业数量	商税
河流里程	0.061*** (0.023)	0.003 (0.005)	0.056** (0.022)	0.169*** (0.042)	0.038*** (0.013)	0.102** (0.047)

① 温忠麟、叶宝娟：《中介效应分析：方法和模型发展》，载《心理科学进展》2014年第5期。

② 葛金芳、顾蓉：《从原始工业化进程看宋代资本主义萌芽的产生》，载《社会学研究》1994年第6期。有少数州原始工业数据缺失。

续表

项目	自然河流			人工运河		
	(1)	(2)	(3)	(4)	(5)	(6)
	商税	原始工业数量	商税	商税	原始工业数量	商税
原始工业数量（中介变量）			1.560 *** (0.270)			1.763 *** (0.271)
控制变量	是	是	是	是	是	是
路固定效应	是	是	是	否	否	否
观测值	279	279	279	279	279	279
R^2	0.553	0.457	0.618	0.390	0.319	0.495

表 10　　河流对市场规模的中介效应（人口规模）

项目	自然河流			人工运河		
	(1)	(2)	(3)	(4)	(5)	(6)
	商税	人口	商税	商税	人口	商税
河流里程	0.061 *** (0.023)	0.099 ** (0.039)	0.032 * (0.018)	0.169 *** (0.042)	0.205 *** (0.054)	0.113 ** (0.044)
人口（中介变量）			0.293 *** (0.031)			0.279 *** (0.026)
控制变量	是	是	是	是	是	是
路固定效应	是	是	是	否	否	否
观测值	279	279	279	279	279	279
R^2	0.553	0.709	0.673	0.390	0.457	0.596

六、结论与建议

河流作为一种自然资源禀赋，既是发展农业的必要条件，又可作为水路成为古代运输货物的方式，便利的水运交通促进了市场规模的扩大，但它并非平均分布在全国各地，这也直接或间接造成各地市场规模的差异。本文就河流与市场规模的关系进行了系统的理论分析和量化考察，并比较了不同类型河流对市场规模影响机制的差异。

利用北宋熙宁十年的截面数据识别河流对市场规模的影响，得出如下研究结论：第一，河流促进了市场规模扩张。第二，异质性分析结果表明，北方和南方地区的河流对市场规模影响显著，但四川地区河流对市场规模影响不显著；河流还可以促进各路边界州府之间的贸易往来。第三，河流能够通过集聚效应作用于市场规模的扩张，即集聚作用在河流与市场规模之间存在中介效应，但其影响机制存在差异。人工运河主要通过产业集聚影响市场规模，而自然河流主要通过人口规模集聚影响市场规模。同时，由于人工修筑的大运河拥有更有利的通航条件，能够吸引社会经济潜力形成产业集聚，降低交易成本，提升供给效应，从而促进周边各州府的市场规模扩张；而自然河流主要通过人口规模影响市场规模，自然河流附近肥沃的土壤和充足的灌溉水源吸引了周边人口及移民，逐渐使人口规模实现扩张，人口规模扩张不仅增加了消费需求，还能促进区域劳动分工，提升农业生产效率，进一步实现市场规模的扩张。

上述结论为理解统一大市场的历史形成提供了有益启示，也进一步为当前加强全国统一大市场建设提供了历史经验。

第一，加强现代交通体系建设。宋代的河流显著促进了市场规模扩张，当前，中国高速铁路、高速公路等交通基础设施对市场规模的影响与宋代河流有异曲同工之处。交通基础设施可以通过降低运输成本及促进人口和产业集聚来降低市场交易成本、增加市场需求以及推进市场分工。因此，应积极构建现代化高质量综合立体交通网，包括高速铁路网、高速公路网、轨道交通网、现代水运体系机场群和港口群。推动互联网、大数据、人工智能等技术，支撑传统交通基础设施转型升级。大力发展智慧交通系统，除了进一步提高硬件系统覆盖率和性能外，还要逐步升级软件系统和信息服务，充分发挥交通基础设施对市场规模的促进作用。

第二，推进区域和省际互联互通。研究表明，宋代河流对市场规模的促进作用存在区域差异，且对位于各路边界州的促进作用更强。这说明，若能缩小交通基础设施建设的区域差异，打破区域贸易壁垒与市场分割①，可以更好地促进市场规模扩张。应缩小交通基础设施建设的区域差异，尤其要加大东部与中西部地区、各省域城市内部快速交通网络构建。同时，积极提高省际、市际、县区际物流合作水平，实现物流信息基础设施共建共享，提高物流转运效率，共同构建全国统一的物流大市场。

第三，合理引导人口和产业集聚。宋代的河流可通过人口或产业集聚来影响市场规模，现代交通等基础设施建设也能吸引人口和产业集聚。在此过程中，应注意优化交通网络的空间布局，充分发挥交通基础设施建设对资源的再配置作用，促进人口、

① 彭伟斌：《构建全国统一大市场的基本逻辑与时代意义》，载《求索》2022 年第 6 期。

资金、技术、信息等要素合理流动。打造具有一定竞争力、辐射带动力较强的重点经济区和城市群，引导人口和产业向资源环境承载力较强的区域集中。同时，提升这些区域的公共服务能力和社会保障水平，拓宽落户通道，促进户籍人口增长，发挥出大国的市场规模优势。

唐宋时期岭南地区交通网络及各州商业通达程度的比较*

欧阳峣　李圣喆**

摘　要　唐宋时期商品经济发达，城市和交通成为商业发展的重要平台。本文以岭南地区为研究对象，以州为研究单位，基于既有交通可达性的相关研究，首次尝试构造加权通商距离指标与商业通达性系数，分析各州对外开展商业贸易活动的便利程度。通过比较唐宋两代各一时点的通达性系数，观察各州交通状况与交通地位的相对变化情况。结果表明：唐宋时期的端州均为岭南地区通达性系数最高的州，实为岭南的交通中心，梧州至广州的珠江下游沿线地区开展商业贸易具有得天独厚的区位优势。北江流域及粤东、沿海地区交通地位提升尤为显著，初步形成以广州为中心、以珠江三角洲为腹地的经济格局。

关键词　唐宋时期　岭南地区　交通网络　商业通达性

一、引言

本文所述的“岭南地区”仅囊括了今广东省与广西壮族自治区的大致范围。唐代的“岭南地区”对应除安南管内经略使所辖地（今越南北部）及海南岛崖、儋、振、万安四州之外所有岭南五府经略使的控制区域，同时将连州（唐属江南西道，宋属广南东路，今属广东省）及下辖县纳入“岭南地区”，共计57州；北宋年间对应广南东路和广南西路除海南岛之琼州、万安军、朱崖军、昌化军所辖区域，共计37州。因此从空间范围上看，传统意义上的“岭南地区”显然大于本文所述的“岭南地区”，但后

* 本文原载于《中国经济史评论》2022年第1辑。

** 欧阳峣，湖南师范大学商学院教授、博士生导师，湖南师范大学大国经济研究中心主任，上海大学经济学院特聘教授。李圣喆（通讯作者），男，1996年10月生，浙江湖州人，湖南师范大学商学院硕士研究生，研究方向为中国经济史。本文系国家社科基金重大项目“发展中大国经济发展道路研究”（15ZDB132）的阶段性成果。

者显然是前者的核心组成部分。

“唐宋变革论”向来是学界热议的话题。然唐宋变革的原因并非像近代工业革命那般出现了某种技术革命，而是依靠商品经济的发展使社会经济结构多元化，工商业群体成为一支影响力极大的社会力量，并使商业税成为国家主要的财政收入来源。现有的经验与实证分析已经证明：交通基础设施对于降低贸易成本、加强市场整合、促进生产要素和信息流通、提高居民收入水平均具有重大意义。因此交通状况、城市交通地位研究对于某地的商业发展乃至出现所谓的“商业革命”具有充分的解释意义，对于当时的岭南地区而言更是如此。其一，岭南地区自秦汉以来的经济繁荣均与商业贸易息息相关，地区经济特征显著，其民俗文化亦与商业文明水乳交融。汉代即有合浦、徐闻二港联结“海上丝绸之路”，当时民间已有“欲拔贫，诣徐闻”[①] 的谚语。唐宋时期该地整体的发展水平虽不如岭北诸多地区，但商业贸易与商业文化出现了空前繁荣的局面：“百粤之地，其俗剽轻，猎浮淫之利，民罕著本”[②]，“唐末广州从商或与商业有关的人口约占总人口的38%”[③]，足见该地区对商业贸易的依赖。商业发展还促使当地以经济作物为主体的商品性农业加速扩展，以水果花木著称于世，多达数十种作物通过各路交通运往大江南北。其中荔枝在宋代是极值钱的佳果，不再像前朝那样主要作为贡品。《荔枝谱》载，每年一部分荔枝经盐渍、干制等技术加工，再用车载舟运行销国内外，荔枝“水浮陆转，以入京师，外至北戎、西夏，其东南舟行新罗、日本、琉球、大食之属，莫不爱好，重利以酬之。故商人贩益广，而乡人种益多”[④]。到了宋代，许多货物北运的主要目的已由进贡转变为牟利，说明越来越多的生活和生产资料进入流通领域。广州作为我国资历最深、历代相沿、唯一经久不衰的贸易港，带动了整个岭南地区的长期发展。其二，岭南地区“面朝南海，背靠五岭”相对闭塞的地理环境决定了其与岭北的经贸往来，尤其是大宗商品的运输必须依靠少数几条重要的过岭通道，与南洋诸国乃至西方世界的海上贸易则必须取道“海上丝绸之路”。与四通八达的平原地区或内陆腹地相比，岭南地区的商业贸易活动对交通网络的依赖性更强。唐玄宗天宝二年（743），长安广运潭举行了盛大的南方手工业品和土特产水上展览会，汇聚的数百艘南方漕船中，岭南漕船数量仅次于江浙漕船，足见其水运系统的发达程度。水路系统作为当时交通运输的主要方式得以进一步扩大，为各地农村及城市经济的扩展提供了基础，区域劳动分工得以建立，从而极大地提高了贸易量和贸易额（斯

① （宋）王象之：《舆地纪胜》卷一百十八，清影宋抄本。

② （清）董诰：《全唐文》卷七百六十四，清嘉庆内府刻本。

③ 李庆新：《唐代广东“民罕著本”与商业经济的发展》，中国社会科学出版社 1995 年版，第 69 页。

④ （宋）蔡襄：《荔枝谱》，宋百川学海本。

波义信，2009）。在大历五年（770），来广州进行贸易的大小番船竟达4000余艘，假如每艘装载量为500吨左右，则此年广州外贸物品吞吐量即可达20余万吨。[①] 因此岭南地区各州对于研究唐宋期间城市商业交通地位的变化是最直接有效的样本。其三，唐宋时期适逢全国经济贸易重心出现向东南方向转移的趋势，岭南地区之于中央经济地位日益提升，愈加凸显该地区交通网络的重要性。晚唐时期岭南的盐税茶税，加上海贸关税和农田租绢甚至成了唐王朝的财政命脉，岭南连接关中的交通线遂成为中央财政的生命线；宋太宗雍熙四年（987），“赍敕书金帛，分四纲，各往诸国勾招进奉……每纲赍空名诏书三道，于所至各处赐之。”[②] 可见北宋统治者已意识到基于海上丝路的“市舶之利”是国库收入的重要来源，南宋财政对此的依赖甚至更为迫切。最后是基于数据获取的考虑，因本文试图以“公廨本钱”数衡量唐代地方的商业发达程度，而《敦煌石室地志残卷》对岭南道各州的记载较为翔实，故选择岭南地区。

已有诸多研究从整个岭南地区的交通路线与功能着手，分析沿线贸易或中心城镇的商业发展状况，可从中窥见岭南地区的大致情况。陈伟明（1987，1989）、陈代光（1991）等详细考证了岭南地区对内、对外交通干线的分布情况，介绍了唐宋时期路线新辟与修缮的历史，证明岭南地区已于唐代初步形成了全方位的交通格局。宋代除新辟少数交通路线外，以扩宽、修缮旧道为主，基本沿袭了唐代格局。交通条件的持续改善确实为岭南商业发展提供了必要保障（阳旭，1996），其中发达的水运系统功不可没：“凡东南郡邑，无不通水。故天下货利，舟楫居多”[③]，广东地区的水运在唐代之后已由政治性运输转变为以经济性运输为主，有效推动了移民和商品流动，增强区域经济活力（叶显恩，1988），广、韶、桂、恩四州依托水运成为当时该地区城市经济的典范（朱祖德，2014）。部分重点交通路线在岭南商业史与交通史中格外引人关注，尤其是南北经贸往来的必经路线，其中一类研究聚焦岭南联系内地的北路交通。蔡良军（1992）、刘新光（2004）、韦浩明（2006）、王元林（2017）等均对岭南地区北越五岭的若干重要通道及兴衰演替加以考证，其中蔡良军（1992）认为自秦汉以来，岭南联系内地的交通线路的重要性自西向东迁移，其经济重心经历了由西江到北江再到珠江三角洲的三次转移过程，且后一次转移是在唐宋时期完成的；韦浩明（2006）与王元林（2017）则以过岭交通格局的变化分别解释贺州和梧州历史地位的下降。诸条过岭路线中，唐时新辟大庾岭路（今梅关古道）或为岭南交通史上最具影响力的标志性事件，奠定了日后一千多年珠江三角洲之于岭南地区独一无二的历史地位，因此李玉宏

① 参见沈光耀《中国对外贸易史》，广东人民出版社1985年版，第18页。

② 《宋会要辑稿》，职官四四，稿本。

③ （唐）李肇：《唐国史补》卷下，明津逮秘书本。

(1985)、胡水凤（1992）、王元林（2004）等均强调该路对于促进岭南与内地经济文化交流、加强中外商贸互通具有不可替代的作用，并大致还原了唐代以来大庾岭路的繁荣景象。南北经贸往来的另一类研究聚焦南向的海上丝绸之路与沿海港口城市的贸易勃兴。漆侠（1987）、高伟浓（1987）、葛金芳（2002）、等均提及“广州通海夷道”的航路走向，并以当地官员的奢靡之风衬托外贸所带来的巨额财富，周运中（2014）又基于贾耽的记载重新考订了“通海夷道”的具体路线及唐代南海诸国的位置。因海上丝路而兴、以广州为代表的交通地位极高的沿海港市，促进了外向型经济发展，奠定了我国经济中心南移的基础（陈柏坚，1988），且这种外向型经济对于塑造当地产业链具有举足轻重的作用（郑学檬，2017）。

综上所述，既有研究多选取重点路线（如北越五岭的交通线）、重点城市（如广州）阐明了唐宋时期岭南地区交通对商业发展的影响，但主要是对个别城市和干线的分析，缺乏对岭南经济区域的整体把握；同时因相关社会经济数据零散匮乏，定性分析仍占主导地位，而定量分析偏弱。本文试图在以上层面有所突破，从岭南地区的商业市镇与贸易路线展开综合分析，以各州治所（城市）为点，彼此间的交通路径为线，构造区域交通网络，并基于既有的交通可达性研究，建立区域内各州的交通通达性系数（以商业发达程度指标为权重），结合唐天宝元年与宋熙宁－元丰两个时点加以计算，从而比较各州交通地位的相对变化，揭示变化背后的历史原因。该指标反映了岭南地区范围内一州对外（除本州以外的所有区域，包括海外地区）开展商业贸易的便利程度（用加权距离衡量）。因此本文并非直接探寻交通与商业贸易之间的因果关系，而是基于上述关系，借助量化方法所做的区域交通网络通达性评价与比较。

二、岭南地区南北干线和东西干线结合的交通网络

岭南地区介于“五岭之南，涨海之北”①，域内河流密布，水网纵横。因其东西两翼狭窄，多崇山峻岭，该区域主要由对外的南北交通干线与内部的东西交通干线组成，基本上形成了内外结合的交通网络。北部虽有五岭阻隔，但五岭作为长江流域与珠江流域的分水岭，意味着循水路溯源北上，越过五岭即可直面我国的政治经济文化腹地，因此岭南地区的南北交通受到历代统治者的关注，甚至远在先秦时期岭南地区尚未纳入中央版图，即与中原地区存在南北商业往来。南北交通的另一表现在于与南洋诸国

① 《通典》卷一百八十七边防四《南蛮下》，清武英殿刻本。

开展远洋贸易，孕育出了一批以广州、恩州、雷州为代表的沿海通商港口城市，唐玄宗开元年间于广州专门设置市舶使以加强外来商船的管理，足见当时海外贸易之盛。因此无论从路线的多重性、复杂性，还是从其对商业的重要性角度而言，南北水路交通之于岭南尤为重要。以下将概述岭南地区全方位的交通网络，包括网络节点、交通路线走向、修缮历史及地位变化情况，并重点阐述南北走向的交通路线。

（一）交通线上的节点城市

在网络评价中，节点的选择必须具有一定的空间代表性及经济意义，并会影响网络评价的结果。因此在说明交通线路的具体走向之前，需对本文研究的节点做一概述。交通线上的节点以一州治所为代表：一州治所通常为该州的政治、军事中心，但在商业革命的大背景下，传统的政治性城市在一定程度上实现了向经济性商业城市的转化，它汇集了本州大量的人口与财富，俨然成为区域内部商品集散与人员流动的中心。这些商业市镇既可以是以广州为核心的沿海商港以及以韶州、桂州为代表的陆上交通咽喉，也可以是由农村民间贸易市场演化而来的“镇”，尤其是在商品经济更为发达的宋代，《宋会要辑稿》所记述的岭南各州商税税额精确到了场镇。这些定时定点交换农副产品和手工业产品的场所也是商业市镇的一部分。高承《事物纪原》记载：“民聚不成县，而有税者，则为镇，或以官之。”[①] 但因农村草市数量与位置难以统计，宋代各州的场镇数量过多，且彼此间如何联通、距离多远均难以考证，因此本文仅以各州治所（城市）为点，彼此间的交通路径为线构建岭南地区的交通网络。

岭南地区商业市镇的核心首推广州，因其得天独厚的区位优势，自汉代以来便是国际著名的商港与“南大门”，历经唐宋时期的发展其商业地位愈加巩固，户口总数由唐天宝元年的 42235 户增长到宋元丰元年的 143261 户，增长近 3.4 倍。唐德宗时期刚推行“两税法”之际，广州对外贸易的抽分、禁榷收入即等于当地的两税收入。《唐大和上东征传》载“江中有婆罗门、波斯、昆仑等舶，不计其数；并载有香药、珍宝、积载如山；……狮子国、大石国、骨唐国、白蛮、赤蛮等往来居住，种类极多”，一派客商如云的繁荣景象。海外贸易的迅速发展，迫切需要成立专门的贸易管理机构，据《册府元龟》载：“柳泽开元二年为殿中侍御史、岭南监选使。会市舶使右卫威中郎将周庆立与波斯僧及烈等广造奇器异巧以进。”[②] 由此广州成为唐代唯一一处设置市舶司

① （宋）高承：《事物纪原》卷七《州郡方域部第三十五》，明弘治十八年魏氏仁实堂重刻正统本。

② 《册府元龟》卷五百四十六《谏诤部》，明刻初印本。

的通商口岸。北宋熙宁年间，广州、明州（今宁波市）、杭州三处市舶司共“博买”乳香 354449 斤，其中明、杭两州总共只有 5000 斤，广州所购乳香占总量的 98% 以上。北宋末年，广州港仍吞吐着宋朝海贸的大部分货物。直到 13 世纪，即南宋中晚期，广州的贸易额才被泉州超越。明清时期则再度成为第一大港。

除广州外，其他著名的商业重镇还有桂州、韶州、潮州、梧州、邕州等，既作为一州的政治、军事、商业中心，必然也是该州的交通枢纽。本文所选取的唐天宝元年岭南地区节点城市为 56 个，州一级城市的分布密度居全国前列。但根据开元十八年（730）的州县级别划分依据来看，“及上中下之差，凡户四万以上为上州，二万五千以上为中州，不满二万为下州”①，广州户口数达到上州级别，《元和郡县志》将其列为中都督府，此外仅桂州为中都督府，其余皆为下州或下都督府。当时国内除京畿要地以外，尚有因政治、军事需要设置的“六雄”“十望”“十紧”，地位等同于上州，另有为数众多、按人口划分的上州、中州，足见岭南地区整体较为落后的发展水平，广州也仅为一个因贸易而兴的中等城市。宋熙宁、元丰年间政区较唐代有所变化，节点城市缩减至 37 个。其中韶州、融州为新升中州，后者等级的提升或出于防御交趾入侵及少数民族起义的需要，桂州降为下都督府，广州仍为中都督府，其余各州的等级也无改变。一方面由于宋袭唐制，宋廷或因政治需要对部分地区的地望稍作变动，另一方面说明该时期岭南与岭北的发展水平仍有一定差距。

（二）北向交通

（1）桂州路：又称湘桂走廊，越城岭路，为秦始皇征服岭南所辟。该路自广州出发沿西江溯流而上，经梧州转桂江直至桂州（今桂林市），过灵渠后沿湘江继续北上可水路直取长江、汉水、大运河等黄金水道，与国内重要城市基本实现互通。该线沿途无巨大险阻，又尽可能地利用水路，所以在五岭西路交通中保持着最重要的地位。灵渠沟通长江与珠江两大水系，使桂州（今桂林）一度成为当时岭南地区的政治军事中心。魏晋南北朝以来，随着国家经济、政治中心的逐渐东移南下，东部郴州路兴起削弱了桂州路的地位，灵渠甚至因年久失修一度废置，直到“宝历（825～827）初，观察使李渤立斗门十八以通漕，俄又废。咸通九年（868），（桂州）刺史鱼孟威以石为铧堤，亘四十里，植大木为斗门，至十八重，乃通巨舟”②。安南、邕管、容管所辖的岭

---

① 《通典》卷三十三职官十五，清武英殿刻本。

② 《新唐书》卷四十七志第三十三上，清乾隆武英殿刻本。

南西部州县去往岭北以桂州路为首选，甚至东部广州等地部分人员货物流动仍多取该路。然而中唐以后，岭南西部地区深受“蛮乱”之害，对当地经济社会发展造成巨大破坏：德宗贞元十年（794）至宪宗元和三年（808）邕管爆发西原黄峒蛮叛乱；元和十一年（816）六月起，南诏屡屡兵袭安南；懿宗咸通二年（861）七月，南诏攻占邕州，史载“（段）文楚时为殿中监，复以为邕管经略使，至镇，城邑居人什不存一”①。因此桂州路的军事功能不断凸显，即使至宋代其商业运输地位因东线大庾岭路的繁荣而未能完全恢复。

（2）贺州路：又称萌渚岭路、桂岭路，是沟通贺水与潇水的重要通道。“（广州）又西北取故洊水县路至贺州八百七十六里”②，自贺州陆路北上经萌渚岭隘口入潇水，顺流而下至江永、道州、永州，遂入湘江。该路与桂州路相似，兴盛于秦汉，并于唐宋时期逐渐没落。其两大水系之间的萌渚岭峡谷陆路长达百余公里，路况不及灵渠；且商旅取道贺州路的目的地多为广州，但与东线过岭通道相比在空间距离上不占优势。北宋时，潘美伐南汉由此道入岭南；到了南宋时期，“自中原南来者，久不行贺州岭路”③。

（3）连州路：又称零陵、桂阳峤道。由广州出发沿北江、洭水（今连江）水路可直达五岭山区的地理中心连州，随后可选择不同路线翻越五岭：西线穿行于萌渚岭与九嶷山之间，跨桂岭取潇水水路后，路线与贺州路基本一致；北线有陆路约三百九十里，经蓝山县走骑田岭峤道至郴州，随后可沿耒水而下至衡州（今衡阳市）入湘江；东北方向经星子铺（今连州星子镇）至坪石（今乐昌坪石镇）又可与郴州路交会，或于星子铺直接北越骑田岭，经临武至郴州。连州扼五岭之要冲，其交通地位历经唐宋依然不逊色于郴州路，因此屡有修缮：唐文宗大和初年（828），连州刺史蒋防整治连江楞伽峡，使连江的水运条件大为改善；宋嘉定十三年（1220），连江堰塞湖曾一度导致该路及沿线地区“航楫不通，估货不行，田庐垫溺，患及城邑”④，司法官李华最终历时三年恢复航道畅通。

（4）郴州路：为跨越骑田岭沟通北江上游武水与湘江支流郴水的重要通道。此路由韶州西北溯北江上游武水而上至坪石，丰水季节乘坐小拨船甚至可达宜章，随后取陆路至郴州。因乐昌上游武水河道滩多流急，两岸岩石风化严重，易崩塌，险恶不可名状，水运不便一定程度上限制了该路的经济价值，今乳源的“西京古道”遗址或为当时替代武水水路的陆上通道之一。宋人余靖有言：“汉唐之西都也，由湘、衡而得骑

① 《资治通鉴》卷二百五十唐纪六十六，四部丛刊影宋刻本。
② 《太平寰宇记》卷一百五十七《岭南道一》，清文渊阁四库全书补配古逸丛书影宋本。
③ （宋）范成大：《骖鸾录》，清知不足斋丛书本。
④ （清）顾祖禹：《读史方舆纪要》卷一百一，清稿本。

田，故武水最要；今天子都大梁，浮江淮而得大庾，故浈水最便。”① 可见郴州路在大庾岭路新辟前为广东去往上都、东都的首选路线，唐时沈佺期、杜审言、李绅、韩愈等贬官岭南均取此路。此后地位逐渐衰落，但仍为广东地区人员货物入湘的必经之路。

（5）大庾岭路：又称梅岭路，是沟通北江上游浈水与赣江支流章水的重要通道。广州至韶州浈昌县（今南雄市）全程水路畅通，随后翻越大庾岭梅关隘至大庾县（宋为南安军，今大余县），沿章水顺流而下可依次经过虔州（今赣州）、吉州（今吉安市）、洪州（今南昌市）、江州（今九江市）进入长江，该路直接联通江浙，为宋代及后朝出入岭南的第一要道，直到晚清粤汉铁路建成才趋于沉寂。716 年，还是内供奉的张九龄，利用农闲召集民工，开凿大庾岭新道。这是唐代粤北最大的工程。该路曾是秦汉用兵番禺的必经之途，然旧路崎岖难行，“以载则曾不容轨，以运则负之以背”。“海外诸国日以通商，齿革羽毛之殷，鱼盐蜃蛤之利，上足以备府库之用，下足以赡江淮之求”，亟须开辟新路以适应南北交通与广州海贸日益发展的需要。张九龄开大庾岭新路后，将原先的险峻山路变成了“坦坦而方五轨，阗阗而走四通”的阳关大道，公私贩运与文化交流日益改观，“兹路既开，然后五岭以南人才出矣，财货通矣，中原之声教日进矣，遐陬之风俗日变矣”②。北宋仁宗时，蔡抗、蔡挺兄弟再度修缮大庾岭驿道，“课民植松夹道，以休行者”③。

过岭通道除上述五路外，还有地位相对次要的恭城路（经昭州恭城县至道州），以及由循州溯东江上游，跨分水岭取贡水至虔州（今龙川古道）路等。综上可知，北越五岭的五条交通要道在唐宋时期逐渐呈重东轻西的态势。

（三）南向交通

（1）通海夷道。贾耽所考《广州通海夷道》记述了海上丝绸之路的大致路线：商旅由广州、徐闻（属雷州）、合浦（属廉州）等港口出海，依次经过交趾（今越南北部）、占城（今越南南部）、真腊（今柬埔寨）、吉兰丹（今马来西亚）等东南亚诸国，随后转道西北过马六甲海峡，西行经锡兰（今斯里兰卡）至印度、孟加拉诸国，更远处甚至可达今伊朗、阿拉伯半岛及非洲西海岸地区。该线的远洋贸易早在汉代就已开始，但直到 10 世纪后才成为我国对外经济和文化联系的主要渠道，这是由多方原因造成的。首先崛起的西北党项族及其西夏政权占据河西走廊，阻断了通往西域的道路，

① 《韶州府志》卷二十五，清同治刊本。

② （唐）张九龄：《曲江集》卷十一《开凿大庾岭路序》，四部丛刊影明成化本。

③ 《宋史》卷三百二十八列传第八十七，清乾隆武英殿刻本。

宋廷因无力维系千余年的陆上丝绸之路，转而以海路贸易为主。此外，“安史之乱”对中原地区经济造成了持久破坏，经济重心南移，对外贸易所需的人口、资金、产业链一并南移，海路运输遂为成本最低且最为稳妥的选择。宋代发达的造船业与航海技术更是为“海上丝绸之路”的繁盛提供了技术支撑。因此宋代的海外贸易规模更大，范围更广：与宋朝建立外贸联系的国家和地区至少达60多个，约为晚唐时期的两倍；北宋前期的进口商品不超过50种，至南宋增至300余种，大致可分香料、宝货、药材、木材、矿产、染料、纺织品和动植物初级制品等几大类。

自秦汉至唐宋，海上丝绸之路的始发港地位几经更迭，其变化趋势与诸条北越五岭交通线重东轻西的趋势极其相似——以交州、合浦为代表的岭南地区西部门户逐渐为东部的广、潮、恩三州所取代。交州位于今越南河内，秦汉以来长期为海舶前往中国航行的终点站，为加强交州与粤东地区的联系，同时便于粤东地区南下开展海外贸易，受限于当时的造船与航海技术，贸易船只只能沿海岸线航行，与交州邻近的合浦与徐闻地位提升显著。广州虽为经济中心，但作为贸易港尚不能与交州竞争。东吴以前，凡通西南海上诸国常称某国在徐闻、合浦、日南以南若干里，例如“黄支国，汉时通焉，去合浦、日南三万里”①，两晋以后才记述为“去广州若干里”。六朝时期，随着造船与航海技术的进步，远洋贸易无须再沿海岸线航行，且合浦港一带礁石纵横，不利于排水量大的船只通过，因此开辟了由广州经海南岛直接到东南亚的新航线，广州对外贸易地位逐渐提升，合浦、徐闻日渐衰微。晋以后，史书常以交广并举，如《南齐书》载：“商舶远届，委输南州，故交、广富实，牣积王府”②，《隋书》云：“南海、交趾，各一都会也。”③ 到了唐代，广州正式取代交州成为岭南第一门户，至宋代交州脱离中央版图，广州的中心港地位一直延续至今。粤东的恩州、潮州也在唐代崭露头角：据《太平寰宇记》载：“恩州为恩平郡，涉海最为蒸湿，当海南五郡泛海路，凡自广至勤、春、高、潘等七州，旧置传舍。……既当中五州之要路，由是颇有广陵、会稽贾人船循海东南而至，故吴越所产之物，不乏于斯。”④ 潮州在北宋初发展成有一定知名度的海港，南宋时地位进一步提升，不仅是水运中继站，而且是粤东地区以外销为主的陶瓷输出港。

（2）至安南通道。南路交通除海上丝路外，尚有多条至安南的陆海交通线。一为邕州至安南的陆路，唐代只有从邕州经藻州（今广西那堪一带）至交趾的一条主线，

① 《太平寰宇記》卷一百七十六《四夷五，南蛮一》，清文渊阁四库全书补配古逸丛书影宋本。
② 《南齐书》卷五十八列传第三十九，清乾隆武英殿刻本。
③ 《隋书》卷三十一志第二十六，清乾隆武英殿刻本。
④ 《太平寰宇記》卷一百五十八《岭南道二》，清文渊阁四库全书补配古逸丛书影宋本。

即"刘方故道"。宋代安南脱离中央版图，仍有二路新置，据《岭外代答》记载及陈伟明（1989）考证，一路"自邕州左江永平寨（今广西宁明县境内）南行，入其境机（榱）榔县"①；另一路"又自太平寨（今广西崇左市西北）东南行，过丹特罗江入其谅州，六日至其国都"。二为合浦、徐闻至交州的海路，其原为海上丝绸之路的一部分，但因台风、信风及琼州海峡自然条件的限制导致路况不佳："自广州而西其海难行，自钦廉而西，则尤为难行。"② 由于安南—天竺道为贾耽所考的七条入夷通道之一，且交州本身仍为重要的海上丝绸之路始发港，岭南联结安南的海陆通道具有较强的商业运输功能。

（四）东路与西路交通

（1）东路交通，主要联系闽浙地区。因东南沿海河流多呈西北—东南流向，由潮、梅二州分别至东北方向的漳、汀二州难以利用既有水路，交通不畅导致唐代岭南东部地区开发程度依然较低。唐代由潮州起始主要有两条陆路前往福建：一是取"漳浦路"至漳州；二是北上至汀州（福建长汀）。史料并无唐宋时期二路具体走向、路况与修缮的相关记录，但部分史实可证实此路确实存在，如《元和郡县志》所载的西津驿与盐亭驿，就位于漳浦路沿线；五代后梁龙德二年（922），"汉主（刘）岩用术者言，游梅口镇避灾，其地近闽西鄙，闽将王延美将兵袭之"③；后唐同光二年（924），"汉主引兵侵闽，屯于汀漳境上，闽人击之，汉主败走"④。相比之下，闽粤间的海上交通或许发展更快，潮州、恩州时有来自扬州、泉州等地的商船。唐懿宗时期南诏攻陷安南，仅以几条传统的过岭通道不能满足前线的粮草需要，为此陈磻石上书请造千斛大船，自福建泛海运粮供军："臣弟听思曾任雷州刺史，家人随海船至福建，往来大船一艘，可致千石，自福建装船，不一月至广州。得船数十艘，便可致三万石至广府矣。"⑤ 南宋时期闽浙沿海地区的外向型经济同样以广东、太湖流域粮食的海上运输为保障，"闽、浙之间盖亦尝取米于广，大抵皆海运"。

（2）西路交通，即邕州西至南诏或大理国的路线，又称牂牁道。贞观十三年（639）六月，"渝州人侯弘仁自牂牁开道，经西赵（今贵州遵义至都匀一带），出邕

① （宋）周去非：《岭外代答》卷二《安南国》，清文渊阁四库全书本。
② （宋）周去非：《岭外代答》卷一《地理门》，清文渊阁四库全书本。
③ （宋）司马光：《资治通鉴》卷二百七十一后梁纪六，四部丛刊影明成化本。
④ （宋）司马光：《资治通鉴》卷二百七十三后唐纪二，四部丛刊影明成化本。
⑤ 《旧唐书》卷十九上本纪第十九上《懿宗》，清乾隆武英殿刻本。

州，以通交、桂”[1]。重要道路上均设有驿站，有利于官商往来，但沿线所至多为少数民族统治的羁縻州县，中央采取高压的民族政策导致民族关系时常紧张。唐咸通年间，南诏就曾两度进陷邕州，因此西路交通多出于军事需要。据陈伟明（1989）考，唐时此路的具体路程未知，到宋代从邕州出发经横山寨（今广西百色市田阳区），分别可取杷国（今贵州兴义市）、特磨道（今云南广南县）、罗殿国（今贵州普定、安顺一带）三路前往大理国。

（五）内部交通

（1）东江—西江及其支流。此路横贯东西，将岭南地区西部的邕州、宜州、融州等边缘羁縻州县与东部的潮梅二州连成一线。广州既为该线中轴，又为大庾岭路、郴州路、桂岭路南下的终点，其交通枢纽地位在唐宋之际得到进一步强化。此外还有众多城市扼守江流交汇之要冲：封州（今封开县）为西江与贺水的交汇处，经封州北上直达贺州或再取桂岭路入湖南。梧州为西江与桂江之交汇，素来为联结广州与桂州的又一政治、军事中心与交通枢纽。藤州（今藤县）为西江与绣江（今北流江）之交汇，南下容州、郁林州等地，北流江为当时容管经略使治下州县北上的重要通道。浔州（今桂平）为西江两大支流（今黔江和郁江）的交汇处，经黔江西北溯流而上至象州、柳州、融州（今融水县），经郁江西南而行至邕管经略使所辖州县。象州（今象州县）西南接都泥江（今红水河），东北接白石水，“其州城南枕大江，当桂州往邕州之路”[2]，当时从邕州（乃至安南）往桂州，有象州和藤州两路可行（后者从邕州经浔州、藤州、梧州，辗转桂江至桂州），《元和郡县志》《五代史记》《太平寰宇记》均记载了岭南地区西南诸州经象州路入京的里程，如《元和郡县志》载“（邕州）北至上都取象州路四千七百七十五里，取藤州路五千四十五里”[3]。据陈伟明考，象州路之路线“大致从邕州北上经澄州（今上林县）或宾州（今宾阳县）到达严州（今来宾市），再经象州而至桂州”[4]。象州至桂州段由白石水和相思水组成，水路畅通无阻，《梁溪集》载：“自桂至象九驿，取道龙城，却减一驿。但陆出麻兰之侧颇险，故来者皆泛浔江，而一日兼两驿有半。大施果南，或不惮小舟荡兀，即过我而往，亦良幸。”[5] 柳、

[1] 《资治通鉴》卷一百九十五唐纪十一，四部丛刊影宋刻本。
[2] （唐）李吉甫：《元和郡县志》卷三十八《岭南道四》，清武英殿聚珍版丛书本。
[3] （唐）李吉甫：《元和郡县志》卷三十六《岭南道三》，清武英殿聚珍版丛书本。
[4] 陈伟明：《唐五代岭南道交通路线述略》，载《学术研究》1987 年第 1 期。
[5] （宋）李纲：《梁溪集》卷一百十一，清文渊阁四库全书本。

宜等州人员入京通常也取此路至桂州。

（2）南部沿海陆上通道。唐宋时期，海上航行仍受自然条件与造船技术的诸多限制，沿海陆路作为海路的备选路线因此更受青睐。其中潮州至惠州归善（唐为循州）之间除绕道梅州取东江水路外，另有一路“南自潮阳，历惠之海丰，谓之下路，绵亘俱八百余里……下路坦夷，烟岚稀远，行人多喜由之”①。陈伟明（1989）认为此路为宋代增辟，“起码在南宋初已发挥着重要的交通作用”。广州至西南沿海诸州，通常经端州沿新兴江溯流至新州（今新兴县），再取新州路至勤州（今新兴县西）、春州（今阳春市）、高州、潘州（今高州市西北）、辩州（今化州市），此后或南下雷州徐闻港出海，或进一步西行至廉钦二州，最终到达邕州。此路“接西南道九州，当海中五州之咽喉。虽驿路傍海，西去人皆惮海波，多不由传舍，虽公行亦是便路陆去，不复通舟楫”②。

综上所述，唐代岭南地区已初步形成全方位的交通格局，且北向过岭通道与南部沿海港口的地位均呈现重东轻西的趋势。宋代除新辟“东通闽浙”“西出大理”的少数交通路线外，以拓宽、修缮旧道为主，基本沿袭了唐代格局。因此宋代较唐代而言交通条件改善的重要体现在于：部分路线路况的改善、交通技术的进步以及地方政府整治与管理水平取得进步所带来的运输效率的提升，而主要的出行方式、交通路线走向等要素并无显著变化。这意味着“通行时间缩短”才是运输效率提升最直观的表现形式，而使用“加权距离”无法直接体现交通条件的改善。只因“通行时间”仅有少数几个州之间的零散数据，故本文尝试以退而求其次的办法引入“交通可达性”概念，基于交通基础设施对商业贸易的因果关系，将运输效率的提升表现在人口与商税等经济指标的增长上，借此分析岭南地区各州交通条件的变化情况。

三、岭南地区交通可达性的考证与测度

（一）交通可达性原理、度量方法与适用性

交通可达性（traffic accessibility），是指在给定的交通条件下某地能够从别处到达的容易程度，也是从某地出发到达别处的容易程度，反映了某地人们获取商品，服务、信息以及参与各种社会经济活动的能力，具体可被定义为一个地区与外部环境“互动

① 《永乐大典（残卷）》卷五千三百四十五《潮州府三》。

② 《太平寰宇记》卷一百五十九《岭南道三》，清文渊阁四库全书补配古逸丛书影宋本。

与交流的潜力（potential）或机会（opportunities）”（Hansen，1959）。这种“空间的相互作用，或者社会实体之间的相互关系，被认为是区位选择及城市增长的重要因素”（高兴川等，2019）。各类（社会经济）活动的空间分布与交通系统是影响交通可达性的重要因素，前者由各地的土地开发模式、质量和属性决定，这形成了各地不同的运输需求；后者的建设情况主要通过出行所需的时间、通行费、出行方式的可替代性、运输网络的连接性、路线的设计与管理、停车位的数量与布局等指标加以衡量（Handy，2001）。为综合评价一地的通达程度，多数研究综合公路、铁路、航空、航运等运输系统，据此建立了多重标准的交通可达性评价模型，并以计算所得的交通可达性系数对研究区域内部节点的通达性程度进行排序。

交通可达性的度量方法对可达性系数的结果有显著影响。杨家文、周一星（1999）等将通达性的度量方法归类为距离度量法、拓扑度量法、重力度量法和累积机会法等。其中距离度量法是最基本的方法，通常使用某地至区域内其他各节点的总距离衡量该地的通达程度，“距离”不局限空间距离，还包括时间距离和经济距离（通行成本）。拓扑度量法重在两点之间的连接性而不考虑距离，“连接两点的具有最少的线段数的路径是这两个节点之间的最短路径，最短路径包含的线段数是这两点之间的拓扑距离”。重力度量法来源于物理学的重力模型，是目前交通地理、城乡规划等领域最常用的方法，它通过到达不同目的地的成本、时间或距离来衡量所有目的地的社会经济活动对该地的总体影响。累积机会法，即在既定行程距离或时间范围内，计算某地居民可获得的各种机会（就业、就学、医疗、购物等机会）的累计值，相对其他方法而言主观性更强。除上述四类方法外，汉迪和尼迈尔（Handy and Niemeier，1997）还将基于随机效用理论的方法单独列为一类，该方法旨在计算某种具体的出行选择为个人带来的效用以及所有出行选择的总效用。如今随着通达性概念不断外延，测度方法日趋多样化，至于模型的具体设定形式还应根据研究需要与数据的可获取性选择相应的研究方法，因为越复杂的度量通常需要更复杂的数据。

目前，通达性的概念被广泛应用于交通地理、城乡规划等领域，主要方向有三。其一，交通的空间布局与区域发展研究，例如刘建军等（2016）、高兴川等（2019）均选取某个区域为研究对象，或计算某一时点该区域的综合通达性，或计算某一时段区域综合通达性的改善所带来的空间效应。其二，城市体系研究，可表示区域内部不同地点之间的联系，并可衡量把某一活动放在不同地点的相对优势，例如陈松林（2012）探讨了福建省交通可达性与不同类别制造业分布情况的内在联系，证明不同地区布局的制造业类型通常符合当地的比较优势；姚一民（2019）则以类似的度量方法阐述粤港澳地区城市交通可达性与经济发展水平分布格局的内在联系。其三，城市土地利用与交通规划研究，如交通线、停车位的规划及评价方案，代表性研究有扎卡利亚（Zakaria，1974）的研究等。

（二）数据来源与考证、测度

1. 距离变量

本文引入加权距离模型度量交通可达性是基于以下考虑：首先，史料对大庾岭路等重要交通干道的记述是交通基础设施作用于区域社会经济发展的有力印证，通达性可反映当时岭南地区不同城市在各自的交通条件下开展商业活动的相对优势，具备较强的适应性。其次，古代交通的远途出行方式较为单一，且大宗商品流通高度依赖水运，交通网络与河网分布高度相关，降低了二地间距离的度量难度。最后，结合数据的可获取性，发现诸地志对各州之间的距离有较为完整的记载，因此采用空间距离，即各州之间主要交通线路的距离作为度量各州交通可达性的依据。

然而选取空间距离度量可达性也有其局限性，在一定程度上会导致通达性衡量失真，度量效果不如时间距离和经济距离。如潮州“去广府虽云才二千里，然来往动皆经月，过海口，下恶水，涛泷壮猛，难计程期”[①]。而当时广州至长安，取郴州路约 4210 里，费时也不过一个月左右的时间，竟和广、潮之间的往来相当。此时选取空间距离实则高估了潮州地区的通达程度。此类偏误的出现，与唐代粤东地区整体上相对岭南内部其他地区欠开发的事实密切相关。宋代因政治经济中心偏向东南，潮汕地区联结福建、广州的交通情况遂得以改善，有助于减少此类偏误。

为尽可能准确度量各州之间的空间距离，本文结合唐宋年间地志《新唐书·地理志》《元和郡县志》《太平寰宇记》《元丰九域志》等有关“四至八到”（或称为“道里”）的记载考证岭南地区各州之间的干道路径和距离。在此需要说明几个问题，第一，“四至八到”反映的里程实为道路里程。曹家齐（2001）基于《元和郡县志》与《太平寰宇记》的比较研究，以及《元丰九域志》与南宋诸志的比较研究均可为证：各地志就前文所述主要交通干线的记载，“虽在里程上有些许误差，但可以断定两州记此里程所据为同一标准，即同一条路线”，且部分路线明确注明了水路、陆路或水陆相兼，如“（广州）东至循州水路沂沿相兼四百里，陆路三百六十里”[②]。然而地名、里程或方向的诸多错误在所难免，张国淦（1962）就古地志的考证发现诸志的编撰是根

---

① （唐）韩愈：《昌黎先生文集》卷三十九《潮州刺史谢上表》，宋蜀本。

② 《太平寰宇记》卷一百五十七《岭南道一》，清文渊阁四库全书补配古逸丛书影宋本。

据各州县上报的图经汇总而成的，而相邻各州未对记录统一标准、统一核实，导致了诸多的前后矛盾。《元丰九域志》对"四至八到"的记载尤为详细，然纰漏尤甚，因此本文在确定相邻各州的道路里程时选取了诸地志普遍记载的路径，而对那些距离过近、看似最优的路线保持怀疑。第二，诸地址记载的里程数实为州治之间的距离，即城市与城市之间的距离，而非一州治所与邻州州界的距离。如广州至端州的距离，《元和郡县志》载"（广州）微北至端州沿沂相兼二百四十里"[①]，《元丰九域志》所载路线过多，其中最近的路径为："（广州）西至本州界一百五十里，自界首至端州九十里"[②]，二者相加恰等于二百四十里，说明广州至端州州治之间路程为二百四十里的叙述基本可信。第三，水运系统为当时运输效率最高、商贾出行的最优选择。宋代的"纲运"代表了一切物资运输的总称（胡非凡，2011），其中"纲"为基本运输单位，纲制编排实际上确定了将多少货物编排在一起（一纲）运输，因此某种商品水运、陆运的纲制编排可反映水路与陆路的运输效率的差距。以宋高宗时期的乳香为例，陆路转运以三千斤为一纲，水路以一万斤为一纲[③]，尽管不同商品类型乃至粗细分纲计重的方式均有所不同，但可基本确定水路的运量是远大于陆路的。诸地志虽有标记部分城市间的里程为水路里程，或水陆相兼，但缺乏系统完整的记述。本文遂结合诸地志与《中国历史地图集·第五册（2）——唐时期图组》"岭南道东部"图、《中国历史地图集·第六册（1）——辽、北宋时期图组》"广南东路""广南西路"图以及当代广东省、广西壮族自治区地图进行比对，以确定唐宋二代岭南地区交通网络具体路径的运输方式。

综上所述，本文在确定相邻各州的空间距离时主要遵循以下原则：（1）相邻各州选取的距离为地志所载的最短距离；（2）为避免地志记载的错误，通过对诸地志的比较研究选取普遍记载的路径；（3）在水路与陆路里程相近的前提下，优先选取水路里程；（4）不相邻二州（即二州之间没有明确记载的直达路径）之间的最短距离采用Dijkstra算法，即i州至j州之间的距离满足：$D_{ij}=\min\{(D_{ik}+D_{kj}),\ allk\}$，（$k=1,2,\cdots,n$），且仍遵循水路优先的原则。并依据唐宋时期岭南地区水陆交通网络图[④]构建唐宋二代各州的距离矩阵。

2. 人口与商业变量

为构建足以反映一州通商便利程度的交通可达系数，本文以各州的户口数与商业税额作为加权距离的权重。

① （唐）李吉甫：《元和郡县志》卷三十五《岭南道一》，清武英殿聚珍版丛书本。

② （宋）王存：《元丰九域志》卷九《广南路》，清文渊阁四库全书本。

③ 《宋史》卷一百八十五，食货志第一百三十八《食货下七》，清乾隆武英殿刻本。

④ 图略。——编者注

唐时期，人口数据主要取自《新唐书·地理志》所载的天宝元年各州郡户口数。由于当时岭南地区相对欠发达的粤东和桂西地区人口数记载大量缺损，故选择各州户口数作为人口数据，其中陆州的户口数缺损，于分析时剔除，余下共计 56 州。而学界向来对《新唐书》所载户口数的时点存有争议，其中有“开元二十八年”（740）说，以严耕望先生为代表；有“天宝十一载”（752）说，以王鸣盛先生为代表；以及目前学界占优的观点“天宝元年”（742）说，以梁方仲、青山定雄等学者为代表。尽管未能达成一致，但自开元二十八年至天宝十一载仅有十三载，其间未发生重大的人口波动，基本代表了安史之乱前夕盛唐气象的人口数量，对于本文的研究并无实质性的影响。为使公廨本钱数与人口数的时间点尽可能保持一致，本文将《新唐书》所载各州户口数的时间界定为天宝元年。

商业数据取自《敦煌石室地志残卷》所记载的唐天宝元年（742）岭南道 66 州（包括安南）所辖县等级、乡的数量与公廨本钱数额，因潮、严、横、勤、郁林、淳（峦）、岩、宜、瀼、笼、田、思唐、古、顺等 14 州数据完全缺失，于分析时剔除，另有高、钦、窦、禹、白、绣等州缺失本州数据或辖县数据，但仍在研究范围之内。之所以用公廨本钱反映商业的发达程度，是因为唐朝初期因均田制和租庸调制的有效施行，除了家庭户调、免庸必须缴纳的手工制品外，政府 130 多年来都不曾对工商产品或各类商业行为征税，这对当时工、商业的发展和经济繁荣起到了积极作用。直到安史之乱爆发，两京失陷，财政亏空，为筹集军费，始税商贾。“肃宗至德年间（756 ~ 758），始对价值 1000 钱以上者征税。代宗大历四年（769）三月，遣御史税商钱。德宗建中元年（780）二月，杨炎作两税法，对商人税三十之一；与居者均役。二年五月，又以军费需要，商税税率由 1/30 改为 1/10。三年九月，又对商钱、茶、漆、竹、木征税……”① 但因隋唐时期工商税制建设较为落后，未见有各州郡商税的详细记载。相对而言，公廨本钱也能在一定程度上反映某地商业的发达程度，它是由国家财政拨给的中央各部门及州县的办公费用，地方政府可将一定数量的公廨本钱交由指定商人（商户）从事各种商业活动，利润上缴官府充作官俸、公廨杂用、食用、和雇、祠祭等。唐廷为地方各州置本或追加的钱数主要按州的等级划分，州的等级（上、中、下）又以该州人口数为依据。而在实际置本时，各州可根据当地的具体条件置本，不必完全按照定额。由于置本赚取的利息主要来源为各类商业活动，倘若一州商业发达，官员为获得更多俸禄钱则有充分的动机增置本钱，而商业欠发达地区显然难以具备与发达地区保持公廨本钱数一致的商业基础，所以一州的公廨本钱数显然与其户数与商

① 孙翊刚：《中国财政通史·隋唐卷》，中国财政经济出版社 2006 年版，第 93 页。

业发达程度呈正相关关系。尽管中唐以后贪腐之风盛行、财政吃紧等因素加剧了公廨本钱制度对底层百姓的剥削，甚至出现官府强行要求高户充当捉钱人并导致其破产、违法乱纪者通过充当捉钱人逃避惩罚等种种乱象，极度扭曲了公廨本钱与商业发展状况之间的内在关联。为检验二者关系，本文在控制唐宋各政区面积的基础上对唐天宝元年各州的公廨本钱数与宋代各州商税进行相关性检验，其相关系数高达 0.92，呈高度正相关；进一步控制唐宋之际各州的人口增量，二者的相关系数仍高达 0.784，均于 0.01 水平显著，至少说明天宝元年各州的公廨本钱数可以在一定程度上反映各州的商业发展状况（本文的结果也可佐证）。此外，唐朝的商业经营，全境通用唐初创制的开元通宝钱，金银仅充当有限的货币职能，而非全国流通货币。但由于岭南地区的历史原因与海外贸易需要，同步使用金银、象牙、珍珠作货币，因此诸多中下州县的公廨本钱以银两为计量单位，而以广州、桂州为首的中上州县以铜钱（千钱）为单位。本文根据《册府元龟·邦计部·山泽一》所载玄宗开元年间银价一两约 200 文的价格进行换算，确保单位一致。

排除缺失值后仍保留 42 州纳入分析范围，根据当时岭南五府所辖区域的划分，这 42 州大致处于广府、桂管、容管、邕管的所辖范围内，因此天宝元年的户口与公廨本钱数的描述如表 1 所示。可见广府 14 州在当时无论是户口数还是公廨本钱数均与桂管、邕管、容管所辖地区相比占据较大优势，但 14 州内部的不平等程度更为突出。其中户口数与公廨本钱数的最大值均为广州，分别为 42235 户与 7750 贯，代表了区域经济的绝对核心地位，与泷州相比，其户数是后者（3627 户）的 11.6 倍，公廨本钱数则达到了（138 贯）56 倍之多。但从户均公廨本钱数看，广府 14 州仅有 75.618 文，明显低于其他地区，反映出广州一带相对过于稠密的人口分布。除广州外，当时人口过万户的城市还有韶州（31000 户）、连州（32210 户）、桂州（17500 户）、高州（12400 户）、春州（11218 户）和康州（10510 户），公廨本钱数过千贯的城市有桂州（3945 贯）、韶州（3480 贯）、循州（1894 贯）、连州（1870 贯）、容州（1267 贯）、贺州（1091 贯）、邕州（1012 贯），大致为交通地位重要的岭北门户、沿海港口与政治、军事中心所在地。

表 1　　天宝元年岭南地区 42 州户口数与公廨本钱数统计

项目		有效州数	最小值	最大值	均值	标准偏差
广府 14 州	户口数	14	3627 户	42235 户	11892.500 户	11102.224 户
	公廨本钱数	14	104.000 贯	7750.000 贯	1206.014 贯	2095.860 贯
	户均公廨本钱数	14	8.387 文	198.845 文	75.618 文	56.889 文

续表

项目		有效州数	最小值	最大值	均值	标准偏差
桂管12州	户口数	12	1059 户	32210 户	7071.000 户	9179.809 户
	公廨本钱数	12	110.000 贯	3945.000 贯	801.553 贯	1107.446 贯
	户均公廨本钱数	12	34.000 文	319.547 文	143.902 文	100.021 文
邕管6州	户口数	6	1368 户	3026 户	2410.500 户	629.136 户
	公廨本钱数	6	64.8 贯	1012 贯	336.467 贯	356.499 贯
	户均公廨本钱数	6	24.000 文	349.810 文	134.898 文	118.367 文
容管10州	户口数	10	1019 户	9773 户	3330.600 户	2689.446 户
	公廨本钱数	10	22.0 贯	1267.0 贯	296.660 贯	368.516 贯
	户均公廨本钱数	10	2.804 文	254.930 文	110.936 文	93.552 文

资料来源：天宝元年各州郡户口数来自《新唐书·地理志》（中华书局 1975 年版）；天宝元年各州公廨本钱数来自王仲荦所著的《敦煌石室地志残卷考释》（中华书局 2007 年版）。

宋时期的人口数据选取了《元丰九域志》所载北宋元丰初年（1078）共 37 州的主客户数。尽管宋代岭南的人口数记录已较为完整，但为与唐代户口数形成对应，遂采用主客户数。由唐至宋，除少数州县户数略有下降，岭南多数州县的户口数明显激增。这是因为整个岭南管理相对宽松，历来是岭北人逃亡的主要去处。粤北重镇韶州受“安史之乱”影响一度衰落，后来依靠外来移民再度振兴。

商业数据取自《宋会要辑稿》所载北宋熙宁十年（1077）各州县场镇之商税额。除梅州的商税额为仁宗时期的旧数据外，有 16 州缺失下辖县或场镇的数据，但仍纳入研究范围之内。因熙宁十年与元丰初年时间接近，可近似看作同一时点。当时，“商税，凡州县皆置务，关镇亦或有之，大则专置官监临，小则令、佐兼领，诸州仍令都监、监押同掌，行者赍货，谓之过税，每千钱算二十；居者市鬻，谓之住税，每千钱算三十，大约如此”①。可见宋代商税征收主要是由政府在州县场镇设商税务，以收取行商 2% 的过税、住商 3% 的住税。

因宋代岭南地区按广南东路与广南西路建制，遂按此分类作描述统计。宋熙宁、元丰年间的户口与商税额如表 2 所示，与唐代类似，广南东路 15 州（范围近似唐时的广府 14 州）从户口到商税额均远超广南西路 22 州的平均水平，但内部的不均衡性依然明显。广州仍为人口最多（143261 户）、商税最高（60879 贯）的城市，但由于人口过于集中，并不是户均商税额最高的城市（户均不到 425 文），反而如封州、英州等一

① 《宋史》卷一百八十六《食货下八》，清乾隆武英殿刻本。

些邻近广州但面积不大、人口较少的州，其户均商税额通常更高（封州户均 2041 文，英州户均 5282 文）。除广州外，主客户数超 4 万的城市有潮州（74682 户）、惠州（61121 户）、韶州（57438 户）、桂州（66344 户）、循州（47192 户）和贺州（40205 户），粤东地区人口增长尤为显著；商税额过万贯的城市有英州（42356 贯）、潮州（30278 贯）、韶州（25272 贯）、桂州（19904 贯）、端州（19767 贯）、惠州（15968 贯）、南雄州（13326 贯），几乎集中在广南东路的西江下游与北江流域地区。

表 2　　熙宁、元丰年间岭南地区 37 州户口数与商税额统计

项目		有效州数	最小值	最大值	均值	标准偏差
广南东路 15 州	主客户数	15	2739 户	143261 户	38616. 870 户	36106. 481 户
	本州商税数	14	16 贯	37308 贯	9440. 790 贯	9637. 013 贯
	辖县商税数	11	33 贯	13313 贯	4556. 180 贯	4600. 765 贯
	场镇商税数	11	169 贯	19407 贯	5247. 450 贯	5827. 864 贯
	商税数总额	15	49 贯	60879 贯	16070. 270 贯	17332. 237 贯
	户均商税数	15	1. 038 文	5281. 955 文	775. 958 文	1340. 517 文
广南西路 22 州	主客户数	22	3451 户	66344 户	11273. 41 户	12806. 937 户
	本州商税数	22	391. 348 贯	7397. 546 贯	2580. 642 贯	1749. 566 贯
	辖县商税数	13	208. 920 贯	8451. 161 贯	1527. 297 贯	2227. 882 贯
	场镇商税数	13	38. 189 贯	7487. 518 贯	1868. 795 贯	2327. 405 贯
	商税数总额	22	455. 348 贯	19903. 580 贯	4587. 423 贯	4502. 532 贯
	户均商税数	22	80. 479 文	811. 261 文	420. 706 文	213. 628 文

资料来源：元丰初年各州主客户数来自《元丰九域志》（中华书局 1984 年版）；熙宁十年各州县场镇之商税额来自《宋会要辑稿》（上海古籍出版社 2014 年版）。

四、岭南地区商业通达性的测度及比较分析

（一）商业通达性系数的构造与测度应用

综上所述，结合既有交通可达性研究，本文构建的商业通达性系数由区域内部商业通达性与对外商业通达性共同组成。

结合陈松林等（2012）、姚一民（2019）对通达性指标的构造，区域内部的加权距离可表示为：

$$A_i = \frac{\sum_{j=1}^{n} D_{ij} \times \sqrt{P_j \times T_j}}{\sum \sqrt{P_j \times T_j}} \tag{1}$$

其中，A_i 是 i 州的加权距离，衡量了 i 州与岭南地区内部其他各州开展商业贸易的相对便利程度，A_i 越小，说明加权距离越短，i 州的商业通达程度越高。D_{ij}是根据 Dijkstra 算法计算的 i 州治所到 j 州治所的最短路径，并作了水路、水陆相兼、陆路三种运输方式的区分。其中水路无疑是运输效率最高的运输方式，由乳香的纲运编制“宋初陆路转运以三千斤为一纲，水路以一万斤为一纲”可大致推断，在相同的运输成本下水路的运量约为陆路运量的 3.3 倍，并假设其他商品也是如此。关于水陆兼运的方式，我们难以确定水运和陆运分别占 i 州至 j 州整段路程的比例，因此假设其运量约为纯陆路运输的 1.67 倍。在计算 D_{ij}的过程中，若 i 州至 j 州有水路联通，则将二州的实际空间距离除以 3.3；若 i 州至 j 州水陆兼运，用实际空间距离除以 1.67；若二州之间唯有陆路联通，则不作调整。因此 D_{ij}的实际意义为在运输成本相同的情况下单位重量商品的运输距离，D_{ij}越小，代表了在 i、j 二地之间的既定距离（即实际距离）内所能运输的商品数量更多，运输效率更高。P_j、T_j 为权重指标，P_j 是目的地 j 州户口数，T_j 为目的地 j 州的公廨本钱数（唐代）或商税（宋代），$\sqrt{P_j \times T_j}$代表目的地 j 州的商业发达程度（只不过当代学者在构造以上指数时将 T_j 表示为某地的 GDP 总量）。根据该式可分别求得“天宝元年”与“熙宁—元丰”两个时点各州的 A_i 值。

对外的加权距离可构造为：

$$B_i = \sum_{x=1}^{m} D_{ix} W_x L_i + \sum_{y=1}^{n} D_{iy} W_y H_i \tag{2}$$

其中，B_i 是 i 州商品向岭南地区之外任何地区运输的加权距离。岭南地区对外交通主要有两种形式：经陆上边境交通枢纽城市离开岭南地区，或通过沿海商业城市走海路离开岭南地区，无论选择何种方式出境，均需经过以上二类节点城市。因此在式（2）中，m 为区域边境城市的数量，本文选取的唐代边境城市主要有邕州、桂州、昭州、贺州、连州、韶州，$m=6$，宋代的边境城市更多，有南雄州、韶州、梅州、桂州、昭州、贺州、连州、邕州、潮州，$m=9$。n 为沿海商业港口城市的数量，唐代主要有广州、恩州、高州、廉州、钦州、雷州，$n=6$，宋代又增一潮州，$n=7$。D_{ix}为城市 i 至某个边境城市 x 的距离，基于式（1）中的 D_{ij}得到。W_x 为边境城市 x 所扼守的交通要道在主要对外陆上交通中的地位，L_i 为 i 州商品通过陆上边境交通枢纽城市离开岭南地区的比例。同理，D_{iy}为城市 i 至某个沿海港口城市 y 的距离，W_y 为沿海城市 y 港口在所有海上交通路线中的地位，H_i 为 i 州商品通过沿海商业城市走海路离开岭南地区的比例。以上参数中 L_i 与 H_i 不易确定，因为不同的州所处的地理位置不同，自然条件的禀赋会对当地的交通出行方式产生影响，例如沿海州或许有更强烈的偏好将本州的商品以海运的方式运往外地，而像桂州、韶州等相对内陆的城市则更希望过五岭北上内地；此外商品的种类与性质也会影响人们对运输路线的选择，如潮州的瓷器作为出口商品显然多由港口城市出海，而各类贡品、盐铁金银等大宗商品或出于安全考虑多选择走五岭要道。综上考虑，本文假设各州在运输商品时对于选择海运或北上越过五岭并没有显著的偏好差异，即 $L_i = H_i = 0.5$。关于 W_x 与 W_y，文献中仅有对这些交通线相对地位的描述，宋代余靖《武溪集》载："自京都沿汴绝淮，由堰道入漕渠。溯大江，度梅岭，下真（浈）水至南海之东西江者，唯岭道九十里为马上之役，余皆篙工楫人之劳，全家坐而至万里。故之娇南，虽三道，下真水者十七八焉。"① 余靖认为当时桂州路、郴州路和大庾岭路三条过岭通道中，七至八成的行人选择大庾岭路，此虽为确定 W_x 的线索之一，然不免有夸大之嫌。最终本文采用边境州 x 的公廨本钱或商税与所有边境州公廨本钱或商税的比值作为权重，即 $W_x = T_x / \sum_{x=1}^{m} T_x$；同理采用沿海州 y 的公廨本钱或商税与所有沿海州公廨本钱或商税的比值作为权重，即 $W_y = T_y / \sum_{y=1}^{n} T_y$，各边境州与沿海州的权重如表 3 所示。最后分别得到"天宝元年"与"熙宁—元丰"两个时点各州的 B_i 值。

表 3　　对外商业通达性权重 W_x 与 W_y

州	唐代		宋代	
	边境州 W_x	沿海州 W_y	边境州 W_x	沿海州 W_y
韶州	0.289		0.228	
桂州	0.328		0.175	
昭州	0.041		0.029	
贺州	0.091		0.047	
连州	0.155		0.068	
邕州	0.084		0.034	
南雄州			0.117	
梅州			0.009	
潮州			0.267	0.239

① （宋）余靖：《武溪集》卷五《韶州真水馆记》，清文渊阁四库全书本。

续表

州	唐代		宋代	
	边境州 W_x	沿海州 W_y	边境州 W_x	沿海州 W_y
广州		0.809		0.481
恩州		0.024		0.057
高州		0.011		0.055
雷州		0.034		0.078
廉州		0.044		0.021
钦州		0.007		0.068

综上所述，综合加权距离 C_i 可表示为：$C_i = w_{in}A_i + w_{out}B_i$。其中 w_{in} 为 i 州运往岭南地区内部其他州县的商品所占的份额，w_{out} 为 i 州运往岭南以外地区的商品份额，且二者之和等于 1。然而既有研究普遍聚焦于海外舶来品的北运与国内手工业品出口南运，岭南地区内部各州之间的贸易联系却鲜有提及，且系统的贸易数据严重匮乏，导致 w_{in} 与 w_{out} 的值无法确定，遂假定 i 州的综合加权距离为对外加权距离与对内加权距离之和的算术平均值，即 $w_{in} = w_{out} = 0.5$。

最后构建商业通达性系数，用各节点城市的综合加权距离 C_i 与岭南地区交通网络内所有节点城市综合加权距离的均值之比表示：

$$R_i = C_i \bigg/ \left(\frac{1}{n} \sum_{j=1}^{n} C_j \right) \tag{3}$$

其中，R_i 的大小反映了 i 州与其他所有地区开展商业贸易的便利程度，值越小说明其商业通达程度越高，系数最小的州即为岭南交通网络的中心。它使 i 州的综合加权距离与岭南地区各州综合加权距离的均值进行比较，若该系数小于 1，说明该州的通达性状况高于岭南地区的平均水平；系数大于 1，则低于岭南地区的平均水平。n 为唐代或宋代岭南地区样本州的数量。由上式计算得到的唐宋两阶段通达系数的变化反映了各州商业通达程度的相对变化情况。

（二）商业通达性结果的比较分析

唐代岭南地区原有 57 州，因数据缺漏仅对余下 42 州进行排序。唐天宝元年岭南地区各州的商业通达性系数 R_i 的计算结果如表 4 所示。

表 4　唐天宝元年岭南地区各州 R_i 结果（42 州）

排序	州	R_i	排序	州	R_i	排序	州	R_i
1	端州	0.591	15	昭州	0.864	29	白州	1.078
2	康州	0.596	16	蒙州	0.875	30	高州	1.113
3	封州	0.606	17	禹州	0.927	31	潘州	1.116
4	梧州	0.619	18	贵州	0.935	32	党州	1.14
5	广州	0.654	19	象州	0.938	33	廉州	1.221
6	藤州	0.671	20	韶州	0.96	34	辩州	1.264
7	泷州	0.735	21	桂州	0.972	35	循州	1.267
8	龚州	0.743	22	连州	0.991	36	邕州	1.276
9	富州	0.786	23	绣州	1.003	37	澄州	1.335
10	贺州	0.788	24	牢州	1.01	38	融州	1.368
11	义州	0.818	25	恩州	1.045	39	罗州	1.391
12	浔州	0.821	26	窦州	1.05	40	宾州	1.408
13	新州	0.827	27	柳州	1.06	41	钦州	1.414
14	容州	0.834	28	春州	1.06	42	雷州	1.78

从 R_i 的排位上看，可大致将岭南地区的城市划分为四类：（1）位于岭南地区中部的西江中下游城市；（2）位于区域北部的五岭要塞；（3）区域沿海港口城市；（4）东西边陲的城市。唐代商业通达程度排名前 5 位的州分别为：端、康、封、梧、广，均属第一类城市，地理上位于岭南地区版图与交通网络的中心，为西江干流及其支流的交汇点，战略地位重要，无论北上选择西线桂州路还是去东线的郴州路、大庾岭路，域内绝大多数州治均可通过水路直达。西江充分延展了以广州为中心的经济腹地，沿线地区受益良多。其中端州的商业通达性系数为 0.591，排名第一，实为区域交通中心，但非经济中心，说明二者不完全匹配。端州“当西江入广州之要口也”①，为西江与南部沿海通道的枢纽。其西去桂州全程水路一千余里；北去韶州也不必经广州周转，而是在四会附近折北江而上，里程不过 640 里；若下南海，去往广恩二州均十分便捷。因此一个端州商人从当地出发开展一系列对外商贸活动甚至比广州商人还便捷一些。广州虽列第五，但与端州的差距很小。

重要的边境城市桂、贺、连、韶属第二类城市，交通地位居于岭南地区的中上游，

① （唐）李吉甫：《元和郡县志》卷三十五《岭南道一》，清武英殿聚珍版丛书本。

分别排名第 21、第 10、第 22、第 20 位。以上城市与岭南交通网络的地理中心距离适中，且扼守一方要道，对外商业通达性 B_i 明显优于内部通达性 A_i。受地形影响，几个边境州之间的陆上通道蜿蜒难行，交通高度依赖于南北水路。例如由韶至连虽有直达驿道（陆路）200 余里，但商人在考虑水运的运输效率后或许会优先选择取水路绕道浈阳（即宋代的英州）后向西北折入洭水至连州。此外，桂、连、韶三州的通达程度处于同一水平，或因大庾岭新路刚辟不久，韶州尚未形成优势地位。

港口城市除广州外，以廉州、钦州为代表的西部沿海港口地位较低，在对外交通上所能发挥的作用极其有限。恩州的相对地位较高，但仍未超过整个岭南地区通达性的平均值。

东西边陲城市排位靠后，大多位于岭南地区的西南部，为邕管经略使与容管经略使所治，此类城市仅在空间距离上就远离区域中心，且深居内陆，少数民族林立，工商业基础相对薄弱。

随后计算宋代熙宁—元丰年间岭南地区 37 州的 R_i，结果如表 5 所示。

表 5　　宋熙宁、元丰年间岭南地区各州 R_i 结果（37 州）

排序	州	R_i	排序	州	R_i	排序	州	R_i
1	端州	0.645	14	惠州	0.937	27	柳州	1.068
2	广州	0.672	15	循州	0.937	28	廉州	1.148
3	康州	0.686	16	昭州	0.939	29	宜州	1.183
4	封州	0.712	17	恩州	0.941	30	邕州	1.217
5	梧州	0.726	18	连州	0.942	31	化州	1.264
6	英州	0.74	19	贵州	0.964	32	梅州	1.29
7	藤州	0.764	20	象州	0.977	33	融州	1.292
8	新州	0.817	21	南雄州	0.998	34	钦州	1.3
9	龚州	0.824	22	容州	1.001	35	宾州	1.32
10	韶州	0.864	23	桂州	1.022	36	潮州	1.412
11	贺州	0.867	24	白州	1.047	37	雷州	1.539
12	郁林州	0.877	25	横州	1.051			
13	浔州	0.885	26	高州	1.06			

与唐代相比，排名靠前的州地位依然稳固，但排名靠后的州普遍出现排名上升，甚至上升幅度很大的现象。此中原因，或因宋代样本州的数量（37 州）少于唐代 42 个样

本州，导致排名虚高；或因宋代行政区划调整撤销了大量州县，导致广西地区州的数量锐减，各州统辖范围扩大。广西一州所辖面积可能包含唐代 2 ~ 3 州的面积，如藤州覆盖了唐时的藤州与义州，昭州覆盖了唐时的昭州、富州与蒙州……州的体量增大，排名也会上升。而粤东地区新置州县，在一定程度上降低了粤东地区各州的地位。

综上所述，为便于比较，需解决州的撤销和增设问题，将数据根据辖区的变动情况进行调整，唐天宝年间至宋熙宁年间的行政区变动情况如表 6 所示。

表 6　　宋代岭南地区行政区的变化

<table>
<tr><th></th><th colspan="2">宋代行政区</th><th>相对应的唐代行政区大致范围</th></tr>
<tr><td rowspan="12">宋代撤销（合并）</td><td rowspan="10">广南西路</td><td>昭州</td><td>昭州、富州、蒙州</td></tr>
<tr><td>浔州</td><td>浔州、绣州</td></tr>
<tr><td>藤州</td><td>藤州、义州</td></tr>
<tr><td>象州</td><td>象州、严州</td></tr>
<tr><td>横州</td><td>横州、淳州</td></tr>
<tr><td>宾州</td><td>宾州、澄州</td></tr>
<tr><td>郁林州</td><td>郁林州、党州、牢州</td></tr>
<tr><td>容州</td><td>容州、禹州</td></tr>
<tr><td>化州</td><td>辨州、罗州</td></tr>
<tr><td>高州</td><td>高州、窦州、潘州</td></tr>
<tr><td rowspan="2">广南东路</td><td>康州</td><td>康州、泷州、勤州</td></tr>
<tr><td>南恩州</td><td>恩州、春州</td></tr>
<tr><td rowspan="4">宋代增设（拆分）</td><td rowspan="4">广南东路</td><td>韶州、南雄州</td><td>韶州</td></tr>
<tr><td>广州、英州</td><td>广州</td></tr>
<tr><td>潮州、梅州</td><td>潮州</td></tr>
<tr><td>循州、惠州</td><td>循州</td></tr>
</table>

本文据此对户口、公廨本钱或商税的数量进行调整，例如：将唐天宝年间的昭、富、蒙三州的户口与公廨本钱数进行加总，使之作为一个整体与宋时期的昭州进行比较；同理将宋时期的韶州、南雄州的商税额、户口数进行加总，使之与唐时期的韶州进行比较。表 6 中其他各州依次处理，尽管这会造成样本州数量减少，但可在一定程度上减少比较过程中的偏误。最终本文得到政区调整后岭南地区各州商业通达性的比较情况，如表 7 所示，其中唐代样本州减少至 30 个，宋代样本州减少至 33 个。

表 7　行政区域调整后岭南地区各州商业通达性的变化

唐代排名	州	R_i（唐）	宋代排名	州	R_i（宋）	较唐代排名变化	R_i（唐）-R_i（宋）
1	端州	0.588	1	端州	0.636	0	-0.048
2	康州、泷州、勤州所辖范围	0.591	2	广州、英州所辖范围	0.651	3	0.001
3	封州	0.602	3	康州	0.677	-1	-0.085
4	梧州	0.615	4	封州	0.703	-1	-0.101
5	广州	0.652	5	梧州	0.717	-1	-0.102
6	藤州、义州所辖范围	0.665	6	藤州	0.758	0	-0.092
7	龚州	0.737	7	新州	0.815	3	0.009
8	贺州	0.784	8	龚州	0.818	-1	-0.081
9	浔州、绣州所辖范围	0.813	9	贺州	0.861	-1	-0.076
10	新州	0.823	10	容州	0.877	1	-0.049
11	容州、禹州所辖范围	0.828	11	浔州	0.880	-2	-0.067
12	昭州、富州、蒙州所辖范围	0.861	12	韶州、南雄州所辖范围	0.889	3	0.070
13	贵州	0.927	13	昭州	0.933	-1	-0.072
14	象州、严州所辖范围	0.931	14	循州、惠州所辖范围	0.935	11	0.330
15	韶州	0.959	15	南恩州	0.938	4	0.101
16	桂州	0.968	16	连州	0.961	1	0.028
17	连州	0.990	17	贵州	0.963	-4	-0.036
18	郁林州、党州、牢州所辖范围	1.007	18	象州	0.974	-4	-0.043
19	恩州、春州所辖范围	1.039	19	郁林州	1.007	-1	0.000
20	柳州	1.053	20	桂州	1.018	-4	-0.050
21	白州	1.076	21	白州	1.057	0	0.019
22	高州、窦州、潘州所辖范围	1.106	22	柳州	1.067	-2	-0.014

续表

唐代排名	州	R_i（唐）	宋代排名	州	R_i（宋）	较唐代排名变化	R_i（唐）-R_i（宋）
23	廉州	1.220	23	高州	1.071	-1	0.034
24	辨州、罗州所辖范围	1.258	24	廉州	1.163	-1	0.058
25	循州	1.265	25	化州	1.182	-1	0.077
26	邕州	1.272	26	邕州	1.226	0	0.045
27	融州	1.361	27	融州	1.299	-1	0.062
28	宾州、澄州所辖范围	1.401	28	钦州	1.319	1	0.094
29	钦州	1.413	29	宾州	1.329	-1	0.071
30	雷州	1.780	30	雷州	1.572	0	0.209
31	横州、淳州所辖范围		31	横州*	1.055		
			32	宜州*	1.186		
			33	潮州、梅州所辖范围*	1.461		

注：*表示无唐代数据。

表7所列各州宋代较唐代排位的变化反映了交通地位的相对变化，R_i 的变化则反映了当地商业通达程度是否有所改善。二者的变动方向未必一致，如廉州、融州等少数西部州的 R_i 尽管有所下降（$R_{i唐}-R_{i宋}>0$），即商业通达程度得到改善，但排位反而下降，其相对地位甚至进一步衰落。而 R_i 出现上升的州，其相对地位也可能上升（如容州）。

从区域整体的变化情况看，唐天宝年间商业通达性指数 R_i 方差为0.085，到了宋代熙宁、元丰年间 R_i 方差下降至0.054；且唐代 R_i 的范围为0.588至1.780，宋代 R_i 的范围为0.636至1.572，说明北宋年间岭南地区整体的商业通达程度得到了改善，地区内部交通发展的差距有所减小。30州中有20州商业交通相对地位的变化幅度保持在一位甚至不变，从侧面反映了公廨本钱数与商税的高度相关性，以及公廨本钱数可反映唐代各州的商业发展状况。宋代的33个样本州中除3州辖区无法比较外，8州的排位较唐代有所提升，其中5州属广南东路；17州排位较唐代下降，其中14州属广南西路，另有5州排位不变，可见广东地区商业交通地位的提升幅度显著优于广西地区。

再由 R_i 的变化可知，30 州中 16 州的商业通达性系数 R_i 出现下降，10 州属广南西路；另有 14 州上升，11 州属广南西路，广南西路共 21 州参与比较，商业通达程度相对唐时期改善的州的数量略少于通达程度相对恶化的州。相对改善的 10 个州中，有钦、廉、雷、化、高 5 州均为沿海州，说明宋代海上丝绸之路对广西沿海地区商业的发展具有重要意义；相对恶化的 11 州中，多为以梧州、藤州、龚州、浔州为代表的西江中上游节点城市，说明宋代整个西江上游地区的商业交通地位确实不及唐代。

与广西部分州县交通地位下降相对应的现象有二。一为粤东地区崛起，商业通达程度迅速提升。唐代循潮二州开发程度低，交通也相应落后，到了宋代，粤东地区商业通达程度的提升幅度尤为明显。宋时的循、惠二州商业通达程度较唐代排名上升 11 位，R_i 减小 0. 330，成为岭南地区提升最显著的地区。虽然潮梅二州排名靠后，且因唐代数据缺乏无从比较，但从户口数看，潮州由唐天宝年间的 4420 户激增至宋元丰年间的 74682 户，增长近 16. 9 倍，惠州户口数同样增长约十倍以上。熙宁十年潮州的商税总额为 30278 贯（人口与商税指标均占广州的 50% 左右），可见其本身商业发展并不逊色于其他地理位置相对占优的州。潮梅二州的对外商业加权距离均明显低于对内加权距离，潮州既处于粤闽海道咽喉，又处于闽浙海道要津，在唐代已崭露头角，北宋初期发展成有一定知名度的海港，南宋时作为以外销为主的陶瓷输出港。潮州排位落后，因其地理位置在本文所研究的“岭南地区”内部相对偏僻，但其外向型经济的优势相对弥补了对内联系的不足。二为北路交通地位变化，呈现重东轻西的趋势。边境州桂、昭、贺、连、韶中，桂、昭、贺三州地位均有下降，其中桂州下降得尤为剧烈，较唐代排位下降 4 名，且 R_i 上升 0. 05，昭贺二州均下降 1 位。连州与韶州的交通地位则有所提高，韶州作为东线郴州路与大庾岭路的节点城市，排名上升 3 位，R_i 下降 0. 07，即使将南雄州单独列出，也能在 37 州中列第 10 位，南雄州因体量较小列第 20 位，这进一步证明随着大庾岭路的新辟，西线桂州路、贺州路于北宋时期已现衰迹，对二州的商业发展造成负面影响。“五岭之外，财富盛于东禺，兵马出于西桂”①，东线过岭交通因更加靠近全国经济中心及大运河，且安全系数高，地位日渐巩固。北路交通重东轻西遂成为宋以后固化的格局，决定了日后广州经济中心的地位。

钦、廉、雷、化、高、恩、广、潮等沿海州的商业通达程度改善，新州线呈现新的发展势头。通过对比得知，宋代沿海各州相对地位的提升优于边境州。除潮州不可比外，廉州的相对地位虽然较唐代下降 1 位，但商业通达程度依然得以改善（R_i 下降 0. 058），只不过改善的幅度较小。其他沿海各州排名或有上升或基本不变，并伴随 R_i

---

① 《历代名臣奏议》卷四十七《治道》，清文渊阁四库全书本。

的下降，其中南恩州的改善幅度最大，排名上升 4 位，R_i 下降 0. 101；雷州虽居于末位，但在沿海各州中的可达性提升幅度最高，R_i 下降 0. 209。因宋代格外注重海外贸易，提升了以新州线为代表的沿海陆上交通干线的地位，沿海港口城市进入又一波发展高潮。

最后，由广、端、康、封、梧联结而成的西江下游沿线地区依然是岭南地区的地理中心。其中广州的枢纽地位于熙宁、元丰年间进一步巩固，排名上升至第 2 位，且 R_i 较唐天宝年间降低 0. 001，仅次于端州。后者依然是岭南地区的交通中心，甚至在随后的徽宗大观年间从下州直升为望州，政治地位得到空前提高。但此时端州的商业通达性与康、封、梧一样已呈下降态势，对广州的优势逐渐缩小，主要因为北宋时期广州的经济地位较唐代更强，增加了其他城市去往广州的权重，变相提升了广州的交通地位。因此整个岭南地区至宋代逐渐形成了以广州为中心的格局大势，用蔡良军（1992）的话说，“岭南经济史从其范围而言是‘广州经济中心’形成的历史”，或许交通中心也是如此。

五、结语

通过史料分析和数量测度，考察唐宋时期岭南地区的交通可达性和商业通达性，从总体上看，伴随着国家经济中心向东南方向转移，岭南地区交通条件逐渐改善，商业通达程度不断提升，初步形成了以广州为中心和以珠江三角洲为腹地的格局。

第一，唐宋时期岭南地区商业繁荣是以交通基础设施建设为必要条件的。具体表现在，粤东地区交通条件的改善为循潮等州带来了全新的发展机遇，宋代的潮州港也因此成为岭南地区仅次于广州的第二大港；大庾岭路对广州外贸和珠江三角洲开发所起的作用至关重要，决定了日后广州经济中心的地位；相反广西地区因“蛮乱”等原因导致交通路线的功能倾向于军事用途，导致以桂州为代表的城市商业地位的衰落。

第二，岭南独特的地理位置决定其南北交通重于东西交通的基本特征。南北交通主要由桂州路、贺州路、连州路、郴州路及大庾岭路的北路交通以及由钦、廉、雷、化、高、恩、广、潮等沿海港口城市为节点的“海上丝绸之路”航线共同构成。北路交通至宋代已由东线的大庾岭路主导，并成为后朝历代固定的格局，西线过岭通道的没落不可避免；南路交通因宋廷对远洋贸易的鼓动与支持而持续繁荣，为沿海诸州带来发展机遇。岭南地区内部水网密布，东江、北江、西江均以广州为中心向外辐射，水路贯通东西。西出南诏，东通闽浙也无障碍，足见岭南地区内陆交通总体上发达。

第三，岭南独特的交通中心与经济中心未必完全耦合。从岭南地区看，唐天宝年间以及宋熙宁、元丰年间该地的经济中心一直为广州，而交通中心则为与之相邻的端州，且宋代广州交通相对地位的提升说明经济、交通二中心有逐步耦合的趋势。桂州为广西地区的最大城市与经济中心，虽扼守交通要道，但从岭南区域整体看，以至于其交通地位不如梧州。

第四，唐代最为鼎盛的时期——天宝元年，广州、端州、康州、封州、梧州构成的西江下游一线已然成为岭南地区名副其实的交通与商业中心。随着唐宋之际全国的经济、政治中心向东南方向转移，岭南地区交通重心同样有向东转移的趋势，并推动提升广东地区整体的商业通达程度，为当地的商业发展带来诸多便利，有助于形成与巩固以广州为中心、以珠江三角洲为腹地的格局。

第五，唐宋时期初步形成以广州为中心、以珠江三角洲为腹地的经济格局。在唐宋时期的岭南地区，西江、北江、东江三条交通大动脉充分延展了以广州为中心的经济腹地，为沿线地区带来诸多便利。时至今日，岭南地区区域发展仍极度不平衡，经济权重过于集中在以广深为代表的少数几个城市，因此，需要以更完备的交通网络联结起泛珠三角地区，促进区域协调发展。

参考文献

[1] 蔡良军. 唐宋岭南联系内地交通线路的变迁与该地区经济重心的转移 [J]. 中国社会经济史研究，1992 (3)：33 - 42.

[2] 曹家齐. 唐宋地志所记“四至八到”为道路里程考证 [J]. 中国典籍与文化，2001 (4)：37 - 42.

[3] 陈代光. 论历史时期岭南地区交通发展的特征 [J]. 中国历史地理论丛，1991 (3)：75 - 95.

[4] 陈松林，陈进栋，韦素琼. 福建省综合交通可达性格局及其与制造业空间分布的关系分析 [J]. 地理科学，2012 (7)：807 - 815.

[5] 陈伟明. 宋代岭南交通路线变化考略 [J]. 学术研究，1989 (3)：68 - 71.

[6] 陈伟明. 唐五代岭南道交通路线述略 [J]. 学术研究，1987 (1)：53 - 58.

[7] 高兴川，曹小曙，李涛，等. 1976—2016 年青藏高原地区通达性空间格局演变 [J]. 地理学报，2019 (6)：1190 - 1204.

[8] 葛金芳. 中国经济通史 · 第五卷 [M]. 长沙：湖南人民出版社，2002.

[9] 胡水凤. 繁华的大庾岭古商道 [J]. 江西师范大学学报（哲学社会科学版），1992 (4)：

60 – 65.

［10］李玉宏．试论张九龄开凿大庾岭商道的意义：从大庾岭的战略地位及广州商业外贸发展方面探讨［J］．韶关师专学报，1985（1）：38 – 46.

［11］梁方仲．中国历代户口、田地、田赋统计［M］．上海：人民出版社，1985.

［12］刘海峰．论唐代官员俸料钱的变动［J］．中国社会经济史研究，1985（2）：18 – 29.

［13］刘新光．唐宋时期“江南西道”研究［M］．北京：中国社会科学出版社，2016.

［14］刘玉峰．唐代公廨本钱制的几个问题［J］．史学月刊，2002（5）：46 – 53.

［15］漆侠．中国经济通史・宋代经济卷［M］．北京：经济日报出版社，1987.

［16］谭其骧．中国历史地图集［M］．北京：中国地图出版社，2012.

［17］王元林．隋唐五代时期岭南海陆丝路变迁与苍梧郡地位的变化［J］．广西民族大学学报（哲学社会科学版），2017（1）：66 – 72.

［18］王元林．唐开元后的梅岭道与中外商贸交流［J］．暨南学报（人文科学与社会科学版），2004（1）：128 – 133，142.

［19］王仲荦．敦煌石室地志残卷考释［M］．北京：中华书局，2007.

［20］阳旭．论唐代岭南商业的发展［J］．学术论坛，1996（2）：95 – 98.

［21］杨家文，周一星．通达性：概念，度量及应用［J］．地理学与国土研究，1999（5）：61 – 66.

［22］姚一民．粤港澳城市交通可达性和经济发展水平的耦合协调度分析及政策启示［J］．广东行政学院学报，2019（2）：81 – 90.

［23］叶显恩．广东古代水上交通运输的几个问题［J］．广东社会科学，1988（1）：97 – 107.

［24］张国淦．中国古方志考［M］．北京：中华书局，1962.

［25］郑学檬，等．中国经济通史・第四卷［M］．长沙：湖南人民出版社，2002.

［26］郑学檬．唐宋元海上丝绸之路和岭南、江南社会经济研究［J］．中国经济史研究，2017（2）：5 – 23.

［27］周运中．唐代南海诸国与广州通海夷道新考［J］．暨南史学，2014（21）：119 – 134.

［28］朱祖德．唐代岭南东道地区经济之发展［J］．史学汇刊，2014（12）：1 – 37.

［29］Handy S L，Clifton K J. Evaluating Neighborhood Accessibility：Possibilities and Practicalities［J］. Journal of Transportation and Statistics，2001：67 – 78.

［30］Handy S L，Niemeier D A. Measuring Accessibility：An Exploration of Issues and Alternatives［J］. Environment and Planning A，1997（7）：1175 – 1194.

［31］Hansen W G. How Accessibility Shapes Land – Use［J］. Journal of the American Institute of Planners，1959（25）：73 – 76.

［32］Zakaria T. Urban Transportation Accessibility Measures：Modifications and Uses［J］. Traffic Quarterly，1974（28）：467 – 479.

学术研究动态

探寻技术革命与全球可持续发展的新动能

——第 19 届国际熊彼特学会会议观点综述

袁　礼*

2022 年 7 月 8 ~ 10 日，第 19 届国际熊彼特学会会议（The 19th Conference of the International Joseph A. Schumpeter Society）在湖南师范大学以“线上 + 线下”形式举办，这是国际熊彼特学会会议首次在中国召开，由第 19 届国际熊彼特学会主席欧阳峣教授担任大会主席。会议主题是“技术革命与全球可持续发展的新动能”，来自中国、德国、英国、法国、美国、意大利、瑞典、荷兰、波兰、墨西哥、巴西、日本、韩国、印度、南非等 20 多个国家和地区的专家学者参加会议。与会专家结合熊彼特理论和世界经济发展趋势，围绕技术革命对全球可持续发展的影响、产业政策和发展中国家的技术赶超以及熊彼特理论的创新发展等问题进行了深入探讨。

一、技术革命怎样影响全球可持续发展?

人类社会正面临气候变化、贫困和不平等、生物多样性锐减和能源安全等多重挑战，在这一严峻的背景下，联合国提出 17 项可持续发展目标。那么，怎样利用新技术变革应对这些重大挑战，促进全球经济可持续发展?

湖南师范大学欧阳峣教授指出，在全球经济长期增长低迷的背景下，应该遵循通过创造性破坏实现增长的熊彼特范式，从新的技术变革中寻求全球可持续发展的新动能。他认为有三个问题值得认真研究：一是研究当代技术变革的趋势和特征，以及怎样利用技术变革促进可持续的发展；二是研究当代发达国家技术变革效应，以及怎样通过新的技术突破实现新的增长；三是研究当代新兴国家技术变革路径，以及怎样通

---

* 作者简介：袁礼，湖南师范大学副教授、经济学博士。

过技术创新跨越“中等收入陷阱”。

英国牛津大学傅晓岚教授以数字技术为例，从三个方面阐述技术创新如何实现可持续发展目标：一是基于数字技术的商业模式创新，如短视频数字平台能够使基层企业家快速增长，为边缘化社会创造财富和机会，促进当地社区的经济发展，继而实现包容性发展。二是技术创新和社会创新的融合发展，如在新冠疫情期间数字技术是突破障碍、促进创新合作关系形成的重要助推因素，能够使创新合作的沟通和管理更加便利，从而促进社会创新。三是技术创新对传统产业的改造，如数字化能够通过提升服务的可交易性，改变服务贸易模式，这种数字交付化服务贸易可能成为经济发展的新引擎，能够通过就业创造、提升社会福利、激励创新和提高生产率，为欠发达国家带来新的发展机遇。

美国亚利桑那州立大学的玛瑞安·费尔德曼教授认为以人工智能、大数据和物联网为代表的第四次技术革命，正对社会和经济结构产生重要影响。而此次技术革命兴起的新技术尽管能够提供更多机会，但研发生产率下降和创业浪潮减退也相伴发生，初创企业往往被更大的技术平台收购，从而导致市场竞争受限，引发数字资本主义，使得地区间收入不平等的加剧。正基于此，部分地区的知识吸收和溢出能力有限，使得技术革命形成的跨地区知识溢出效应远低于预期。

法国斯特拉斯堡大学斯蒂法诺·比安基尼教授讨论了建立一个数字化和可持续发展的社会所带来的机遇和挑战。世界正处于技术革命之中，新技术层出不穷，而推动数字化转型的驱动力可能是人工智能（AI）。这些新技术构成了数字化生态系统，并最终实现数字化转型。数字化转型有益于健康发展、优质教育，有效推动可持续的城市和社区建设，并推动更多的气候变化行动。但数字化转型也存在一定的局限性，可能引发私人组织、公共组织和市民之间的利益冲突，还会带来数据隐私问题、道德问题，以及负面的环境影响。总而言之，数字化转型有助于实现 79% 的可持续发展目标，但也将带来约 35% 的负面影响。

英国苏塞克斯大学玛丽亚·萨沃纳教授关注数字时代下，数据的价值和权利。数据集是由硬件、软件和机器生成的，而不是由人类的创造力产生的。数据描述的是对事实的观察和测度，而非人类思维的创造性产物。在此基础上，可将数据分为作为无形资本的数据和作为劳动的数据。数据库、数据分析和情报作为一种企业资产，政府应对其征税，或者将其作为一种公共产品，用于创造公共利益。数据生产者若提供了有偿劳动，则应该得到价值和工资。相对于大型平台或出版商，数据在道德和资金方面均拥有著作权。

浙江大学吴晓波教授从背景、机会与挑战、案例等多个层面，介绍了第六次技术创新范式的崛起。在数据要素成为生产要素的背景下，数据资源成为关键资源和全要素数字化不断深化，新一代数字技术使创新来源更加丰富，创新主体更加开放，其包容性和互补性驱动了创新范式的深刻变革，直接推动了基于价值网络的第六代技术创新范式的崛起，基于价值网络的新型分工体系催生了新的商业模式不断涌现。传统企业正引入数字技术，加大自身资金投入进行数字转型以应对竞争日趋激烈、盈利空间缩小的困境。当前新兴产业加速迭代，创新已经成为数字经济发展重要的驱动力之一，成为企业制胜的关键。数字经济与一、二、三产业之间的跨界融合实践不断推陈出新。数字经济的跨界融合拥有万亿元级巨大市场，“数字经济 +”模式将存在于每一个产品、每一项服务和每一个经济活动中，并不断进行业态升级。互联时代的机遇包括提高资产和服务效率，升级服务产品，打破单一数据，实现内部协同。

塞尔维亚贝尔格莱德经济科学研究所米尔亚娜·拉多维奇-马尔科维奇教授认为熊彼特的创造性破坏理论为解释数字经济中的增长提供了经济学基础。有鉴于此，创业精神和新知识是数字经济的主要驱动力，而在向数字经济转换的过程中新工作方式和岗位的创造存在着滞后，即创造性破坏并不能立即有效遏制工作岗位减少。尤其是当工人缺乏正规教育或技能，无法适应数字经济时。在此背景下，应当开发一种新的教育形式以应对数字经济的新需求，即能力本位教育或个性化学习。她阐释了能力本位教育的概念、能力本位教育与传统教育的差别以及能力本位教育与个人职业发展之间的关系。她指出在第四次工业革命叠加新冠疫情冲击的背景下，亟须通过能力本位的教育使大学生能够快速适应竞争激烈的劳动力市场。

二、产业政策怎样助推发展中国家的技术赶超?

绝大多数发展中国家在达到中等收入水平后，出现经济停滞，难以跨越高收入国家门槛，甚至重新跌至低收入水平，即陷入中等收入陷阱。在二战后的近 200 个发展中国家中，仅有两个国家从低收入国家跻身为高收入国家。那么，发展中国家究竟如何才能跨越中等收入陷阱，迈向高收入国家门槛?

北京大学林毅夫教授从新结构经济学视角阐释产业政策如何促进发展中国家实现技术赶超和趋同。基于一国的比较优势由其禀赋结构所决定，遵循一国的比较优势来发展该国产业和软硬基础设施是实现持续增长和经济追赶的最优途径。在此过程中，发展中国家具有后发优势，能比高收入国家更快实现技术创新和产业升级，从而成功追赶高收入国家。如果发展中国家的政府能在有效市场中发挥促进作用，根据产业结构来推动创新发展，将潜在比较优势转变为实际比较优势，则该国能比高收入国家实现更快的经济增长，避免陷入中低收入陷阱。产业政策是政府推动一国技术创新的重要抓手。虽然各国政府都试图利用产业政策促进创新，但大多数都失败了，其原因在于政府的目标产业违反了本国的比较优势。产业政策若想取得成功，应当瞄准具有潜在比较优势的产业。政府可根据其与全球技术前沿的差距、创新周期和战略意义，选择符合本国潜在比较优势的产业。具体而言，新结构经济学将中等收入国家的产业分为追赶型产业、领先型产业、转进型产业、换道超车型产业以及战略型产业，产业政策应当依据不同产业的特性，促进和支持不同方式的产业创新。

韩国首尔大学李根教授从宏观、中观和微观三个维度阐释了技术周期对中等收入国家实现经济赶超的价值。首先，国家创新系统宏观国家层面技术赶超的关键，创新速率高、技术周期短、原创性低、本地化程度高、多样化程度高的国家更易实现经济赶超。其次，产业创新体系是中观层面技术赶超的重点，在技术周期短、专有性高、显性知识行业和出口导向的寡头垄断行业更易实现高速增长和经济赶超。再次，企业创新系统对于微观层面的经济赶超具有重要影响，专利周期短的企业往往可以通过借贷和投资行为，提高企业销售量和利润率，从而进一步提升企业价值。最后，他认为技术周期的长短、技术多样化和技术本土化水平等是中等收入国家实现经济赶超，跨越中等收入陷阱的关键因素。

德国耶拿大学乌维教授关注突破式技术变革时代下的技术主权问题。他认为世界正处于突破式创新和变革的时代，具体表现有三：一是生产率增长放缓，技术发展和改进存在瓶颈；二是可持续发展目标的提出，而技术改进的方向需要与可持续发展目标相符；三是地缘政治等外部环境阻碍了生产率提升及可持续发展目标的实现。在此基础上，他对不同国家关键技术领域的优势和劣势进行对比分析，测算关键技术领域的跨国专利和出版物的均值水平，引入差距模型演绎不同知识水平的两个国家之间技术差距如何变化。最后，他认为可通过内部生产或国际贸易采购获得技术主权，相关产业政策有利于维护国家和地区的技术主权。

华中科技大学张建华教授认为已占中国经济主导地位的服务业，其内部消费性和生产性的结构有待优化。通过服务业供给侧结构性改革，推进先进制造业与现代服务业深度融合，促进形成强大国内市场，是中国跨越中等收入陷阱的关键之举。他选取45个非石油出口型经济体1950～2010年的数据，刻画世界服务业结构演化的典型事实，并将其中跨越中等收入陷阱的亚洲经济体与跌入陷阱的拉美经济体及亚洲“四小虎”作为典型进行比较，进而构建包含消费性服务业、生产性服务业和人力资本供给的匹配模型，揭示了服务业结构升级视角下中等收入陷阱的形成机理和跨越条件。大力发展生产性服务业，提升公共服务业对培育积累人力资本数量与质量的供给，实现高层次人力资本与知识密集型服务业的匹配效应，将推动中国经济结构转型升级，迈向高质量发展。

复旦大学寇宗来教授沿袭熊彼特经济理论，从创新和企业家精神的视角探索中国奇迹的“发现”机制。按照比较优势理论，一旦中国从一个封闭经济融入国际分工体系，中国就应该专业化或充分挖掘其在劳动密集型产业上的比较优势。但具体到实践中，这种“比较优势”需要微观主体通过不断的试错过程予以发现。但正如丹尼·罗德里克所指出的，自由市场并不能为此提供充分或者正确的机制，因为竞争者的快速模仿会导致创新者无法收回他们的试错成本。改革开放以来，中国逐渐形成了具有中国特色的社会主义市场经济体制。这是一种政治上高度集权而经济上高度分权的“斯芬克斯”体制，能够为发现和挖掘中国在国际分工体系中的比较优势提供强大的激励。这种体制产生了两种类型的企业家群体，即政治企业家和经济企业家。中国经济可持续的快速发展，正是两种企业家良性互动的结果，中国经济特区和基础设施即是有力证据。诚如熊彼特所指出的，经济发展主要是由创新和企业家精神所推动的，但这个创造性破坏的过程不但会产生赢家，也会产生输家。许多经济体之所以无法实现可持续的经济增长，是因为没有或者不能妥善安置输家，社会由此陷入混乱，经济增长随之停滞或者走向终结。“斯芬克斯”体制在中国之所以创造经济发展奇迹，可以归结为如下基本原则：发展是硬道理，因而市场必须发挥决定性作用；稳定压倒一切，因而政府必须发挥更好作用；两手都要抓，两手都要硬。

日本早稻田大学清水宏教授认为设立衍生企业是促进创新的重要途径，但衍生企业究竟能否促进创新却有待进一步考察。他以激光二极管行业为例，结合小企业创新研究计划（SBIR），阐释如何实现创业与创新的同步发展。1982 年美国政府实施 SBIR 计划后，与日本相比，美国激光二极管行业基础技术后续开发的可能性降低。同时，SBIR 计划资助的衍生创业企业促进了次级市场发展，但这并不一定有利于基础技术后续发展。SBIR 计划似乎能够促进创业企业的研发人员“低果先摘”。但实际上美国政府通过投资于新兴、通用技术，承担企业创新的大部分社会成本，在培育创业企业可摘的“低果”时发挥着重要作用。

三、熊彼特理论怎样实现发展与创新？

研究熊彼特理论的学者认为经济系统始终在经历变革，而创新则是变革的核心驱动力。而熊彼特认为经济变革是一个演化过程，这一观点也对后续实证研究产生了重大影响，但其深层次的理论内涵究竟如何，在新技术革命条件下怎样实现发展与创新?

美国哥伦比亚大学理查德·纳尔逊教授从四个方面解读“创新驱动经济变革是一个演化过程”的理论内涵：第一，创新驱动的经济变革与生物学中的进化不同，生物进化中的突变具有随机性，而经济创新很大程度上是经济参与者计划和集中活动的结果，通常要运用非常复杂的知识体系来指导这类工作。经济活动领域的持续进步需要不断进行大量创新，其中许多会失败，但有些只要经过几次迭代便能站稳脚跟。第二，创新驱动的经济变革有助于我们思考所涉及的过程，并将其视作演化过程，强调创新和创新驱动的经济变革难以准确预测或详细规划，具有不确定性和高失败率风险。第三，最紧迫的经济挑战是提高发展缓慢的商品和服务的质量和生产率，特别是理解不同产业技术进步差距背后的原因。第四，成功的现代化国家往往通过不同的体制机制以推进创新，并组织和管理经济活动以满足多样化需求。而世界经济的复杂多样性，能够为各国互相学习提供基础。

德国奥格斯堡大学教授霍斯特·汉思奇认为社会成本能够解释气候变化所造成的生存风险。社会成本通常以负外部性或隐藏的副产品形式出现，而这些外部性是气候变化产生破坏性影响的主要原因，因为市场部门无法衡量并将其纳入企业或公共部门的决策过程。市场外部性需要政府作为一种“修复引擎”来干预市场失灵，而气候政策和技术政策是熊彼特经济中干预市场过程或创新过程的两种方案。这两类政策虽然能解决气候变化的一些浅层问题，并暂时降低人类的生存风险。但两类政策难以解决社会成本问题，因而并非一劳永逸，且都不能从根本上解决经济转型的问题，即从褐色经济转向绿色经济。要实现这种深刻的转变，需要彻底改革国民经济核算体系，特别是将社会成本作为衡量经济交易价值的附加指标，使自由流动、共同演化发展的传统熊彼特体系，能够以“后熊彼特演化体系”形式再次回归。在这一体系中，创新和市场过程能够满足一个经济体实现繁荣及可持续发展等国家目标的要求，从而激发褐色经济向绿色经济转变的潜力。

清华大学陈劲教授认为熊彼特范式聚焦于企业家对创新的作用，而新熊彼特范式强调国家和政府政策在推动创新系统性发展方面的重要作用，而后熊彼特范式则关注人民和人性对创新的影响，应当深入探讨创新与文明之间的相互演化关系。创新与文明的关系可以追溯到农业文明时期，以自给自足的农业活动为基础生产方式的经济形式能解释人类文明史绝大多数时间内的经济运行规律。随后人类进入工业社会，经济活动主要建立在机器大生产基础上，逐渐演变成工业为基础的经济。20 世纪初以来，随着技术资本的逐渐沉淀，利润中心由有形财物的生产转向无形的服务性生产，劳动力也由农转工、工转商，各种资源逐渐向第三产业转移发展成为以服务业为基础的经济模式。20 世纪中叶以后，代表性象征是计算机的诞生，信息产生价值并代表着先进生产力，人类进入信息时代。各个国家的主要创新范式不同，各国的文明和创新程度也不同，所以需要具体分析不同文明对创新的影响。不仅要关注创新对农业文明、工业文明、信息文明的促进作用，还要关注不同文明对创新的影响，探索人类文明与创新之间的双向演化机制，强化相互影响，提升文明水平。

意大利路易斯大学路易吉·马伦戈教授介绍了技术与组织复杂性的演变。组织经济活动的交易成本法因忽视了经济活动之间相互联系的复杂性后果，特别是忽视了代理人冲突和利益分歧所产生的复杂性，其影响力逐渐削弱。随着冲突的增加，组织均衡将难以存在。因此，层级结构可能并非是针对交易成本、提高效率的补救措施，也可以理解为在持久的组织冲突中提供暂时性均衡的方法。人们有不同的、相互冲突的偏好，但经济理论通常认为，冲突可通过分散化契约解决，而无须某一权威。交易成本经济学虽然认同这一观点，但也认识到有限理性可能会限制人们订立互利均衡结果的能力。他认为这种看法错误地低估了协调的复杂性，而协调问题是由冲突引起的。在两个代理人和一个冲突问题的简单情形以外，组织均衡往往不复存在。因此，在一个非线性的组织问题中，代理人可以无休止地、无成本地签订合同。此时，有限理性、交易成本、权威的存在不再是简单地产生相对于假设的有效均衡出现低效。在一个没有交易成本和权威的假设世界中，这一决定性均衡是不存在的，而是在一场无休无止的组织冲突中达成暂时均衡。

荷兰马斯特里赫特大学巴特·弗斯佩根教授从过去、现在、未来三个时间维度阐述经济学中的复杂性研究，包括如下三方面：一是熊彼特经济学与经济复杂性、非均衡性相结合，特别是在后熊彼特时代，与热力学类似的复杂系统理论已成为其核心。二是经济复杂性的新范式，即将“复杂性”一词置于核心位置，利用数据规约制定指标，以保留与经济发展、增长和可持续性等总体绩效相关的关键分类特征。三是经济非均衡性、复杂性和重大社会挑战，熊彼特动力学的复杂非均衡系统在本质上是演化的。熊彼特的无节制资本主义需要转变为可持续资本主义，可通过发展复杂系统理论以实现这一转变。

“大国经济史：财政集权与分权模式演变”学术研讨会综述*

宋　纤**

为促进经济史学术交流和学科发展，推进对传统中国重大经济问题的深度探讨，揭示大国经济发展的内在逻辑，展示中国经济史研究的最新成果，《中国经济史研究》编辑部、湖南师范大学商学院、湖南师范大学大国经济研究中心、湖南师范大学中国经济史研究所联合举办“大国经济史：财政集权与分权模式演变”学术研讨会。该研讨会于2021年9月25日在湖南长沙举行，来自中国社会科学院、中国财政科学研究院、北京大学、华东师范大学、中南财经政法大学、湖南师范大学、河南大学、湖南工商大学、长沙理工大学等单位的专家学者参加了本次会议。本次会议聚焦于中国从古至今财政集权与分权模式的演变历程，从财政体制转型与国家治理能力的视角来透视大国经济发展历史。下面就与会者提交论文以及大会报告的主要学术观点略作综述。

一、中国传统社会的财政税收制度

在中国传统社会几千年的历史发展中，财政税收制度为适应社会政治经济发展的需要经历了诸多变化，而中国传统社会的财政税收制度能够为推进现代税收体制改革提供哪些有益的借鉴，多位与会专家对这一问题进行了探讨。

隋唐是我国历史上的鼎盛时期，其在国家治理、制度建设尤其经济方面颇有建树。中国社会科学院经济研究所魏明孔研究员从宏观方面探讨了隋唐财政税收的路径，认为其在税收方面开创简化措施，从隋代“轻税之法”到唐代建中元年两税法的实施，

* 本文原载于《中国经济史研究》2022年第3期。

** 作者简介：宋纤，湖南师范大学大国经济研究中心、湖南师范大学中国经济史研究所教师。

整体上看是不允许法外枉征，凡“枉征一役”“枉征一文”均为违法。而在实际执行过程中，却也存在比较大的起伏。尽管如此，隋唐在税收方面的政策，与传统社会后期的制度变迁相一致。湖南师范大学彭丽华副教授则具体探讨了唐前期的营缮事务与财政集权之间的密切关系。她指出，营缮事务管理在唐前期发生了前所未有的变化，其核心变化在于在京及地方营缮事务均需遵循一套严格的申报机制，申报程序为县申府州，府州与在京营缮诸司申尚书省，申报内容主要涉及营缮事务所需人工与物料。营缮事务管理中的这套申报机制与唐前期财政集权体制密切相关，既是财政集权体制的要求，也是实现财政集权的重要体现。

宋代被学术界公认为我国传统商品经济发展的高峰期，随着商品经济的广泛深入，产权私有化的程度在市场经济的运行中不断加深，宋代的赋税制度也发生了一系列变迁，华东师范大学黄纯艳教授对此进行了研究。他认为，宋代赋税制度设计和运行的原理既基于儒家理念，又因经济结构变化而有因革，表现出新的时代特点。具体来说，按照儒家的理念，赋税是“治国安民之本”，制度上必须体现奉国和养民的统一。养民之法，一是征求适度，二是调节贫富，三是赈济之法。后两者在宋代赋税制度设计上较前代更为丰富明确，并有若干新创。但新的经济结构和财政结构使赋税不能停留于从西汉开始的“食租衣税”，必须赋予工商业税收的合法性解说。这两个方面的正税及其所衍生的合法附加税是登载于账籍的稳定赋税，即“常赋”“经赋”。制度上，“经赋之外，既一毫不敢有取”，“常赋外一毫以取民”。

河南大学彭凯翔教授从学界关注不多的崇祯十五年（1642）借兑客标之议入手，探讨明清之际的南北银流和军事财政。他指出，此次借兑以稳定的税额为抵押，强调政府信用，且拟以明确的利率，凡此均与早期近代的欧洲国家接近。但是借兑最终落实的形式回到了唐宋以来的传统路径上，揭示出中西财政的不同运作机理与发展轨迹。同时，与全球视野下财政与金融 - 资本在近代转型中的交相为用类似，所谓“客标”代表了晚明商业汇兑的最高形式，借兑客标则是明廷财政与商业金融在发展轨迹上的一次历史性交汇。晚明京师的商业标银是大运河两端京师与江南间银流繁荣的产物，其运作持续至乾嘉之际，为后续以山西票号为主体的跨地域汇兑网络及作为其发展巅峰之标期制度埋下了“伏笔”。由此又可见，虽然中西近代转型的路径有别，但明清中国的金融演化路径也与财政 - 金融息息相关，并因此而呈现出时代性的特征。

中南财经政法大学邹进文教授探讨了中国近代的财政分权改革，大致将中国几千年文明史的财政分权总结为三种模式：先秦时期的财政联邦制和邦联制；秦代至清代的中央集权制；清末以来仿效西方的近代财政分权。他认为，中国近代虽然进行了财政分权改革的努力，有近代化取向，但没有注意到财权与事权的匹配，最终导致近代化的财政改革走向歧路，不仅没有提高国家治理的效率，反而成为政权崩溃的重要诱因。基于此，他提出近代财政分权改革应该量力而行，不是地方上近代化的改革越多越好，应该与财权相匹配。北京大学管汉晖副教授基于档案资料构造了中国唯一的外债史数据库，并将样本分为四个时期，1857～1911 年为统一且不享有全部主权时期，1912～1927 年为分裂且不享有全部主权时期，1928～1949 年为统一且基本享有主权时期，1949～1961 年为统一且享有完全主权时期，研究不同政治体制下政府征税能力对外债利率的影响。实证研究发现，相对于第二个时期，第一、第三、第四个时期，平均而言外债利率分别低 1.102%、1.941% 和 3.724%。控制借贷期限、抵押品性质、借款人背景之后，结果仍然成立。将样本缩减为国家借债，扣除援助性质的借债，结论仍然稳健，且借款利率与中国关税权是否抵押给外国无关。

二、新中国成立以来的财政税收制度

新中国成立 70 余年来，经历了从建立高度集中统一的计划经济体制到改革开放，建立和完善社会主义市场经济体制，再到新时代全面深化改革，推进国家治理体系和治理能力现代化的巨大制度变革。财政体制也伴随着这一进程经历了深刻的变化，部分与会学者对此展开了论述。

长沙理工大学刘建民教授对新中国成立以来财政分权改革的逻辑及其优化进行了探讨。他将财政体制按照时间顺序分成四个阶段：第一阶段（1950～1977 年），高度集权模式；第二阶段（1978～1993 年），打破高度集权模式，构建计划经济与市场经济相结合的财政体制，形成以“放权让利”为核心的分权改革；第三阶段（1994～2012 年），进行以收入分权为核心的分权改革；第四阶段（2013 年至今），分税制改革导致事权与支出责任不匹配问题日益凸显，以党的十八届三中全会为标志开启了新一轮的深化财政体制改革。虽历经数次变化，他认为我国现行财政分权体制依然存在诸多风险，针对这些风险，提出以化解财政收入分权弱化对地方财政的冲击为主的中短期策略，和以地方财税体制重构为主的中长期策略。湖南师范大学硕士研究生李圣喆对新中国财政集权与分权关系演变及其经验做了相关的分析。他认为，新中国成立以来，财政的集权与分权关系经历了多个调整与修正的阶段，尽管每一阶段在时代背景、调整路径与后果等方面大相径庭，但均衡化、制度化、现代化的演变逻辑尤其引发关注。

湖南师范大学博士后周游以我国 29 个省区市人均财政支出为样本，从全阶段和分阶段视角分别探究了我国地方财政支出的空间关联关系，并进一步采用复杂网络和

QAP 方法分析了地方财政支出空间关联网络的拓扑特征及其影响因素，结果发现：财政分权改革后（1979～2019 年）我国地方财政支出空间关联网络关系数逐渐增加，稳定性逐渐增强，并且网络具有明显的"小世界"特征，节点相互影响范围越来越大；我国地方财政支出空间关联网络中的成员可分为"标杆""经纪人"和"追随者"三个稳定社团，其网络模块度不断下降，不同社团成员"联系"越来越紧密；我国地方财政支出空间关联网络表现出"邻里互动""门当户对"和"俱乐部集团"特征，该特征在分权改革后更加凸显。

《中共中央关于制定国民经济和社会发展第十四个五年规划和二〇三五年远景目标的建议》中提出，要"加快构建以国内大循环为主体、国内国际双循环相互促进的新发展格局"，在新的时代背景下，中国财政科学研究院刘尚希研究员对新发展格局下的财税改革做了深刻全面的解读。他指出，政府过"紧日子"是一种常态，要优化财政支出结构，着力保障重点领域，把宝贵的财政资金用在"刀刃"上，并推动财政资金使用效率最大化。同时，目前外部环境下，不确定性因素增多，中国在发展过程中需要考虑种种不确定性风险，对风险有预判，要留出空间、留出余地，从这个意义上讲，需要财政政策的可持续性。

其他与会专家除了对中国古代财政税收制度及新中国成立以来的财政制度进行广泛探讨外，中国传统社会的市场发展和近代化，社会主义经济制度等也成为其探讨的主要议题。

中国传统社会商品经济的繁荣发展促进了经济生活中市场因素的发展。湖南师范大学博士研究生唐清在唐宋时期经济重心南移的背景下，从生产供给与需求两端分析了市场规模扩大的机理、路径与效应，认为经济重心南移极大推动了市场规模的扩大。湖南师范大学曾雄佩博士对中国近代印刷媒介技术变革与商业文化转型的关系进行了探讨，认为近代印刷媒介技术的发展大力推进了商业文化转型，其影响渠道及效应值得进一步深入研究。

近代化在经济上主要表现为工业化，湖南师范大学博士研究生盛小芳研究了公司法、银行与中国近代工业化之间的关联。她基于政府可信承诺的角度，识别出近代中国银行业发展较好的地区，并认为公司法的实施效果更好，对工业化的推动力更明显。其原因在于近代银行业在发行和持有政府公债的过程中获得了有效否决权，因而具有了和政府博弈的力量，倒逼政府提供可信承诺，无意中构建了有效的市场机制，极大地释放了公司法对工业化的推动作用。

湖南工商大学易绵阳教授梳理了中国共产党探索社会主义经济制度的百年历史。他认为，百年探索，形成了新民主主义、传统社会主义、中国特色社会主义三种基本经济制度模式，三种制度模式都坚持以马克思主义为指导、坚持社会主义的根本特征，但前者学习、模仿苏联模式，后者突破苏联模式，两者之间是传承与创新的关系，不是相互否定的关系。同时百年探索也积累了一些弥足珍贵的经验。

此外，湖南师范大学曹虹剑教授及他的博士研究生赵雨将 2015 年“一带一路”倡议正式实施视为一项准自然实验，实证检验参与这一倡议对中国先进制造业创新能力的影响。基于 2011 ~ 2017 年 A 股先进制造业上市公司数据的实证研究发现，参与“一带一路”倡议可以显著提升中国先进制造业的创新能力，这一结论通过工具变量法等一系列检验后依然稳健。湖南师范大学何菊莲教授基于经济高质量发展理念，运用 1999 ~ 2019 年的面板数据对我国高等教育人力资本水平测评。基于熵权改进 TOPSIS 法的测评结果，她认为我国高校扩招以来，高等教育人力资本投入水平和产出水平不断提升融合，呈现良好发展态势。

在闭幕式上，湖南师范大学大国经济中心主任欧阳峣教授对此次会议做了总结性发言。他认为纵观中国传统经济发展历史，有两个重大问题伴随着国家的兴盛和衰落：一是国家的统一和分裂，二是国家的集权与分权。他强调，此次会议集中讨论国家的财政集权与分权，是大国治理的关键问题。财政集权与分权模式的演变趋势，就是权力结构愈益走向均衡化、制度化和现代化，从而保证经济的繁荣、人民的富裕和国家的强盛。

经济研究怎样实现理论创新和实践创新*

万广华**

湖南师范大学汤凌霄、欧阳峣、洪联英教授等著的《新兴大国经济开放战略——建设开放型世界经济的中国方案》一书，注重理论与现实的结合、中国与世界的结合、问题与思路的结合，通过“三个结合”较好地实现了理论创新和实践创新。

第一，从理论与现实的结合上，寻求将经济学理论融入客观现实研究的路径。经济学拥有庞大的理论体系，经济开放也涉及许多理论问题，只有首先准确地把握现实的客观需求，才能基于合适的理论开展严谨的研究。例如，新兴大国具有经济规模庞大和从粗放型发展转向高质量发展的客观现实特征，所以在选择开放空间的时候应该利用超大规模市场优势进行合理布局。作者运用空间经济学理论，特别是马克思提出的“生产空间假说”和克鲁格曼提出的生产要素国际流动形成国际专业化和国际空间集聚的理论，科学地分析怎样利用大国幅员辽阔的优势构建双循环发展格局，形成大国经济开放的“圈层结构”，以及以国内经济开放空间为主体、以后发国家经济开放空间为延伸、以发达国家经济开放空间为前沿的战略思路。又如，当今世界经济出现了多极化的格局，中国在世界经济格局中的地位呈现上升的趋势，这是世界经济发展的客观现实特征，所以中国需要采取措施提升在全球价值链中的位置。作者根据这种客观现实，在小岛清的“雁行产业”理论和沃勒斯坦的现代世界体系理论的基础上，提出了“多极雁行格局”理论，并用于指导新兴大国经济开放的战略选择，提出新兴大国的产业链地位为价值链升级提供了产业基础和主动权，而通过创新驱动实现从产业链到价值链的转换，将使中国经济从产业规模上的“大雁”变成价值链上的“头雁”。

第二，从中国与世界的结合上，寻求提升中国在国际经济治理中地位的路径。实行经济开放战略，就是使中国经济融入世界经济中，并通过增强国际经济竞争力，在国际经济治理中获得更多的话语权和主动权。例如，由于全球经济风险和政策冲突

---

* 本文原载于《中华读书报》，2022 年 9 月 28 日 19 版。

** 作者简介：万广华，复旦大学世界经济研究所所长、特聘二级教授。

加剧，对规则和机制的要求不断提高，而作为公共产品的全球经济治理供给严重不足，新规则更是明显缺位，在客观上要求提高全球治理的正当性、合理性和协调性，特别是提升新兴国家的制度性话语权。作者根据中国作为新兴大国典型代表的客观事实，从中国与世界的联系中分析提升制度性话语权的基本方向，提出了坚守多边治理宗旨、推动既有多边治理组织改革、积极倡导新的多边治理规则与平台机构以逐步提高多边治理引领力和贡献力的战略思路。再如，具体到全球货币治理结构的探讨，国际货币体系呈金字塔形状，中心国主导全球货币政策和享受“超级特权”收益，边缘外围国则被动承受中心国货币政策的外溢效应和承担“原罪”成本，中国在国际货币体系里具有“超越原罪”的中间外围国货币性质，应该采取提升在金字塔中地位的行动策略，守住不发生系统性风险的底线，积极推动人民币国际化进程，提升人民币外汇储备的全球占比。

第三，从问题与思路的结合上，寻求解决中国经济开放重大问题的路径。中国经济开放中存在着一些亟待解决的重大问题，深入探讨这些问题的目的，就是寻求解决问题的思路，提出具有可行性的优化方案。例如，一般认为美联储可以成为事实上的国际最后贷款人，但实际上美联储基于霸权国私利而非全球公共利益来选择货币互换对象，它有可能对中国采取“战略竞争”策略，因而不可能成为中国的有效国际最后贷款人。针对这个难题，作者们基于科学研究和思考，提出了解决的思路和方案：中国要深度融入国际金融市场，稳步推进人民币国际化，并依据与霸权国的金融联系度和战略竞争程度动态调整外汇储备规模。再如，中国一直致力提升对外开放水平，但较低层次的经济开放导致中国被锁定在国际价值链分工的低端。针对这一问题，作者们较早地探讨了构建双循环格局的思路：建设基于超大国内市场的经济开放系统，以发挥它吸引全球优质资源和生产要素的作用，同时培育具有国际竞争力的产业和企业，在参与国际大循环的过程中谋求全球价值链高端位置。此外，通过加快粤港澳大湾区建设，培育中国经济开放的领头雁，打造具有全球影响力的科技创新中心，引领中国新一轮的高水平经济开放和高质量发展。

大国经济开放的国际政治经济学视角考察
——《新兴大国经济开放战略》评介*

盛　斌**

着眼于全球经济可持续发展，新兴大国应如何积极履行推动开放型世界经济建设的历史责任？汤凌霄、欧阳峣、洪联英等著的《新兴大国经济开放战略——建设开放型世界经济的中国方案》（北京大学出版社，2022 年出版），运用国际政治经济学理论阐释了全球经济格局、大国经济战略以及构建世界经济学体系等重大问题。

第一，以国际政治经济学理论为工具分析当代世界经济格局。作者重视国际经济研究和国际政治研究的结合、理论研究和战略研究的结合，运用国际政治经济学原理进行比较合理的阐释。全球化是政府、市场和世界经济三者之间关系的平衡。中国作为新兴大国的典型代表，坚持“构建人类命运共同体”的理念，积极推动建设开放型世界经济，倡导世界各国采取联合行动，携手应对全人类面临的风险和挑战。通过共建“一带一路”的倡议，推动政策沟通、设施联通、贸易畅通、资金融通和民心相通，实行大周边国家和地区的开放共享，这是经济、文化和政策“三位一体”的综合性问题。在国际金融领域，美国作为中心国主导全球货币政策和享受“超级特权”收益，而边缘外围国则承受中心国货币政策的外溢效应，中国作为正在向上发展的中间外围国应该主动作为，守住不发生系统性金融风险的底线，努力提升在国际货币金字塔中的位置。

第二，以构建大国经济发展格局为目标分析中国经济双循环系统。构建新发展格局既是遵循大国经济发展规律，依托国内超大规模市场优势，推动经济高质量发展的必然要求；也是应对国际经济态势和美国遏制中国崛起战略的相机抉择。构建新发展格局的基本思路：一是要充分发挥国内市场规模优势，强化国内需求的主体地位，实

---

* 本文原载于《消费经济》2022 年第 38 卷第 6 期。

** 作者简介：盛斌，南开大学经济学院院长、教授。

现经济领域的“独立自主、自力更生”；二是实施依托国内超大规模市场优势的全球化战略，集聚国内和国际的优质生产要素，培育技术创新和产业创新基地；三是根据世界经济格局变化，利用“多极雁行格局”重构全球价值链，通过创新驱动经济转型升级，使中国在某些领域从产业规模上的“大雁”变成价值链条上的“头雁”。为实现高水平的经济开放，新时期中国出台了两个重大战略：一是建设开放大国的自由贸易区平台，通过制度创新和政策引导促进贸易和投资的自主化便利化；二是建设粤港澳大湾区，通过消除影响要素自由流动的障碍，培育经济开放的领头雁，实施大国经济的雁阵推移战略。

第三，以要素的国际流动为逻辑起点分析世界经济学理论体系。世界经济学是以马克思主义政治经济学为基础创建的独立学科，它的核心理论经历了从“资本输出”理论、“结构主义”理论到“经济全球化”理论的演变过程，形成了独特的理论体系。目前新兴大国崛起、全球化矛盾凸显以及全球生产分工网络构建，为兼具全球视野和中国风格的世界经济学理论的创新发展提供了新机遇。一是以要素的国际流动为逻辑起点，深入研究建设开放型世界经济问题，探索减缓要素国际流动影响全球经济失衡的机制；二是以国际价值论为核心理论，深入研究当今世界的国际价值新特征，探索构建包容均衡的全球价值链；三是以合作共赢论为核心思想，深入研究补充和发展比较利益理论的新思路，探索构建人类命运共同体的道路；四是以新一轮技术革命为现实背景，深入研究信息化和数字化时代经济增长方式的新变化，探索世界经济发展的新模式；五是以中国风格为文化元素，深入研究中国智慧、中国力量和中国方案，构建中国风格的世界经济学话语体系。